U0448813

职业院校通识教育课程系列教材

大学生志愿服务理论与实践

THEORY AND PRACTICE OF COLLEGE STUDENTS' VOLUNTEER SERVICES

陈秋明 主编

商务印书馆
The Commercial Press
2018年·北京

图书在版编目(CIP)数据

大学生志愿服务理论与实践/陈秋明主编．——北京：商务印书馆，2018
职业院校通识教育课程系列教材
ISBN 978-7-100-16001-8

Ⅰ．①大… Ⅱ．①陈… Ⅲ．①大学生—青年志愿者行动—社会服务—中国—高等职业教育—教材 Ⅳ．① D432.6

中国版本图书馆 CIP 数据核字 (2018) 第 064827 号

权利保留，侵权必究。

大学生志愿服务理论与实践
陈秋明　主编

商　务　印　书　馆　出　版
（北京王府井大街36号　邮政编码100710）
商　务　印　书　馆　发　行
艺堂印刷（天津）有限公司
ISBN　978-7-100-16001-8

2018年6月第1版　　　　开本 787×1092　1/16
2018年6月北京第1次印刷　印张 21
定价：48.00元

《职业院校通识教育课程系列教材》
编辑委员会

主　任：陈秋明　贾兴东

副主任：杨　平　唐晓鸣　温希东　马晓明
　　　　董朝君　李　月

成　员：（按姓氏笔画排序）
　　　　王汝志　帅　斌　刘兰平　孙　湧
　　　　李　亮　李建求　李绍峰　吴志敏
　　　　何颂华　林　峰　欧阳亮　赵　杰
　　　　聂　哲　徐　晨　唐克胜　彭远威
　　　　董铸荣　曾凡华　曾向阳　窦志铭
　　　　谭属春

序 言

  课程和课堂教学是职业院校人才培养的主渠道，也是文化育人的主战场。近年来，伴随着我国职业教育改革的不断深化，各职业院校纷纷开设形式多样的文化育人课程，对于促进职业院校文化育人，提高学生的文化素质和人才培养质量，发挥了积极作用。然而，从整体来看，职业院校文化育人课堂教学的实际效果还很不理想。究其原因，除了课程设置还不够合理和科学之外，缺乏适应职业院校学生特点、契合职业院校文化育人目标需要的教材是其中一个非常重要的原因。

  教材是实施教学计划的主要载体。它既不同于学术专著，也不同于一般的科普读物，既是教师教学的重要依据，又是学生学习的重要资料，是"教"与"学"之间的重要桥梁。因此，教材建设是课程建设的重要基础工程，教材建设的好坏，直接影响到课堂教学的效果和学生的学习效果。我们认为，职业院校文化育人课程教材应该具备体现课程本质和精髓、引导学生学习、激发学习兴趣、提高思维能力、提升职业素养等功能和作用。因此，职业院校文化育人课程教材必须贴近生活、贴近实际、贴近学生，融思想性、科学性、新颖性、启发性和可读性于一体，才能发挥教材应有的作用。然而，目前出版的职业院校文化育人相关课程教材，普遍存在内容空洞陈旧、脱离职业院校学生思想实际，结构体例单一呆板、语言枯燥无味、不适应当代职业院校学生阅读特点、知识理论灌输过多、缺乏启发互动环节等弊端，很难引起学生的阅读兴趣和学习兴趣，也大大影响其育人的效果。

  作为中国高职教育改革发展的排头兵，近年来，深圳职业技术学院（以下简称学校）以高度的文化自觉，担当起引领职业院校文化育人的重任，出台《文化育人实施纲要》，对学校文化育人进行了全面系统的顶层设计，构建了全方位、多层次的文化育人体系，在全国职业院校率先全面推进文化育人。学校高度重视课堂教学作为文化育人主战场的作用，始终把提高育人的实际效果作为文化育人的重点来抓。为此，学校以"基础性、文化性、非职业、非专业、非工具"为原则，精心甄选并科学构建了必修课和选修课并行的"6+2+1+4"文化育人课程体系。其中"6"是指文化素质必修课程，包括毛泽东思想和中国特色社会主义理论体系概论、思想道德修养与法律基础、形势与政策、大学语文、心理健康教育、体育与健康等课程；"2"是指要求文理交叉选课的校级通识选修课程，每个学生必须选修2个学分；"1"是指各专业作为限选课开设的"专业+行业"文化课程；"4"是指从语言与文学、历史与地理、艺术与美学、科技与社会、哲学与人生、环境与资源、经济与管理、心理与健康、政治与法律等文化素质公共选修课模块中选修至少覆盖四个模块的课程。根据学校文化育人的整体设计和培养目标的需要，我们精心设计了一系列文化育人课程，其中《物理学之美》、《数学文化》、《科技改变世界》等科学素养课程作为全院文科学生的通识选修课；《生活中的经济学》、《中国历史文化》等人文素养课程作为全院理工科学生的通识选修课；《数字艺术概论》、《汽车文化》、《翻译文化》等专业文化课程作为各专业学生的限选课。同时，我们举全院之力，聘请行业企业相关专家，组织全院相关专业和其他协作院校的优秀教师，组成各课程教学团队，开展课程教学研究，编写系列教材。

本套教材是学院倾力打造的通识教育课程系列教材。为了使这套教材能够达到体现学科精髓、引导学生学习、激发学习兴趣、提高思维能力、提升职业素养的目标，更好地适应全国各职业院校的教学需要，教材编写过程中，各编写组在坚持科学性、思想性和可读性的前提下，特别注意突出如下特点：

一是力求用学生能够理解的语言充分体现学科最基本的思想和精髓。什么是文化？什么是素质？著名科学家爱因斯坦说过："当我们把学校里学习的知识都忘掉后，剩下来的就是素质。"我认为，这种在知识忘掉之后能保留下来的东西就是蕴含在知识之中的文化。因此，从文化育人角度来说，一门课程的文化最核心的就是蕴含在课程相关知识之中的最基本的思想和精髓。专业知识是有门槛的，是进阶式的，没有学会和掌握前面的知识，就不可能学会和掌握后面的知识。但思想是没有门槛的，只要深入发掘和准确表述，只要能够以合适的方式进行传播，人人都可以理解和掌握。而且一旦掌握了这门学科的思想和精髓，对于学生提高对这门学科的认识，理解和掌握学科的知识（技能）是大有帮助的。正因为如此，作为通识教育课程教材，必须尽量用公众理解的非专业语言来揭示和讲清楚学科或者课程最基本的思想和最核心的精髓。如数学文化的精髓是什么？数学文化最基本的是计算文化。因此，作为通识教育课程教材的《数学文化》，就应该用非数学专业的学生都能理解的语言，讲清楚计算文化的演变和作用，讲清支撑数学这门学科最基本的思想和精髓，然后再去展现数学定理的发现故事和数学的文化魅力。教材的思想性和科学性也就全部体现其中了。

二是力求最大限度地激发学生的学习兴趣。兴趣是最好的老师。只有充分激发学生的学习兴趣，才能充分调动学生学习的积极性和主动性。怎样激发学生的学习兴趣？作为通识教育课程教材，在内容上切忌为兴趣而趣味，而要贴近生活、贴近学生，要充分考虑到学生的兴趣和需要，要贴近学生日常生活的实际。从价值学的角度来说，"客体有什么价值，实际上取决于主体，价值总是因人（主体）而异的。"[①] 因此，对于通识教育课程教材的编写者来说，什么内容是有价值的，并不是我们教材编写者空想出来的，也不是我们认为最好的、最先进的、最完美的东西就是有价值的，而是学生成长过程中真正需要的东西，学生感兴趣的东西才是有价值的。只有把学生需要的、感兴趣的内容编写进去，才能激发学生对这门学科或课程的兴趣，达到育人的目的。为此，我们在教材编写过程中，在学生中进行广泛的调查，并通过课程讲授实践，广泛听取学生的意见，了解学生的兴趣和需要。如《生活中的经济学》，我们就从学生日常生活中经常遇到的经济现象入手，来分析和揭示经济学的文化和精髓，就能引起学生的共鸣和兴趣。《交际与礼仪》也是从人们最常遇到的社交礼仪出发，帮助学生提高社交修养和文化素质。要激发学生的学习兴趣，还在于我们的教材和课堂教学是否能够焕发学科和课程本身的魅力。任何学科和课程都有它自身的魅力，关键在于我们能不能充分发现和展示它的魅力，让学生感受到它的魅力。因此，焕发学科本身的魅力，是通识教育课程教材能不能激发学生兴趣的关键。如《科技改变世界》就应该讲清楚科技在人类社会发展的地位怎么样，在生活中的作用是什么，与学生自身成长有什么关系，如果课程能让学生明白上述问题，我相信一定能激发学生对于科技的浓厚兴趣。

三是注重培养学生独立思考的能力。培养学生独立思考的能力是职业院校文化育人的重要目标，通识教育课程教材也必须充分体现这一培养目标的要求。作为通识教育课程教材，必须让学生了解和掌握学科和课程最基本的思想方法和独特的思维模式，以提高学生的思维能力；如《数学文化》要让学生了解和掌握数学思维模式的严密性和逻辑性，《物理学之美》要让学生了解和掌握物理学科综合性和创新性的思维特点，学会从自然现象和日常生活中发现问题；《生活中的经济学》则让学生学会运用经济学的方法来分析和观察日常生活中的经济问题和社会问题等等。要改

---

① 李德顺，《价值观教育的哲学理路》，《中国德育》，2015（9）：27。

变单纯知识灌输教育模式，注重启发式教学，精心设计学生参与互动和讨论交流环节，调动学生学习的主动性和积极性，培养学生独立思考的能力。

四是力求突出职业院校学生的特点。由于种种原因，职业院校学生入学时文化成绩相对较低。因此，职业院校通识教育课程的教材，不能一味引经据典，而要适合职业院校学生的消化能力和文化水平，多采用贴近学生生活的案例来说明问题。在编写体例上，力求做到图文并茂、新颖活泼；在文字表述上，尽量少用专业术语，多用公众语言，力求做到深入浅出，简洁明了，适应职业院校学生的阅读特点。

可以说，这套教材的编写是深圳职业技术学院等职业院校在教育部职业院校文化素质教育指导委员会的指导下，根据新形势下职业教育发展的需要，对职业院校文化育人课程改革和教材编写的一次重要探索，是文化育人理念的真正落地，充分体现了有关职业院校高度的使命意识和历史担当。我们衷心祝愿这套具有引领性、示范性的职业院校文化育人教材越编越好，充分满足各职业院校培养出更多具有较高文化素养、职业素养的技术技能型人才的需要，提升职业院校人才培养质量和水平。

陈秋明

2017 年 3 月

前 言

党的十八届三中全会通过的《中共中央关于全面深化改革若干重大问题的决定》中明确指出要"全面贯彻党的教育方针，坚持立德树人，加强社会主义核心价值体系教育，完善中华优秀传统文化教育，形成爱学习、爱劳动、爱祖国活动的有效形式和长效机制，增强学生社会责任感、创新精神、实践能力"。大学生是祖国的未来和民族的希望，是社会主义事业的建设者和接班人。全面提高大学生综合素质，是党和国家赋予高校的重要使命。

志愿服务是大学生践行社会主义核心价值观的有效途径，是构建社会和谐的强大推力。著名管理学大师彼得·德鲁克（Peter F. Drucker）在谈到志愿服务精神时概括道："志愿服务组织的产品本质上是改善人类生活、提升生命品质的一种无形的东西，它使人获得新知、使空虚的人获得充实与自在。志愿服务组织的精神是仁爱的、利他的、为公益着想的，做法兼具系统性、持续性与前瞻性。"20 世纪 70 年代之后，受新自由主义和福利多元主义等思潮的影响，志愿服务在社会生活服务领域的作用被发掘出来。在中国，志愿服务活动和组织产生于 20 世纪 80 年代中国社会所发生的深刻变革之中。以 1993 年青年志愿行动的出现为标志，直至 2008 年奥运会的成功举办，是中国志愿服务事业全面发展并迅速壮大的时期。奥运会后，志愿服务事业进入较为平稳的发展阶段，其魅力和价值日益彰显。

2010 年广州亚运会、上海世博会，以及 2011 年深圳第 26 届世界大学生夏季运动会成为推进志愿服务事业发展的新契机。新一代志愿者又一次大放异彩，志愿服务的精神理念深入人心，大学生已成为推动志愿服务事业发展的重要力量和生力军。与此同时，志愿服务的组织、大学生志愿者的管理等也在实践中日渐成熟。但总体上，无论是理论界还是实务界，对于志愿服务的系统研究还较少。本书既是对 30 多年来我国大学生志愿服务活动经验的总结和凝练，也是对具有中国特色的大学生志愿服务理论与实践模式的归纳和建构。

全书分理论篇、方法篇、实践篇三部分，共计十章。理论篇：第一章厘清了志愿服务的相关概念，分析了大学生参加志愿服务的意义及优势，以及深圳大学生志愿服务现状；第二章介绍了志愿服务历史文化渊源，国内外大学生志愿服务发展概况及趋势。方法篇：第三章探讨了志愿者常见的心理问题、志愿者自我心理调适及其心理素质培养；第四章介绍了志愿者形象、接待、沟通、涉外礼仪，以及志愿服务的一般技巧和特殊技巧；第五章阐述了志愿者招募选拔流程、培训内容、管理内容及团队建设；第六章讨论了志愿服务项目的开发策划、组织实施、评估流程；第七章提出了志愿服务的媒体传播策略；第八章论述了志愿服务的权益保障、资金保障及激励机制。实践篇：第九、十章重点阐述了深圳职业技术学院"志愿者之校"建设的顶层设计、实践模式及典型案例。本书是对近年来我国大学生志愿服务实践的梳理和概括，也是对志愿服务管理体系的一种科学构建，无论是对我国志愿服务理论体系的建设，还是对大学生志愿服务实践的指导，都具有重要意义。

2013年5月4日，习近平总书记在同各界优秀青年代表座谈时强调："广大青年要勇敢肩负起时代赋予的重任，志存高远，脚踏实地，努力在实现中华民族伟大复兴的中国梦的生动实践中放飞青春梦想。""要倡导社会文明新风，带头学雷锋，积极参加志愿服务，主动承担社会责任，热诚关爱他人，多做扶贫济困、扶弱助残的实事好事，以实际行动促进社会进步。"志愿服务之所以具有强大的生命力，是因为它满足了大学生实现自我价值的内在需求，适应了社会文明进步的发展方向。认真研究大学生志愿服务的组织和管理、探索其中的规律不仅是大学生志愿服务自身发展的需要，也是社会建设、国家治理的重要途径之一。而具体到志愿者招募培训、工作技巧、团队建设、项目管理、保障激励、心理调适、媒体传播等大学生志愿服务组织管理问题的深入探讨，不仅是大学生志愿服务多年经验的提炼和升华，而且是直接推进社会主义核心价值观的传播、促进社会科学管理的必要举措。《大学生志愿服务理论与实践》的出版，无疑是这种努力的结果。

陈秋明
2017年季夏于深圳

目 录

理 论 篇

第一章　志愿服务与志愿者 ··· 3
　第一节　志愿服务概述 ·· 4
　第二节　志愿者、志愿精神和志愿服务活动 ······························· 11
　第三节　大学生参加志愿服务的意义及优势 ······························ 20
　第四节　深圳大学生志愿服务现状 ··· 24

第二章　志愿服务的历史沿革 ··· 44
　第一节　志愿服务的思想渊源和历史演进 ································· 45
　第二节　国内大学生志愿服务发展概况 ···································· 52
　第三节　国外大学生志愿服务发展概况 ···································· 60
　第四节　新时期我国大学生志愿服务发展趋势 ·························· 66

方 法 篇

第三章　志愿者心理调适 ··· 77
　第一节　志愿者常见心理问题 ··· 78
　第二节　志愿者自我心理调适 ··· 83
　第三节　志愿者心理素质培养 ··· 91

第四章　志愿服务文明礼仪和工作技巧 ····································· 103
　第一节　志愿者形象礼仪 ··· 105
　第二节　志愿者接待礼仪 ··· 111

第三节　志愿者沟通礼仪 ·· 116
　　第四节　志愿者涉外礼仪 ·· 119
　　第五节　志愿者工作的一般技巧 ·· 121
　　第六节　志愿者工作的特殊技巧 ·· 127

第五章　志愿服务组织和管理 ·· 134
　　第一节　志愿服务组织与管理概述 ··· 136
　　第二节　志愿者招募与选拔 ·· 139
　　第三节　志愿者培训 ··· 143
　　第四节　志愿者管理 ··· 148
　　第五节　志愿者团队建设 ··· 154

第六章　志愿服务项目的开发和管理 ·· 160
　　第一节　志愿服务项目概述 ·· 161
　　第二节　志愿服务项目的开发与策划 ······································ 171
　　第三节　志愿服务项目的组织与实施 ······································ 182
　　第四节　志愿服务项目的评估 ··· 187

第七章　志愿服务与媒体传播 ·· 192
　　第一节　媒体与志愿服务联姻的历程 ······································ 193
　　第二节　媒体传播的功能 ··· 199
　　第三节　志愿服务的媒体传播策略 ··· 204

第八章　志愿服务保障与激励机制 ·· 212
　　第一节　志愿服务保障与激励机制概述 ··································· 213
　　第二节　志愿服务的权益保障 ··· 217
　　第三节　志愿服务的资金保障 ··· 223
　　第四节　志愿服务的安全风险控制 ··· 226
　　第五节　高校志愿服务的激励机制 ··· 233

实　践　篇

第九章　"志愿者之校"建设的实践模式 ······································ 243
　　第一节　"志愿者之校"建设的顶层设计 ································ 244

第二节　品牌塑造与基地建设 ………………………………………… 250
　　第三节　数字化管理与课程化建设 ……………………………………… 254
　　第四节　专业化服务及其文化建设 ……………………………………… 258
　　第五节　科学化激励与人性化保障 ……………………………………… 262

第十章　"志愿者之校"建设案例简析 …………………………………… 264
　　第一节　在校志愿者管理及志愿服务开展 ……………………………… 264
　　第二节　二级学院志愿服务工作开展
　　　　　　——以崇理书院为例 ………………………………………… 267
　　第三节　志愿服务项目开发与管理
　　　　　　——以税务志愿服务项目为例 ……………………………… 272
　　第四节　校企共建志愿服务基地项目
　　　　　　——以现代牙科志愿服务基地为例 ………………………… 276
　　第五节　暑期社会实践融合志愿服务
　　　　　　——以"启明星"河源支教活动为例 ………………………… 278
　　第六节　大型活动志愿服务的组织管理
　　　　　　——以深圳第26届世界大学生运动会志愿服务为例 ……… 282

附录1　《志愿服务条例》……………………………………………………… 294
附录2　《广东省志愿服务条例》……………………………………………… 299
附录3　《深圳市注册志愿者管理办法》……………………………………… 304
附录4　《深圳职业技术学院关于建设"志愿者之校"的决定》…………… 309
附录5　《深圳职业技术学院关于进一步做好深圳第26届世界大学生夏季运动会
　　　　学生志愿者工作的意见》…………………………………………… 312

参考文献 ………………………………………………………………………… 318
后　记 …………………………………………………………………………… 321

理论篇

第一章　志愿服务与志愿者

志愿服务已成为人类社会生活的重要组成部分，体现着社会的文明进步。20世纪以来，志愿服务在全球得到了蓬勃发展，小到社区里的邻里互助服务，大至国际人道主义援助，志愿者的身影无处不在，全世界千百万的志愿者为人类的和平和发展贡献了巨大力量。这项以参与者自愿且不求物质报酬为典型特征的社会进步事业已越来越广泛地得到国际社会的普遍认同。从某种意义上讲，志愿者的活跃程度、志愿服务的发展状况已成为社会现代文明程度的主要标志之一。

【学习目标】

1. 掌握志愿服务的内涵及其特点。
2. 理解志愿者、志愿精神及志愿服务活动的含义。
3. 明确大学生参加志愿服务的意义。
4. 了解深圳大学生志愿服务现状。

【学习导航】

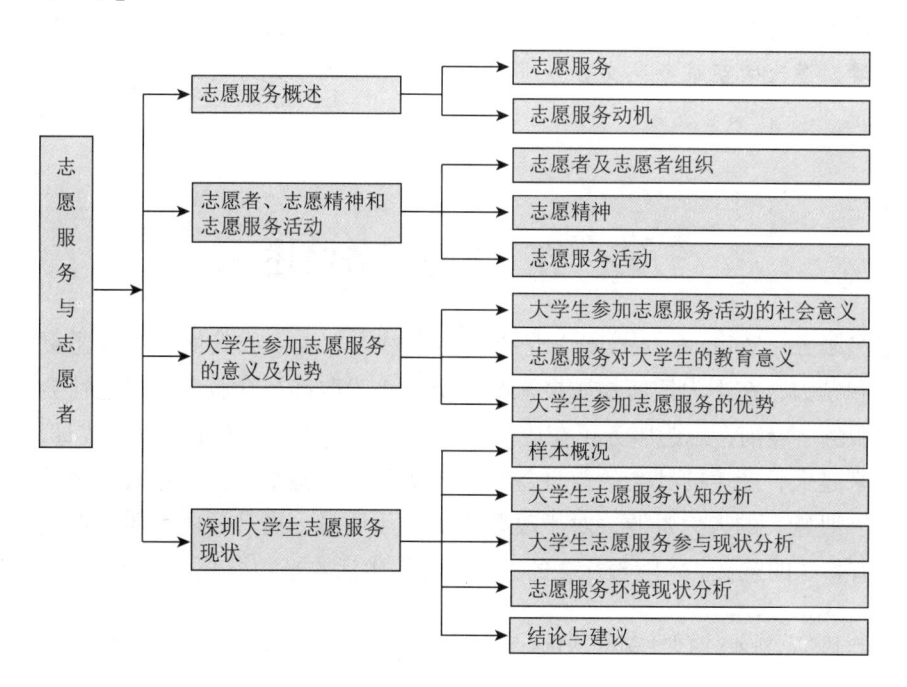

```
                        ┌─ 志愿服务概述 ──────┬─ 志愿服务
                        │                      └─ 志愿服务动机
                        │
                        │                     ┌─ 志愿者及志愿者组织
                        ├─ 志愿者、志愿精神和 ─┼─ 志愿精神
志愿服务与志愿者 ───────┤   志愿服务活动       └─ 志愿服务活动
                        │
                        │                     ┌─ 大学生参加志愿服务活动的社会意义
                        ├─ 大学生参加志愿服务 ─┼─ 志愿服务对大学生的教育意义
                        │   的意义及优势       └─ 大学生参加志愿服务的优势
                        │
                        │                     ┌─ 样本概况
                        │                     ├─ 大学生志愿服务认知分析
                        └─ 深圳大学生志愿服务 ─┼─ 大学生志愿服务参与现状分析
                            现状              ├─ 志愿服务环境现状分析
                                              └─ 结论与建议
```

【导入案例】

2011年8月12日至23日,第26届世界大学生夏季运动会在深圳隆重举行。大运会期间,深圳职业技术学院共有9015名赛会志愿者、76名城市志愿者、70名教师志愿者和153名管理人员参与志愿服务任务,服务于龙岗、坪山、南山3个赛区13个场馆群和交通、机场、官方酒店、大中华4个专项团队,累计服务26天72万多个小时,服务运动员、技术官员和观众120多万人次,出色地完成各项工作任务。深职院大运会志愿者以敢于担当的高度责任感和志愿为乐的奉献精神赢得社会的广泛赞誉,用真诚的微笑和热情的服务给世人留下难以忘怀的美好印象。以"互动哥"李栋(当时是在校大学生)为代表的志愿者成为青春深圳的品牌,中央和省市20多家媒体120多次报道深圳职业技术学院志愿服务工作。在闭幕式上,学校荣获深圳市大运会志愿服务工作"杰出组织单位",志愿者李栋获得深圳市"第三届义工服务市长奖",207名志愿者被评为深圳市大运会志愿服务先进个人,世界大学校长论坛组委会将唯一的"突出贡献奖"颁发给深圳职业技术学院,此外深职院还获得了"龙岗赛区特别支持奖""南山赛区特殊贡献团队奖""坪山赛区先进单位""交通团队随车服务先进集体"等荣誉。

大运会结束后,为传承和发扬大运精神,学校专门发布《关于建设志愿者之校的决定》,举全校之力建设"志愿者之校",组建志愿服务基地50余个,开展"志愿服务文化月"系列活动,把志愿者工作与人才培养、社会服务相结合,把志愿者精神作为学校的核心价值加以珍惜、培植、弘扬和传承,让志愿者精神成为每一名师生员工的价值追求。目前,注册在读的学生志愿者有两万多人,形成了一批具有鲜明高职特色的志愿服务品牌。深职院因此而获得首届广东高校校园文化建设优秀成果一等奖,多次荣获服务高交会先进义工组织、深圳市先进义工组织、广东省志愿服务奖。

第一节 志愿服务概述

志愿服务(Volunteer service)是指任何自然人、法人或其他组织自愿贡献自己的时间和精力,在不为任何物质报酬的情况下,为改善社会服务、促进社会进步而提供的服务。当前,志愿服务正在成为社会变革的一种积极力量,其形式日趋多样,规模越来越大,产生的社会效益日益突出。从国际经验来看,志愿人员是社会发展过程中一股巨大的人力资源,对于改善人民生活质量,提升公民素质,促进社会融合都具有特殊的意义。[①] 随着社会的进步和人们生活水平的提升,志愿服务将逐渐成

---
① 张仕进,任明广,刘安早.青少年志愿服务体系与培育机制研究[M].南京:南京师范大学出版社,2014,1.

为经济社会协调发展过程中的重要因素。

一、志愿服务

(一)志愿服务的含义

人们从不同的角度对志愿服务的定义提出种种不同的表述。联合国教科文组织给志愿服务下的定义是:"志愿服务是一种利他行为,是指人们在非私人的场合,在一段时间内自愿、不计报酬地为他人、为社会奉献自己的时间和专业知识,以帮助他人实现他们的所需。"美国社会工作协会认为,追求公共利益、本着自我意愿与自由选择而结合的一群人称为志愿服务团体,而这种团体工作则称为志愿服务。美国学者马克·A.缪其克(Marc A. Musick)在其所著《志愿者》(*Uolunteers: A Social Profile*)中认为:"志愿服务并不是简单的无偿劳动,而是为了正确理由而实施的无偿劳动。激发'善行'的是美德,像慷慨、博爱、感恩、忠诚、勇气、同情心和对正义的渴望。"[①] 国内学者丁元竹等将志愿服务界定为"任何人自愿贡献个人时间和精力,在不为物质报酬的前提下,为推进人类发展、社会进步和社会福利事业而提供的服务"。[②] 2006年,共青团中央颁布了《中国注册志愿者管理办法》(中青发[2006]55号),该《办法》(第四章第九条)明确规定:"志愿服务是指志愿者组织、志愿者服务社会公众生产生活和促进社会发展进步的行为……志愿服务范围主要包括:扶贫开发、社区建设、环境保护、大型赛会、应急救助、海外服务等。"2010年9月,广东省十一届人大常委会第二十次全体会议审议通过了《广东省志愿服务条例》(对1999年出台的《广东省青年志愿者服务条例》的修订)。该《条例》指出:"志愿者是不以获得报酬为目的,以自己的时间、知识和技能等,自愿帮助他人和服务社会的个人。志愿服务的范围主要包括扶贫济困、帮孤助残、支教扫盲、青少年援助、科技推广、医疗保健、环境保护、社区建设、大型社会活动、应急救援等方面。"[③] 2017年8月22日,国务院颁布《志愿服务条例》,其第二条规定:"本条例所称志愿服务,是指志愿者、志愿服务组织和其他组织自愿、无偿向社会或者他人提供的公益服务。"

上述内容对志愿服务的界定各不相同,但其基本精神是一致的:志愿服务不是以营利为目的,是基于利他动机,自愿贡献知识、技能、体能及时间等,以增进他人福利,促进社会和谐与进步为宗旨的公益服务活动。

(二)志愿服务内涵解析

1. 利他主义的价值追求。利他主义的奉献精神是志愿服务的基本价值追求,而

---

① 马克·A.缪其克,约翰·威尔逊著,魏娜等译.志愿者[M].北京:中国人民大学出版社,2013,15.
② 丁元竹,江汛清.志愿活动研究:类型、评价和管理[M].天津:天津人民出版社,2001,1-10.
③ 广东省志愿服务条例(修订)[EB/OL]. http://www.gdcyl.org/zyz/ShowArticle.asp?ArticleID=87914,2010-08-26.

缺乏利他主义的价值追求，即使行为本身客观上帮助了别人，也不能称为志愿服务。当志愿者这一形象闪现在我们脑海时，我们首先想到的是，他一定是个乐于助人的人，是一个热诚地服务他人、奉献社会的人。例如：大学生定期到敬老院、孤儿院、自闭儿童中心照顾老人、孤儿和自闭儿童，给他们以生活上的帮助，精神上的安慰；通过暑期"三下乡"活动，将有关文化、科技、卫生方面的知识带到农村，促进农村相关事业发展。这些活动都体现了利他主义的奉献精神。正是基于此，人们常常将志愿服务活动与社会慈善活动、学雷锋活动联系在一起。强调志愿服务活动必须具有利他主义的奉献精神，是否意味着志愿者不能有其他动机呢？答案是否定的。据有关研究表明，志愿服务人员的动机往往是多元的，除了实现利他主义的价值追求外，还可以有提高自己、结交朋友、学会工作技能为找工作做准备、摆脱自身烦恼等动机。共青团深圳市委员会、南都传播研究院于2010年共同撰写的调查报告《深圳义工服务事业发展研究》（内部资料，未正式出版，以下简称《深圳义工研究》）的调查数据显示，深圳市民普遍认为做义工不仅是一种利他行为，同样也是个人自我价值的实现。高达88.5%的市民作此选项，不同意该说法的比例仅有5.2%。"几乎所有（93%）参与1997年英国国家志愿服务调查的志愿者都不认为从志愿服务活动中得到就业技能和资历（比如急救）有什么不妥。只要利益不是人们参加志愿服务的主要原因，那么它是允许存在的。"[①] 因此，是否具有利他主义的奉献精神是检验志愿服务活动的试金石，如果参与志愿服务活动的基本动机是为了帮助他人、服务社会，即使附带有其他动机，这也是"纯粹"的志愿服务活动。如果参加志愿服务活动并不是为了帮助他人、服务社会，而仅仅是为了个人的目的，那么，即使客观上帮助到他人，也不能称其为志愿服务活动。

2. 自愿性。自愿是志愿服务的基本特征。从"志愿"一词的中文含义看，"志愿"本身就包含了自愿的意思。志愿服务的自愿性意味着个体具有参加志愿服务的选择权，即可以选择注册参加某一志愿组织，也可以选择参加某项具体的志愿活动，同时也可以选择不参加志愿活动。[②] 志愿服务的自愿性意味着非强制性和非义务性，它与职业工作不同。职业工作是根据劳动合同，必须每天按时出勤并完成规定的工作任务。它也不是法律或伦理道德规定的义务。美国法律规定，对一些罪行较轻的犯罪人员，可以通过在社区做一定数量的"志愿活动"来抵罪，这显然不是罪犯自愿的行为。目前，在我国很多城市中小学成立了"家长志愿者"组织，家长志愿者组织轮流摊派"家长志愿者"为学校提供学生安全保障、学生食宿安排、课外活动组织等活动，这虽然是采取了"志愿服务"的形式，但是这并非出于家长的自愿，而是出于学校的安排。此外，有的高校允许因身体原因不能参加军训的新生

---

① 马克·A. 缪其克, 约翰·威尔逊著, 魏娜等译. 志愿者 [M]. 中国人民大学出版社, 2013, 12–55.
② 宗延军. 志愿服务的立法动因与基本内容研究 [J]. 理论界, 2010(4): 79–81.

用"志愿服务"时间来抵军训时间，当志愿服务时间累积到一定数量时可获得军训学分。以上所例举的"志愿服务"活动，虽然有"志愿服务"之名，但并非出于自愿，因此并非实质意义上的志愿服务。同时，我们要深刻认识到，不管是发达国家还是发展中国家，社会发展的不平衡是永恒的规律。各个国家始终都会存在一部分弱势群体，他们无法依靠自己的力量摆脱贫困、疾病、痛苦，而作为社会的一分子，我们有责任和义务去帮助那些需要帮助的人们。在西方国家，人们把志愿服务称为"自愿的义务"，就是指人们自愿承担起社会责任和社会义务。因此，虽然志愿服务是以自愿为原则的，但积极参与志愿服务又是我们每一个人的社会责任和社会义务。另外，需要特别提出的是，自愿并不意味着可以自由散漫。如果志愿者选择参加某一志愿服务组织，就必须遵守该组织的章程，承担相应的义务。如果志愿者自愿选择参加某项具体的志愿服务项目，就必须按照该项目的要求，认真履行自己的职责。《志愿服务条例》第二十二条规定："志愿者接受志愿服务组织安排参与志愿服务活动的，应当服从管理，接受必要的培训。志愿者应当按照约定提供志愿服务。志愿者因故不能按照约定提供志愿服务的，应当及时告知志愿服务组织或者志愿服务对象。"

3. 无偿性。无偿性是指志愿服务不求物质回报。正因为志愿服务有利他的价值追求，所以不求物质回报是志愿服务的基本要求，也是社会对它的基本期待。志愿者个人更不能向服务对象索取物质的回报。如果志愿服务追求物质回报，那它与普通的商业行为和市场交易就没有任何区别。志愿服务不求物质回报，并不意味着志愿服务没有任何的经济性。相反，当下的志愿服务有赖于一定的经济基础，因为志愿服务需要必要的培训、交通支持、餐饮和医疗保障、意外保险购买等。《深圳义工研究》的调查数据显示，63.8%的义工认为面临的主要困难是"活动经费不足"。调查还发现，虽然63.8%的市民认为义工活动应该是无偿提供服务，但仍然有近三成的市民认为义工活动应该得到适当报酬。从美国的情况看，志愿者的交通费和餐饮费是可以向志愿者组织报销的，或者将此类费用当作个人慈善捐赠在个人所得税中扣除。比如，美国的一个非常著名的志愿者组织——美国志工团，它是给志愿者发放补助的（当然补助的数额低于相应劳动力的市场价格），服务满一年就可以得到一份教育奖学金，服务两年可以得到双倍奖学金。志愿者个人不能以物质回报作为参加志愿服务的目的，但对于参加志愿服务的一些必要开支是应该得到补偿的。尤其是大学生志愿者，如果完全依靠他们自筹经费去参加志愿服务必定不可持续。因此，政府应加大对志愿服务的经费支持，同时鼓励社会加大对志愿服务的捐赠力度。《志愿服务条例》第三十条规定："各级人民政府及其有关部门可以依法通过购买服务等方式，支持志愿服务运营管理，并依照国家有关规定向社会公开购买服务的项目目录、服务标准、资金预算等相关情况。"当然，对于志愿服务有需求的大型活动举办方，应该为志愿服务提供培训、交通、餐饮、医疗、保险等基本支持。例如，《深圳职业技术学院志愿服务管理办法》规定:"一般情况下,志愿服务需求方应为志愿服务活动提供交通、餐饮、临时休息场所等基本保障。"

4.公益性。志愿服务是为了社会公众的利益和福祉而开展的活动,是社会的公益行为,志愿者组织的成立不是为特定的具体个人服务。志愿服务活动主要包括助老扶弱、扶贫济困、支教助学、环境保护、社区服务以及其他社会公益性活动。①《志愿服务条例》第二十一条规定:"志愿服务组织、志愿者应当尊重志愿服务对象人格尊严,不得侵害志愿服务对象个人隐私,不得向志愿服务对象收取或者变相收取报酬。"志愿服务活动的公益性,意味着志愿服务不是基于亲属关系、朋友关系。家庭的老人失去了生活自理能力,子女们轮流照顾,这是基于亲情关系的服务。主人要出差,将家里的宠物寄养在邻居家几天;或者邻居是上班一族,邮寄的包裹经常无人接收,要邻居代为接受包裹;或者邻里之间相互照看小孩等等,这些都是基于朋友之间的私人关系而进行的互帮互助。志愿服务的公益性意味着不能为纯粹的商业行为提供志愿服务。一些大型商业活动,为了节约成本,打着公益的旗号向高校索要志愿服务的支持。对此,高校应理直气壮地拒绝。高校可以提供服务,但要按照市场行为的原则进行合作,商业活动举办方不仅要给参加服务的学生提供交通、餐饮、培训、医疗、保险的基本保障,还要为学生提供适当的劳动报酬。《深圳义工研究》调查数据显示,49.1%的义工认为面临的主要困难是"活动变味,沦为有关部门的免费劳动力",让志愿者长期参加应属于一些单位或个人工作职责范围内的非公益性工作,会极大影响志愿者的积极性,甚至影响志愿服务事业的发展。

拓展阅读

"鸟巢一代"感动世界 数万年轻人书写辉煌历史

"鸟巢一代"——在这个满溢激情与欢笑、泪水与喜悦的夏天之后,中国的年轻志愿者们拥有了一个全新的代号,铿锵、辉煌而让人记忆深刻。"志愿者的微笑,是北京最好的名片"也从一句宣传语变成了事实——志愿者明朗的表情,代表了北京的形象。

汗水:每名志愿者一段奉献故事

本届奥运会志愿服务的数据如下:北京奥运会、残奥会期间,共有10万赛会志愿者在61个业务领域的2940个岗位上提供赛会服务;40万城市志愿者在北京街头的550个站点提供城市服务;有超过100万社会志愿者服务于交通、邮政、安保等领域;赛场看台上,还有20万拉拉队志愿者以嘹亮嗓音和充沛激情,掀起赛场热潮。

每一个志愿者都有属于自己的故事,也许渺小,也许平淡,却如无数水滴般汇

---

① 田思源.我国志愿服务立法的现状及构想[J].法学,2008(5): 42-53.

成涓涓细流，再奔涌入浩渺大海。他们中，有身在赛场却不能观赛、永远盯着地面的擦地员志愿者；有背向开幕式、与精彩节目"咫尺天涯"的鸟巢看台志愿者；有事无巨细、好比各国代表团"保姆"的NOC助理志愿者；有看似娇憨可爱、实则闷在福娃中汗如雨下的场地表演志愿者；有风雨无阻一路护航的驾驶员志愿者；有贴身陪伴五湖四海青年营员的青年营志愿者；还有在北京街头经受雷雨与烈日轮番考验的城市志愿者，他们是"活地图"，是"贴心人"，是"百科全书"……

见证：数万年轻人书写辉煌历史

所谓"鸟巢一代"，是这次奥运会中，外媒给年轻的中国志愿者们起的代号，将那些普遍接受过高等教育、擅长用英语与外宾对话、富有爱国心的年轻人称为"鸟巢一代"。这批意气风发的"鸟巢一代"，多是"80后"，通常在家里是集万千宠爱于一身的独生子女。然而，这批年轻志愿者在志愿服务中，表现出了超人的坚韧、耐心和宽容度，北京奥运会也将成为他们人生的一段重要经历。

"在本届奥运会上，无论谁赢得的奖牌最多，有一件事是非常明确的，那就是这些志愿者赢得了那些来京人士的由衷赞赏。"联合国副秘书长施泰纳（Achim Steiner）在开幕式前一天即表示。

欢乐：一个人奉献唤起无数关爱

苦吗？累吗？确实！但志愿者更多的感触，是经历盛事的荣幸与激动，是代表国家形象的自豪与责任感，是"授人玫瑰，手有余香"的助人之乐和志愿精神，还有得到赞赏、肯定、关爱后的丝丝甜意。

街头烈日下的城市志愿者让很多市民心疼。7月中旬，他们喝上了有点甜、有点酸、由5种中草药配方制成的"志愿者消暑凉茶"，这一配方是中医药专家们通过近一年时间研制出来的。其实，早在专门的志愿者凉茶出来前，志愿者们就已经收到了不少附近居民自发送来的绿豆汤、冰咖啡了。

7月17日，北京奥组委志愿者部宣布，作为对志愿者的激励措施，10万赛会志愿者将每人录制一段1分钟的DV，550个城市志愿者站点也将保留一段视频资料，以作为永久的留念，"这将是志愿者们永恒的回忆"。

（资料来源：记者：王海亮，《北京晨报》，2008年8月28日）

二、志愿服务动机

志愿服务工作是以奉献为主的工作，其中充满了困难与艰辛，但为什么还有很多人愿意参与到志愿服务工作中成为志愿者？有人认为，人天生是群居动物，互帮互助是人的本能；有人认为，行善助人，乐人乐己，参加志愿服务活动会善有善果；还有人认为，志愿者是出于满足好奇心、结交朋友、锻炼自我等原因参与志愿服务活动的。① 从志愿服务的本质来看，这些都不足以完全激励人们踊跃参与志愿服务。那么，个体从事志愿服务的动机是什么呢？

1. 精神追求。爱因斯坦说："一个人的价值，应该看他贡献什么，而不应当看他取得什么。"志愿者在付出的过程中，收获的是被他人需要、被社会认可，这一回报不是金钱，也不是物质奖励，而是一种内在的精神价值。它使生命充满了意义，使社会充满了温馨。

2. 社会使命。志愿服务活动源于心系社会、服务社会的慈善捐助。今天的志愿者们秉承这一使命，并积极回应这一使命的召唤，以多样的志愿服务内容投入到增进人类福祉的活动中。志愿者们投身于公益事业，不仅贡献个人力量，而且与社会形成互动，从而催生社会责任感和使命感；他们发扬人道主义精神和志愿服务精神，为政府分忧、为社会解困，改变着社会面貌。② 正如爱因斯坦所说："只有献身于社会，才能找出那短暂而有风险的生命的意义。"

3. 知识学习。志愿者在从事志愿服务工作时，不仅是帮助他人，还可以在这一过程中学习新的知识和技能，积极促进个人的成长和人格的完善。志愿服务是团队工作，志愿者在这一团队中学会建立良好的人际关系，增强团队精神，加强团队合作。尤其是大学生志愿者，他们在提供志愿服务的同时，也提高了自身专业技能。③ 同时，志愿服务也帮助他们了解社会，深化对理论知识的理解，并获得启迪与教育。

4. 价值实现。美国著名心理学家马斯洛认为，人生的最高境界是自我实现，其中就包括关心他人、超越自我。尽管人们在日常生活中追求物质利益，但从未放弃对美好生活的向往。心灵的充实、精神的升华、潜能的发挥以及自我价值的实现一直都是志愿者的不懈追求。志愿者的善举不仅充实了他们的生活，也升华了他们的灵魂，实现了他们的人生价值。

5. 人生体验。我们在生活中体验，也在体验中生活，为的是使我们的人生更加丰富多彩。志愿服务在人生众多的体验当中，也许只是短暂的瞬间，却是辉煌灿烂的。④ 在志愿服务活动中，有些体验是日常生活的酸甜苦辣，有些体验却是刻骨铭心的。参加首都支援农村教育工作的老师们说："我们被农村感动，我们感动着农村。"作为志愿者，他们体验到了这种心灵共鸣。为了丰富生活体验，塑造完美人生，越来越多的人加入到志愿服务队伍中来。

6. 心理完善。志愿服务可以帮助志愿者培养快乐的心境和积极向上的价值观。志愿者在关心和帮助他人的过程中，缓解了自身心理压力，塑造完善了品格。一篇介

---

① 侯蕾. 高校大学生志愿者活动管理研究 [D]. 华东师范大学硕士学位论文, 2009, 33.
② 黄巧荣. 大学生志愿精神的培育与弘扬 [J]. 当代青年研究, 2012(3): 49–53.
③ 陈丽红, 李靓. 从奥运志愿服务动机看当代大学生的价值取向 [J]. 吉林师范大学学报(人文社会科学版), 2011, 39(2): 119–121.
④ 阎珏雯, 刘夏亮. 在志愿服务中收获成长 [J]. 成才与就业, 2009(12): 8–11.

绍美国的志愿服务的文章讲述了志愿者凯瑟琳·佩纳（Katherine Pener）的故事。志愿者凯瑟琳·佩纳为术后乳腺癌患者做了 22 年的咨询指导工作。她说："我保证所有志愿者都会在情感上、生理上、心理上感觉更好，不管你是谁，不管你做什么（志愿工作）。我所认识的志愿者都笑容满面。"通过志愿服务，志愿者们能够树立自尊、自强、自立、自爱的人格气质，以及健康乐观的心理素质。

第二节　志愿者、志愿精神和志愿服务活动

一、志愿者及志愿者组织

（一）志愿者

志愿者（Volunteer）也称志愿人员，中国香港称义工，中国台湾称志工。《志愿服务条例》第六条规定："本条例所称志愿者，是指以自己的时间、知识、技能、体力等从事志愿服务的自然人。"共青团中央颁布的《中国注册志愿者管理办法》将志愿者界定为"不以物质报酬为目的，利用自己的时间、技能等资源，自愿为社会和他人提供服务和帮助的人"。① 《广东省志愿服务条例》第三条将志愿者界定为"参加志愿服务活动的个人，也称义工"。② 联合国将志愿者界定为"不以利益、金钱、扬名为目的，为近邻乃至全世界进行贡献的活动者"。从这些对志愿者的界定来看，要成为一名志愿者，必须要有为他人、为社会作奉献的信念，必须是自主自愿地参与非义务或职责的活动，必须是不求物质报酬的。当然，要成为一名志愿者，还必须具备相应的基本能力和身体素质。

志愿者在参加志愿服务活动时（特别是有组织的参加志愿者活动时），可以穿志愿者服装，或佩戴志愿者标识，以表明志愿者的身份，方便为他人和社会服务。目前，全国没有统一的志愿者服装和标识。团中央设计了中国青年志愿者的标识，以供全国青年志愿者使用。

"中国青年志愿者"标志的整体构图为心的造型，同时也是英文"青年"的第一个字母 Y；图案中央既是手，也是鸽子的造型。标志寓意为，中国青年志愿者向社会上所有需要帮助的人们奉献一片爱心，伸出友爱之手，以跨世纪的精神风貌，面向世界，走向未来，表现青年志愿者"热情献社会；真情暖人心"的主题。该标志是中国青年志愿者活动的统一标志，将制成胸章、纪

图 1-1　中国青年志愿者标识

---

① 团中央. 中国注册志愿者管理办法(修订) [EB/OL]. http://www.cvf.org.cn/show/67.html, 2013-12-01.
② 广东省志愿服务条例(修订) [EB/OL]. http://www.gdcyl.org/zyz/ShowArticle.asp?ArticleID=87914, 2010-08-26.

念章（徽章）、旗帜及其他宣传品，供青年志愿者开展活动和宣传之用。标志版权归共青团中央所有。

有些地区或高校设计了自己的志愿者服装和标识。例如，深圳职业技术学院设计了自己的志愿文化标识系统，包括服装和标识。

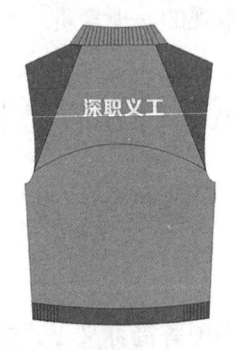

图 1-2　深职院校义工联服装　　　　图 1-3　深职院校义工联标志

此标志的三色火焰分别代表梦想、恒久和活力。火焰相互交融向上，体现了学校"文化育人、复合育人、协同育人"的工作蓬勃发展，以及深职学子自强不息的优秀品质，并象征着"团结、友爱、互助、进步"的志愿者精神的不断发扬光大。

关于志愿者，有几个问题需辨别清楚。

一是真假志愿者之辨。目前，高校普遍实施志愿者注册制度，且绝大部分都是真正的志愿者，他们满怀热诚、积极主动为他人、为社会服务，但也有很少部分的志愿者是"假志愿者"。例如，有的高校出于对大学生参加志愿服务活动的鼓励，规定志愿服务学时可以换社会实践课程 2 学分。[①] 因此，部分同学（"假志愿者"）是为了混学分才参加志愿服务，因而缺乏积极主动性，没有发自内心地真诚为大家服务，影响了志愿者的形象。对于如何辨别真假，有两种"说法"：一是动机论，认为辨别是否是真志愿者，主要看他是否认同利他主义的价值观，是否想通过帮助他人和社会，来促进社会的进步；二是效果论，认为动机存于人的内心，有时是很难辨别清楚的，只要他的行为真正帮助了别人和社会，就是真正的志愿者。其实，动机和效果之间相互关联，有好的动机，一般情况下定会有好的效果；而动机不纯的志愿者，肯定很难真诚地为他人服务，效果也一定不好。对于纯粹为了个人私利参加志愿服务的志愿者，志愿者组织要对其进行教育引导，如屡教不改，造成不良影响的，则应注销其志愿者资格。

二是志愿者的资格年龄之辨。当志愿者是否有年龄要求？志愿服务活动在法律上是一种民事行为，民事行为的实施主体应该具有民事行为能力。因此，在我国，志愿者一般应该要满 18 周岁，如果满 16 岁且是以自身劳动收入为主要生活来源的也

---

① 曹科岩,刘岩.关于构建大学生志愿服务长效机制的思考［J］.教育与职业,2015(23): 115-117.

可以，18岁以下则应该取得监护人的书面认可。美国一般要求16周岁以上，18岁以下则应该取得监护人的书面认可。① 志愿者对年龄上限则没有做出明确的限制，但志愿者应具备完成志愿服务所需要的身体条件。《志愿服务条例》第十五条规定："志愿服务组织安排志愿者参与志愿服务活动，应当与志愿者的年龄、知识、技能和身体状况相适应，不得要求志愿者提供超出其能力的志愿服务。"

三是志愿者是否一定要加入志愿者组织之辨。有人认为，志愿者必须注册并加入志愿者组织才能成为一名志愿者，这是一种误解。志愿者的基本要求是本着利他主义的奉献精神，不计物质报酬，自愿以自己的知识、技能、时间、精力服务他人、奉献社会。《志愿服务条例》第十一条规定："志愿者可以参与志愿服务组织开展的志愿服务活动，也可以自行依法开展志愿服务活动。"因此，不加入志愿者组织，照样可以去敬老院照顾老人，可以定期去小学开展益智游戏，可以在社区进行治安巡逻等等，而加入志愿者组织的人，也有可能开开会、"打打酱油"，很少深入志愿服务一线为他人服务。所以，不能将是否加入志愿者组织来衡量一个人是否是志愿者。当然，志愿者加入志愿者组织无疑是有很多好处的。比如，可以获得志愿者组织的专门培训，得到更多的服务机会，认识更多的朋友，志愿服务时的安全得到保障等等。因此，个人志愿者（特别是大学生志愿者）最好能够加入一个志愿者组织，通过志愿者组织开展志愿服务。

四是志愿者的权利义务之辨。志愿者用自己的时间、精力、知识、技能帮助需要帮助的人而不计物质回报，似乎只有承担社会义务和责任，而没什么权利可言。其实，不管是从志愿服务行为是民事行为的角度，还是从志愿者是志愿者组织成员的角度来说，志愿者既要承担一定的义务，也具有一定的权利。《广东省志愿者服务条例》（第十六条、第十七条）对此作了明确规定。② 志愿者享有的权利包括：（一）自愿加入或者退出志愿者组织；（二）参加志愿者组织的活动，接受与所参加的志愿服务活动有关的教育、培训；（三）获得志愿服务活动真实、准确、完整的信息；（四）获得参加志愿服务活动所必要的条件和安全保障；（五）要求志愿者组织帮助解决志愿服务过程中的困难和问题；（六）对志愿者组织的工作进行监督，提出建议、批评；（七）在自身生活有困难时优先获得志愿服务；（八）法律、法规及志愿者组织章程规定的其他权利。志愿者应当履行的义务包括：（一）遵守法律法规，以及志愿者组织的章程和制度；（二）接受志愿者组织的指导和安排，履行志愿服务承诺，完成志愿服务工作；（三）尊重志愿服务对象，不得泄露在参加志愿服务过程中获悉的个人隐私、商业秘密和其他依法受保护的信息，不得损害志愿服务对象的合法权益；（四）因故不能完成志愿服务活动时，及时告知志愿者组织；（五）不得向志愿服务对

---

① 王婉妍.论我国志愿服务法律制度的完善［D］.首都经济贸易大学硕士学位论文,2012,2.
② 广东省志愿服务条例(修订)［EB/OL］. http://www.gdcyl.org/zyz/ShowArticle.asp?ArticleID=87914, 2010-08-26.

象收取或者变相收取报酬;(六)不得利用志愿者身份从事以营利为目的的活动或者违背社会公德的活动;(七)维护志愿者组织和志愿者的声誉和形象。

通过分析可以看出,只有真心奉献的志愿者才是"真正的志愿者";志愿者必须要年满18周岁,或者满16岁且以自己的劳动收入为主要生活来源,对于志愿者的年龄上限则没有规定;不一定要加入志愿者组织才能成为一名志愿者,但加入志愿者组织有利于志愿者个人更好地参与志愿者服务;志愿者拥有8项权利,也应承担7项义务。大学生年轻、充满活力、掌握专业知识、渴望接触社会并奉献社会,因此越来越多的大学生积极加入志愿者组织,大学生已成为当前我国志愿服务队伍中的骨干力量。

拓展阅读

青年志愿者之歌创作背景

从20世纪末中国青年志愿者协会成立,到北京奥运会、上海世博会、广州亚运会的成功举办,中国的青年志愿者事业取得了长足的发展。志愿者队伍已经成为必不可少的一支重要力量,青年志愿者这个光荣而又温馨的群体也成为这些活动中最亮丽的风景线之一。《中国青年志愿者之歌》是一首专门为志愿者创作,歌颂"奉献、友爱、互助、进步"的志愿者精神的歌曲,表达了对志愿服务精神的赞美和向往。歌曲由刘京山作词,臧云飞作曲,并由中国人民大学团委书记费佳领唱。歌曲于2012年10月3日在中国人民大学75周年校庆晚会上首次演唱。

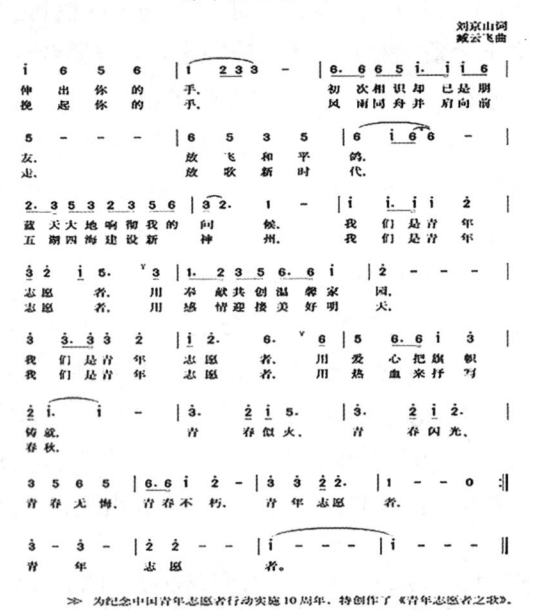

» 为纪念中国青年志愿者行动实施10周年,特创作了《青年志愿者之歌》。

图1-4 《青年志愿者之歌》歌词

（二）志愿者组织

《志愿服务条例》第六条第二款规定："本条例所称志愿服务组织，是指依法成立，以开展志愿服务为宗旨的非营利性组织。"《广东省志愿服务条例》第三条将志愿者组织界定为"从事志愿服务的非营利性的社会公益性组织"。[①]香港义工工作发展局将志愿者组织（义工组织）界定为"以推动义工服务和任用义工为主的机构、组织、社团或小组，界别可多元化，如学校、社会福利服务、医疗、政治、环保、文娱康体、地区事务等，皆有义工组织协助推动本地义工工作"。我们认为，志愿者组织是指以"奉献、友爱、互助、进步"的志愿精神为价值追求，招募、培训志愿者，协调、组织志愿服务工作，以推动人类发展、促进社会进步的社会公益组织。作为志愿者组织，必须具备几个关键要素：一是"奉献、友爱、互助、进步"必须成为该组织以及所有组织成员的共同信念和价值追求；二是该组织的所有成员应该全都是志愿者；三是该组织只专注于志愿服务活动，一般不得开展与志愿服务无关的活动，更不得开展营利性活动；四是该组织的终极目标是推动人类发展、促进社会进步。

为什么会出现志愿者组织？社会为什么需要志愿者组织？即使在发达的资本主义社会，市场机制也不是万能的，也有失灵的时候以及失灵的领域。比如，在需要帮扶济困的社会慈善领域以及志愿服务领域，市场机制无法发挥作用，因为市场机制的目标是利润的最大化，没有一个完全市场化的企业能够完全专注于志愿服务，社会的志愿服务或慈善事业无法靠市场机制来完成。政府有时也是失灵的，政府可以扶持志愿服务或者社会慈善组织，但是政府不可能直接从事志愿服务，让政府直接从事志愿服务或社会慈善活动，对本来就十分有限的资源是一种浪费。这就需要政府及市场之外的社会组织来完成政府和市场均无法完成的职责，志愿者组织于是应运而生。

志愿者组织按照不同的分类方法可划分成各种类型。按地域划分，包括：国际性的，例如成立于1970年的联合国志愿人员组织；全国性的，例如我国由共青团发起成立的中国青年志愿者协会；地域性的，例如各地的青年志愿者协会。按行业领域划分，包括环境保护、公共福利、教育、医疗、帮扶济困等。按不同系统划分，包括共青团系统的青年志愿者协会、妇联系统的巾帼志愿者组织等。按不同人群划分，包括大学生志愿者组织、社区志愿者组织、老年志愿者组织等。

在团中央的积极倡导和推动下，全国高校志愿服务活动风起云涌，发展非常迅速。全国性大学生志愿服务项目及相关组织有"暑期三下乡"及"西部志愿者计划"。各高校则一般都成立了志愿者协会（义工联），组织和带领大学生积极投身志愿服务活动，为社会的进步和发展做出了积极的贡献。

---

① 广东省志愿服务条例(修订)［EB/OL］. http://www.gdcyl.org/zyz/ShowArticle.asp?ArticleID=87914, 2010-08-26.

二、志愿精神

（一）何谓志愿精神

志愿精神与志愿服务密不可分。志愿精神是志愿服务的内在价值追求，志愿服务是志愿精神的外在表现。什么是志愿精神？联合国教科文组织的界定是"一种在自愿的不计报酬或收入的条件下参与推动人类发展、促进社会进步和完善社区工作的精神。它是公众参与社会生活的一种重要方式，是个人对生命价值、社会、人类和人生观的一种积极态度"。① 丁元竹、江汛清认为"志愿精神（Volunteerism）是指一种自愿的、不为报酬和收入而参与推动人类发展（Human Development）、促进社会进步和完善社区工作的精神，是公众参与社会生活的一种非常重要的方式，在一些国家志愿精神是公民社会和公民社会组织的精髓"。②

志愿精神具体包括哪些内容？中国青年志愿者协会将志愿精神概括为四个方面：奉献、友爱、互助、进步。这一精神是中国传统美德、时代精神和人类共同文明的有机结合。它既是对中华民族团结友爱、助人为乐、见义勇为、尊老爱幼、尊师重教等传统美德的继续与光大，又是社会主义时代精神的弘扬和"雷锋精神"在新时期的体现。

志愿精神与志愿服务的特性相对应，是指一种自愿地、不计报酬地参与推动社会进步、促进人类自身全面发展的社会公益事业的精神。志愿精神的具体内涵因人、因地、因时而异，不同国家、不同时代的人对于志愿精神的具体涵义也存在着不同的理解。可以说，志愿精神也是与时俱进、不断发展的。但无论这种精神具有怎样的文化差异，满足一些基本的条件是必须的。

志愿精神最为核心的部分体现在以下几方面。

一是从志愿者角度看，志愿精神就是"奉献精神"。首先，志愿精神在于自觉自愿。志愿者应本着自觉自愿的精神参与志愿服务。自觉自愿精神包含了自觉与自愿两个方面：自觉意味着在服务中发挥积极作用，主动承担责任；自愿则意味着志愿者是自己想参加志愿服务而不是他人或某种外力迫使下的产物。③ 其次，志愿精神在于奉献，而不是出于其他目的。这一点体现在中国青年志愿者誓词中："尽己所能，不计报酬，帮助他人。"最后，志愿精神主要通过志愿者的信念来体现。精神是某种看不见摸不着的东西，它无法通过量化的方式来评判，它存在于志愿者内心的信念之中。现实中的志愿者有着不同的境界，判断境界高低的标准当然是志愿精神，一个好的志愿者是信念在不断纯化之中的志愿者。④

二是从志愿者与服务对象的关系角度看，志愿精神可以理解为"互助友爱精

---

① 张仕进,任明广,刘安早.青少年志愿服务体系与培育机制研究[M].南京:南京师范大学出版社,2014,7.
② 丁元竹,江汛清.志愿活动研究:类型、评价与管理[M].天津:天津人民出版社,2001,2.
③ 阚宝涛.大学生志愿精神培育研究[D].山东师范大学硕士学位论文,2012,9.
④ 田军.志愿服务理论与实践[M].上海:立信会计出版社,2007,11.

神"。志愿服务不仅是单方面的施与，还具有"双赢"的特色。[①] 志愿者在服务他人、服务社会的同时，自身也到了完善，得到精神和心灵的满足。另外，志愿者在服务过程中也丰富了自己的生活经验，加深了对社会的认识，并培养了组织领导、合作等方面的能力，增强了自信心，获得了成就感。[②] 服务对象也不是消极被动地接收帮助，志愿服务过程就是志愿者与服务对象相互关爱、相互交流和共同发展的过程。"服务社会，传播先进文化，为建设团结互助、平等友爱、共同前进的美好社会贡献力量"，就是对"互助友爱"精神的最好诠释。[③]

三是从志愿服务的社会价值角度看，志愿精神可以理解为"公民精神"。俄罗斯伟大的文学批评家别林斯基曾说过："你可以不做诗人，但你必须做一个公民。"公民精神高度浓缩了公民社会的内涵，其表现形式则是公民的社会责任。简单说，公民的社会责任就是公民在享受法律权益的同时，履行对社会应尽的义务。一个社会如果缺少公民精神，就会变成一个私人利益的卑微集合体，而国家也就变成了依赖私人利益结合成的空洞的法人团体。培育公民精神是构建和谐社会不可或缺的内在因素，是一种持续动力。汶川地震的抗震救灾和北京奥运的成功举办让我们看到了志愿精神在升华。

最后从人类社会发展的角度看，志愿精神可以理解为"人文精神"。联合国志愿人员组织做了一个很好的总结，即志愿精神体现为"个体对生命价值、社会、人类和人生观的一种积极态度"。显然，在影响志愿者和救助对象、作用于社会体系结构和心理各方面的基础上，志愿精神最终的目的是在全社会每个成员的心灵中得到内化，成为一种面对人生、社会和生命个体的态度。[④] 这是志愿精神的最深层次，是"奉献服务""自助助人""公民参与""互助友爱""共同进步"等精神内涵在个体人生态度中的升华。

（二）志愿精神的思想基础

志愿精神基于个人对社会和人类的积极认识，体现了一种有利于社会发展的积极价值取向。这种价值取向既取决于个人成长的背景、所受教育、人生阅历与经验，同时又取决于社会环境在我们选择时起的作用。[⑤]

志愿精神在不同的国家有不同的内容，其思想基础也呈现出多样化。例如，美国历史学家莫尔科第指出，强调志愿者主动性有助于塑造美国国民性格。美国人认为，美国志愿服务精神的出现首先归功于新教伦理和英国先祖，犹太教、基督教随一次次移民潮被传入美国；其次归功于独立战争时期和拓荒时期，美国人在经受困

[①] 穆青. 如何理解志愿服务与志愿精神［J］.北京青年政治学院学报, 2005, 14(3): 9–12.
[②] 刘建萍, 陈征. 大学生志愿服务及志愿团队的培养［J］.思想政治教育研究, 2007(6): 122–123.
[③] 梁绿琦, 纪秋发. 青年志愿服务的哲学价值［J］.北京教育(高教版), 2006(9): 20–22.
[④] 穆青. 如何理解志愿服务与志愿精神［J］.北京青年政治学院学报, 2005, 14(3): 9–12.
[⑤] 马海兰. 大学生志愿精神培育研究——以南京青奥会志愿服务为例［D］.南京信息工程大学硕士学位论文, 2014, 11.

境的支配和善良的磨练下相互依靠和帮助的个人利益基本价值观。[①]法国明确指出，非营利性是志愿活动的根本精神，有的是强制性的，并且完全不应获取报酬；而志愿服务不排斥获得维持志愿者基本生活的报酬。[②]马来西亚青年运动全国助理总秘书江贵曾说："马来西亚的志愿团体的宗旨'教育青年，服务社会'要求每个志愿者要有积极向上的服务精神。"在中国，志愿精神是对中华民族团结友爱、助人为乐、见义勇为、尊老爱幼、尊师重教等传统美德的继承与光大。中华民族拥有五千年的悠久文化和灿烂的东方文明，虽未曾举起过"志愿者"的旗帜，但从"乐善好施"的千年古训到"助人为乐"的雷锋精神，无数仁人志士早已吟唱出人类道德情感的华彩乐章，尤其是雷锋精神，教育和培养了好几代人。青年志愿者行动既从中华民族的传统美德中汲取营养和力量，同时也是对中华民族传统美德的发扬和光大；青年志愿者精神闪烁着中华民族传统美德的光芒。

（三）弘扬志愿精神

志愿精神是全人类共同的宝贵财富，是基于人类道德和良知，以自愿和不图物质报酬的方式，为他人和社会提供社会服务的一种奉献精神。[③]随着人类社会的文明进步，人的价值取向也发生了重大的变化。人们在追求物质需要的同时，将更多地追求精神需要。这种精神不仅停留在个人需求层面，而是更多地体现在人对社会所承担的共同责任和义务上。这种精神超越了地域、民族、文化的界限，为世界各国、各民族、各种文化所广泛认同，体现了人类对美好生活的共同向往。

志愿精神既传承了中华民族助人为乐、扶贫济困的传统美德，又体现了社会主义道德的基本要求，具有鲜明的时代特征。大学生在参与志愿服务的过程中，不仅为社会和他人提供帮助，而且自身得到了锻炼和提高，思想境界得到升华和发展。实践证明，志愿服务是培养教育大学生的有效途径，是实践育人的重要载体。因此，要继续大力弘扬志愿精神，动员广大青年学生到基层去、到祖国最需要的地方去，走与实践相结合、与人民群众相结合的成长道路，在志愿服务中受锻炼、长才干、做贡献。[④]

拓展阅读

志愿精神会聚抗震救灾强大力量

汶川大地震发生后约有20万人次志愿者到灾区帮助抗震救灾，这只是数以亿计的志愿者的一部分。在大灾面前，来自民间、集中爆发的志愿精神，诠释了民族精神新的时代内涵。

---

① 张仕进, 任明广, 刘安早. 青少年志愿服务体系与培育机制研究[M]. 南京: 南京师范大学出版社, 2014, 9.
② 自肖洪海. 论新形势下青年志愿组织的人力资源开发与管理[D]. 厦门大学硕士学位论文, 2006, 8.
③ 葛敏. 我国大学生志愿精神培育研究[D]. 南京师范大学硕士学位论文, 2010, 1.
④ 陈晓峰. 时代需要志愿服务精神[J]. 半月谈, 2005(8): 6–7.

地震发生两个多小时后，江苏企业家陈光标组成由120人，60台吊车、推土车、挖土机等大型机械组成的救援车队，十万火急地向四川灾区进发。13位唐山农民组成的"志愿者突击队"冒着余震危险从废墟里救出25名幸存者，挖掘出60多具遇难者遗体。当灾区需要用血的消息传来，从南到北，全国各地的人都卷起袖子献血，血库一时告满。在灾区，即使只有几岁的孩子也会帮着送饭送水，为救灾尽上一份力。这是抗震救灾中志愿精神的一个缩影。

大批志愿者不仅增加了现实的救援力量，更给灾区人民增添了战胜灾害、重建家园的信心和勇气。他们一句关心的话，一双有力的大手，给灾区孩子的一个微笑和拥抱，都给灾区群众带来温暖和希望。来自全国四面八方的一笔笔无私的捐款，一箱箱寄托着同胞骨肉深情的物资，都是对灾区群众无声的支持。在灾难面前，各种爱心志愿服务活动，有力地体现了13亿同胞同呼吸、共命运、心连心。

志愿者在抗震救灾中展现的巨大同情心和慷慨精神，震撼了世界。波兰《选举报》发表文章称："汶川地震使中国人紧密团结在一起，使中国出现了从未有过的齐心协力、努力互助。"美国《时代》周刊发表文章说，中国受灾民众、救援者和志愿者的感人故事让中国人和外国人都在感叹：中国原来是这样！

13亿人的共同意志可以凝聚成战胜任何困难的钢铁长城。13亿人无私无畏的志愿精神，正是震后重建家园的重要力量，也是建设和谐社会的精神源泉。13亿人民再次向世界证明，中华民族不惧任何风雨，是不可战胜的伟大民族。

（资料来源：新华网［EB/OL］.http：//news.xinhuanet.com/newscenter/2008-06/02/content_8301608.htm，2008年06月02日）

三、志愿服务活动

（一）志愿服务活动

首先，志愿服务活动的前提是"人"的活动，志愿服务活动的主体只能且必须是"人"。其次，志愿服务活动是具有志愿性的行为，它必须体现志愿服务的自愿、无偿、公益、慈善等特点。因此，志愿服务活动也就是具备这样一些特点的活动。

（二）志愿服务活动的评价

在道德领域，道德行为的评价存在着动机论与效果论两种观点。动机论主张通过动机来评价行为的道德性，认为动机是决定行为是否道德的唯一尺度。与动机论相反，效果论则主张通过外在的效果来达到评价行为是否道德的目的。科学评价某一行为是否是志愿服务活动需要兼顾动机和效果两个方面：一方面，要考察志愿者的内在动机，他是否真正本着志愿精神来从事志愿服务活动；另一方面，还要观其行为所实际产生的效果。在动机上根本不具有志愿精神的志愿者无论如何是不合符志愿者这个称谓的，他的行为也无法被认定为志愿服务活动。但是志愿服务活动同时还应该能产生一系列的实际效果。如果一个有着良好动机的志愿者却未能为社会提供实际的服务，那么这种所谓的动机纯正也是不可证实的。动机有时需要通过效果来证明。总之，一个行为之所以能够被称为志愿服务活动，必须符合两个条件，一是其行为主体具有志愿精神，愿意提供无偿、公益和慈善等服务；二是它必须在事实上产生一定的行为效果，为社会带来实际的贡献。

第三节　大学生参加志愿服务的意义及优势

作为一种专门系统化的社会活动，志愿服务来自于西方，但作为人们社会所共有的精神追求和精神活动，却贯穿于人类社会历史过程的始终，并存在于人类社会各种文化和文明之中。现代意义的志愿服务活动既与人类社会普遍存在的扶危、济困和做好事等相联系，同时又注入了新的时代内涵。它既是人类社会公共生活发展的需要，也是社会主义建设的需要，更是提升人们精神生活层次的需要。

一、大学生参加志愿服务活动的社会意义

（一）大学生志愿服务是推动社会建设的重要力量

社会建设是党的十八大以及十八届三中全会确定的我国下一步深化改革的重点领域，其成败直接关系到中国梦能否实现。社会建设需要政府的引导，也需要市场力量的支持，更需要培育社会组织，通过社会组织对社会事务进行自我管理和自我服务。大学生志愿组织就属于这种社会组织，大学生志愿者组织将大学生志愿者组织起来，从事各种公益事业，解决政府以及市场力量无法解决的各种社会问题，从而推动社会建设。《中共中央关于构建社会主义和谐社会若干重大问题的决定》中指出，在建设服务型政府的过程中，要支持社会组织参与社会管理和公共服务，明确了包括志愿者组织在内的社会组织在社会建设中的重要地位。《中国青年志愿者宣言》郑重向全社会承诺：我们将促进社会保障，志愿向孤寡老幼、残疾人、军烈属、五保户等具有特殊困难以及需要帮助的社会成员捧出炽热的心，让孤寡老人身边有儿女，军烈属身边有亲人，伤残者身边有兄弟姐妹，特困户都能得到关怀和照顾。这一承诺，其实质是青年志愿者主动承担起了社会建设的责任。2015年6月，媒体报道了贵州省4名留守儿童集体喝农药自杀的新闻，将留守儿童的问题推上社会的风口浪尖，留守儿童的成长已成为一个突出的社会问题。为了解决留守儿童问题，很多地方成立了关爱留守儿童的志愿组织，这些志愿组织定期组织志愿者为留守儿童送去关爱和温暖。深圳职业技术学院与广东省河源市和平县合作10多年，学校大学生每年暑期到河源市和平县开展志愿服务活动，给留守儿童送去温暖和快乐。在暑期志愿服务结束后，大学生们与留守儿童一对一结对子，继续关爱和帮助留守儿童。多年来，大学生们给留守儿童的关爱起到了良好效果，和平县的教育质量逐年提高，

高考升学率提升明显。此外，留守老人、残疾儿童、环境保护等问题，都需要包括志愿组织在内的社会组织的关注和支持。

（二）引领现代文明风尚

现代公民意识是指公民具有独立的主体意识、责任意识、法治意识和公德意识，它与志愿服务中的公益精神一脉相承。因此，志愿精神往往引领着一个国家或城市的现代文明风尚。从目前的情况来看，志愿者组织和志愿文化越发达的地区，其文明程度也越高。比如，美国参加志愿服务的公民占总人口的比率为38%，加拿大31%，以色列22%，新西兰48%，中国香港地区20%。[①] 因此，可以说以"奉献、友爱、互助、进步"为内核的志愿精神是人类现代文明的重要组成部分，志愿精神可以推动一个国家或一座城市文明的进步，同时，志愿者精神又是一个国家或一座城市文明程度的重要表征。大学生志愿服务着力倡导良好社会风尚，致力于扶贫济困、社会发展、社区建设、抢险救灾、大型活动等公益事业，有效拓展了社会动员的能力，扩大社会参与的范围，促进社会公平的实现，提升社会效率水平，提高社会文明程度。《深圳义工研究》披露的调查数据显示：49.1%的市民认为大学生参加志愿服务活动具有"培养社会文明氛围"的作用，37.2%的市民则认为具有"提升城市形象"的作用，而在"提高公民社会参与意识"等方面，均有较高的认知度。由此可见，深圳志愿服务事业发展的实践，也是这座城市不断孵化现代公民意识、不断引领现代文明风尚的过程。

（三）促进和谐社会的建设

志愿服务作为传递爱心、传播文明的生动实践，是社会和谐与进步的助推器。大学生志愿者正是基于诚信友爱和无私奉献参加志愿服务，因此大学生志愿服务与和谐社会建设有着内在的一致性，是构建和谐社会的重要载体。首先，通过志愿服务推动人与人之间相互关爱的人际关系。志愿服务正在成为人们参与社会生活的重要方式之一。诚信友爱，安定有序，人与自然和谐都离不开人与人之间的和谐，大学生志愿服务助人为乐，扶贫济困本身就是一项"民心工程"，受助者得到的是一次无偿服务，更是一次"洗礼"，有效地改善了人际关系。其次，大学生志愿服务注重自愿和力所能及，强调互助，通过激发社会成员的内在自觉，倡导"人人为我、我为人人"的道德理念，有助于人们在潜移默化中拉近距离、建立信任、增进和谐。再次，大学生志愿服务促进了人与自然之间的和谐共处。大学生志愿组织通过调动社会各界参与环保志愿服务的积极性，引导青年和全社会从小事做起、从我做起，大力开展植树造林、环保宣传、植绿护绿等志愿服务活动，实现人与自然之间统筹发展的共同要求。大学生参加志愿服务弘扬了志愿精神，树立了一种新风，是社会主义和谐社会的重要组成部分和有益补充。随着建设和谐社会力度的进一步加大，

---

① 转引自广东青年干部学院课题组. 广东省青年志愿服务转型与发展的思考［J］. 广东青年干部学院学报, 2001(1): 12-16.

弘扬志愿精神，推进大学生志愿服务工作，对和谐社会的构建必将有重大的贡献。

二、志愿服务对大学生的教育意义

（一）提升思想境界和道德水平

尽管高校对大学生的思想政治教育高度重视，从课程资源、师资配置、经费保障等各方面都给予倾斜，但是效果并不是很理想。那么，如何提高高校思想政治教育的效果？根据麦可思公司近几年《中国大学生就业报告》发布的数据，大学毕业生在校期间参与度最高的社团活动为"公益类"社团活动，而且对参加公益类社团活动非常满意（高职高专毕业生满意度最高的社团活动就是"公益类"，2013届毕业生满意度达到85%）。可见，在校大学生乐意参加公益性活动，而且最满意、最有收获的也是公益性活动。在帮助他人、服务社会的过程中，大学生普遍存在精神的愉悦感和成就感，从而使助人为乐成为大学生内在的精神品质，并提升大学生的思想境界和道德水平。志愿服务还有助于大学生养成良好的行为习惯，提升文明素养。编者曾做过一个实验，在思想品德课堂上要求学生乘坐公交须排队，效果不是很理想，但当学生做过几次公交站文明排队志愿者后，每次乘坐公交一般都会主动排队。

（二）深入社会，了解社会

社会是一所最好的大学，大学生只有深入社会、了解社会，才能真正得到锻炼，才能成长成才。习近平总书记16岁时（1969年）从北京到陕北的延川县文安驿公社梁家河大队插队落户，经历了7年的上山下乡的艰苦生活。后来，习总书记总结这段经历时，认为这对他的锻炼很大。最大的收获有两点：一是懂得了什么叫实际，什么叫实事求是，什么叫群众，这是让他获益终生的东西；二是培养了他的自信心，走上社会后，对这一点的体会就更深刻了。[①]美国前任总统奥巴马在读大学期间，经常在周末深入芝加哥黑人社区，提供法律方面的志愿服务。这段经历使奥巴马亲身体验了美国社会最底层生活，对他以后的政治生涯发展起到了良好的促进作用。大学生志愿者有机会深入西部欠发达地区、革命老区、贫困山区，了解国家发展的不平衡以及贫困地区人民的生活状况；经常深入社区、敬老院、孤儿院、残疾人福利院，可以接触到社会弱势群体的生活状况。这些经历均有助于大学生建立起一切从实际出发的良好习惯，树立起关注社会发展、关爱人类进步的情怀。

（三）提升实践能力

实践出真知，大学生掌握的科学文化知识只有在实践中才能得到验证和巩固。从麦可思公司近几年发布的《中国大学生就业报告》中可以看出，大学毕业生认为，母校最需要改进的地方就是增加实践教学，提供更多的实践机会。参与志愿服务为

---

① 习近平.我的上山下乡经历［J］.村委主任,2012(9): 11.

大学生提供了良好的实践平台。[1] 团中央每年暑期组织大学生开展"三下乡"志愿服务活动，将科技、文化、卫生等专业知识送到乡村，帮助农民、农村提高科技、文化、卫生的水平，这要求大学生掌握扎实的专业知识，并将其应用到广大乡村中。深圳职业技术学院定期组织大学生深入社区，为社区居民提供各种专业化服务，包括家电维修、珠宝鉴定、法律援助、蔬菜农药残留物检测、保健按摩、文艺表演等等，这同样需要大学生具备扎实的专业功底和娴熟的专业技能。大学生的志愿服务活动不仅能够使大学生巩固所学专业知识，也能够使大学生在实践中培养团结协作精神、组织协调能力以及吃苦耐劳的品质。

三、大学生参加志愿服务的优势

2008年北京奥运会期间，奥组委前期共招募志愿者1582名。其中，80%来自国内外100多所大学的在校生。北京奥运会赛事志愿者共招录77169人，其中北京高校在校生51507人。北京残奥会招录志愿者44261人，其中北京高校在校生31861人。[2] 深圳第26届世界大学生运动会29161名赛会志愿者以及开闭幕式志愿者全部由在校大学生承担。可见，大学生已经成为志愿者队伍的主力军。那么，大学生为什么能够成为志愿者队伍的主力军，或者说大学生从事志愿服务具备哪些优势？

（一）大学生具有服务他人、奉献社会的热情

大学生具有关注社会、关爱他人的情怀，具有服务他人、奉献社会的热情，并且具有良好的身体条件和充沛的精力。他们希望通过自己的努力，使孤寡残幼得到照顾，留守儿童得到良好教育；他们希望通过自己的努力唤起大众的节能环保意识，还人类一片共同的蓝天；他们希望通过自己的努力，与遭遇自然灾害中的人民携手并进，共克时艰；他们希望通过自己的努力，使公共秩序得到遵守，社会更加文明和谐；他们希望能够参与大型体育赛事的志愿服务，使赛事能够顺利进行，不同的文化之间能够得到很好的交流。总之，"奉献、友爱、互助、进步"的志愿精神更容易在大学生身上得到彰显。

（二）大学生更有组织性

现代的志愿服务活动更体现出组织性的特点，即志愿服务活动更多的时候是以志愿者组织的形式出现，"孤军奋战"的志愿服务活动越来越少。大学生具有很强的组织性，他们学习、生活区域集中，学习时间安排统一，作息时间有规律，学生组织形式多样且稳定（班级、年级、社团、书院或宿舍），非常有利于志愿服务的组织和开展。

（三）大学生具备专业技术知识

大学生通过参与志愿服务活动服务他人、奉献社会，与此同时，通过参与志

---

[1] 曹科岩,刘岩. 关于构建大学生志愿服务长效机制的思考[J]. 教育与职业, 2015(23): 115–117.
[2] 魏娜等著. 经验·价值·影响——北京奥运会、残奥会志愿者工作成果转化研究[M]. 北京: 中国人民大学出版社, 2010, 3–5.

服务，不断提升自己的思想境界及社会实践能力。社会对一般的通用志愿者需求量很少，但对一些需要具备专业知识和技能的志愿服务需求量很大，比如社区的家电维修、敬老院老人的专业护理、自闭症儿童的心理调适、社区儿童的学习辅导、社区的法律服务、社区的文化生活等等。而这些恰恰是大学生的优势，因此大学生可以利用自己的专业知识为他人、为社会提供专业化的志愿服务。

第四节　深圳大学生志愿服务现状

当前，大学生群体已成为志愿服务的主力军，在志愿服务活动中发挥着不可替代的作用。深圳作为最早开展志愿服务活动的城市之一，在志愿服务方面积累了宝贵经验。在成功举办第26届世界大学生运动会后，深圳适时提出建设"志愿者之城"，将志愿服务工作引向深层次领域。深圳大学生在深圳志愿服务事业的发展中占有非常重要的位置，为城市经济社会发展做出积极贡献。但由于大学生志愿者固有的不稳定性、未涉社会性、随意性等特点，使其在志愿服务活动中存在诸多问题，例如严重的流失率、参与度不高等。课题组以深圳职业技术学院大学生志愿者为调查对象，详细剖析了当前大学生志愿服务的现状、存在的主要问题，并提出对策建议，对提高大学生志愿服务参与热情具有重要的实践价值。

一、样本概况

调查对象横向涵盖经济、管理、外语、电子、建筑、交通、生物、医学等专业，纵向涵盖大一、大二、大三年级的学生，共发放问卷1800份，回收有效问卷1722份（有效回收率达95.7%）。样本描述性统计特征如下：男性816人（占47.4%），女性906人（占52.6%）；大一808人（占46.9%），大二571人（占33.2%），大三343人（占19.9%）；文科类605人（占35.1%），理工科758人（占44%），农林类47人（占2.8%），医学类154人（占8.9%），其他类158人（占9.2%）；党员163人（占9.5%），团员1327人（占77%），群众232人（占13.5%）；志愿服务组织学生干部240人（占13.9%），其他学生组织干部679人（占39.4%），未担任任何学生干部者803人（占46.7%）。

二、大学生志愿服务认知分析

从大学生志愿服务行为的实施者——大学生的视角出发，问卷从10个层面调查大学生对志愿服务的认知情况。

（一）志愿服务了解程度

调查显示，非常了解志愿服务的人数为201人，占11.7%；比较了解的为661人，占38.3%；有一点了解的为668人，占38.8%；不太了解的为163人，占9.5%；没听说过的为29人，占1.7%。结果表明，目前大学生对志愿服务的了解程度较高，被调查大学生表示对志愿服务的了解程度为比较了解及以上的占到50%。利用SPSS19.0统计软件，将样本人口统计学特征（性别、年级、政治面貌、是否担任学生干部等）与大学生志愿服务了解程度进行列联表分析，结果显示：男女生对大学生志愿服务了解程度上无显著差异；相对于大一，大二和大三学生对志愿服务了解程度更高；党员对志愿服务了解程度高于团员和普通学生；担任学生干部的大学生比未担任学生干部的大学生对志愿服务的了解程度高。

表1-1 人口统计学特征与大学生志愿服务了解程度的交叉分析

人口学特征		大学生志愿服务了解程度（%）				
		非常了解	比较了解	有点了解	不太了解	没听说过
性别	男	13.0	38.4	36.0	9.9	2.6
	女	10.2	38.3	41.3	9.2	0.8
年级	大一	10.3	38.6	40.0	9.0	2.0
	大二	12.4	39.3	37.3	9.2	1.6
	大三	12.2	35.9	39.1	11.4	1.2
政治面貌	中共党员	20.9	52.1	23.9	0.6	1.8
	共青团员	9.4	38.8	40.3	10.4	0.9
	群众	15.9	26.3	40.9	10.8	6.0
担任学生干部情况	志愿服务组织干部	30.8	47.1	21.2	0.0	0.0
	其他学生组织干部	9.0	44.0	39.6	6.5	0.7
	未担任学生干部	7.1	32.0	44.0	14.1	2.8

（二）志愿服务重要性的认知度

在对志愿服务工作是否必不可少的调查中，认为必不可少的有837人，占48.6%；认为有一定意义的有797人，占46.3%；认为可有可无的有55人，占3.2%；感觉说不清楚的有21人，占1.2%。这表明大学生对志愿服务的重要性认知程度高。

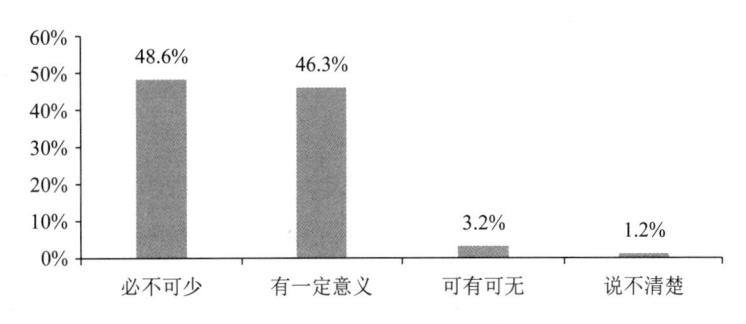

图1-5 大学生对志愿服务重要性的认知度

(三) 志愿者应具备的素质

在对大学生志愿者应具备的素质调查中,耐心、责任心和热情这三项所占比例最高,分别为 21.1%、22.5%、21.9%,交际能力占 16.7%,应变能力占 16.5%。

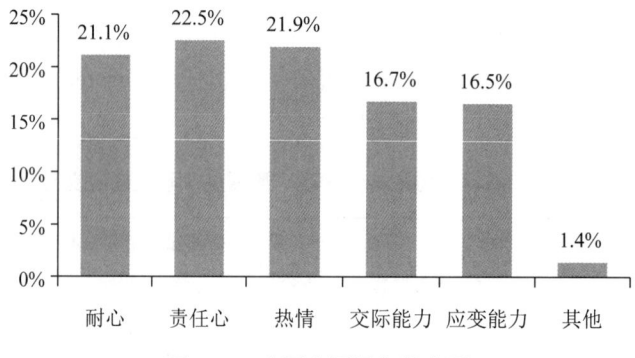

图 1-6 志愿者需具备的素质

(四) 参加志愿服务最需要的条件

调查显示,在参加志愿服务最需要的条件的选项中,选择爱心/正确态度这个选项的有 1416 人,占比达 83%;选择时间/精力的有 1039 人,占 60.9%;组织观念排在第三位,有 852 人选择,占 50.0%;其余选项依次为恒心(48.9%)、技能技巧(47.2%)、学识/专业知识(42.4%)、金钱(12.2%)。这表明,通用性和普适性的个人素质更为被大学生志愿者注重。

表 1-2 参加志愿服务最需要的条件

参与志愿服务所需条件	人数	百分比 (%)	个案百分比 (%)
爱心/正确态度	1416	23.8	83.0
时间/精力	1039	17.5	60.9
组织观念	852	14.3	50.0
恒心	834	14.0	48.9
技能/技巧	804	13.5	47.2
学识/专业知识	723	12.2	42.4
金钱	208	3.5	12.2
其他	62	1.0	3.6

(五) 当前大学生对待志愿服务的态度

样本调查中,大学生对参加志愿服务表现得很踊跃的有 257 人,占 14.9%;比较踊跃的有 673 人，占 39.1%；表现一般的有 593 人，占 34.4%；比较消极的有 58 人，占 3.4%；表现很消极的有 14 人，占 0.8%。这说明，当前大学生对参加志愿服务持比较踊跃的态度，应充分发挥其踊跃性，开展志愿服务活动。

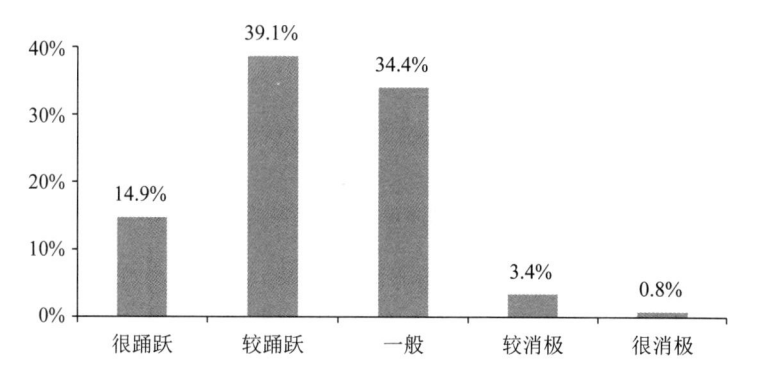

图 1-7 当前大学生对待志愿服务的态度

（六）当前高校志愿服务活动数量

认为当前高校志愿服务活动数量很多的被调查大学生有 338 人，占 19.6%；认为较多的有 825 人，占 47.9%；认为一般的有 474 人，占 27.5%；认为较少和很少的共有 55 人，占 3.2%。调查数据表明，目前高校志愿服务活动的数量较多，因而未来发展路径应注重内涵和质量。

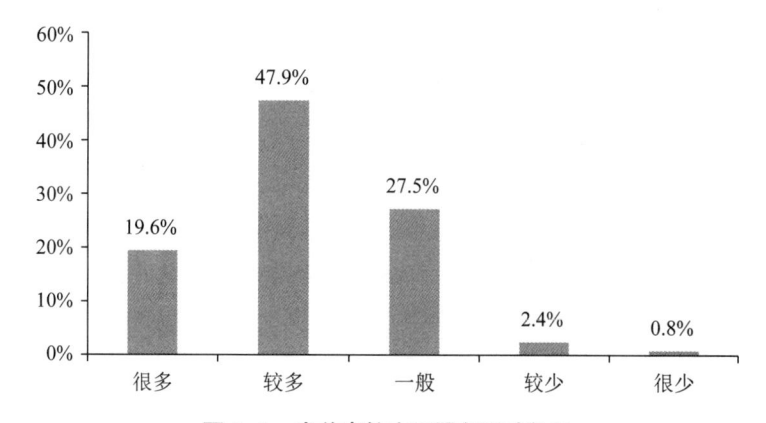

图 1-8 当前高校志愿服务活动数量

（七）当前高校志愿服务活动种类

调查样本中，认为当前高校志愿服务活动种类很多的有 275 人，占 16%；认为活动种类较多的有 743 人，占 43.1%；认为活动种类一般的有 579 人，占 33.6%；认为活动种类较少的有 63 人，占 3.7%；认为种类很少的有 16 人，占 0.9%。可见当前高校志愿服务活动种类较多，需加强管理和引导。

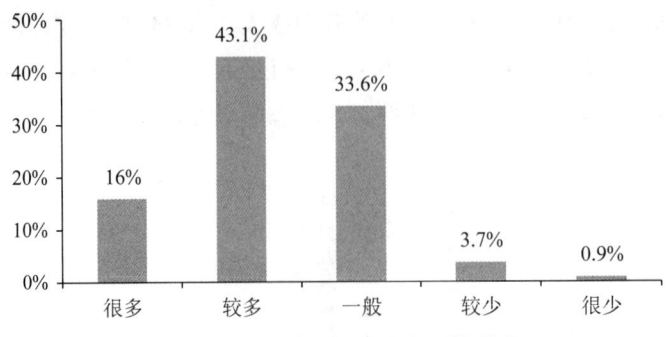

图 1-9 当前高校志愿服务活动种类

（八）高校志愿服务活动与专业相结合的情况

调查样本中，303 人赞成高校志愿服务活动应与专业相结合，占 17.6%；810 人比较赞同，占 47%；434 人表示无所谓，占 25.2%；123 人表示不赞同，占 7.1%；22 人表示完全不赞同，占 1.3%。数据显示，大学生更倾向于志愿服务活动与专业相结合。

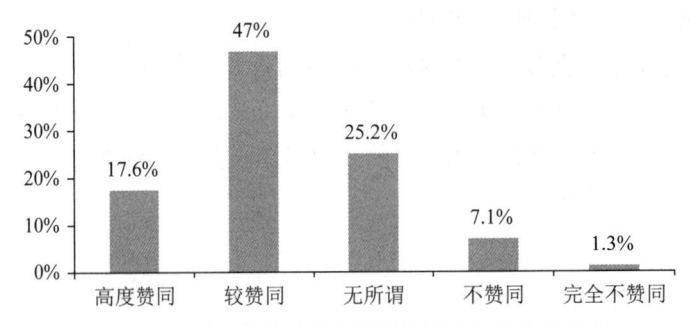

图 1-10 是否赞同高校志愿服务活动与专业相结合

（九）当前高校志愿服务活动总体效果

调查数据显示，认为当前高校志愿服务活动总体效果很好的有 199 人，占 11.6%；认为效果比较好的有 791 人，占 45.9%；认为效果一般的有 635 人，占 36.9%；认为效果比较差的有 45 人，占 2.6%；认为非常差的有 9 人，占 0.5%。数据显示，大学生对高校志愿服务活动总体效果评价高。

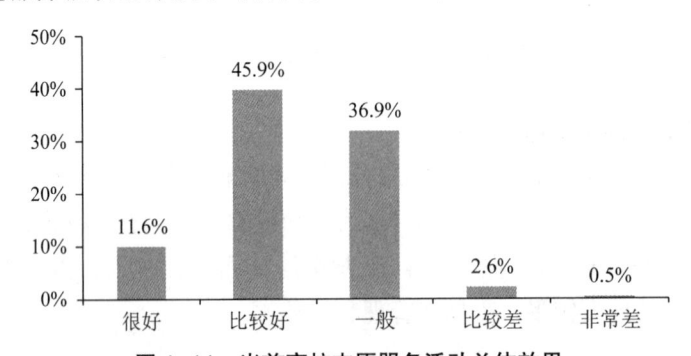

图 1-11 当前高校志愿服务活动总体效果

（十）志愿服务发挥的作用

为调查志愿服务所发挥的作用，问卷设计了28个维度，按照李克特量表进行测量：毫无作用、作用很小、一般、作用较大、作用很大，并分别赋值1、2、3、4、5。数据分析结果发现，28个维度的均值都超过平均值3。其中，最低均值是扶贫济困（3.06），最高均值是增进人与人之间、不同阶层之间、不同群体之间的沟通（3.83），提升城市形象位列第二（3.81），拓展社交范围位列第三（3.76）。28个维度均值详见图1-12。志愿服务在各个方面对社会发展都具有积极的促进作用。

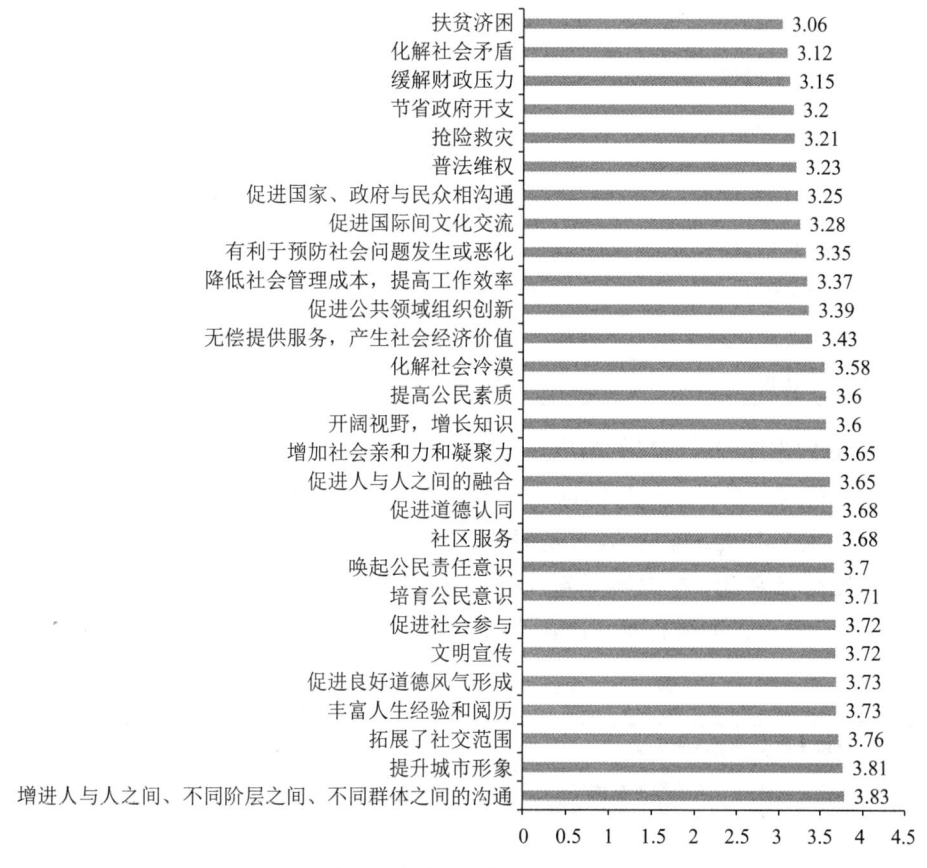

维度	均值
扶贫济困	3.06
化解社会矛盾	3.12
缓解财政压力	3.15
节省政府开支	3.2
抢险救灾	3.21
普法维权	3.23
促进国家、政府与民众相沟通	3.25
促进国际间文化交流	3.28
有利于预防社会问题发生或恶化	3.35
降低社会管理成本，提高工作效率	3.37
促进公共领域组织创新	3.39
无偿提供服务，产生社会经济价值	3.43
化解社会冷漠	3.58
提高公民素质	3.6
开阔视野，增长知识	3.6
增加社会亲和力和凝聚力	3.65
促进人与人之间的融合	3.65
促进道德认同	3.68
社区服务	3.68
唤起公民责任意识	3.7
培育公民意识	3.71
促进社会参与	3.72
文明宣传	3.72
促进良好道德风气形成	3.73
丰富人生经验和阅历	3.73
拓展了社交范围	3.76
提升城市形象	3.81
增进人与人之间、不同阶层之间、不同群体之间的沟通	3.83

图1-12 志愿服务在28个维度发挥作用的均值

三、大学生志愿服务参与现状分析

从参与动机、信息获取、参与类型、参与实践、心理感受、激励机制等12个层面，对大学生志愿服务参与进行调查。

（一）参加志愿服务活动的类型

在调查的12种志愿服务类型中，大学生参加过的志愿服务类型排列前五的分别是关爱服务，公益机构服务，大型赛会服务，环境保护服务，交通、治安服务（详见表1-3)。调查表明，大学生参加的志愿服务类型更多的是常规型志愿服务活动，对涉及专业知识的专业型志愿服务活动参与较少。

表1-3 大学生参加过的志愿服务类型统计

志愿服务类型	人数	百分比（%）	个案百分比（%）
关爱服务	886	16.3	52.8
公益机构服务	811	14.9	48.4
大型赛会服务	687	12.6	41.0
环境保护服务	621	11.4	37.0
交通、治安服务	519	9.6	30.9
健康卫生服务	394	7.3	23.5
公共事务宣传服务	384	7.1	22.9
志愿组织日常事务服务	373	6.9	22.2
禁毒防艾服务	281	5.2	16.8
扶贫助困	265	4.9	15.8
紧急救援服务	145	2.7	8.6
其他	68	1.3	4.1

（二）获取志愿服务信息的渠道

大学生获取志愿服务信息的途径，最多的是通过学校团委、学生会、志愿服务社团（1404人，占82.2%）；其次是朋友、同学及其他志愿者（705人，占41.3%）。这说明学校及相关组织在志愿服务方面的组织宣传工作有效到位，但在新媒体和自媒体的现时代社会，如何有效发挥媒体的传播作用值得探索。

表1-4 大学生获取志愿服务信息的渠道

获取志愿服务信息的渠道	人数	百分比（%）	个案百分比（%）
学校团委、学生会、志愿服务社团	1404	45.7	82.2
朋友、同学及其他志愿者	705	23.0	41.3
社会志愿服务机构	611	19.9	35.8
报纸、电台、电视、网络等媒体	315	10.3	18.4
其他	36	1.2	2.1

（三）参与志愿服务活动的频率

大学生参加志愿服务活动的频率，是大学生志愿服务参与的一个重要指标。调查显示，平均一周参与一次志愿服务的有214人，占12.4%；平均一月参与一次的有359人，占20.8%；平均三个月参与一次的有299人，占17.4%；平均半年参与一次的有182人，占10.6%；偶尔参与一次的有622人，占36.1%。该数据表明大学生参

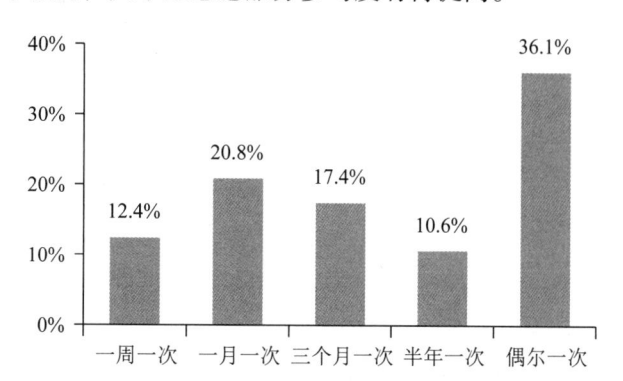

与志愿服务的频率较低，大学生志愿服务参与度有待提高。

图 1-13 大学生参与志愿服务活动的频率

（四）大学生每次参与志愿服务活动的时间

数据显示，每次参与志愿服务的活动时间达 2 小时及以下的有 180 人，占 10.6%；2—4 小时的有 763 人，占 45%；4—8 小时的有 366 人，占 21.6%；8 小时以上的有 71 人，占 4.2%；时间不固定的有 281 人，占 16.6%。由此可以看出，大学生每次参与志愿服务活动的时间在合理区域内。

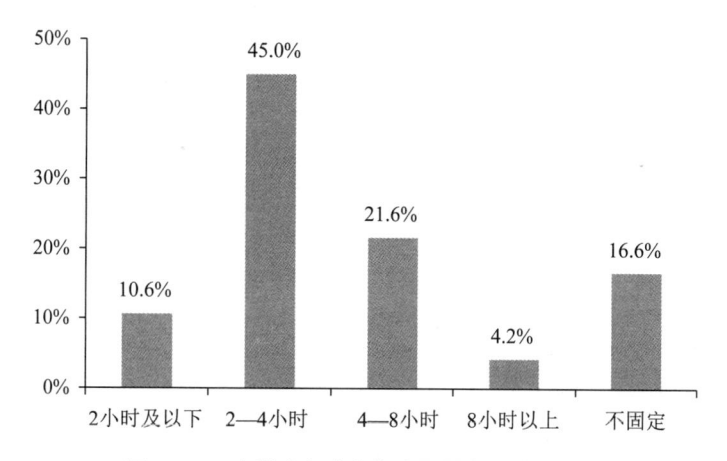

图 1-14 大学生每次参与志愿服务活动的时间

（五）大学生参与志愿服务利用的时间类型

大学生在参与志愿服务活动时，一般是利用闲暇时间。调查显示，大学生利用双休日参与志愿服务的有 724 人（42.4%）；利用课余时间的有 1021 人（59.8%）；利用节假日（包括寒暑假）的有 769 人（45.0%）；只要需要，任何时间都可以的有 214 人（12.5%）；利用其他时间的有 59 人（3.5%）。大学生的首要任务是学习，参与志愿服务的时间符合大学生的个体特征。

表 1-5 大学生参与志愿服务利用的时间类型

时间类型	人数	百分比（%）	个案百分比（%）
双休日	724	26.0	42.4
课余时间	1021	36.6	59.8
节假日（包括寒暑假）	769	27.6	45.0
只要需要，任何时间都可以	214	7.7	12.5
其他	59	2.1	3.5

（六）参与志愿服务活动希望得到的奖励

为肯定大学生的志愿服务行为，并积极有效地鼓励大学生参与志愿服务活动的热情与持续性，志愿服务组织者会提供一定的奖励。从志愿服务奖励的接受体——大学生的视角出发，问卷调查了大学生对志愿服务奖励的需求。排在前四的分别是学校、老师或家长的支持和肯定（937 人，55.1%）、服务对象的衷心感谢（875 人，51.4%）、主办方的中肯评价，包括意见和建议（704 人，41.4%）、同学或朋友的支持和赞赏（691 人，40.6%）。数据显示，大学生更加注重志愿服务奖励的荣誉，以及社会的支持和肯定。

表 1-6 大学生参与志愿服务活动希望得到的奖励

参与志愿服务活动希望得到的奖励	人数	百分比（%）	个案百分比（%）
学校、老师或家长的支持和肯定	937	18.7	55.1
服务对象的衷心感谢	875	17.4	51.4
主办方的中肯评价，包括意见和建议	704	14.0	41.4
同学或朋友的支持和赞赏	691	13.8	40.6
置换学分	447	8.9	26.3
荣誉证书和荣誉称号	444	8.9	26.1
主办方提供的适量奖金或物品	395	7.9	23.2
评优、入党优先考虑	335	6.7	19.7
新闻媒体的宣传	149	3.0	8.8
其他	39	0.8	2.3

（七）星级义工荣誉

在是否获得过星级义工荣誉的调查中，获得一星级义工荣誉的有 123 人，占 7.6%；二星级义工的有 98 人，占 6.1%；三星级义工的有 43 人，占 2.7%；四星级义工的有 30 人，占 1.9%；五星级义工的有 68 人，占 4.2%；没有获得任何星级义工荣誉 1338 人，占 83.2%。按照星级义工评选标准，一星级义工需完成志愿服务时间达到 100 小时。根据深圳职业技术学院志愿服务储蓄银行的志愿服务时间数据统计，大学生志愿服务时间总数庞大,而星级义工占比却偏少,这可能受其三年制学习时间所限。

表 1-7 大学生星级义工荣誉获取情况

星级义工荣誉	人数	百分比(%)	个案百分比(%)
一星级义工(志愿者)	123	7.2	7.6
二星级义工(志愿者)	98	5.8	6.1
三星级义工(志愿者)	43	2.5	2.7
四星级义工(志愿者)	30	1.8	1.9
五星级义工(志愿者)	68	4.0	4.2
无	1338	78.7	83.2

(八)大学生参与志愿服务的动机

此项调查共调查了 25 项志愿服务行为动机,按照李克特量表进行测量:完全不符合、比较不符合、居中、比较符合、完全符合,并分别赋值 1、2、3、4、5。结果表明,排在前五的参与动机依次为:广泛地接触社会(3.74)、帮助别人很重要(3.73)、充实自己的生活(3.73)、接触更多的人(3.73)、让自己很快乐(3.7);而获取利益的动机排在末端。由此可以看出,大学生参与志愿服务的动机更多的是奉献、进步,这很好地体现了志愿服务精神。

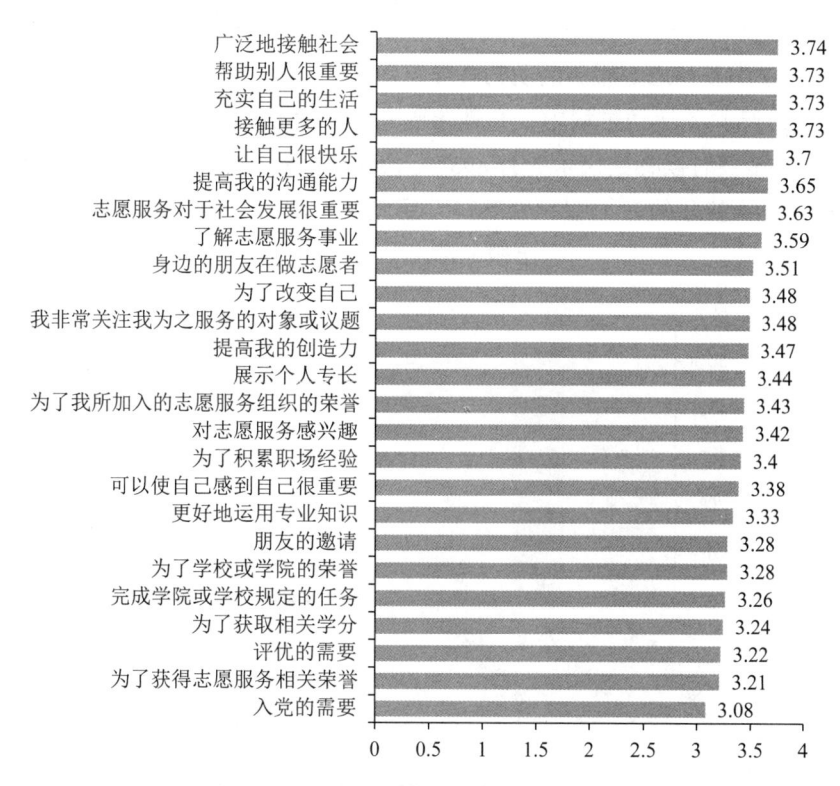

动机	分值
广泛地接触社会	3.74
帮助别人很重要	3.73
充实自己的生活	3.73
接触更多的人	3.73
让自己很快乐	3.7
提高我的沟通能力	3.65
志愿服务对于社会发展很重要	3.63
了解志愿服务事业	3.59
身边的朋友在做志愿者	3.51
为了改变自己	3.48
我非常关注我为之服务的对象或议题	3.48
提高我的创造力	3.47
展示个人专长	3.44
为了我所加入的志愿服务组织的荣誉	3.43
对志愿服务感兴趣	3.42
为了积累职场经验	3.4
可以使自己感到自己很重要	3.38
更好地运用专业知识	3.33
朋友的邀请	3.28
为了学校或学院的荣誉	3.28
完成学院或学校规定的任务	3.26
为了获取相关学分	3.24
评优的需要	3.22
为了获得志愿服务相关荣誉	3.21
入党的需要	3.08

图 1-15 大学生参与志愿服务的动机

(九)大学生参与志愿服务活动的影响因素

大学生参与志愿服务活动可能受到不同因素的影响。调查结果显示,认为时间因素影响参与志愿服务的活动,因为志愿服务活动与个人生活或工作学习相冲突者有1309人(76.9%);认为经济因素影响参与志愿服务活动,参加志愿服务还需自己掏钱者有491人(28.8%);选择社会因素,认为多数人对志愿者有偏见者有428人(25.1%);认为对志愿者权益的保障比较欠缺的有405人(23.8%),位列第四;其余的因素依次是家庭或朋友因素(299人,17.6%)、法律因素(282人,16.6%)、其他因素(48人,2.8%)。

表1-8 大学生参与志愿服务活动的影响因素

参与志愿服务活动的影响因素	人数	百分比(%)	个案百分比(%)
时间因素	1309	40.1	76.9
经济因素	491	15.1	28.8
社会因素	428	13.1	25.1
对志愿者权益的保障比较欠缺	405	12.4	23.8
家庭或朋友因素	299	9.2	17.6
法律因素	282	8.6	16.6
其他	48	1.5	2.8

(十)大学生参与志愿服务活动的心理感受

在参与志愿服务活动过程中,心理感受总是非常快乐的被调查大学生有461人(28.2%);大多数时候感到快乐的有893人(54.7%);大多数时候不快乐的有41人(2.5%);总是不快乐的有11人(0.7%);感觉说不清的有147人(9%);不清楚的有62人(3.8%)。大学生参与志愿服务活动,对其心理感受有正面的积极作用。

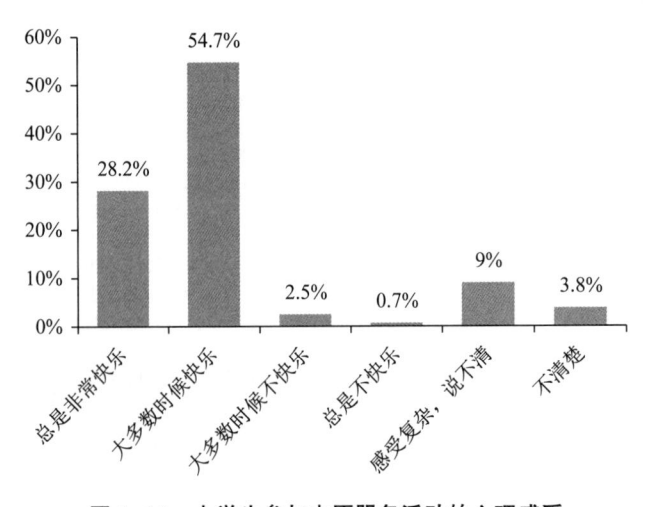

图1-16 大学生参与志愿服务活动的心理感受

（十一）大学生参与志愿服务对学习的帮助程度

数据表明，认为参与志愿服务对学习的帮助非常大的有261人（15.2%）；认为帮助作用很大的有431人（25.1%）；认为帮助作用一般的有748人（43.6%）；认为有一点帮助的有184人（10.7%）；认为没有帮助的有80人（4.7%）。由此可以看出，参与志愿服务活动对大学生的学习有一定的促进作用。

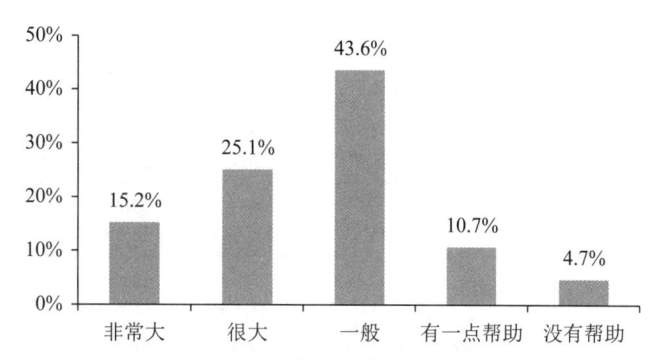

图1-17 大学生参与志愿服务对学习的帮助程度

（十二）大学生参与志愿服务对综合能力的提升情况

被调查大学生认为参与志愿服务对综合能力提升有非常大帮助的有273人（16%）；有很大帮助的有546（32.1%）人；帮助作用一般的有639人（37.5%）；有一点帮助的有195人（11.5%）；认为没有帮助的有39人（2.3%）。数据显示，参与志愿服务对大学生综合能力的提升有一定的促进作用。

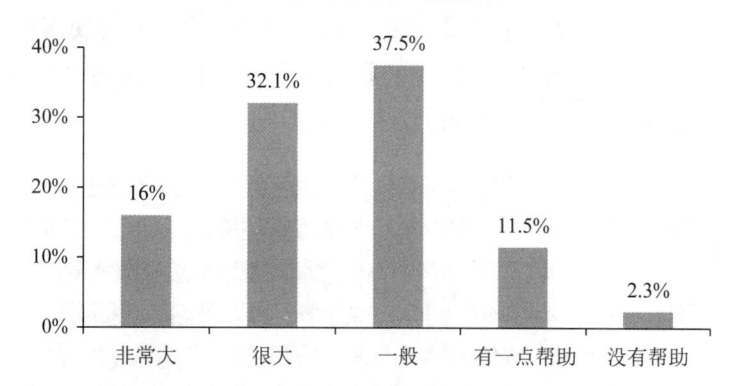

图1-18 大学生参与志愿服务对综合能力的提升情况

四、志愿服务环境现状分析

大学生参与志愿服务活动受其所在社会环境等因素影响。为厘清志愿服务环境的现状，问卷从10个层面进行了调查。

（一）大学生参与志愿服务的保障措施

问卷设置9个维度调查志愿服务的保障措施，按照李克特量表设置选项：从未有过、偶尔有、只有部分服务有、大多数服务有，每次都有，并分别赋值1、2、3、4、5。

表1-9 大学生参与志愿服务的保障措施

序号	保障措施	从未有过	偶尔有	只有部分服务有	大多数服务有	每次都有
1	同机构签订相关协议，明确志愿者责任与相关权利	496（29.1%）	438（25.7%）	410（24.1%）	211（12.4%）	128（7.5%）
2	对志愿者进行管理、监督、指导	145（8.5%）	417（24.4%）	502（29.4%）	429（25.1%）	197（11.5%）
3	为志愿者提供相关培训	141（8.3%）	341（20%）	542（31.8%）	470（27.5%）	195（11.4%）
4	对志愿者提供评估和奖励	221（12.9%）	444（26%）	480（28.1%）	398（23.3%）	144（8.4%）
5	提供正式的志愿服务证明	239（14%）	363（21.3%）	495（29%）	365（21.4%）	219（12.8%）
6	为志愿者提供基本补贴	314（18.5%）	395（23.3%）	467（27.6%）	342（20.2%）	154（9.1%）
7	为志愿者提供的安全保障及适合的医疗卫生条件	263（15.4%）	380（22.3%）	516（30.2%）	353（20.7%）	173（10.1%）
8	为志愿者提供的人身保险	352（20.5%）	370（21.6%）	460（26.8%）	358（20.9%）	150（8.7%）
9	服务出现问题时应急制度	224（13.1%）	474（27.7%）	480（28.1%）	356（20.8%）	155（9.1%）

结果显示，只有"为志愿者提供相关培训"（3.11）和"对志愿者进行管理、监督、指导"（3.04）高于平均值3，其余7项全部低于平均值。这表明大学生参与志愿服务的各项保障措施有所欠缺，未能全方位覆盖。

保障措施	均值
同机构签订相关协议，明确志愿者责任与相关权利	2.4
为志愿者提供基本补贴（如交通补贴等）	2.74
为志愿者提供的人身保险	2.75
为志愿者提供安全保障及适合的医疗卫生条件	2.84
对志愿者志愿服务活动提供评估和奖励	2.87
服务出现问题时的应急制度	2.94
提供正式的志愿服务证明	2.94
对志愿者进行管理、监督、指导	3.04
为志愿者提供相关培训	3.11

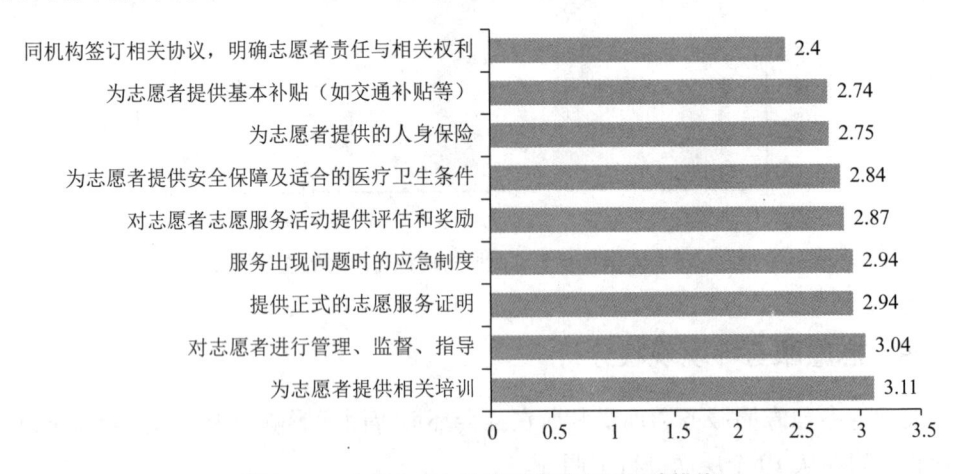

图1-19 大学生参与志愿服务的各项保障措施

(二)大学生参与志愿服务活动接受过的培训

调查显示,大学生在参与志愿活动时,325人表示没有接受过任何培训,占19.3%;1048人表示接受过志愿服务基本理念的培训,占62.1%;1003人表示接受过志愿服务所需基本技能的培训,占59.4%;533人表示接受过志愿者责任与权利的培训,占31.6%;324人表示接受过对志愿组织归属感的培训,占19.2%;263人表示接受过人生成长成才的培训,占15.6%。由此可见,大学生志愿服务的培训工作比较完善。

表1-10 大学生参与志愿服务活动接受过的培训

大学生参与志愿服务活动接受过的培训	人数	百分比(%)	个案百分比(%)
没有培训	325	9.2	19.3
志愿服务的基本理念	1048	29.7	62.1
志愿服务所需的基本技能	1003	28.4	59.4
志愿者的责任与权利	533	15.1	31.6
志愿者对志愿组织的归属感	324	9.2	19.2
人生成长成才	263	7.4	15.6
其他	38	1.1	2.3

(三)大学生参与志愿服务活动的培训需求

为更全面了解大学生对参与志愿服务活动所需的培训,问卷调查了大学生最希望得到的培训。数据显示,大学生参与志愿服务活动,最期望得到的培训排在前六位的是服务专业技能(935人,56.2%)、志愿服务理念(629人,37.8%)、团队意识(619人,37.2%)、服务项目开发(487人,29.3%)、相关政策法规(428人,25.7%)、安全健康知识(405人,24.4%)。未来大学生志愿服务培训应更多地切合学生需求,开展学生所需培训项目和内容。

表1-11 大学生参与志愿服务活动的培训需求

大学生参与志愿服务活动的培训需求	人数	百分比(%)	个案百分比(%)
服务专业技能	935	21.5	56.2
志愿服务理念	629	14.4	37.8
团队意识	619	14.2	37.2
服务项目开发	487	11.2	29.3
相关政策法规	428	9.8	25.7
安全健康知识	405	9.3	24.4
管理艺术	287	6.6	17.3
资金筹集	282	6.5	17.0
人生成长成才	237	5.4	14.3
其他	44	1.0	2.6

（四）高校开展志愿服务面临的主要困难

调查显示，目前高校开展志愿服务最大的困难是志愿者流动性大（708人，41.9%），其次是志愿者参与不足（693人，41.0%），排第三的是活动流于形式（564人，33.4%），政策支持不足（556人，32.9%）和规章制度不完善（522人，30.9%）分别位列第四、第五。目前，高校开展志愿服务活动，在志愿者的管理和参与、志愿服务活动内容、志愿服务制度保障等方面，还存在诸多问题。

表1-12 高校开展志愿服务面临的主要困难

高校开展志愿服务面临的主要困难	人数	百分比（%）	个案百分比（%）
志愿者流动性大	708	13.1	41.9
志愿者参与不足	693	12.8	41.0
活动流于形式	564	10.4	33.4
政策支持不足	556	10.3	32.9
规章制度不完善	522	9.7	30.9
经费不足	433	8.0	25.6
负责人组织不力	381	7.1	22.5
日常管理薄弱	365	6.8	21.6
内部缺乏延续性	325	6.0	19.2
场地没有保障	293	5.4	17.3
志愿者的激励机制不健全	285	5.3	16.9
志愿者的权益得不到保障	238	4.4	14.1
其他	36	0.7	2.1

（五）志愿组织成员流失的主要原因

针对志愿者流失大的现象，问卷从8个维度进行了调查。结果显示，在8个导致志愿者流失的原因里，860人认为志愿服务内容重复单调是主要原因，占53.9%；773人认为是项目缺乏吸引力，占48.4%；500人认为是缺乏资金支持，占31.3%；442人认为是参加志愿服务的途径不便，占27.7%；361人认为是志愿服务中缺乏成功感，占22.6%；247人认为是志愿者得不到社会的尊重，占15.5%；145人认为是志愿组织缺乏人情味，占9.1%；126人认为是亲友不支持，占7.9%。

表 1-13　志愿组织成员流失的主要原因

志愿组织成员流失的主要原因	人数	百分比（%）	个案百分比（%）
内容重复单调	860	24.9	53.9
项目缺乏吸引力	773	22.4	48.4
缺乏资金支持	500	14.5	31.3
参加服务的途径不方便	442	12.8	27.7
服务中缺乏成功感	361	10.5	22.6
志愿者得不到社会的尊重	247	7.2	15.5
志愿组织缺乏人情味	145	4.2	9.1
亲友不支持	126	3.6	7.9

（六）宿舍同学参加志愿服务活动的频率

个体周边环境对个体的行为选择会产生一定影响。问卷调查了大学生宿舍同学参加志愿服务的频率，以作为大学生参与志愿服务积极性的一个判断依据。数据显示：233人选择宿舍同学参加志愿服务活动频率很高，占14%；410人选择较高，占24.6%；632人选择一般，占38%；214人选择较低，占12.9%；115人选择很低，占6.9%。因此，宿舍同学参与志愿服务活动的频率略低。

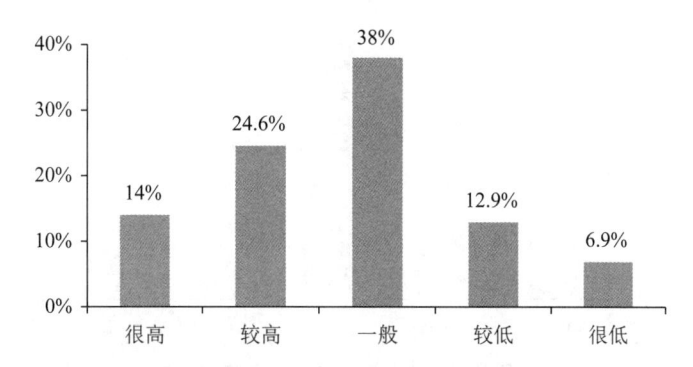

图 1-20　宿舍同学参加志愿服务活动的频率

（七）班级开展志愿服务活动的频率

在对大学生班级开展志愿服务活动情况的调查中，166人选择班级开展志愿服务活动频率很高，占10%；358人选择班级开展志愿服务活动频率较高，占21.6%；672人选择班级开展志愿服务活动频率一般，占40.6%；266人选择班级开展志愿服务活动频率较低，占16.1%；154人选择班级开展志愿服务活动频率很低，占9.3%。数据显示班级志愿服务活动开展的频率较低。

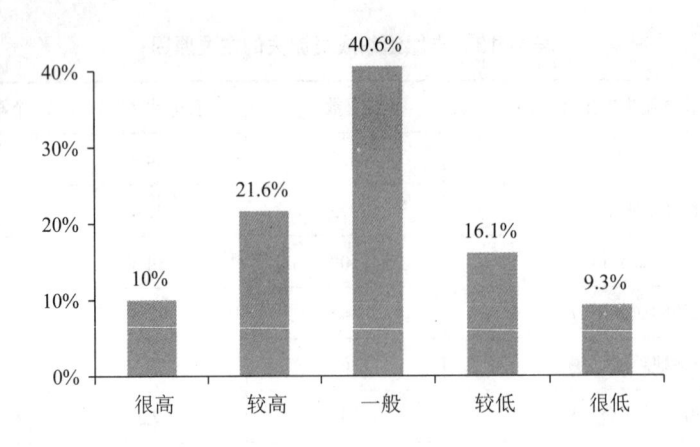

图 1-21 班级开展志愿服务活动的频率

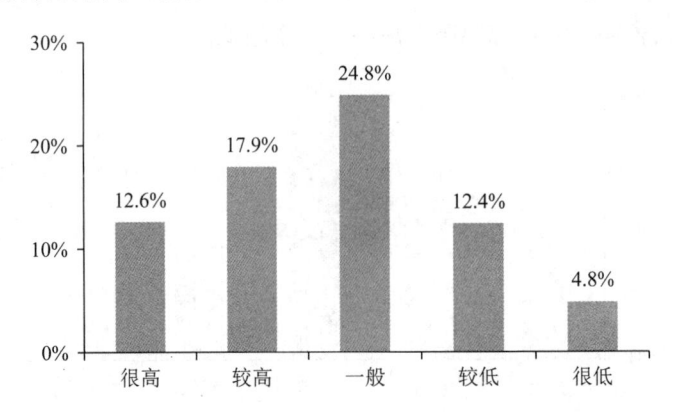

（八）大学生参加的学生组织开展志愿服务活动的频率

学生组织是大学生活中必不可少的一部分，问卷调查了大学生参加的学生组织开展志愿服务的频率。认为所参加的学生组织开展志愿服务活动的频率很高的有 163 人，占 12.6%；认为较高的有 232 人，占 17.9%；认为一般的有 321 人，占 24.8%；认为较低的有 160 人，占 12.4%；认为很低的有 62 人，占 4.8%。调查表明学生组织开展志愿服务活动的频率一般。

图 1-22 大学生参加的学生组织开展志愿服务活动的频率

（九）学生党支部开展志愿服务活动的频率

对学生党员（含预备党员）所在的学生党支部开展志愿服务活动的频率的调查显示，154 人认为频率很高，占 13.4%；245 人认为较高，占 21.2%；249 人认为一般，占 21.6%；32 人认为较低，占 2.8%；17 人认为很低，占 1.5%。数据说明，学生党支部开展志愿活动的频率较高。

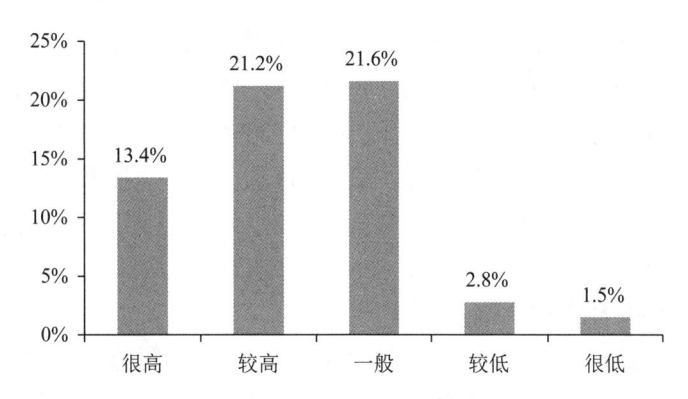

图 1-23 学生党支部开展志愿服务活动的频率

（十）当前志愿服务活动有待改进的方面

调查结果显示，841人认为当前志愿服务活动形式老套，缺乏创新，占51.7%；673人认为志愿服务队伍人员不够稳定，占41.4%；664人认为志愿服务缺乏长期性，占40.8%；612人认为志愿者素质不高，占37.6%；其余依次是组织不完善、资金不足、参与积极性不高、宣传力度不够、参加服务前志愿者没有经过培训、活动不丰富。目前，志愿服务活动亟待在志愿服务活动内容、志愿服务队伍的稳定性、志愿服务的长效性等方面重点改进。

表 1-14 当前志愿服务活动有待改进的方面

当前志愿服务活动有待改进方面	人数	百分比（%）	个案百分比（%）
活动形式老套，缺乏创新	841	16.4	51.7
人员不够稳定	673	13.1	41.4
服务缺乏长期性	664	13.0	40.8
志愿者素质不高	612	11.9	37.6
组织不完善	500	9.8	30.8
资金不足	437	8.5	26.9
参与积极性不高	367	7.2	22.6
宣传力度不够	359	7.0	22.1
参加服务前志愿者未经过培训	352	6.9	21.6
活动不丰富	301	5.9	18.5
其他	18	0.4	1.1

五、结论与建议

调查发现，50%的被调查者表示对大学生志愿服务比较了解和非常了解；高达94.9%的大学生认为志愿服务对社会发展必不可少；54%的大学生对参与志愿服务活动表现踊跃。大学生对志愿服务的认知程度具有积极正向性。此外，大学生参与志愿服务活动，对其心理感受有正面的积极作用，对大学生专业学习能力和综合能力的提升有一定的促进作用。但在具体实践中，仍存在影响大学生志愿服务活动效果的因素，这些因素也直接影响到志愿服务主体和受体对志愿服务的评估。新时期，如何进一步提高大学生志愿服务的参与度，构建大学生志愿服务长效机制，是一个持续完善和改进的过程。[①] 根据调查，提出以下建议。

（一）充分发挥大学生的主体能动作用

大学生对志愿服务的重要性和了解程度的认知水平都很高。因此，志愿组织应通过透视大学生的心态，充分发挥大学生的主体性，让他们有充足的自主发挥空间。在组织志愿服务活动时，一方面学校应给予关注和重视，另一方面充分发挥大学生自身特色，增加志愿者服务的自主性。[②] 同时，针对不同时期的大学生，应当考虑他们需求的不同与变化，设计和组织相应的志愿服务活动。

（二）多渠道多途径，加大志愿服务的宣传力度

学校在志愿服务的组织宣传工作方面非常有效到位，82.2%的大学生是通过学校团委、学生会、志愿服务社团获取志愿服务信息的。在互联网高度发达、人人都是自媒体的现代社会，如何有效发挥互联网新媒体的传播作用非常值得探索。

（三）建立通用培训和专业培训相结合的培训机制

81.7%的被调查者表示接受过相关培训，其中，62.1%的人表示接受过志愿服务基本理念的培训，59.4%的人表示接受过志愿服务所需基本技能的培训。学校对大学生志愿服务的通用培训工作很完善。同时，大学生最希望得到的培训是服务专业技能。因此，需要建立和完善通用培训与专业培训相结合的培训机制。在志愿者正式注册前，对其进行系统的通用培训；在进行具体的志愿服务项目前，开展具有针对性的专业培训。同时，结合被调查大学生所提出的培训需求，加强针对性的专项培训。

（四）规范志愿服务活动数量与种类，注重内涵式质量发展

67.5%的大学生认为目前高校志愿服务活动数量较多，59.1%的大学生认为目前高校志愿服务活动种类较多。数据表明，目前高校志愿服务活动正在蓬勃发展。同时，这就需要组织部门加强管理和引导，在继续有效开展各类志愿服务活动的同时，注重深挖志愿服务活动的内涵和质量，以此吸引更多的大学生参与进来，如将志愿服务与专业相结合。64.6%的被调查者赞同志愿服务与专业结合，而现实是，目前大学生参加的志愿服务类型更多的是常规型志愿服务活动，对涉及专业知识的专业型志愿服务活动参与较少。

---

① 王泓.大学生志愿服务的社会支持与保障状况分析［J］.思想理论教育，2012(17)：83-87.
② 覃湘庸.温州高校大学生志愿服务的调查与分析［J］.浙江青年专修学院学报，2011, 29(1)：8-11.

（五）着力开发志愿服务活动的内容和项目

志愿服务内容重复单调（53.9%）、项目缺乏吸引力（48.4%）是志愿组织成员流失的主要原因，51.7%的受访者认为当前志愿服务活动形式老套、缺乏创新。因此，要对志愿服务活动的内容和项目着力进行提高和开发。一方面，规范志愿服务活动的内容和项目，巩固传统志愿服务项目，形成系统化、品牌化、特色化的志愿服务项目格局；另一方面，开拓新型志愿服务项目，如依托学校学科优势，建立志愿服务基地，开展专业特色志愿服务活动。

（六）利用学生组织的凝聚力，开展学生组织志愿服务活动

学生组织（包括班级、社团等）对学生具有很强的凝聚力。在组织里，学生一般具有认同感，组织所开展的活动，一般更能让学生参与进来，并获得学生的支持。调查结果显示，学生党支部开展志愿服务活动的频率在所有的学生组织里最高，其他整体情况都略低。因此，应充分发挥学生组织的凝聚力，以班级、社团等为单位，鼓励以学生组织的形式开展志愿服务活动，在组织文化里加入志愿服务文化建设，使志愿理念深入学生内心。

（七）制定积极的激励制度，及时强化大学生参与志愿活动的行为

55.1%的受访大学生参与志愿服务希望得到学校、老师或家长的支持和肯定，51.4%的大学生希望得到服务对象的衷心感谢。因此，大学生志愿服务的发展需要一个良好的外部社会环境，以给予大学生强力的心理支持和条件支持。学校要建立和完善长效的、多层次的、多形式的激励表彰机制，加大对参与和开展志愿服务活动的学生与各类学生组织的支持力度，可以采取多样的表彰形式，体现对志愿者的关怀意识，如发放证书、组织表彰仪式，还可以将参与志愿服务活动与评奖评优、入党、就业推荐等相结合，让志愿者看到自己付出后的成绩，真正地感受到学校和社会的认可与支持。

（八）完善大学生志愿服务全面保障机制

调查发现，大学生志愿服务的保障措施有所欠缺，9项保障措施里，只有2项的均值高于平均值3，其余7项全部低于均值。因此，大学生对志愿服务活动权益保障的需求比较强烈。学校在大学生的组织保障方面，应着重为大学生志愿服务提供法律保障、安全保障、资金保障，比如为志愿者提供法律支持，保护志愿者的权益和安全；重视志愿者的安全保障，出台相关管理规定，积极开展安全知识培训，为参与志愿服务活动的大学生办理必要的人身保险；设立大学生志愿服务专项经费，为志愿服务工作提供必要的工作条件和保障。[①]

---

① 曾雅丽. 比较视角下的大学生志愿服务：制度化与专业化［J］. 高等教育研究, 2012(3): 71-79.

第二章　志愿服务的历史沿革

志愿服务已经有100多年的历史，虽然现代意义上的志愿服务起源于西方发达国家，但志愿精神在中国历史上源远流长，扶贫济困、助人为乐、行善积德、慈悲为怀等慈善思想文化为我国志愿服务的发展奠定了深厚的历史文化基础。志愿服务是现代社会文明程度的重要标志，是新形势下推进社会主义精神文明建设的有效途径。作为青年志愿者中最活跃、参与人数最多、最具影响力的一个群体，大学生是我国志愿服务的重要力量，大学生志愿服务是我国志愿服务事业的重要组成部分。随着志愿精神的普及和志愿服务的深入发展，大学生志愿服务呈现以下几个趋势：志愿服务活动走向常态化；志愿服务内容走向多元化；志愿服务项目走向专业化；志愿服务保障走向法制化；志愿服务管理走向科学化；志愿服务组织走向独立化。

【学习目标】

1. 了解志愿服务的历史文化渊源。
2. 了解国内大学生志愿服务发展概况。
3. 了解国外大学生志愿服务发展概况。
4. 掌握新时期我国大学生志愿服务发展趋势。

【学习导航】

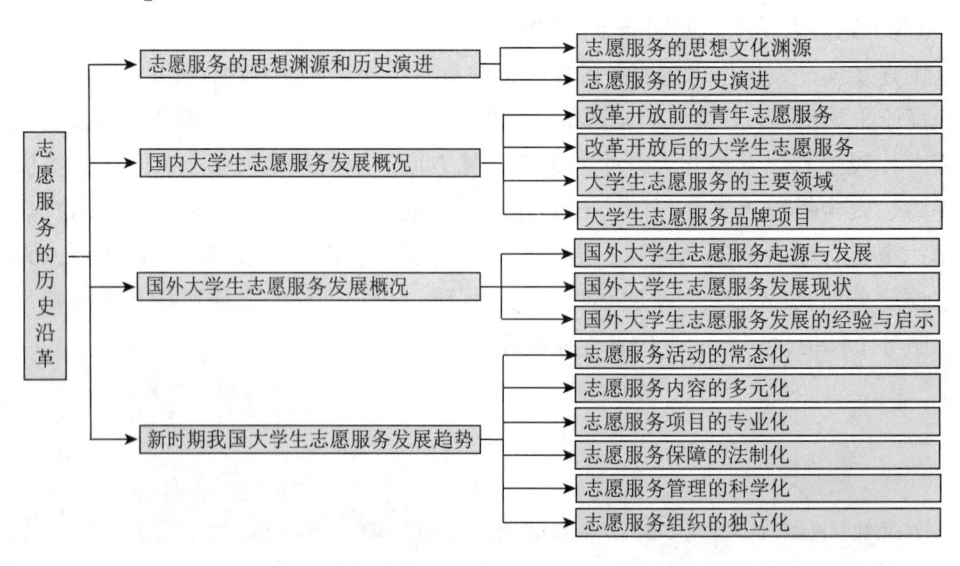

```
                                        ┌─ 志愿服务的思想文化渊源
                 ┌─ 志愿服务的思想渊源和历史演进 ─┤
                 │                      └─ 志愿服务的历史演进
                 │
                 │                      ┌─ 改革开放前的青年志愿服务
                 │                      ├─ 改革开放后的大学生志愿服务
                 ├─ 国内大学生志愿服务发展概况 ──┤
                 │                      ├─ 大学生志愿服务的主要领域
志愿服务的历史沿革 ─┤                      └─ 大学生志愿服务品牌项目
                 │
                 │                      ┌─ 国外大学生志愿服务起源与发展
                 ├─ 国外大学生志愿服务发展概况 ──┼─ 国外大学生志愿服务发展现状
                 │                      └─ 国外大学生志愿服务发展的经验与启示
                 │
                 │                      ┌─ 志愿服务活动的常态化
                 │                      ├─ 志愿服务内容的多元化
                 │                      ├─ 志愿服务项目的专业化
                 └─ 新时期我国大学生志愿服务发展趋势 ─┤
                                        ├─ 志愿服务保障的法制化
                                        ├─ 志愿服务管理的科学化
                                        └─ 志愿服务组织的独立化
```

【导入案例】

近年来，我国大学生志愿服务发展迅速，大学生志愿者队伍不断发展壮大，在2008年北京奥运会、2010年上海世界博览会、2011年深圳世界大运会等重大活动中发挥了重要作用，得到了社会各界的肯定。在2008年北京奥运会期间，大学生志愿者真诚的态度、优质的服务、灿烂的微笑和良好的精神风貌，赢得了国际社会的高度评价以及社会各界的充分肯定，被称为"鸟巢一代"。在庆祝新中国成立60周年系列活动中，大学生积极参与国庆游行、晚会等活动，再次赢得了广泛赞誉。2010年上海世博会期间，上海高校有近20万的大学生参与各类志愿服务，他们将中国志愿服务又一次推向高潮，被称为"海宝一代"。2011年深圳世界大运会期间，深圳高校的八成以上大学生踊跃参加志愿服务，以80后、90后为中坚力量的大运志愿者用最真诚的微笑、最热诚的服务、最认真的态度，给人们留下深刻印象，向世界展示深圳"不一样的精彩"，他们被称为"UU一代"。

实践证明，志愿服务是促进社会主义精神文明建设、构建社会主义和谐社会的重要力量，也是促进大学生健康成长成才、提升大学生综合素质的重要载体。

第一节 志愿服务的思想渊源和历史演进

一、志愿服务的思想文化渊源

（一）国内志愿服务的思想根基

慈善思想在中国源远流长，中国的传统文化蕴含着丰富的慈善伦理思想和志愿精神核心价值元素。儒家、墨家、道教、佛教等传统文化中蕴涵的仁爱、奉献、博爱互助、积善行德等慈善思想为我国志愿服务的发展奠定了深厚的思想文化基础。

1. 儒家的"仁爱"思想。儒家的"仁爱"思想构建了中国的慈善传统基础，可以视为中国传统志愿服务伦理思想的价值之源。[①] 孔子把"仁"作为最高的道德原则、道德标准和道德境界，并强调用爱来解释仁。孔子对"仁"的基本规定是"仁者爱人"。孔子的"仁"还直接体现对他人的爱，这种对他人的仁爱同情心、利他心，正是志愿服务开展的道德基础。孟子继承和发展了孔子的仁爱思想，认为人皆有恻隐之心，"恻隐之心，仁之端也"。他指出，无恻隐之心非人也，强调恻隐之心是形成人之"仁"的善端。恻隐之心即为同情心、爱心，这是人生而具有的天性。汉朝以后，儒家仁爱观得到统治阶级的大力推广，仁爱观逐步成为我国慈善思想的基础。宋朝以后的儒家提出"以爱己之心爱人则尽仁"，进一步丰富了儒家传统的慈善救

---

① 陈月兰.志愿服务的思想渊源[J].科技信息，2008(13): 468.

助思想。另外"义"也是儒家道德标准之一。孔子认为，君子喻于义，小人喻于利，也就是说，只有君子才能超越眼前的利益而成为道德的典范。儒家的仁爱观、义利观奠定了中国的慈善传统基础，客观存在所体现出的"行善""乐施助人"精神与志愿服务的奉献、友爱精神是相通的。

2. 墨家的"兼爱"思想。除此之外，我国另一位思想家墨子主张"使天下兼相爱"，提出"兼爱非攻"思想，倡导博爱和互助的精神。兼爱就是兼相爱，交相利，就是爱人，爱百姓而达到互爱互助，而不是互怨互损。墨子反对儒家的"爱有差等"说，强调爱无差别等级，主张不分远近亲疏厚薄的平等的爱。墨子认为兼爱是互益的，也就是说，兼相爱便会人人受利，因为仁者是以兴天下之利为己任的，而爱别人的人，别人也会爱他。墨子平等的"兼爱""爱己"的思想与现代志愿精神的互助友爱、共同进步的宗旨是一致的。

3. 道家的"积善成仙"思想。作为我国土生土长的宗教，道教提出"积德行善说"，认为积善方可修道成仙而长生不老，"行善"是修道成仙的必要条件，行善的多少直接与成仙的等级有着密切的关系。[①] 道教经典《太上感应篇》开篇说道："祸福无门，惟人自召。善恶之报，如影随形。"东晋道教思想家葛洪指出，得道成仙的关键不在于服丹炼药，而在于修德行、重忠孝、养和顺、讲仁信。他在《抱朴子·对俗篇》中说："欲求仙者，要当以忠孝、和顺、仁信为本，若德行不修，而但务方术，皆不得长生也。"道教的"积善成仙"思想从某种意义上可以说是道教慈善思想落实的激励机制，这与西方志愿服务的宗教动机是一致的。

4. 佛教的"慈悲济世"思想。从印度传入的佛教主张慈悲平等，提倡慈悲济世精神，力行布施奉献，其"慈悲为怀"思想深刻影响了许多中国人的行善思想和慈善行为。佛教大慈大悲的思想将慈善思想的外延扩展到一种人所能及的可能范围，不仅关注人，而且将此种慈悲扩及其他一切有生物体，这是对爱的扩大。佛教的慈悲观表达了佛教对人生的深切关怀，对一切众生的同情和怜悯，体现了佛教解除众生疾苦的宽广胸怀和利社会利他人的自我牺牲精神，更是现代志愿服务的重要文化土壤。[②] 另外，佛教的因果报应行善积德观对人们的行为提出了道德要求和自律准则。这些都是我国古代慈善思想的重要组成部分，它们与当今我们所倡导的志愿精神在本质上是一致的。

综上可以看出，中华文明源远流长，作为中华文化重要元素的"仁爱""兼爱"等优秀传统文化精髓与志愿精神一脉相承，成为当代中国志愿精神的重要思想来源。无论是儒家的"仁爱"思想，还是墨家的"兼爱"思想；无论是道教的"积德"思想，还是佛教的"慈悲"精神，其都拥有浓厚的爱人济世色彩，其济人、利人、惠人的思想与志愿精神是一致的。总之，作为近现代社会新生事物的志愿服务虽为

---

① 陈月兰.志愿服务的思想渊源[J].科技信息, 2008(13): 468.

② 同上。

"舶来品",但在中国确有其深厚的文化土壤。

(二)国外志愿服务的思想基础

在西方,志愿精神的发端有其悠久而特有的文化背景,志愿服务主要起源于宗教性的慈善服务。追根溯源,古希腊罗马时代的公益慈善思想、中世纪基督教的"博爱"精神、近现代西方文化中利他主义观念、北美新英格兰地区乡镇自治和乡镇精神对志愿精神在西方的兴起产生了很大的影响。

1. 古希腊罗马时代的公益慈善思想。西方自古希腊始,人们就努力追求实现社会的普遍幸福,强调"共同的善"。慈善行为被认为是一种最高尚的伦理美德。亚里士多德曾说:"在一切德性之中,慷慨可说为人最钟爱,因为在给予着中,可以有助于人。"亚里士多德认为,人类的一切实践活动都以善为目的。推而广之,万物都是向善的。古罗马著名政治家、哲学家西塞罗曾指出,没有什么比仁慈和慷慨更能够体现人性中最美好的东西了。他认为从事公益慈善是个人的道德责任和美德。这一观点成为现代志愿服务精神的思想基点。

2. 基督教的"博爱"精神和救赎观念。西方社会中的慈善思想和基督教有着非常密切的联系。基督教教义中的"博爱"思想认为,所有信徒都是上帝的儿女,信徒之间都应当以兄弟姐妹的关系相处,崇尚一种建立在平等基础上的"不分男女,不分贵贱都是兄弟"的"爱",即能够抛开身份地位的高低以及关系的亲疏远近,以乐善好施的态度对待他人,最终将其外化成为一种行为准则,自觉地对他人施以帮助和关爱。另外,基督教教义中有"原罪说",即"人生而有罪",为了能够洗刷罪恶,涤荡灵魂,基督教信徒需要自觉地以崇高、无私的爱心去帮助他人,以此来避免在末日审判时被投入地狱,实现自我救赎。由此可以看出,基督教所提倡的"博爱"更多是出于宗教的诉求而非伦理道德的规范。

3. 利他主义观念。17世纪末18世纪初,在英国出现了以仁爱、同情、怜悯、慈善等利他精神为特征的情感主义,代表人物主要有休谟、亚当·斯密、卢梭等。他们认为,人性中天生就有仁爱、同情、怜悯等情感,这些都是志愿精神和行为产生的根源。休谟认为,慈善、人道和同情源于人与自然的道德情感,令人赞许和称道。亚当·斯密在《道德情操论》里强调,同情是人的本性或天性。这种天性意味着所有的人都有道德本能,并且是道德的起源。卢梭把对他人的爱和怜悯的情感归结于人的自爱,爱他人就是为了爱自己。[①]

4. 北美新英格兰地区乡镇自治和乡镇精神。源于英国、发展在北美新英格兰地区的乡镇自治和乡镇精神促进了志愿精神的形成。托克维尔在《论美国的民主》一书中详细描绘了北美新英格兰地区的乡镇自治和乡镇精神:美国人在乡镇中积极地建立社团,以社团形式开展公益服务或助人自助,每个人都觉得自己是乡镇的主人,对乡镇有强烈的

---

① 陈月兰.志愿服务的思想渊源[J].科技信息,2008(13):468.

认同感，乡镇的繁荣和安宁与自身的幸福紧密联系在一起。托克维尔所谓的乡镇精神的要旨就是乡镇居民对本乡镇公共事务的积极参与以及对本乡镇的自豪、信任和依恋爱慕，这种乡镇精神在短时间里迅速扩展到全美国，辐射到西方其他国家。①

可见，西方志愿服务的伦理思想更多来源于亚里士多德主义、基督教的博爱精神、宗教责任及救赎观念，是一种建立在宗教基础上的"慈善志愿"，带有比较强烈的宗教色彩。

二、志愿服务的历史演进

（一）中国志愿服务发展历程

1. 古代的慈善救助行为的发端和演进

有文字可考的中国古代的慈善行为最早可以追溯到春秋战国时期。春秋战国时期，"善人"大多以个人为主体，以赈济为手段，在路上设食物救济灾民。②魏晋南北朝时期，受佛教慈悲思想的影响，宗教慈善行为比较活跃盛行，行为主体涉及各个阶层，包括王室成员、官吏和平民，那时的慈善行为主要集中于济贫和布施医药，并出现了后赵高僧佛图澄等富有慈悲情怀的高僧。两宋时期，佛教寺庙成为慈善事业最重要的实施力量，除了以前的济贫赈灾、施医赠药外，寺庙还捐建地方公共设施（桥梁、道路等）、资助教育（开设书堂、书店等）、发动募捐赈灾钱款等。同时，官方主导寺庙协助的慈善事业得到较快发展，如北宋时苏轼在杭州设立医院式的"安乐坊"和孤儿院式的"慈幼居"。明清时期，政府和寺院继续举办各种慈善公益事业，但活动热情呈现下降趋势，宗族慈善事业有所发展。这一趋势在清中叶以后的福建、广东两省特别突出，其中一些宗族内的大家大户负责筹办公共事业，如兴修水利、兴办族内公共学堂、救济族内贫困户、赈济族内灾民等等，当时专门进行赈济等慈善事业的机构叫"义庄"。③随着社会的发展，明清时期的慈善事业发展达到高峰。在这一时期已形成一套比较系统、全面的赈灾机制，对报灾、勘灾以及施济的各项措施都有详细的规章。一些殷商富贾和地方绅士广泛参与到地方社会的灾荒救济中，民间慈善事业兴盛。各种官方慈善机构开始大量涌现，如养济院、惠民药局、栖留所（或留养局）和漏泽园。

2. 近代慈善救济事业的萌芽和发展

清末民初时期，我国出现了近代慈善事业的萌芽。鸦片战争之后，由于内忧外患、经济发展不佳等种种原因，中央对地方的控制进一步放松，各种民间团体活跃起来。同时，西方的慈善组织传入我国沿海开埠城市，为我国传统的慈善公益事业注入了新的发展因素，古代的慈善活动开始向近现代慈善事业转变。这时的慈善事

---

① 颜睿.志愿精神的文化渊源与现代价值[J].思想教育研究,2013(8):45.
② 北京志愿服务发展研究会.中国志愿服务大辞典[M].北京:中国大百科全书出版社,2014,4.
③ 田军主编.志愿服务理论与实践[J].北京:立信会计出版社,2014,22.

业既继承了我国古代的慈善传统,又受到了西方在华慈善救济系统的影响。慈善事业开始向更为宽泛的社会公益事业转化,并带有一定的志愿服务色彩,慈善思想也得到进一步的发展。这时期出现了一大批慈善家,比如张謇、熊希龄、经元善等。张謇致力于兴办慈善公益事业,创办了许多慈善机构,如新育婴堂(1906年)、养老院(1913年)、贫民工场、济良所(帮助妓女走向正常生活的机构,1914年)、残废院(1916年)、留栖所(即乞丐收容所,1916年)、聋哑学校等,被誉为近代"慈善企业家"。① 熊希龄筹办大型赈灾活动,捐款兴办学校,创办慈幼院。

20世纪20年代兴起了乡村教育运动,例如以晏阳初为代表的中华平民教育促进会、以梁漱溟为代表的山东乡村建设研究院,他们扎根乡村,志愿兴办乡农学校、乡学村学,探索中国发展之路。② 这一时期出现了各种各样、大大小小的慈善组织,其中民间慈善机构承担了大量的慈善救济工作,这些慈善组织围绕民族复兴目标开展了多种形式的慈善公益活动。中国红十字会也在这时诞生了,它发扬人道主义精神,救死扶伤,救灾恤邻,成为中国近现代慈善事业的先锋组织。

3. 当代志愿服务的兴起和发展

纵观当代中国志愿服务走过的历程,可以分为四个阶段,即新中国成立至20世纪80年代初,是以"义务运动"为特征的发展时期;80—90年代初期,是以社区志愿服务为主要形式的演变发展和过渡时期;以1993年青年志愿行动的出现为标志,直至2008年奥运会的成功举办,是中国志愿服务事业全面发展并迅速壮大的时期,尤其是在筹备北京奥运会的8年时间里,志愿服务实现了质的飞跃;奥运会后,志愿服务进入了较为平稳的发展轨道。③

新中国成立后,由于种种原因,中国慈善事业中断了40年,但志愿服务因教育人民和建设社会的需要而以义务服务的形式存活下来。1963年开始的"学雷锋活动"在中国志愿服务事业的发展中扮演了十分重要的角色,为后来的志愿服务事业奠定了扎实的基础。改革开放以后,中国志愿服务开始迅猛发展。经济政治体制改革为人们的思想与行为提供了更加广阔的空间,国外志愿服务的理念与实践开始进入到人们的视野之中,生活水平的迅速提高以及公民意识的增强,激发了民众提升自己、服务他人与社会的需求。正是在这样的条件下,志愿服务在中国迅速发展起来。80—90年代初期,在全国城市范围内开展的大规模的社区志愿服务是中国现代志愿服务事业萌发阶段的基本形式,是迈向现代志愿服务的探索和尝试,促进着中国现代志愿服务开始走向组织化。1993年底,共青团中央决定实施中国青年志愿者行动。1994年,团中央成立了中国青年志愿者协会,这标志着中国青年志愿者活动逐步走上了正规化、组织化的轨道。从1993年开始至2008年北京奥运会成功举办,中国的

---

① 田军主编. 志愿服务理论与实践[M]. 北京:立信会计出版社, 2014, 23.
② 北京志愿服务发展研究会. 中国志愿服务大辞典[M]. 北京:中国大百科全书出版社, 2014, 5.
③ 中华人民共和国国史[EB/OL]. http://www.hprc.org.cn/gsyj/shs/shxss/201306/t20130627_227267.html.

志愿服务事业实现了前所未有的跨越式发展，志愿服务的三大领域——社区服务、青年志愿行动以及大型项目志愿服务都取得了长足的进步。这一时期是中国志愿服务事业全面发展并迅速壮大的时期，尤其是在筹备北京奥运会的8年时间里，志愿服务实现了质的飞跃。奥运会后，志愿服务事业进入了稳定的发展阶段，越来越显示出其魅力和价值。2010年广州亚运会、2010年上海世界博览会和2011年深圳第26届世界大学生夏季运动会成为推进志愿服务事业发展的新契机。新一代志愿者又一次大放异彩，志愿服务理念在大学生中已深入人心，志愿服务已成为许多高校青年学生的生活方式和承担社会责任的方式，高校大学生已成为推动志愿服务事业发展的主力军和生力军。进入后奥运阶段，中国民众对志愿服务的认可度和支持度有了明显提高，志愿主题网站不断涌现，对志愿者的注册管理、培训激励、权益保障等相关政策也在不断制定与完善中，志愿服务走上了平稳、成熟的发展轨道。①

（二）国外志愿服务发展历程

1. 国外志愿服务的历史轨迹

国外的志愿服务源远流长，它的形成和发展大致经历了三个阶段。②

（1）萌芽阶段。志愿服务起源于19世纪初西方国家宗教性的慈善服务。19世纪，美国社会经历了"大觉醒"时期，人们开始意识到弱势群体的概念，以及反对奴隶制的意义。年轻的美国人开始主动去帮助自己社群里面需要帮助的人。19世纪50年代，第一个美国基督教男青年会和女青年会相继成立。基督教青年会至今在全球125个国家拥有国家级别的分会，影响着数亿人群，它的目标是践行基督教的精神、培养青年人的完善人格和建设美满社会，这些实践为基督教争取了非常多的信众。英国为了协调政府与民间各种慈善组织的活动，在伦敦成立了"慈善组织会社"。而为了反抗宗教迫害，从欧洲来到北美大陆的移民们克服困难、团结友爱、相互帮助，逐渐形成了利他助人的群体精神，这种精神被作为美国人民的美德保存下来，来自各个阶层的一大批仁慈、慈善人士成为了最早的志愿服务人员。

（2）扩展阶段。19世纪末及20世纪初，欧美等国先后通过了一系列有关社会福利方面的法律法规。大批具有奉献精神的社会工作者和志愿人员投身到社会福利的递送服务当中，志愿服务活动越来越受到政府的重视和鼓励。20世纪初期的经济"大萧条"所引发的贫困，造成了美国第一次全国性的、大规模的义工行动。接下来的第二次世界大战期间，更有成千上万的义工中心建立了起来，以指导战时义工的工作，如收集战备物资、送士兵上前线、看护伤兵等。

（3）规范阶段。"二战"之后，战时培养出来的利他服务精神被运用到了其他方面，如照顾贫困者以及海外义工。1960年，和平队（Peace Corps）的建立是一个大

---

① 中华人民共和国国史网［EB/OL］. http://www.hprc.org.cn/gsyj/shs/shxss/201306/t20130627_227267.html.
② 元竹. 国外志愿服务的发展［J］. 社区, 2005(8): 19.

的里程碑。和平队将普通美国人送到世界各地去从事义工工作，帮助当地发展的同时，也扩展了美国公民的视野以及美国文化的影响力。同时，"二战"之后，西方国家的福利主义抬头导致各国政府财政赤字，需要发展义务工作以解决社会上不胜负荷的需求。1964年，美国的"民权总统"约翰逊宣布美国"向贫穷开战"，义工的发展机会迅速增加并且影响到了接下来的几十年，义工工作走向正式化。这一时期，西方国家的志愿服务工作不仅进一步规范化，而且扩大成为一种由政府或私人社团所举办的具有广泛性的社会服务工作。志愿服务工作的重心不仅在于调整被救助者的社会关系和改善他们的社会生活，更在于调整整个社会结构与社会关系。志愿服务工作逐渐走向制度化、专业化。[1]

2. 国外志愿服务的主要特点[2]

（1）志愿服务氛围浓厚。在一些发达国家，志愿服务有比较广泛的社会基础，志愿服务氛围比较浓厚，志愿者占国家总人口的比重很大，大多能占总人口的20%—30%，有的高达60%，北欧国家平均达35%。

（2）教会慈善事业是志愿服务的主导。教会组织的慈善事业是西方发达国家志愿服务的主要力量，教会关于"爱人如己"的信念和社会责任感一直是国外志愿服务的精神支柱。教会慈善事业活动范围广泛。以美国为例，教会及其支持的慈善团体的志愿活动非常广泛，包括：社会福利活动，如学龄前儿童的日托及课余活动、老人日托、保护妇女、移民难民安置等；社会义举，如民权、社会正义、文化和艺术、社区开发；卫生和医疗，如有计划地支持残疾人、艾滋病患者。此外，教会还从事国际慈善事业，诸如卫生、和平、安全、人权、社会正义、农业开发、国际救济、国际难民救援、改善地球环境生态等。

（3）志愿服务具有很强的民间性质。在西方发达国家，志愿服务体现着鲜明的"民间"属性，尤其是由宗教团体主办的社会慈善事业。民间和民间活动在社会进步和社会福利方面的努力，可以弥补社会政治的不足，对于社会政治和经济发展都具有积极的意义。同时，民间活动范围广、涉及人群多、活动方式多样，可以填补政府的空白。发达国家一些民间团体、社会公共部门和私人部门之间，贫困群体与富裕群体、贫困社区与发达社区之间的沟通，促进并强化了私人部门对于社会问题的责任心，也强化了公众对于环境、犯罪、老年人、家庭、文化等社会问题的认识和责任。

（4）企业普遍支持志愿服务事业。在西方一些发达国家，企业支持志愿服务事业是十分普遍的现象，一直受到鼓励和支持，被认为是企业履行社会责任的一种体现。一般来说，有社会影响的大企业都会通过创办基金会的方式来支持志愿服务事业。大多数中小型企业会根据自己的实际情况、量力而行，在资金和物资上为志愿

---

[1] 中华志愿者协会网站[EB/OL]. http://cva.mca.gov.cn/article/zyyj/201110/20111000188004.shtml.
[2] 中华志愿者服务网[EB/OL]. http://www.zhcva.com/zhiyuanyanjiu/2015/0525/64.html.

服务事业提供一定的支持。

（5）政府对志愿服务实行宏观调控。在国外，政府通常通过"民办、官协、商协"等合作形式，与志愿者组织协同工作，形成通力合作的伙伴关系，共同解决一些社会问题。但这种伙伴关系并不意味着政府对志愿者组织的放任自流。政府一般通过财政支持和税收优惠等经济手段来调节志愿者组织的发展及其方向。同时，英美等发达国家关于志愿服务有比较完善的法律体系，对于志愿者组织的活动、社会地位、资金筹集都有明确的法律规定，通过法律来规范、保护志愿服务的发展。

（6）社区是志愿者活动的重要载体。社区作为聚集在一定地域的人们所组成的、具有内在社会互动关系和文化维系力的社会生活共同体，越来越成为现代志愿服务的重要领域。社区发展和社区组织作为一种解决社会问题的手段已得到发达国家社会各界的广泛认同，尤其在解决贫困、失业、环境保护等问题上发挥了独特的作用。发达国家的社区发展是一个提高公民意识、提升社区居民能力的过程。居民通过广泛参与，了解自身的需求，增强社区凝聚力，并采取积极的行动参与社区建设。在公民参与和政府机构、非营利性组织的协助下，志愿者动员整合社区内的一切资源，解决社区内的各种问题，改善社区生活环境，提高全社区居民的福祉和生活质量。

知识窗

国际志愿者日

国际志愿者日是每年的12月5日。1985年，第四十届联合国大会通过决议，从1986年起，每年的12月5日为"国际促进经济和社会发展志愿人员日"（简称：国际志愿人员日）。其目的是敦促各国政府通过庆祝活动唤起更多的人以志愿者的身份从事社会发展和经济建设事业。

（资料来源：互动百科：http://www.baike.com/wiki/国际志愿者日）

第二节 国内大学生志愿服务发展概况

一、改革开放前的青年志愿服务

（一）青年志愿垦荒队

青年志愿垦荒队活动在20世纪50年代中期产生，有其特定的时代背景，主要是为了解决当时粮食短缺问题和城市青年失业问题，同时也受到当时苏联青年垦荒活动的影响。1955年8月，北京团市委组织了全国第一支青年志愿垦荒队到边疆地区垦荒，以促进当地工农业发展。同年10月，上海第一支青年志愿垦荒队出发奔赴江西。他们中除了社会青年外，还有大学生、工人、店员、学徒、护士、农民等。当时最著名的三个垦荒队是北京青年垦荒队、上海青年垦荒队、温州大陈岛青年垦荒队。在北京、上海、温州组织青年志愿垦荒队的同时，黑龙江、辽宁、河北、山东、天津、广东、浙江、福建、河南、云南、江西、广西等16个省、市、自治区的青年团也协助政府组织了青年垦荒队到边疆垦荒，人数超过20万。[①] 这些青年怀着理想，组成志愿垦荒队，从条件相对优越的城市到边远和落后地区开荒种田，以"坚忍不拔、艰苦创业、崇尚科学、开拓奋进"的精神，与当地人民一起，把昔日的荒山野岭建设成繁荣富裕的"共青城"，为改变当地的落后面貌、解决国家粮食问题和城市就业问题做出了巨大贡献，具有重要的历史意义。从某种意义上讲，青年志愿垦荒活动开创了中国青年志愿者活动和大学生志愿服务西部活动的先河。

（二）学雷锋活动

1963年3月，毛泽东主席发出了"向雷锋同志学习"的号召，此后雷锋事迹得以迅速传播，从部队到机关，从工厂到学校，从青少年到成年人，在全社会产生了巨大反响，在全国范围掀起了"学雷锋"的热潮。"向雷锋同志学习"逐渐成为树立社会主义新风尚的动员口号。伴随着学雷锋运动的深入和国民经济的恢复，助人为乐、见义勇为、无私奉献成为社会新风尚、新潮流。在雷锋精神激励下，1963—1966年为支持农村和边疆地区社会主义建设，近130万决心为祖国分忧、展现个人价值的城市知识青年自愿参加下乡运动。1963年以来，中国还先后向亚、非、拉和东欧的65个国家和地区选派志愿医务人员约2万人次。这样，我国的志愿服务活动以群众性运动模式逐渐开展起来。"学雷锋"活动可以说是我国建国初期最具有志愿服务色彩的行动，为以后志愿服务事业在中国的发展打下了良好的基础。

二、改革开放后的大学生志愿服务

改革开放后，我国大学生志愿服务大致经历了以下几个发展阶段。

（一）起步阶段（1993年以前）

伴随着改革开放的深入，大学生志愿者逐渐成为我国青年志愿服务的排头兵和中坚力量，引领着我国志愿服务发展的航向。20世纪80年代末，位于我国改革开放最前沿的一些南部城市，如广州、深圳等地，走在改革浪潮的前列。为帮助外来新移民尽快实现创业或安居梦想，开始有了借鉴香港、澳门地区等地从事志愿服务事业的"义工组织"。1987年，广州市诞生全国第一条志愿者服务热线电话。1989年，天津市和平区新兴街道诞生全国第一个社区志愿服务团体——社区服务志愿者协会。随着社区组织的发展，社区志愿服务逐渐由京津沪等大城市扩展到全国。1990年4

---

① 青年之声网站［EB/OL］. http://qnzs.youth.cn/2015/0706/1421958.shtml.

月23日，深圳市诞生全国第一个正式注册的志愿者社团——深圳市义务工作者联合会。到1993年底，深圳市义务工作者联合会已经成长为拥有400多名个人会员、具有一定影响力的社会代表性团体。1992年，在香港义工的直接指导下，广东省佛山市诞生"义工团"。内地许多省区市也陆续产生不同类型、名称各异的志愿组织。由于萌芽状态的"志愿服务"是青年或者其他年龄的人群自发组建、自发服务，力量仍然单薄，社会影响力有限，但它促进了商品经济社会中的新型友善互助风尚，提供了先行探索的经验。值得一提的是，为了迎接1990年第十一届亚运会，北京市4万名大学生成立了"首都高校亚运会义务服务大队"，承担了有关宣传准备、环境清理、会务服务等重要职责，开创了大学生义务服务国家大型项目的先河。

（二）发展阶段（1993—2000年）

1993年12月，共青团中央决定实施"跨世纪青年文明工程"，旨在将学雷锋活动从"自上而下"、有组织的活动向自觉的、多向的方向转变。1993年12月19日，在共青团的号召下，2万余名青年亮出"青年志愿者"旗帜，在京广线开展为旅客送温暖志愿服务，标志着中国青年志愿者行动正式启动。为推动青年志愿服务事业的深入发展，团中央于1994年12月5日成立了中国青年志愿者协会。这标志着我国大学生志愿者开始走上了正规化、组织化、规范化的道路。1995年3月1日，中共中央宣传部、国务院办公厅、共青团中央在北京召开"弘扬雷锋精神，广泛开展志愿者行动"座谈会。同年，团中央发出开展"大学生青年志愿者社区援助活动"的号召。这期间依托各级共青团组织，建立起全国、省、市、县四级青年志愿者协会，部分地区延伸到社区、农村，建立镇（街）青年志愿服务中心和社区（农村）青年志愿服务站。由民政系统推动的社区志愿服务和中国红十字会推动的专业志愿服务也在发展。1996年开始，共青团中央联合中央文明办、教育部、卫生部、科技部、农业部、人事部、国务院西部开发办等部门，实施"大学生青年志愿者扶贫接力计划"。1997年，由中央宣传部、教育部等联合开始实施大中专学生志愿者暑期"文化、科技、卫生"三下乡社会实践活动。1998年8月，共青团中央青年志愿者行动指导中心成立，负责全国青年志愿者工作的组织和管理。同年，由共青团中央、教育部联合组织实施的"中国青年志愿者扶贫接力计划研究生支教团"成立。1999年6月，共青团中央正式启动大规模环保项目"保护母亲河"行动和"中国青年志愿者绿色行动营计划"。2000年，共青团中央将每年的3月5日"学雷锋日"定为"中国青年志愿者日"。这些志愿者行动为中国普及志愿事业奠定了基础。

（三）深化阶段（2001—2007年）

在共青团中央的推动下，以中国青年志愿者协会为先锋，中国志愿服务事业步入了持续发展和深化阶段。2001年3月，注册志愿者制度实施，青年志愿者已经成为中国志愿服务事业的主体力量。联合国宣布2001年为"国际志愿者年"，中国为此开展了一系列活动，促进了中国青年志愿者协会等与联合国志愿人员组织合作，开展了在中国境内的宣传推广,使志愿服务得到更多民众的认可。2002年5月,共青团中央与中国青年志愿者协会启动中国青年志愿者海外服务计划,通过公开招募、自愿报名、集中派遣的方式,派遣青年志愿者赴老挝等发展中国家服务,向世界展现中国青年志愿者的风采。

2003年6月10日,经党中央、国务院批准,共青团中央、教育部向212万大学毕业生推出"志愿服务西部计划",招募5000名至6000名志愿者到西部12个省市区的贫困县乡镇从事公共服务,为期1—2年,涉及教育、卫生、农技、扶贫,以及青年中心建设和管理等领域。该计划得到广大大学毕业生的积极响应。截止到2013年8月,有16万名大学生志愿者志愿报名,有16000多名志愿者服务期满后自愿扎根西部,为西部发展奉献力量。

这一时期,各种志愿组织协会如雨后春笋,蓬勃发展。民政部加快发展社区志愿服务的步伐,2005年3月成立中国社会工作协会社区志愿者工作委员会(2007年2月更名为"志愿者工作委员会")。中国红十字会和慈善总会扩大了公益志愿团队的力量,妇联成立"巾帼志愿服务总队"等等。企业与民间组织对于发展志愿服务的热情也日趋高涨,许多企业公司都成立了志愿队。这期间,志愿事业在我国得到了迅速的发展,民众参与志愿服务的意愿也日益高涨。

(四)全面发展阶段(2008年至今)

2008年北京奥运会和5·12汶川大地震有力地推动了当代中国的志愿服务事业。奥运志愿者是一个高度组织化、专业化的自上而下的志愿服务项目,而汶川抗灾志愿者是一个完全自发的自下而上的社会运动。奥运志愿者首先使志愿者这个概念植入社会,播下了人们对志愿行为憧憬的种子,而汶川大地震客观上为我国志愿运动的全面兴起提供了难得的空间和舞台。奥运志愿者和抗灾志愿者这两个精神实质完全一致的历史事件,谱写出一曲感天动地、大爱无疆的豪情壮歌,奏响了一部流光溢彩、精美绝伦的华彩乐章,在国际社会赢得了广泛赞誉,翻开了中国志愿服务的崭新一页。正如联合国志愿组织中国项目官员说的:"2008年将是中国志愿服务元年"。据统计,2008年有近53000名大学生成为了北京奥运会志愿者,占总志愿者人数的80%以上。奥运会之后的2010年上海世博会志愿服务、2010年广州亚运会志愿服务、2011年深圳大运会志愿服务继续谱写了中国志愿服务史上光辉的篇章,标志着中国志愿服务水平达到了新的高度。

2009年,教育部出台《教育部关于深入推进学生志愿服务活动的意见》,从体制机制上对各级各类学校开展志愿服务活动进行统筹和规范。2010年5月4日,共青团中央启动了关爱农民工子女的志愿服务行动,广大青年学生表现出强烈的社会责任感,积极参与到这一志愿服务当中。2012年,教育部等7部门联合印发《关于进一步加强高校实践育人工作的若干意见》,进一步明确了志愿服务是推进实践育人的重要途径。

2013年12月,中国志愿服务联合会在北京成立,积极推进和实现志愿服务制度化、常态化，为促进中国志愿服务事业大繁荣大发展提供坚强的组织保障。2014年，中央文明委印发《关于推进志愿服务制度化的意见》。2015年3月，教育部印发《学生志愿服务管理暂行办法》。2016年，中央文明委和中央文明办、民政部等部门先后出台了《关于支持和发展志愿服务组织的意见》《文化志愿服务管理办法》《关于公共文化设施开展学雷锋志愿服务的实施意见》等政策文件。尤其值得一提的是，2017年9月，国务院公布了《志愿服务条例》（2017年12月1日起施行），对志愿服务的基本原则、管理体制、权益保障、促进措施等作了全面规定。这一系列关于志愿服务的法规政策文件有力地规范和推动了大学生志愿服务的深入发展。

近年来，党中央高度重视志愿服务工作，习近平总书记先后给华中农业大学"本禹志愿服务队""郭明义爱心团队""南京青奥会志愿者"回信，勉励广大志愿者弘扬志愿精神，为实现中华民族伟大复兴的中国梦作出新的更大贡献。

三、大学生志愿服务的主要领域

总的说来，我国大学生参与志愿服务的领域主要包括以下几个方面。

（一）环境保护

这一领域主要的服务方式是成立环境保护组织或者组织环境保护的相关活动。例如1999年6月开展的"保护母亲河"青年志愿者绿色行动营计划，这项活动以"劳动、交流、学习"为主题，通过建设绿色行动基地以及绿色行动营，组织大学生志愿者在重点区域内开展以植树造林、沙漠和水污染治理等具有环境保护特色的志愿服务，并取得了重大成效。同时高校还开展了关于回收废旧电池、校园绿化等环境保护方面的志愿服务。

（二）社区服务

大学生志愿者走进社区基层，进行社区援助工作是从1996年开始进行的。各地高校的大学生深入敬老院、孤儿院、康复中心等服务基地，提供生活照料、医疗保健等服务，同时大学生还通过自己在学校所学的专业知识，到居民集中的服务广场开展家电维修、普法宣传、网络培训等，提供社区志愿服务。

（三）大型活动

大学生志愿者通过担任我国举办的大型活动例如奥运会、残奥会、世博会、亚运会、大运会等的志愿者，提供志愿服务。如2010年的上海世博会，有近20万名的高校大学生成为志愿者，在园区内提供服务的志愿者中有90%以上来自各地高校。

（四）社会援助

大学生志愿者主要通过"智力扶贫""三下乡""研究生支教团""大学生村官"等活动，深入到边远山区提供教育、医疗、农业科技推广等方面的志愿服务。

（五）应急救援服务

主要是通过抗震救灾等突发性事件，例如2008年5月12日的汶川地震、2013年

4月20日的雅安地震,各地大学生在各地的志愿组织领导或者自发组织下,迅速到达灾区,用自己的热情和专业知识为灾区人民提供救援、医疗、心理辅导等志愿服务。

(六)国际志愿服务交流

中国青年志愿者协会加强了与欧盟等其他志愿服务发达国家的交流与合作,并先后派遣了近千人的大学生志愿者赶赴西欧、东南亚等国家进行考察和交流学习。同时,日本、新加坡等十几个国家的志愿者也来到中国,开展了关于环境治理、社区服务和扶贫等一系列的志愿服务的考察和学习。这也是大学生参与志愿服务同时加强我国和世界合作和交流的重要途径之一。

四、大学生(青年)志愿服务重点品牌项目

(一)共青团关爱农民工子女志愿服务行动

2010年5月,团中央启动实施"共青团关爱农民工子女志愿服务行动"作为共青团履行基本职能、体现社会责任、促进社会和谐的重要工作内容,组织青年志愿者在全国城乡广泛开展学业辅导、亲情陪伴、感受城市、自护教育、爱心捐助等内容的志愿服务,为农民工子女提供切实有效的帮助。实施启动以来,全国共青团系统以组织化动员为重点,按照完善结对机制、招募项目专员、推行七彩课堂、建立七彩小屋的"四位一体"工作要求,不断充实服务内容和工作模式,工作覆盖面不断扩大,项目影响力初步呈现。截至2013年,全国2801个县市区旗都启动了这项工作,结对4.6万所学校、1140万农民工子女,统筹各类社会资金建设"七彩小屋"754个。[①]

(二)大学生志愿服务西部计划

西部计划是根据国务院常务会议精神,由共青团中央联合教育部、财政部、人力资源和社会保障部等部门落实党中央、国务院重大战略决策部署,服务人才强国战略、西部大开发战略和科教兴国战略的重要举措,每年按照公开招募、自愿报名、组织选拔、集中派遣的方式,招募一定数量的高校应届毕业生,到西部基层从事为期1—3年的志愿服务工作。自2003年启动以来,西部计划高扬理想主义旗帜,坚持"向实践学习,向人民群众学习",探索了以志愿服务的方式引导高校毕业生面向西部基层就业创业的新途径,唱响了到西部去、到基层去、到祖国和人民最需要的地方去建功立业的时代强音。截至2013年,在中央和地方两级财政的大力支持下,全国项目和地方项目共选派了17万名应届高校毕业生和在读研究生到中西部22个省(区、市)及新疆生产建设兵团2100多个县开展为期1—3年的志愿服务工作。2011年以来,将西部计划服务专项调整为基础教育、农业科技、基层社会管理、基层青年工作、服务新疆、服务西藏等7个专项。2009年,西部计划列入中组部等五部委

---

① 国务院新闻办公室网站[EB/OL]. http://www.scio.gov.cn/xwfbh/xwbfbh/wqfbh/2013/20131202/xgzc9665/Document/1352170/1352170.htm.

"统筹实施引导高校毕业生到农村基层服务项目"工作和政策范围。2011年，西部计划列入"国家重大人才工程高校毕业生基层培养计划子项目"。2013年是西部计划实施10周年，10年累计扎根西部基层总人数达16066人，其中扎根少数民族地区7200人，占44.8%；扎根县及县级以下单位的人数比例达92.1%。①

（三）中国青年志愿者海外服务计划

2002年5月，团中央、中国青年志愿者协会实施中国青年志愿者海外服务计划，选派5名青年志愿者赴老挝服务，翻开了中国青年志愿者事业崭新的一页。2005年，团中央会同商务部将这项工作纳入国家对外援助工作实施范围，共同开展援外青年志愿者工作，并首次选派青年志愿者赴非洲服务。2007年，青年志愿者首次前往拉丁美洲服务。2006年至2009年，志愿者们圆满完成了胡锦涛同志在中非合作论坛北京峰会上宣布的"三年内向非洲选派300名青年志愿者"的光荣任务。截至2013年，中国已先后选派了590名青年志愿者分赴亚洲、非洲、拉丁美洲的22个发展中国家从事为期1年的汉语教学、医疗卫生、农业科技、体育教学、计算机培训、职业教育、工业技术、国际救援等方面的志愿服务。海外计划的实施，探索了民间外交和对外援助工作的新途径，有利于树立中国负责任大国的国际形象、促进中外友好与合作，有助于培养具有国际视野的优秀青年人才，是中国青年工作同国际接轨的一个切入点，已成为党和国家对外友好事业的重要组成。②

（四）中国青年志愿者研究生支教团工作

1999年，团中央、教育部共同启动实施了中国青年志愿者研究生支教团工作，采取公开招募的方式，每年在全国部分重点高校中招募一定数量取得保送研究生资格、有奉献精神、身心健康、能够胜任支教扶贫工作的应届本科毕业生，以志愿服务的方式到国家中西部贫困地区中学开展为期1年的支教工作，同时开展力所能及的扶贫志愿服务。服务期满后，由下一批志愿者接替其工作，形成"志愿接力""高校服务地"的长效工作机制。2011年，研究生支教团纳入西部计划基础教育专项实施，相关经费列入西部计划年度预算。2013年，已先后从143所高校累计招募15批志愿者，共8026名。研究生支教团的实施促进了中西部贫困地区基础教育事业的发展，成为共青团通过扶贫支教志愿服务方式培养经受基层磨练的高素质优秀青年人才的重要载体。③

（五）大型活动志愿服务工作

青年志愿者已逐渐成为各类大型活动筹办工作中一支重要的不可或缺的力量。按照中央文明委关于志愿服务工作分工意见，团中央是大型赛会志愿服务工作的牵头实施单位。近年来，按照"举办地团组织为主、团中央协调支持、各地团组织参与"的大型活动志愿服务工作机制，各级团组织、青年志愿者组织承担了大型活动

---

① 中国青年志愿者网［EB/OL］. http://zgzyz.cyol.com/content/2015-07/16/content_11497406.htm.
② 同上。
③ 同上。

志愿服务的主体工作，先后组织 170 万名志愿者服务北京奥运会、200 多万名志愿者服务上海世博会、60 多万名志愿者服务广州亚运会、95 万名志愿者服务国庆 60 周年、120 万名志愿者服务深圳大运会、32 万名志愿者服务西安世园会。在大型活动中，广大青年志愿者发挥了积极作用，也向世界展示了当代中国青年的时代风采。

（六）应急救援志愿服务工作

近年来，青年志愿者在应急救援等方面做了大量工作，发挥了生力军作用。如在 2003 年抗击非典的斗争中，1200 余万人次的青年志愿者开展了为医护人员捐赠爱心包、科普宣传、热线咨询、助耕帮困等活动。"5·12"汶川特大地震发生之后，全国共有 491.4 万名志愿者在各地参与各种形式的抗震救灾和灾后重建志愿服务工作，其中 35 岁以下青年占志愿者总人数的 77%。2008 年，团中央、公安部联合启动了消防志愿者行动。青海玉树地震和甘肃舟曲泥石流发生后，团中央协调各级共青团组织共招募了 5900 名志愿者深入青海玉树地震灾区开展抗震救灾工作，3000 多名志愿者参加甘肃舟曲特大泥石流救援工作。在新疆"7·5"打砸抢烧严重暴力犯罪事件发生后，当地团组织迅速组建了心理危机干预志愿服务队伍，开展宣传、慰问、陪护、募捐、心理危机干预等多种形式的志愿服务。

（七）中国青年志愿者优秀个人奖、组织奖、项目奖

该奖项是全国清理规范评比达标表彰工作联席会议公布的党群等系统中央单位评比达标表彰活动的保留项目，旨在选树青年志愿服务优秀典型，展示、推介全团青年志愿者工作重点品牌项目，推进青年志愿服务文化建设，推动青年志愿服务形成社会功能，促进青年志愿者行动深入、持久和创新开展，引领精神时尚，创新动员方式，激励青年参与，完善社会志愿服务体系，促进社会文明、和谐、进步。该奖项于 1996 年开始组织实施，截至 2012 年已评选过 9 届，2009 年起每 2 年评选 1 次，设中国青年志愿者优秀个人奖、组织奖、项目奖三类奖项。在评选表彰活动中涌现出了一批优秀青年志愿者典型，如被评为 2004 年"感动中国"年度人物的徐本禹，在纪念共产主义青年团成立 90 周年大会上代表全体青年发言的郎坤，以及第八届中国青年志愿者优秀个人奖获得者、"西部计划"优秀志愿者、特岗教师孙丽倩等优秀典型。

知识窗

中国青年志愿者协会简介

一、概述

中国青年志愿者协会（英文名 Chinese Young Volunteers Associasion，简称 CYVA）成立于 1994 年 12 月 5 日，是由志愿从事社会公益事业与社会保障事业的各界青年组成的全国性社会团体，是中国共产主义青年团中央指导下的，由依法成立

的省、自治区、直辖市青年志愿者组织和全国性的专业、行业青年志愿者组织和个人自愿结成的全国性的非营利性社会组织，是全国青联团体会员，联合国国际志愿服务协调委员会（CCIVS）联席会员组织。该协会通过组织和指导全国青年志愿服务活动，努力弘扬"奉献、友爱、互助、进步"的志愿精神，推动社会主义精神文明建设，促进社会主义市场经济体制的建立和完善，提高青年的整体素质，为经济社会的协调发展和全面进步贡献力量。该协会在宪法和法律许可的范围内开展工作。2010年5月，中国青年志愿者协会获得了联合国经济及社会理事会特别咨商地位。

二、基本任务

改善社会风气和人际关系，为发展社会主义市场经济创造良好的社会环境；适应社会主义市场经济发展的需要，推动青年志愿服务体系和多层次社会保障体系的建立和完善；培养青年的公民意识、奉献精神和服务能力，促进青年健康成长；为城乡发展、社区建设、扶贫开发、抢险救灾以及大型社会活动等公益事业提供志愿服务；为具有特殊困难以及需要帮助的社会成员提供服务；规划、组织青年志愿服务活动，协调、指导全国各地、各类青年志愿者组织开展工作；培训青年志愿者；开展与海内外志愿者组织和团体的交流。

三、团体会员和个人会员

中国青年志愿者协会现有团体会员340个，包括常务理事单位38个、理事单位119个。现有个人会员717名，包括常务理事55名，理事224名。

四、工作机构

协会秘书处设在团中央青年志愿者工作部，负责处理协会日常事务。秘书处下设5个部。

（资料来源：http://zgzyz.cyol.com/content/2015-07/07/content_11482259.htm）

第三节　国外大学生志愿服务发展概况

志愿服务是人类文明发展到一定阶段的产物。现代志愿服务起源于19世纪初西方国家宗教性的慈善服务。经过近两百年的发展，志愿服务活动遍及世界各地、全球各个领域。伴随全球志愿服务活动的发展，世界各地的大学生志愿服务活动也得到了快速的发展。

一、国外大学生志愿服务起源与发展

国外的大学生志愿服务的形成和发展大致经历了三个阶段。
（一）形成确立阶段
19世纪末及20世纪初，由于工业化和城市化导致的失业、贫困等社会问题频发，欧美等国先后颁布了一系列政策法规，实施社会福利制度，鼓励动员社会工作者和志愿者投身服务社会贫困群体和弱势群体。在此背景下，志愿服务受到重视和鼓励，欧美国家诞生了许多新型社会慈善组织，许多大学生积极加入慈善组织，投身参与志愿服务。

（二）成熟发展阶段

第二次世界大战以后至冷战结束，志愿服务走向成熟阶段。这一时期志愿服务有广泛的群众基础和良好的社会声誉，形成一套比较完整的运作机制和国际惯例。志愿服务活动已经成为这些国家加强对公民的道德教育和维护社会稳定的有效形式，志愿服务活动几乎家喻户晓，参加志愿服务成为广大大学生的自觉行动，成为大学生普遍的生活方式。

（三）深化拓展阶段

这一时期的大学生志愿服务向法制化、政府化、机制化、社区化方向发展。相对于过去那种以满足少数受服务者的生活需求为主题的志愿服务模式，着眼于国家和社会的发展大局，在经济和文化领域中寻找服务课题的志愿服务模式所占的比重越来越大。社区成为大学生志愿服务活动的重要载体。

二、国外大学生志愿服务发展现状[①]

（一）美国

美国志愿服务活动非常普遍、发达，是世界上志愿服务参与率最高的国家之一。在联邦政府的强力号召和支持下，美国高校为学生提供了内容丰富、形式多样的志愿服务选择，学生对参与志愿服务的自觉性较高，自驱力较强。美国大学生志愿服务的内容包括以下几个方面：一是教育服务，教育贫困儿童识字，为他们补习文化课和传授科学知识；二是卫生服务，为医疗不发达地区发展以社区为基础的医疗网点，为贫困家庭人口检查和防治疾病，为儿童接种疫苗；三是公众安全服务，防治犯罪和虐待，为孩子创办后援服务；四是环保服务，组织传授环保知识，进行美化环境的野外和城区、机关等地的劳动；五是援外服务，到发展中国家和贫困地区工作和服务。据《美国志愿者活动》报告（2008年7月7日由美国国家和社区服务社团公布）统计，2007年美国约6080万16岁以上的人参与社区志愿活动，累计志愿服务时间约81亿小时，为经济社会创造价值超过1580亿美元，值得关注的是这些志愿者大部分是在校大学生。

（二）法国

志愿服务精神成为现代法国社会思想观念的一部分，在法国社会中有深厚的道德文化基础。法国法律规定，年满18岁的法国男性，符合条件者都必须履行国民志愿役，对违法者处以两年有期徒刑。志愿役分为兵役和民役两种。国民志愿役在保

[①] 王左丹. 国外大学生志愿服务发展的经验与启示［J］. 怀化学院学报, 2013(7): 95–97.

证国防力量及若干公益事业人力来源的同时,又行使对青年一代公民教育的职责。据统计,1990年法国参与志愿服务的人数占18岁以上总人口的19%,2003年,这一比例上升到了27%。法国的大学生志愿活动以服民役为主要内容,包括海外援助,向发展中国家提供技术援助,协助政府完成政府间协议;国内技术性帮助,涉及工程技术人员、教师的技术的帮助;弥补警力的不足,充当义务警察维护治安秩序;民事安全服务,如做消防员等。

(三)英国

在英国大约有70万个社区和志愿者组织,其中慈善组织25万多个,这些组织是英国公民社会的主要组成部分。英国大学生志愿服务的基本特点是:政府高度重视,公众踊跃参与,国际交往频繁。其志愿服务的内容主要包括四个方面。一是推动社区服务。英国于1999年1月正式启动"千年志愿服务计划",大力提倡大学生积极参与社区志愿活动,为社区少年儿童提供课业辅导、专业咨询、假期或课后陪伴等活动。二是志愿服务和促进就业结合。例如,"马克社区"(Community Mark)积极推动就业劳工投入社区志愿服务工作的行列,贡献个人经验与专业,协助解决社区面临的现实问题。三是推动服务弱势群体。主要以提升少数民族或弱势群体的志愿服务意识为目标,进而改善其志愿服务品质,并且为少数民族或弱势群体提供相关服务资源。四是发展志愿服务文化。大学生志愿者通过从事志愿服务活动,协助公共事务的开展,借此推动并发扬志愿服务文化。

(四)德国

在德国国内,志愿活动非常广泛和普及,据统计,德国共有2300万志愿者。为了响应"国际志愿者年",支持鼓励更多的人参与志愿服务,德国政府专门成立了"国际志愿者年委员会"。此外,还在联邦议会当中专门开设了"市民志愿活动前景"委员会,协调处理志愿活动的相关事宜,完善相关法律文献,进行志愿活动宣传、研究和调查等。2002年7月17日德国对《奖励志愿社会年法》和《奖励志愿生态年法》进行了全文修正,进一步扩大了志愿服务的范围,鼓励16到27岁的青年暂时离开校园,投身社会或环保志愿服务的行列。同时参加者在进行志愿服务时也可以接受教育辅导,加强对服务领域的认识。不仅如此,志愿者在租税、交通、社会保险等方面享有优惠奖励。

(五)日本

日本的志愿服务始于第二次世界大战之后。为了援助战后回国人员和孤儿,日本开始了像欧洲一样的有组织的志愿服务活动。据有关统计,日本约50%的国民参加过社区志愿服务活动。20世纪60年代,日本政府开始向境外派遣志愿者,向发展中国家和地区提供知识和技术援助。日本的青年志愿服务活动以社会公益性服务为主要内容,大致包括尊老敬老服务、助残服务、家教服务、单亲家庭子女的培养和教育服务。自20世纪90年代以来,日本大学生志愿者活动在社会福利、环境保护、青少年教育、终身教育及国外援助等领域广泛开展。大自然灾害特别是1995年的阪神、淡路大地震，对日本志愿活动发展起到了洗礼作用。由于地震频发，日本大学非常积极支持青年志愿活动，为学生开展志愿活动创造了很多便利条件和鼓励措施。到1999年，已有100多所大学积极推行将志愿者活动纳入正式课程的教育实验。另外，还有一些高等学校为学生参加志愿服务活动设置咨询窗口、组织讲座或者提供其他形式的支持，还有许多大学都设立了志愿者活动中心，积极支持学生们的志愿活动。

（六）韩国

韩国志愿服务历史悠久，数据显示，早在1999年韩国便有近1600个志愿服务组织，有志愿者3.5万人。在近代，随着基督教传入韩国，韩国的基督教组织开始将西方的志愿服务理念和活动介绍给韩国国民。这些理念和活动与韩国历史形成的互帮互助、慈善救助相结合，推动着韩国的志愿服务事业。到20世纪70年代，各种社会志愿团体纷纷成立，志愿服务宣传教育逐渐普及。特别是在1986年和1988年分别举办亚运会和奥运会期间，大批志愿者参与了志愿服务活动。在韩国，大学是志愿活动的重要培养地和资源中心。国立、公立大学在选拔学生时要将学生参与志愿服务的时间和内容作为考核的内容，志愿服务活动也被设为教育科目。在参与志愿服务的群体中，学生所占比例达到39%左右，为增强大学生志愿服务意识，韩国教育部特别设立了学生服务活动信息指导中心，对青年学生的志愿活动加以规范。

（七）新加坡

新加坡非常注重对志愿服务的表彰、激励，志愿服务有着良好的社会文化土壤。在新加坡，15岁至30岁的青年有73万人，占总人口的26%，其中，30%的人有志愿服务的愿望。新加坡最大的志愿服务组织——人民协会青年运动成立于1972年，至今已有40多年的历史。新加坡大学生志愿服务的内容随着时代的变迁而变化，20世纪50年代，主要是修桥补路、排除经济建设中的激流险阻；20世纪60年代，是以提高公民素质、帮助就业为主；20世纪70年代，以开展娱乐活动、倡导健康文明的生活方式为主；20世纪80年代，以帮助解决婚姻问题、关注退休老人生活及休闲为主；20世纪90年代，转向传播技术、提高素质、帮助就学就业、解决大龄婚姻、开展社区服务、照顾老人和残疾人等内容。关于服务时间，新加坡法律规定7月为志愿服务月，4月为"关怀分享月"，对有杰出贡献的志愿者颁发"社会服务奖""公共服务勋章"。

三、国外大学生志愿服务发展的经验与启示[①]

（一）社会认同，志愿服务参与普遍化

西方国家志愿服务理念深入人心，普及化程度非常高。美国高校通过宣传动员、制定出台全方位激励措施、营造良好的校园文化氛围等方式，激发大学生参与志愿

---

① 王左丹.国外大学生志愿服务发展的经验与启示［J］.怀化学院学报，2013(7): 95-97.

服务的内驱力。据有关资料显示,美国的志愿者组织超过100万个,美国大学有各式各样的志愿服务组织,新生在入学时往往会选择几个符合自己兴趣特长的志愿服务性质的社团。约1/4的美国人当过志愿者,其中每人平均每周当志愿者的时间为3.5小时。从1992年开始,每年10月的第4个星期日是美国志愿者活动日。1997年参加了这一节日的大学生达到130万,1999年则超过了200万,这反映出在美国做志愿者是全民普遍的意愿。在美国大学生看来,参加志愿者活动不仅仅是为社会作贡献,更可以显示自己才能、扩大社会交往,甚至可以积累工作经验、实现理想与抱负以及赢得社会尊敬。

（二）制度完善,志愿服务管理规范化

美国的大学生志愿服务组织内部规章制度非常严格,坚持突出责任感教育、促进志愿者个人发展的理念,逐渐形成了一套较为完善的招募、培训工作机制。大学生志愿者组织的规章制度也非常严密。志愿者组织会根据工作任务的难易程度匹配志愿者的能力水平,再进行科学合理的分工,保证志愿服务的质量。在韩国,教育部特别设立了学生服务活动信息指导中心,负责推动和规范青少年的志愿服务活动。韩国政府规定,大学生要将志愿服务活动作为教育科目进行实施。韩国在1972年建立了韩国大学生社会服务委员会（KUCSS）,目前有201所大学成为该会会员。KUCSS的目标在于提供有效途径和方法推动大学生参与志愿服务,激励他们的志愿精神。

（三）自负盈亏,志愿服务运作市场化

英国大学生志愿服务生存发展拥有广泛的社会基础。据统计,在2003年,有27%的公民会每个月参加至少一次志愿工作,途径包括参加俱乐部、协会或其他组织活动;有39%的公民表示一年最少参加一次志愿工作,其中相当一部分成员是在校大学生。大学生志愿服务发展模式的突出特点是市场化、公司化运作。在英国,基本上每一个志愿组织都是独立的法人机构,自主经营、自负盈亏,大学生通过加入这些组织实现志愿服务的市场化运作。因为资源（志愿者、社会捐献资金,政府拨款）有限,不同志愿组织之间存在激烈的竞争。所以,参与其中的大学生志愿者往往都有很强的竞争意识,他们会精心设计活动。志愿组织都在探索如何更好经营以获得资助,支持志愿服务的发展。

（四）开设课程,志愿服务教育体系化

有资料显示,2003年日本有7.6%的大学引进志愿服务课程,其中26%属于必修课,74%属于选修课,学分从1个到4个不等。学校要求参与课程的学生在社区医院或其他机构做志愿服务,以具体的实践活动来完成课程。通常志愿服务项目由学生自己设计方案,由指导教师负责完善,学校的志愿服务中心负责推动落实。学生完成志愿服务规定小时数后,向课程老师递交评估报告,这份报告将成为学生履历的一部分。在1995年的大地震中,135万志愿者参与了紧急援助活动,其中志愿者主力是学生,比例高达75%,青年学生志愿者崛起并日益成为抗震救灾的生力军,让日本社会和政府调整了志愿服务政策。此后，日本政府对非营利部门和志愿服务给予积极支持，50%的大学借此机会建立了志愿服务中心，大力推进大学志愿精神，以此提高教育机构的声誉。志愿精神教育已经成为日本教育成功的一种体现。

（五）保障有力，志愿服务保障法制化

目前英国、法国、西班牙、美国、加拿大、阿根廷、巴西、澳大利亚、日本、新加坡等都制定有志愿服务法规或者非营利部门的法律法规，以指导志愿服务工作。美国早在1973年就制定了志愿服务法，从联邦政府到各州都十分重视志愿服务法制建设，不断出台法律措施为志愿服务项目的开展和志愿者的权益保障提供法律依据和支持。如在美国，根据联邦政府制定的《全国与社区服务信任法》的相关规定，完成"美国服务队"所要求的志愿服务时间的志愿者可以申请美国服务队教育奖学金。这些奖学金可以用来支付符合美国服务队要求的学校的教育支出、教育培训或者偿还助学贷款。在新加坡，志愿者组织人民协会依据志愿者每年服务的时间与业绩对志愿者实行多层次的奖励，包括公共服务奖、公共服务勋章、公共服务星条勋章。法国法律规定，年满18周岁的法国男性，符合条件者都必须履行国民志愿役。志愿服务的立法对鼓励志愿者参与志愿服务具有重要的意义，甚至成为具有强制性的义务性要求。

（六）关注社区，志愿服务领域社区化

国外居民有着较强的社区认同感和归属感，很多大学生对自己生活的社区有着强烈的社区意识和邻里意识，他们积极参与社区的各种活动。社区除文化、体育及宗教活动外，通常还有各种社区民间团体发起的志愿活动，如单亲父母俱乐部、老年人活动中心、妇女援助中心等。通过这些民间社区志愿性的团体进行志愿服务，志愿者们不但为移民子女提供外语培训，为老年人和伤残人提供帮助，为妇女提供生理和心理的抚慰，为失足青少年提供心理和学业上的指导与培训，而且还积极组织参与社区环境治理、募集资金和竞选宣传等活动，为社区的发展贡献自己的爱心、智慧和力量。社区性志愿服务已成为国外志愿者参与志愿服务活动的最主要的载体之一。

拓展阅读

国际志愿者迈克尔

德国人迈克尔·海尔曼对数字极为敏感，他做过25年会计，能精确地记忆数字。这位高大、温和、几乎没有头发的德国人是国际性非营利组织互满爱人与人的驻华代表。7年的时间，迈克尔战斗在云南消除贫困的第一线。

互满爱人与人致力于世界各地之间的国际团结、合作与发展，目前在中国的4个省份运行着12个项目，涉及可持续性农村生活改善、健康、教育、城市社区等各个

方面，2007年以来已经惠及了260万人口。说起他在云南的工作，迈克尔总能滔滔不绝。

他介绍说，互满爱人与人2005年第一次和国务院以及云南省开展合作，那是一个预防艾滋病的项目，在云南第一个试点现场艾滋病检测，走村入户，把过去乡镇卫生院700人的覆盖面扩大到了2100人。迈克尔和他的组织还帮助云南申请到全球基金的帮助，进行抗疟疾宣传。几年时间走进了云南5个州12个县，组织889个学校活动，进入2080户家庭，已经向5623人宣传了预防知识。

2005年以来，迈克尔已经为云南带来了规模达到3670多万元人民币的项目。在2011年度报告里，可以看到很多正在实行的计划，从卫生到扶贫，范围甚广。这些项目还致力于让多方参与到创新性的发展当中，从项目地招募年轻人，负责农业指导、疾病控制、幼儿教育等等。

抛开数字，不难看出迈克尔是一个满怀浪漫情怀的人，他说自己是一个国际志愿者，工作就是他的爱好。

他会说9种语言，常自嘲说自己懂得各种欧洲方言。他去过很多国家服务，对于民间组织，他认为政府应该与非政府组织合作，"我们只有一个目标，就是解决问题。乡村干部往往要管很多很多事，结果是事情太多了管不好。把一些事情交给外来的专业性组织，是很有效的方法。"他说有人希望做好事，就让他们来做。

这是一个率真的人，让人感觉到同志般的可靠，执着地相信自己可以改变世界。他精打细算每一分钱，住青年旅舍，骑自行车，每天忙碌。而他也从最小的事情开始改变着世界，坐在餐馆里如果有人抽烟，迈克尔会上前制止。如今，在云南的互满爱人与人，一群怀揣梦想的人与贫困的人们共同并肩奋斗，而迈克尔这位德国同志，则始终在这场战斗的最前沿。

（资料来源：http：//www.cnvolunteer.org/2012/7-12/193816.shtml）

第四节　新时期我国大学生志愿服务发展趋势

党的十八大指出，深化群众性精神文明创建活动，要广泛开展志愿服务，推动学雷锋活动、学习宣传道德模范常态化。作为我国志愿服务事业的重要组成部分，大学生志愿服务有其独特性，在促进大学生成长成才、提升高校社会服务能力、增进社会和谐稳定等方面发挥着重要作用。在新的历史发展时期，在我国经济改革发展进入"新常态"的大背景下，大学生志愿服务也将进入"新常态"，其未来发展主要趋势表现在以下六个方面：志愿服务活动走向常态化；志愿服务内容走向多元化；志愿服务项目走向专业化；志愿服务保障走向法制化；志愿服务管理趋向科学化；志愿服务组织走向独立化。

一、志愿服务理念深入人心，志愿服务活动常态化

随着志愿服务理念的普及和志愿服务的深入发展，大学生关心、支持和参与志愿服务的良好氛围正在逐步形成。尤其是经过奥运会、世博会、亚运会和大运会的志愿服务洗礼后，"奉献、友爱、互助、进步"的志愿服务理念在大学生当中得到广泛认同，更加深入人心。参与志愿服务已成为许多大学生的社会责任和生活方式。《深职院志愿服务调查报告》显示，近一半（48.6%）的大学生认为志愿服务工作必不可少；认为志愿服务工作有一定意义的占46.3%；认为志愿服务可有可无的仅占3.2%，这说明，大学生对志愿服务的重要性认同程度较高。

从总体上来看，我国大学生志愿服务的文化氛围已经形成，大学生志愿服务事业正朝着常态化、长效化的方向继续发展。志愿服务的常态化主要体现在三个方面。一是建立了比较稳定的志愿者队伍。大部分高校依托现有的志愿者联合会和服务队开展社会化招募，并对招募的志愿者实行登记注册制度，规范志愿者队伍，建立了稳定的志愿者队伍。二是建立了比较规范的志愿服务培训体系。对注册志愿者进行通用知识培训，上岗前进行岗位培训，并出台相关文件，建立激励表彰机制，通过表彰优秀志愿群体、宣传志愿服务先进人物事迹等多种形式，传递志愿服务的正能量，确保更多的人长期投身于志愿服务工作之中。三是建立了稳定的志愿服务基地，志愿服务从临时"集中行动"变为"项目化运作"。许多高校联合社会相关部门建立志愿服务基地，以需求为导向，培育和发展志愿服务项目，成立志愿者项目团队，各项目团队"自我管理、自我运作"。这样，志愿活动做到细水长流，而非"一阵风"，实现了志愿服务的长效化、常态化。

二、志愿服务领域不断拓宽，志愿服务内容多元化

长期以来，大学生志愿者大多从事的是传统的服务项目，比如照顾孤寡老人、扶贫开发、打扫卫生、搬运货物等，缺乏应有的创新性，降低了志愿服务的吸引力。随着经济转轨、社会转型发展，大学生志愿服务领域不断拓展，志愿服务内容逐步呈现多元化。一方面，服务对象和范围不断扩大，服务对象从孤寡老人、孤残儿童、贫困人员、农民工等弱势群体拓展到公共事业、中介组织、大型社会活动，服务场所从敬老院、福利院、孤儿院延伸到社区、西部、海外，服务领域从社会福利、公益慈善、社会救助、优待抚恤拓宽到社区建设、文化教育、抢险救灾、健康卫生、环境保护。另一方面，服务内容不断丰富拓展，服务内容从日常生活服务、医疗健康服务、科技文化服务发展到社区服务开发、青少年心理健康咨询、教育、环保、各类大型活动等新项目。通过协助政府处理公共事务，志愿者将志愿服务的目光从关注贫困群体、弱势群体的生活投向提升人的生存质量和社会可持续发展这一更为广阔的空间，通过在更大领域内开展志愿活动，使得志愿者活动持续发展。另外，

大学生志愿服务内容越来越由传统的粗放、通用型向精细、专业型转变。大学生志愿服务结合大学生的专业技能和特长，加强服务内容的专业性、技术性，将志愿服务与专业技能实践结合起来，必将更好地激发大学生参与志愿服务的热情。

现阶段，创新志愿服务内容，拓展新的服务领域，发展新的服务项目是大学生志愿服务向纵深发展的必然趋势。近年来，在传统扶助弱势群体、参与公益服务的基础上，大学生志愿者拓展多种服务领域，开展了众多服务项目，包括社会公益服务、社会发展服务、弱势群体服务、成长辅导服务、扶贫开发服务、法律维权服务、公民教育服务、环境保护服务、社会调研服务、新兴领域服务等。《深职院志愿服务调查报告》显示，大学生参加过的志愿服务类型呈现多样化特点（见表2-1），其中既有传统的关爱服务、公益机构服务、环保服务、扶贫助困，也有大型赛会服务、公共事务宣传服务，还包括紧急援助服务、禁毒防艾服务等。

表2-1 深圳职业技术学院大学生参加过的志愿服务类型情况

志愿服务类型	频数	百分比（%）
关爱服务	886	52.8
公益机构服务	811	48.4
大型赛会服务	687	41.0
环境保护服务	621	37.0
交通、治安服务	519	30.9
健康卫生服务	394	23.5
公共事务宣传服务	384	22.9
志愿组织日常事务服务	373	22.2
禁毒防艾服务	281	16.8
扶贫助困	265	15.8
紧急救援服务	145	8.6
其他	68	4.1

三、志愿服务特色不断增强，志愿服务项目专业化

随着社会的发展，人们对志愿服务的需求逐渐增多，这种增多不仅表现在对志愿者数量的需求上，更表现在对志愿者专业化服务的需求上。生活水平的改善、生活需求的分化使得城乡群众不再满足于开展"扫大街、看老人、做表演"等"老三样"的志愿服务，而是期盼开展日趋多样、针对性强的专业化志愿服务项目。从大学生角度来看，大量大学生志愿者参与到多样化、专业化的志愿服务项目中，有利于他们学以致用、发挥自己的专业特长、实现自己的价值。《深职院志愿服务调查报告》显示，64.6%大学生赞同志愿服务活动与专业相结合。

志愿服务专业化主要体现在队伍专业化、服务专业化、运转专业化三个方面。队伍专业化要求建立专业化的志愿服务社团，打造有凝聚力、战斗力的志愿服务队伍；服务专业化要求志愿者具有一些特定的专业技能和具备良好的综合素质；运转专业化要求完善和落实志愿服务项目管理体系，实现项目化运作。实现志愿服务的专业化，要加强志愿者的专业培训工作，针对不同服务群体、不同服务内容所需，加强对专业志愿者志愿服务的知识、服务理念、人际交往能力、专业服务技能等方面的系统培训，提高志愿者的服务技能和质量。同时，还要完善和落实志愿服务项目管理体系。建立项目登记管理制度，实现对项目的全程指导，推动项目运作的良性发展，培育打造专业志愿服务的品牌项目。

服务领域的拓展和志愿服务项目的创新为志愿服务专业化注入了新的生命力。随着高校志愿服务的蓬勃发展，大学生志愿服务项目同时分化出智慧服务、技术服务、行为服务、信息服务、资源服务等多样化、灵活性的类型。随着大学生志愿服务参与度逐年提高、项目化运行日益拓展、专业化志愿服务队伍逐步扩大，提供的志愿服务越来越有针对性，也越来越有成效。如深职院2011年启动"志愿者之校"建设，将志愿服务活动与专业实践结合起来，志愿服务已经走上了规模化、常态化、专业化的轨道。截至2016年，全校在线注册志愿者人数为21883人，占全校总人数的92.31%，组建了40个专业志愿服务团队，打造志愿服务品牌项目共92个，建立志愿服务基地共64个。高校众多专业化志愿服务社团的特色服务形成互相补充、互相促进的状态，对于推动中国志愿服务项目的创新发展将起到重要的作用。

四、志愿服务法规制度不断健全，志愿服务保障法制化

在依法治国的背景下，志愿服务需要法制化、规范化。实践证明，志愿服务的持续发展，不仅要求志愿者具有从事志愿服务的激情和热情，具有从事志愿服务活动的专业知识和技能，更需要健全的法律法规和明确的伦理规范，需要良好的政策制度环境和保障机制。

大学生志愿者在无偿奉献自己时间精力为大众、公共事业服务时，其合法权益需要受到保护。只有使志愿服务在完善的法律法规和伦理规范的保护下进行，才能最大限度地维护和保障志愿者和志愿服务对象的合法权益，才能及时化解和预防志愿服务中可能出现的各种风险，才能最大限度地激发和调动志愿者的服务热情和积极性。在实际的志愿服务过程中，大学生志愿者可能会受到某些方面的侵害。广东省的一项志愿服务调查发现，9.5%的志愿者在服务过程中曾经受到身体伤害，18.5%的志愿者在服务过程中曾经受到精神伤害，他们选择了不同的解决途径。[①]《深职院志愿服务调查报告》显示（见表2-2），大学生参与志愿服务的各项保障措施有所欠

---

① 郭泽保.非营利组织志愿者的管理与开发[J].华东经济管理，2009(4): 154–157.

缺，未能全方位覆盖。

表2-2 大学生参与志愿服务的保障措施

序号	大学生参与志愿服务的保障措施	从未有过	偶尔有	只有部分服务有	大多数服务有	每次都有
1	同机构签订相关协议，明确志愿者责任与相关权利	496（29.1%）	438（25.7%）	410（24.1%）	211（12.4%）	128（7.5%）
2	对志愿者进行管理、监督、指导	145（8.5%）	417（24.4%）	502（29.4%）	429（25.1%）	197（11.5%）
3	为志愿者提供相关培训	141（8.3%）	341（20%）	542（31.8%）	470（27.5%）	195（11.4%）
4	对志愿者提供评估和奖励	221（12.9%）	444（26%）	480（28.1%）	398（23.3%）	144（8.4%）
5	提供正式的志愿服务证明	239（14%）	363（21.3%）	495（29%）	365（21.4%）	219（12.8%）
6	为志愿者提供基本补贴	314（18.5%）	395（23.3%）	467（27.6%）	342（20.2%）	154（9.1%）
7	为志愿者提供安全保障及适合的医疗卫生条件	263（15.4%）	380（22.3%）	516（30.2%）	353（20.7%）	173（10.1%）
8	为志愿者提供人身保险	352（20.5%）	370（21.6%）	460（26.8%）	358（20.9%）	150（8.7%）
9	服务出现问题时的应急制度	224（13.1%）	474（27.7%）	480（28.1%）	356（20.8%）	155（9.1%）

大学生志愿服务保障主要体现在激励机制、法律法规、资金、经费等方面。政府应该加快志愿服务立法工作，重点为为志愿者提供法律支持，保护志愿者的权益和安全。高校在大学生的组织保障方面，重在资金支持和建立激励机制，设立志愿服务专项经费，为志愿服务提供资金保障，出台相关制度规定，对志愿者进行科学化激励。

随着志愿服务相关政策法规的不断完善，志愿者在志愿服务过程中出现的法律问题，如志愿者合法权益、志愿者安全保障、志愿服务经费保障、志愿者基本保险补贴等将逐步得到解决，中国大学生志愿服务事业将更加健康有序地发展。

2015年8月，中央文明办、民政部、教育部、共青团中央联合下发《关于规范志愿服务记录证明工作的指导意见》，就志愿服务记录证明出具主体、证明内容、证明格式、工作流程、责任追究等工作做了具体规定，提出了明确要求。这标志着我国在志愿服务法制化方向迈出了重要的一步。2017年9月，国务院颁布的《志愿服务条例》（以下简称《条例》）对志愿服务组织的法律地位、规范管理和活动开展等进行了系统规定。《条例》指出："志愿服务组织、志愿者应当尊重志愿服务对象人格尊严，不得侵害志愿服务对象个人隐私，不得向志愿服务对象收取或者变相收取报酬。任何组织和个人不得强行指派志愿者、志愿服务组织提供服务。"该《条例》必将进一步推动大学生志愿服务规范化、法制化、常态化发展，提升志愿服务整体效能。

五、志愿服务管理水平进一步提升，志愿服务管理科学化

志愿服务活动组织化及其科学管理是大学生志愿服务事业健康有序发展的基础，是动员大学生参与志愿服务事业的有效保障。志愿服务管理的科学化主要体现在管理的制度化、规范化、信息化这三个方面。近年来，各高校志愿服务组织创新机制加强自身建设，组织管理能力不断增强，志愿服务管理逐步走向科学化轨道，有力地推动着志愿服务工作的有序开展和高效运作。这主要体现在以下几个方面：

（一）制度化引领

把制度保障作为志愿服务活动有序开展的重要基础，着力在规范性上下功夫。组织管理的科学化首先表现为志愿者行动的制度化、规范化，最重要的是以志愿者注册认证制度为核心，构建志愿者组织管理体系。同时，要结合学校工作实际，建立健全各项规章制度，制定全面的运作规范，使青年志愿者行动做到管理规范化、组织结构网络化、激励制度化。如深职院相继出台了《关于建设"志愿者之校"的决定》《志愿服务管理办法》《志愿服务时间储蓄银行与志愿服务证书管理办法》等志愿服务1+3文件。成立了"志愿者之校"建设工作领导小组，并相应成立了学校社会建设与志愿服务指导中心专门机构，建立"学校—学院—班级—宿舍"四级志愿服务组织体系。

（二）系统化培训

开设志愿服务理念与实践课程，对新注册志愿者进行模块化的通用知识培训，内容涵盖志愿服务理念与心态、文明礼仪、团队的建设与管理、活动的策划与宣传、医学救护等。上岗前，对志愿者进行岗前培训。通过对志愿者进行系统化、体系化的培训进一步强化了志愿者参与志愿服务的主动意识和实践技能。

（三）数字化管理

坚持社会化推动，通过网站、QQ、飞信、微信等不同渠道搭建志愿服务信息化平台，实现志愿服务项目与基层群众需求的有效对接。建立发达、方便、快捷、灵活、程序简洁的志愿服务信息库和信息管理平台。如深职院开发全国首个"志愿服务储蓄银行"系统，不断提高志愿者工作数字化管理水平，"志愿服务储蓄银行"已完成义工申请、义工活动申请、义工活动上报、义工培训、学分置换、志愿服务证书打印等功能。此外，深职院全面推进电子义工证普及工作，在校学生中共有15000名志愿者办理，受到了团市委的通报表扬，评为深圳第一家"电子义工证工作推进"示范校。

可以预见，随着互联网、信息化手段的充分利用，大学生志愿服务将实现志愿资源管理的电子化和信息化，这不仅有利于建立志愿资源信息共享机制、有效整合志愿资源、实现志愿资源效用的最大化，而且有利于提升志愿组织的管理能力，增强志愿组织的生机与活力，提高志愿服务科学化、规范化、社会化水平，进一步促

进大学生志愿服务事业可持续发展。

六、民间公益组织独立性增强，志愿服务组织独立化

志愿者组织的独立化主要体现在志愿社团的服务宗旨独立化、服务资源独立化、服务行为独立化、服务人员独立化四个方面。[①]伴随中国社会转型和社会建设的发展，志愿机构、志愿团体的独立性增强是必然的趋势，而且对于构建和谐社会、深化社会服务的活跃具有积极的影响。在志愿服务的初期和发展阶段，大学生志愿服务组织对共青团和学校还存在一定的依附性和依赖性，大学生志愿服务还具有较强的行政化色彩，志愿组织从指导思想、服务宗旨、服务内容、成员招募、资金筹集等方面都带有深深的政府部门烙印。随着经济社会的发展和公民社会的逐渐发展成熟，大学生志愿组织发展到一定程度后必然"去行政化、去财团化"。[②]大学生志愿组织将发挥真正的"第三部门"的作用，不断寻求自主发展空间，朝着独立化的方向发展。

2016年7月，中央宣传部、中央文明办、民政部、教育部、财政部、全国总工会、共青团中央和全国妇联印发《关于支持和发展志愿服务组织的意见》，明确提出到2020年，基本建成布局合理、管理规范、服务完善、充满活力的志愿服务组织体系。2017年9月，国务院颁布《志愿服务条例》明确规定，志愿服务组织是指"依法成立，以开展志愿服务为宗旨的非营利性组织"，明确了志愿服务组织的法律地位，在志愿服务组织的形式方面，志愿服务组织可以采取社会团体、社会服务机构、基金会等组织形式。随着中国志愿服务事业的发展，大学生志愿组织的服务宗旨、资源、行为、人员将日趋独立，政府将对志愿组织的发展加强宏观的指导和合作，同时充当着监督人的作用，为志愿活动做宣传和服务工作，保证志愿活动正常有序地开展，共同努力促进志愿服务深入发展。

拓展阅读

做志愿者，我们要有什么样的态度？

一、开放、积极、乐观的心态。NGO的服务对象大多数是弱势群体，志愿者要有计划地好心办好事，必须有健康乐观积极的心态，才能给服务人群带来向上的改变。

二、重承诺，为服务人群的部分信息严格保密。尊重你服务的对象，首先应尊重他们的隐私。这样要求我们应严格地保守他们的秘密。

三、做能力范围内的事。志愿者个人的力量是微薄的，志愿者群体的力量是无

[①] 谭建光.中国志愿服务发展的十大趋势分析[J].广东青年干部学院学报，2005(12)：7-13.
[②] 沈杰.志愿行动：中国社会的探索与践行[M].北京：人民出版社，2009，36.

所不能的。相信这点，然后尽自己的能力，做自己能做的事。

四、有计划，不怕挫折。你如果有自己的计划，按自己的去做，如果没有，记住，服从组织的安排也是不错的选择。

五、自我保护意识。保护自己的稳私，保护自己的人身安全，这是从事志愿者活动要注意到的第一要义。

六、平等、互尊、平常心。不要因为自己是志愿者而服务对方就持一种施舍者、居高临下、救世主的态度。平等互爱，平常心对待志愿者行动。

（资料来源：http://www.cnvolunteer.org/2012/7-22/0419.shtml）

方法篇

第三章　志愿者心理调适

近来年，作为具有良好素质和专业背景的大学生已成为青年志愿者大军中的主要力量，他们利用课余时间，不计报酬，向社会和他人提供服务，奉献爱心，特别是在各类大型赛事活动中，充分展现了当代大学生崭新的精神风貌。在大学生志愿服务蓬勃发展的同时，我们也应该看到尚存在一些亟待解决的突出问题。例如，在大学生志愿服务始终面带微笑、热情周到、全身心投入为社会和他人服务时，他们自身心理也会因种种原因而积累起各种问题。可见，大学生在志愿服务过程中，如何进行有效的个体心理调适是新的时代性课题。

【学习目标】

1. 志愿者常见的心理问题。
2. 理解心理健康的内涵及其标准。
3. 掌握常用的自我心理调适方法。
4. 了解志愿者心理素质的培养对策。

【学习导航】

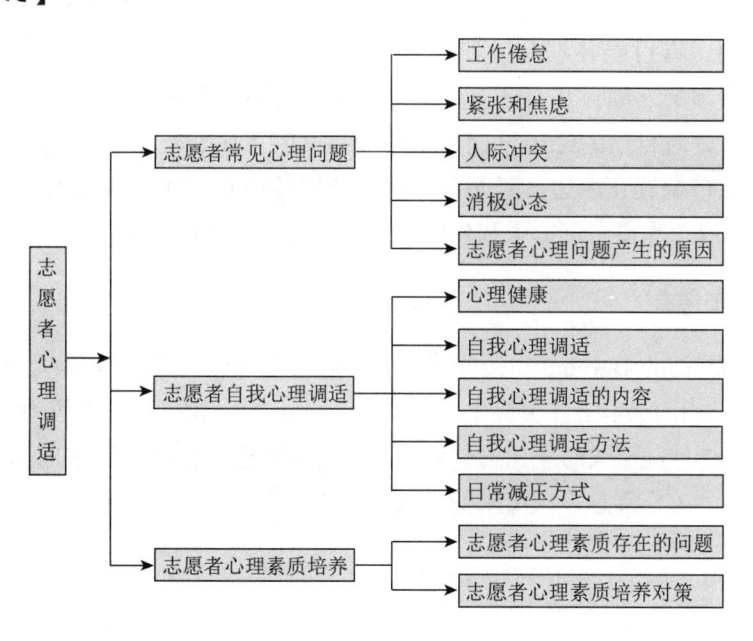

```
                            ┌─ 工作倦怠
                            ├─ 紧张和焦虑
            ┌─ 志愿者常见心理问题 ─┼─ 人际冲突
            │                ├─ 消极心态
            │                └─ 志愿者心理问题产生的原因
            │
            │                ┌─ 心理健康
志愿者      │                ├─ 自我心理调适
心理   ─────┼─ 志愿者自我心理调适 ─┼─ 自我心理调适的内容
调适        │                ├─ 自我心理调适方法
            │                └─ 日常减压方式
            │
            │                ┌─ 志愿者心理素质存在的问题
            └─ 志愿者心理素质培养 ─┤
                             └─ 志愿者心理素质培养对策
```

【导入案例】

广州亚运会志愿者小李是一名在校大学生,服务期间被同伴称为"快乐天使"。但就是这位"快乐天使"在亚运会志愿服务工作中依旧有"不快乐"的时候。是什么原因让这位"快乐天使"也会紧缩眉头呢?下面,让我们一起来看看他的亚运工作总结:"服务工作虽然很辛苦,但正是这份辛苦给我带来了无限的快乐,在辛苦中我感受着自己价值实现带来的快乐与满足。——我被同伴称作'快乐天使'。但是'快乐天使'也有不开心的时候。回想起来,主要有以下几种情况让我感到很郁闷:①物资的整理、统计与发放不够细致;②部分志愿者作风松散,难以安排好休息时间;③工作效率有时候不高,上传下达的信息不全面;④微笑之星等信息采集表发放不及时;⑤相片采集分类、整理不够细致;⑥出现了问题,反馈不及时,未能够及时共享资料;⑦临时安排工作任务,人员调配不到位;⑧激励物资发放不全……"

从小李的总结中,我们看到,志愿服务工作中也会出现一些不尽人意的地方,这些不尽人意情况的积累可能会导致志愿者"不开心",甚至出现心理问题。当志愿服务工作中出现不尽人意的情况时,首先,要与志愿者组织领导及成员交流,共同找出解决问题的对策;其次,进行工作总结和反思,找出问题原因,并分析存在的自身原因是否能够解决,如何解决;最后,进行有效的自我心理调适。

第一节 志愿者常见心理问题

志愿者在从事志愿服务过程中会投入大量的精力和热情。当然,社会和公众对他们的期望和要求也较高,期望他们无私奉献、不懈工作。工作人员和志愿者结束一天的忙碌时,有可能并没有得到期望中的赞誉或激励。相反,志愿服务工作中,可能会遇到诸多的不顺,甚至还有可能遇到别人的不解和嘲讽。工作人员和志愿者在服务他人时,对自己的经历可能带来的情绪反应往往准备不足。这时,他们自己的情绪和问题被搁置在一边,时间久了就会产生各种心理问题。对志愿者而言,主要的心理问题有工作倦怠、紧张和焦虑、人际冲突、消极心态等。

一、工作倦怠

工作倦怠(Job Burnout)最早由美国精神分析心理学家费登伯格(H. J. Freudenberger)于1974年首次提出。它是指个体不能顺利应对工作压力时的一种极端反应,是个体伴随于长时期压力体验下而产生的情感、态度和行为的衰竭状态。[1]

一般来讲,工作倦怠表现出来的症状有3种:[2]

---

[1] 徐长江, 时勘. 工作倦怠:一个不断扩展的研究领域 [J]. 心理科学进展, 2003, 11(6): 680-685.
[2] 职业倦怠自救指南 [J]. 工会博览, 2014(3): 11.

1. 对工作缺乏激情，情绪烦躁、易怒，对个人的前途感到无望，对周围的人或事情漠不关心。

2. 工作态度消极，对服务或接触的对象没耐心、不柔和。例如，志愿者厌倦开展志愿服务工作。

3. 对工作的意义和价值评价下降，经常迟到早退，甚至打算跳槽或转行。

工作倦怠的评价指标包括情绪衰竭、人格解体和成就感低落三方面。情绪衰竭是这一系列症状的主要方面，是指一种过度的付出感以及情感资源的耗竭感。人格解体是指对他人消极、冷淡、过分隔离，是一种愤世嫉俗以及冷淡的态度和情绪。成就感低落是指自我能力感降低，以及倾向于对自己（特别是工作）做出消极评价。[①]

志愿者因其工作性质和岗位特点成为工作倦怠的高发群体。当志愿者将自身的内部资源耗尽而未能及时进行补充时，就会引发倦怠感。志愿者在工作过程中产生的倦怠感，除生理原因（如体力消耗）外，其深层次的心理原因在于，这种倦怠感通常与服务对象对志愿者的高期望值以及志愿者自我期望密切相关，即志愿者应甘于奉献，以忘我精神和不知疲倦的工作态度投入志愿服务中。正是这种高期望值，使志愿者很容易呈现出工作倦怠。

工作倦怠的警示标志包括身体变化或行为、性格的改变。身体迹象包括慢性疲劳、经常性头疼、胃疼或睡眠质量下降等。行为变化包括增加饮酒量、吸烟量或药物量，鲁莽行为，以及忽视个人的身体和安全需要；无法控制愤怒和挫折感，爱发脾气；不愿与他人为伴，对待同事和上司与以前不同；开始觉得很难拒绝别人，不能保持私人空间；无法集中精力，做事效率低下。个性的变化可能意味着出现"我做的不够好"的想法，开始对工作产生消极态度，"我不喜欢在这里工作"，"没有人认可我所做的"，或对他人不再关注也无法感觉。此外，持续的悲伤或抑郁也是工作倦怠的一种表现。

产生工作倦怠的志愿者可能会认为，只有他们才能"统揽全局"，只有他们才知道该怎么干，从而忙的团团转，直到精疲力竭。通常情况下，工作倦怠的个体总是最后一个认识到所发生的事情。

表3-1 工作倦怠的心理或身体方面的表现症状

症状类型	表现	症状类型	表现
精神方面	愤怒抱怨；责备	身体方面	过度饮酒、酗酒或者暴饮暴食
	郁闷；心理疲惫		经常性头疼
	成就感低落；感受快乐的能力下降		身体乏力
	易怒；自卑		睡眠障碍
	高期望值；工作狂		肠胃不舒服

---

① 王晓春, 甘怡群. 国外关于工作倦怠研究的现状述评［J］. 心理科学进展, 2003, 11(5): 567–572.

二、紧张和焦虑

紧张是指志愿者的精神处于高度兴奋不安、激烈或紧迫的状态。它易使人睡眠不安，思考力及注意力不能集中，出现头痛、心悸、腹背疼痛、疲累等症状。一般的紧张是暂时性的，突发性的紧张表现为一种恐惧感。

焦虑是指志愿者预期将面临不良处境的一种内心不安状态，具体表现为持续的精神紧张或发作性惊恐状。值得指出的是，焦虑并不意味着都是有临床意义的病理情绪。相反，在应激面前，适度的焦虑具有积极的意义，它可以充分地调动身体各器官的功能，提高大脑的反应速度和警觉性。只有具备某些病理性特征同时对正常的社会功能造成影响时，才称为病理性焦虑。

一般情况下，导致志愿者处于高度紧张或焦虑状态的原因如下：

1. 第一次参加大型赛事志愿服务；
2. 从事专业性较强的志愿服务；
3. 志愿服务内容复杂，甚至无法完成；
4. 志愿服务时间周期较长；
5. 志愿服务的外部环境因素，如天气恶劣、高温作业等。

当志愿者处于上述情况时，因担心志愿服务工作质量或效果能否获得服务对象或社会的认可，极易产生紧张和焦虑情绪。

知识窗

耶克斯—多德森定律（The Yerkes-Dodson Law）[①]

耶克斯—多德森定律是由美国心理学家耶克斯（R. M Yerkes）和多德森（J. D Dodson）于1908年经实验研究归纳出的一种反映动机水平与工作效率关系的定律。

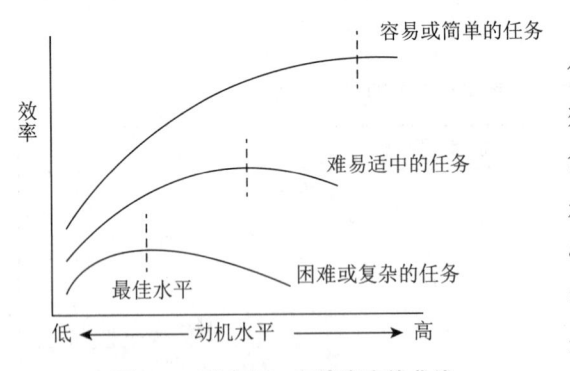

图3-1 耶克斯—多德森定律曲线

在一般情况下，动机愈强烈，工作积极性愈高，潜能发挥愈好，取得效率也愈大；与此相反，动机的强度愈低，效率也愈差。因此，工作效率是随着动机的增强而提高的。然而，心理学家耶克斯和多德森的研究证实，动机强度与工作效率之间并不是线性关系，而是倒U形的曲线关系。具体表现在：动机处于适宜强度时，工作

---

① 彭聃龄. 普通心理学 [M]. 北京: 北京师范大学出版社, 2003, 325–326.

效率最佳；动机强度过低时，缺乏参与活动的积极性，工作效率不可能提高；动机强度超过顶峰时，工作效率会随强度增加而不断下降，因为过强的动机使个体处于过度焦虑和紧张的心理状态，干扰记忆、思维等心理过程的正常活动。

上述研究还表明：动机的最佳水平不是固定的，依据任务的不同，性质会有所改变。在完成简单的任务中，动机强度高，效率可达到最佳水平；在完成难度适中的任务中，中等的动机强度效率最高；在完成复杂和困难的任务中，偏低的动机强度可使工作效率达到最佳。

三、人际冲突

人际冲突是现代社会个体心理适应中的常见问题之一。和谐的人际关系有利于维护个体的心理健康，给人以支持的力量，同时也能满足个体的归属感、安全感及自尊、自信等多种心理需要。

志愿者来自不同地域、不同专业，性格、脾气秉性也各不相同。大家在志愿服务之前的较短时间内聚集在一起，由松散状态进入到相互密切配合状态，完成大量繁杂的工作或保障任务，彼此之间很容易发生各种冲突。

另外，志愿者的工作类型、时间限制、技术要求和管理方式都有别于正式员工，并且工作人员一般很少有与志愿者一起工作的经历，因此工作中易产生志愿者与正式工作人员之间的冲突。[1] 这种冲突既可能是"显性的"，例如直接的行为对抗，侵犯伤害对方；也可能是"隐性的"，表现为心理上和情感上的对抗或不相容。无论何种冲突，都会引起人力和物力的内耗，进而影响志愿者的工作效率、工作热情以及工作带来的满足感，部分显性冲突甚至可能会影响到志愿者所在单位的形象。

四、消极心态

消极心态是指志愿者因受自身或外在因素影响，不满意于自身条件或能力，从而造成信心缺失，在志愿服务中逐渐形成的并对志愿服务产生消极影响的一种倾向。[2] 具体表现为对工作漠不关心；凡事都提不起兴趣；遇到困难或者难以解决的问题时总是认为自己肯定做不好因而也懒得去做，积极性不高。

常见的消极心态有：

1. 没有目标和工作动力；
2. 缺乏恒心，逃避责任；
3. 缺乏自信，韧性较差；
4. 觉得志愿服务是廉价劳动，敷衍了事，没有热情；

---

[1] 曾吉，孙喜莲. 2000年悉尼奥运会志愿者的启示 [J]. 浙江体育科学, 2006, 28(2): 11–13.
[2] 金盛华. 社会心理学 [M]. 北京：高等教育出版社, 2005, 93.

5. 付出就必须有回报，没有回报就抱怨。

志愿者产生消极心态的主要原因在于对志愿服务观念的认识不深刻，志愿者价值得不到社会或服务对象认可。

拓展阅读

招之即来 志愿者成了"廉价劳动力"[①]

东南大学信息科学与工程学院团委书记王婧菲告诉半月谈记者，去年冬天她带领40名大学生志愿者前往当地一社区参加志愿服务活动，但仅参加了一个活动开幕式，听有关领导讲讲话，就让其返回了。"志愿者们很受伤，认为这样捧场作秀的志愿活动没有任何意义。"

江苏常州市文明办志愿者处处长王剑鹏也遭遇过"被志愿"事件。他说，今年一个单位组织了一台文艺演出，文明办提出需要组织100名志愿者帮忙。而当志愿者到达现场后，有关负责人却安排20人搬道具，其余人员被填到方阵中充当观众"撑场面"。

福建省委文明办近期组织的一项调研显示，以组织动员为主的志愿服务时常会出现志愿者被动参与，甚至"被志愿"现象，特别是党政部门、事业单位的被调查者普遍提及这一问题。一些政府机关搞活动，就通过志愿服务组织部门"抓"一些志愿者过来，作为免费或廉价劳动力使用，或者做秀撑场面。

五、志愿者心理问题产生的原因

志愿者心理产生问题或压力很多是由于其所处工作条件和环境引起的。例如：缺少工作职责，志愿服务准备不充分；缺少工作和支持的界限，服务过程中不恰当的督导；志愿者自身身体上的困难；社会道德或伦理困境；效能感低落等。除此之外，还包括：

1. 工作强度大，有时要承担额外的工作；
2. 缺乏关心、理解以及应有的后勤保障；
3. 组织机构在志愿者培训、管理和激励机制方面存在欠缺；
4. 遇到突发事件，出现心理应激；
5. 不能平衡志愿服务与本人的工作、学习、生活之间的矛盾。

[①] 志愿服务面临难题 志愿者成招之即来"廉价劳动力"［EB/OL］. http://www.chinanews.com/gn/2013/12-06/5587534.shtml, 2013-12-06.

> **拓展阅读**

艰苦的工作条件

暑假期间，某高校经管学院组织一支大学生志愿服务队伍赴广东省河源市某镇一村小开展支教活动。当天天气炎热潮湿。由于条件有限，所有的同学睡在学校临时为大家在课室搭建的大通铺，没有空调设施。志愿者小张来自繁华的大都市，家庭条件优越，已经习惯了凉爽的室温和独立空间，这样的休息环境导致小张的睡眠状况非常糟糕。过了一周后，小张这个原来被大家公认为脾气温和的人开始为一点小事对队员们大喊大叫。

第二节　志愿者自我心理调适

一、心理健康

健康是人类的永恒追求。随着社会的发展以及人类对自身认识的深入，人们对健康的认识也随之发生变化，这一过程也是人们对心理健康的认识从无到有的过程。美国心理学家奥尔波特（G.W.Allport）指出，心理健康的人不被无意识的冲动所驱使，他们的行为是在理性和有意识的水平上活动的；这样的人积极追求目标、希望和理想，并形成自我同一性。1946年，第三届国际心理卫生大会将心理健康定义为"在身体、智能、情感上与他人的心理健康不相矛盾的范围内，将个人心境发展成最佳的状态"。[①] 综上所述，可从广义和狭义两个角度来定义心理健康。从广义上讲，心理健康是指一种高效而满意的、持续的心理状态；从狭义上讲，心理健康是指人的基本心理活动的过程内容完整、协调一致，即认识、情感、意志、行为、人格完整和协调，能顺应社会，与社会保持同步。

联合国世界卫生组织（WHO）对心理健康制定了7条标准：

1. 智力正常；
2. 善于协调和控制情绪；
3. 具有较强的意志和品质；
4. 人际关系和谐；
5. 主动地适应并改善现实环境；
6. 保持人格的完整和健康；
7. 心理和行为符合年龄特征。

[①] 薛德钧, 田晓红. 大学生心理与心理健康 [M]. 北京: 北京大学出版社, 2007, 18.

二、自我心理调适

心理调适是指使用心理科学的方法对认知、情绪、意志、意向等心理活动进行调整，以保持或恢复正常状态的实践活动，既可以自己进行心理调适，也适用于帮助别人。[①]

自我心理调试是根据自身发展及环境的需要对自己进行的心理控制和调节，从而最大限度地发挥个人潜力，维护心理平衡，消除心理问题。[②] 它是解决和摆脱低落情绪甚至痛苦的最佳途径，比最优秀的心理咨询师都有效。心理治疗师的主要工作就是"助人自助"，心理治疗从本质上讲，是帮助治疗对象发现自身的问题及其症结所在，引导治疗对象自主自发地加以改变和解决。所以，当志愿者遇到一般的心理问题时，尽早依靠自己的力量进行调适和释放，有助于快速恢复健康的心理状态。

三、自我心理调适的内容

（一）理解志愿服务的价值

志愿服务诠释了志愿精神的核心——奉献、友爱、互助、进步。大学生参与志愿服务活动，既服务他人奉献社会，又可扩大自己的生活圈子，亲身体验社会上的人与事，加深对社会的认识，这种社会实践对志愿者自身的成长和提高是十分有益的。[③] 志愿者在参与志愿服务过程中，除了可以帮助他人外，还可以学习新知识、增强自信心、学会与人相处，更有助于培养自己的组织领导能力。[④]

（二）进行适当的情绪宣泄

宣泄法是指让当事人把过去在某个情境或某个时候受到的心理创伤、不幸遭遇和所感受到的情绪发泄出来，以达到缓解和消除当事人消极情绪目的的方法。通过宣泄内心的郁闷、愤怒和悲痛，可以减轻或消除心理压力，避免引起情绪过度紧张，甚至是精神崩溃，有助于恢复心理平衡。[⑤] 例如，志愿者把志愿服务过程中的忧愁、烦恼、不悦、悲伤等向亲朋好友倾吐，可以起到释放负面情绪的作用，或者参加一些体育运动，可以有效地舒缓情绪，起到镇静和抗抑郁的作用。在特定的情绪氛围里，也可以通过哭泣来释放压抑的情绪，达到心境的平和。

（三）改善志愿者彼此之间的人际关系

优良的人际关系是积极完成志愿服务任务的根本。第一，要待人热诚。要想让别人接受你，你先要尊重别人，认可别人，接纳别人。没有人会真正地拒绝热诚的人。第二，要善解人意。每个"小我"都渴望被别人关心，渴望被人接纳。因

[①] 唐润华, 钟凯. 领导干部人际关系利益化的压力及制度化干预路径 [J]. 领导科学, 2015(1): 37–38.
[②] 姚本先. 大学生心理健康教育 [M]. 合肥: 安徽大学出版社, 2012, 221–223.
[③] 孔祥龙. 浅谈青年志愿服务与和谐社会建设 [J]. 青少年研究(山东省团校学报), 2008(2): 41–42.
[④] 雷雯. NGO参与大型运动会志愿者管理研究 [J]. 山西师大体育学院学报, 2010, 25(5): 28–31.
[⑤] 李鹤. 如何缓解心理压力 [J]. 心理与健康, 2003(6): 34–35.

此，要学会聆听，尊重他人。第三，要学会发现别人的长处，即要用赏识的目光对待伙伴，并适当地表达出来。在人际交往中，最忌讳为满足个人需求而剥夺别人的权益。

（四）以奉献的精神全身心地投入任务

志愿者遇到波折的时候，要理智地全身心投入任务当中，挑战自我。志愿服务本身就是"助报酬乐"的事情，而心理学研究表明，"小我"在服务和帮助他人的过程中，可以充分体会到知足感、成就感，在一定程度上实现自我价值。志愿服务或许有些不如意的地方，但更多时候是充满快乐的。只要自己秉持助人的心态，就会产生无私、奉献、热情等积极情感。因此，志愿者在帮助了别人的同时也帮助了自己。

拓展阅读

怎样调整职场心理状态

1. 在工作过程中保持你的幽默感。
2. 就事论事，与同事友好相处。
3. 做事急切但不急躁。
4. 内心目标明确，每天进步一点点。
5. 以一颗空杯的心虚心汲取。
6. 处于精神紧张状态时，以自己的方式尽情宣泄。

怎样把自己尽快融入到工作环境中

1. 让自己尽快了解工作环境，发自内心地喜欢上自己的工作。
2. 工作积极勤恳，平常多跟同事以及前辈交流。
3. 多问问题，留心观察前辈怎么做事，去其糟粕，取其精华。
4. 遇到问题或困难时，不要藏在心中，要多与人交流，懂得向他人求助。
5. 努力做事，低调做人。

四、自我心理调适方法

（一）正确应对紧张和焦虑，克服紧张和焦虑

1. 降低对自己的要求，自然就会使心境松弛一些。
2. 有效安排和利用时间，要学会调整节奏，做到张弛有致，劳逸结合。
3. 改变认识，敢于行动：简单地做、快乐地做、重复地做。

拓展阅读

志愿服务时因对工作不熟悉、成员之间不熟悉等原因产生的紧张及焦虑感，应该如何正确面对？

1. 要树立乐观积极的心态，正确面对紧张及压力，相信通过调整，一切都将会好转。
2. 跟自己的团队负责人及成员要保持良好的沟通，及时了解自己所在团队负责的工作，特别是注意事项，提前做好自己的日程安排表，并留出一定的空余时间，以待有其他变动。
3. 在平时服务中注重自我提高，并客观地对自己的工作进行总结，争取每天都在进步。
4. 坚持体育锻炼，多读一些心理调节的书籍，构建健康心灵。
5. 适当寻求心理援助。

（二）应对工作倦怠

志愿者一旦出现工作倦怠，应立即进行自我调整，以保持旺盛的斗志。具体可从以下几点来进行：

1. 将每天的工作时间限制在 12 个小时以内；
2. 吃健康营养的食物；
3. 进行工作换班，从高压力的工作轮换到低压力的工作；
4. 与让你感觉舒服的人谈话，谈论想法和感受；
5. 通过组织获得咨询帮助的课程；
6. 善于倾听他人，谈论分享情绪感受，看一看别人对事情的看法；
7. 避免追求完美，追求完美易导致失望和冲突；
8. 与家人和朋友保持联系；
9. 和一个反馈者组成一组，以便双方相互监督对方的压力；
10. 不要试图隐藏焦虑和睡意；
11. 不要自行服药；
12. 寻找健康的宣泄途径；
13. 运用放松技巧。

拓展阅读

如何面对大型赛会志愿服务的身心倦怠

1. 要注意良好的休息及适当的运动。
2. 以志愿者的责任感自我激励、自我调整。勉励自己，将每一天都当成新的一天来度过，将每一件事都当成第一次来做，保持自己的工作热情。
3. 学会向他人倾述，在亲朋好友中获得温情，在自我调整中保持内心的愉悦，从而保持良好的情绪。

4. 学会角色转变，平衡自己的生活，在服务中，全身心投入，定会获得成就感。

（三）平衡生活和工作

1. 明确志愿服务工作的目标。志愿服务本身是一种奉献，主要的工作目标是助人。
2. 明确自身在志愿服务过程中的角色。
3. 协调好志愿服务工作与学习或工作的关系。学会运用时间管理、情绪管理。

知识窗

时间管理法则

1. 帕累托原则

又称二八定律或犹太法则，由19世纪末20世纪初意大利经济学家及社会学家帕累托（Vilfredo Pareto）提出，最初是用于经济领域中的决策。[1]其核心内容是，在任何一组东西之中，最重要的通常只占其中的一小部分，因此对于重要但只占少数的部分必须分配更多的资源，更注重对它的管理。[2]在时间管理中，运用帕累托原则有助于应付一系列有待完成的工作。将一大堆需要完成的工作列出优先次序，把最应优先完成的作为工作中的重中之重，各花上一段时间集中精力把它们完成。

2. 时间管理721法则

（1）70%的时间用于当天工作，20%的时间用于明天准备，10%的时间用于下周的计划筹措。

（2）70%的时间用于工作，20%的时间于家庭生活，10%的时间于娱乐社交。

（3）70%的时间专注原本的工作；20%的时间用在跟核心工作有关的新事物上；10%的时间用在没关联的新事情上。

3. 时间管理"四象限"法

"四象限"法由美国著名管理学家科维（Stephen R. Covey）提出，他把工作按照重要和紧急两个不同程度划分为四个"象限"：第一象限，既紧急又重要（如人事危机、客户投诉、即将到期的任务、财务危机等）；第二象限，重要但不紧急（如建立人际关系、新的机会、人员培训、制订防范措施等）；第三象限，紧急但不重要（如电话铃声、不速之客、行政检查、主管部门会议等）；第四象限，既不紧急也不重要（如客套的闲谈、无聊的信件、个人的爱好等）。[3]其核心内容是，应有重点地把主要的精力和时间集中地放在

---

[1] 黄绮雯. 管理进入懂得"OFF"的年代[J]. 科技创新与应用, 2012(14): 266-266.
[2] 黎勇, 韩汉博. 浅谈高校管理者的时间管理[J]. 华南热带农业大学学报, 2006, 12(4): 76-79.
[3] 常滨毓. "加班文化"与"时间管理"[J]. 东方企业文化, 2006(8): 40-41.

处理那些重要但不紧急的工作上,这样可以做到未雨绸缪,防患于未然。[①]一个好的方法是建立预约,使自己的时间才不会被别人所占据,从而有效地开展工作。

(四)保持工作能力,避免职业枯竭

1. 自我监控——紧密注意自己的反应;
2. 经常运动;
3. 坚持写日记;
4. 学会换位思考;
5. 自我激励,自我暗示;
6. 排除干扰,专注于目标;
7. 加强专业学习。做一名优秀的志愿者光有爱心和激情不够,还要不断地学习,因为不同的志愿服务岗位需要不同的专业水平。

拓展阅读

如何减压

1. 保持一颗平常心,一切放下,放弃对得失、成败的固执。要有一种超脱的心态。平常心、不执著、学会满足、随心适性、豁达、不计较、学会放下。

2. 人是具有主观能动性的。要主动把复杂的、全无头绪的种种琐事、惦念、欲求、焦虑、烦恼统统从意识中清除、抛开。主动寻找快乐,主动运动和休息。如果当下很焦虑,那就一个人去郊外散散心,调整一下。在一个特定的时间,关闭自己的眼、鼻、耳、舌、身的信息通道,主动的"断见",心中梦想的淡定或者平静随时可以召之即来。

3. 以适合自己生理和心理的方式生活。想成为一个快乐的人,最重要的一点就是学会将过去的错误、罪恶、过失全部忘记,向前看。忘记过去的事,努力向着未来的目标前进。

4. 培养自己的积极心态,使自己的生命按照自己的意图提供报酬。记住,心态是唯一能够随时掌控的东西,练习控制自己的心态,并且利用自己的心态去引导自己。相信自己才是唯一可以随时依靠的人。

5. 树立自信,在内心保持健康的形象。

(五)保持积极的心态

坚持自己的信念,树立健康心态。志愿服务不仅是奉献,所有的志愿服务都是

[①] 楼天宇. 论大学生时间管理能力的培养[J]. 文教资料, 2009(12): 209–210.

有回报的，有人收获成长，有人收获快乐。

1. 做好志愿服务的思想准备和心理准备；
2. 帮助别人，成就自我；
3. 助人自助；
4. 保持平常心。

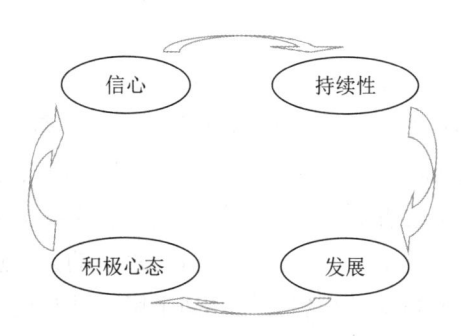

图 3-2　积极心态——启动循环的源头

（六）必要时辅以个别心理咨询、寻求专业支持

当志愿者心理问题通过以上方法仍然不能解决时，就需要他人帮助其进行心理调适，可以向志愿者组织设立的心理服务站寻求专业的帮助。心理咨询师通过与志愿者进行一对一的个别谈话，建立良好的咨访关系，倾听志愿者对自身问题的描述与感受，帮助志愿者认识到自身的问题，并分析其产生的原因，[①]从而引导志愿者通过认知调整、行为训练、情绪管理等方法解决心理问题，使志愿者能够较快地恢复健康心态从事志愿服务活动。

五、日常减压方式

下面介绍一些日常减压方式的操作诀窍，供志愿者参考。

（一）找家人或朋友倾诉

操作诀窍：[②]

1. 烦恼和压力刚产生时，找人倾诉相对比较方便，一有压力就可以执行。而且，此时倾诉效果较好。压力和烦恼相对较重时，倾诉只能缓解压力，不能解决问题。
2. 在感觉最生气的时候最需要倾吐心中的不快，说出来就可能解决一半的问题。
3. 找自己感觉可以信赖的人谈心。如果压力涉及工作方面的问题，多适合于向家人、朋友倾诉。其他一些问题，可以讲出来与相关的权威人士探讨。
4. 倾诉之前需要做些思考，这样会更有效。

[①] 代方梅. 对2008年北京奥运会志愿者心理素质培养的探讨［J］. 湖北体育科技, 2007, 26(6): 636-637.
[②] 周东丰, 吴文源, 童辉杰. 适合中国人的10大减压方法——减压方法1：找家人或朋友倾诉［J］. 大众医学, 2006(9): 6-8.

（二）顺其自然

操作诀窍：①

1. 想一想，人总是会有压力和烦恼的。压力在生活当中如影随形，它呈现的是一个倒U字形的曲线。也就是说，在没有压力的状况之下，个体是不能够很好地发挥工作效率的。面对压力，不要烦躁，也不要心事重重，更不要过分担心，顺其自然，寻找到一个最佳的压力点。

2. 遇到压力时，多想一想，世界上一定还有很多烦恼、压力大的人，自己的情况也许并不算什么。这实际上是一种心理平衡的策略，即平常说的"阿Q精神"，也属于心理平衡技巧。现实生活中，许多人之所以有压力，是因为把问题看得更严重了。这样想一想，可以帮助志愿者更客观地看待问题。它实际上是一种援引例子来保护自己的心理策略。通过举例来证明自己不是压力最大的人，进而减轻心理压力。如果这样想感觉没用，不妨反过来想一想，即干脆承认自己失败了、有压力，然后告诉自己，要吸引教训，下一次尽量做得更好。

（三）投入到一件事中

操作诀窍：②

1. 先要找自己感觉有意义和有趣的事情。例如，全神贯注地读一本好书，集中精力写一篇文章，等等。

2. 清理一下工作、生活的环境。例如，把桌子收拾干净，东西放整齐等。在干净、整洁、有序这样的环境中，人更容易投入。

（四）做最喜欢做的事

操作诀窍：③

1. 首先确定自己此时此刻最喜欢做哪些事。一般情况下，自己最喜欢的事就是自己的兴趣爱好。例如，听音乐、画画、看小说，或者看自己喜欢的电视剧等等。萝卜青菜，各有所爱，全看自己的心情如何、爱好是什么了。

2. 在做最喜欢的事时，要做些微调。例如，在遇到压力的时候可以听听音乐。如果你选择流行音乐，但听着毫无感觉，不妨换成民乐听听。如果还不行，再换钢琴曲试试，直到找到那种让自己感到轻松的音乐来听。当然，如果听音乐仍不起作用，干脆去从事别的爱好，如看电影、游泳、旅游等。

（五）运动锻炼

操作诀窍：

1. 如果压力较重，不妨运动量大些，运动时间长一些，让自己感觉累了，这样减压效果较好。

---

① 姚树桥，傅安球，吴文源，杨心德. 减压方法3: 顺其自然［J］. 大众医学, 2006(9): 9.
② 姚树桥，童辉杰. 减压方法5: 投入到一件事中［J］. 大众医学, 2006(9): 11.
③ 翟书涛，傅安球. 减压方法7: 做最喜欢做的事［J］. 大众医学, 2006(9): 12.

2. 如果压力不是很重，适度锻炼即可有效，如果把自己搞得太累，有可能适得其反。

（六）松弛技巧

深呼吸可以促进人体与外界的氧气交换，使身体内部有足够的氧气，还能使人心跳减缓，血压降低。同时，它还可以转移人们的注意力，提高自我控制的能力与水平。当一个人意识到自己能够通过深呼吸来保持镇静时，就可以控制自己的意识，原来的焦虑也被打破了。

操作诀窍：

3分钟深呼吸：吸气——腹部舒张，呼气——腹部收缩，现在抛开所有开心的或者烦恼的事情，集中精力关注自己的呼吸，感受新鲜空气正从鼻孔进入身体，同时废气从鼻孔离开身体，保持深长的呼吸，吸气——腹部舒张，呼气——腹部收缩。

第三节 志愿者心理素质培养

心理素质是个体素质的深层内涵，具体指个体在精神、意识上的特征和品质，包括智力和非智力因素。[1] 总的来讲，心理素质是个体素质结构的核心因素，是使人的素质各部分"联系起来"成为能动发展主体自身的内部根据。心理素质所反映的既是结果更是过程，它是一个人自我发展和自我实现的必要条件，对人的成功非常重要。

志愿者心理素质是指志愿者的心理过程及个性心理结构中所具有的状态、品质与能力之总和。它包括智力因素与非智力因素两方面。智力因素方面是指获得志愿者活动知识的多少；非智力因素方面主要指志愿者心理健康状况的好坏、个性心理品质的优劣、心理能力的大小以及所体现出的行为习惯与社会适应状况。在这里，我们主要强调志愿者非智力因素中心理素质的自我开发与有效利用。

一、志愿者心理素质存在的问题

目前，我国的志愿服务范围日趋广泛，已涉及社区建设、扶贫、大型活动、环保、海外援助、抢险等多个领域。志愿者活动已经被提到了重要的日程上来，但是在志愿者的发展及其从事服务活动的过程中，大多数志愿者的心理素质面临着一系列的问题，主要包括以下几个方面。[2]

（一）自豪和自卑的内心冲突

一方面，志愿者为自己能来做志愿服务这么高尚的工作感到自豪，同时也可以获得锻炼的机会来提高自己的能力和道德素养，是人生难得的一次经历和宝贵财富；另一方面，志愿者经常会因为现在的社会、家人和朋友不是很认同这一行动，得不

---

[1] 王滔, 张大均, 陈建文. 我国大学生心理素质研究20年的回顾与反思 [J]. 高等教育研究, 2007, 28(4): 76–83.
[2] 叶明. 大学生志愿者心理素质提升研究 [J]. 湖北成人教育学院学报, 2011, 17(4): 46–47.

到支持甚至强烈反对而感到有些自卑。

（二）渴望交往和孤独的矛盾

志愿服务现场对多数志愿者来讲，在很大程度上是陌生的，即便在这种情况下，他们都一样想通过自己的努力，尽快的与当地人熟悉、打成一片，及早进入工作状态。然而，可能由于自己的性格或者对方不太热情而不能建立一种良好的人际关系，从而感到自身受到周围人的排挤，内心陷入一种孤独的状态。

（三）独立和依赖的矛盾

志愿活动很重要的一点就是需要志愿者不断地去解决一些新问题，这样才能为服务对象提供更优质的服务。在处理具体问题时，志愿者的无私精神和强烈的社会责任心驱使他们都希望自己能独挡一面，独立完成，做出自己最大的贡献，但又由于经验不足还需要他人协助或依赖他人才能顺利地把事情完成。

（四）理想和现实的矛盾

志愿者真正去从事志愿服务之前，总是怀着满腔热血，希望自己能做出一定的成绩让所服务的对象感到温暖、开心，得到服务对象的高度肯定与认可。但在服务过程中，会遇到许多意想不到又无法避免的事情。比如说，现实情况可能需要做很多琐碎的小事或者要面对各种矛盾，这时就会产生心理冲突。

二、志愿者心理素质培养对策

在实际活动中，协助志愿者得到心理上的满足感是非常关键的。这需要从源头切入，提升其心理素质，使其在从事志愿服务时，服务方与被服务方均能获得较高满意感。[①] 因此，心理素质训练对大学生志愿者来说就显得更为重要。心理素质训练就是指通过各种手段，有意识地对个体的心理过程和个性特征施加影响，并采用科学的方法使个体学会调节和控制自己的心理状态，进而调节和控制行为的过程。通常可从以下方面来提升大学生志愿者的心理素质。

（一）增强责任感

服务过程中，志愿者对于失败或发生的事件，在任何时候都首先要从自己身上找问题，这样考虑才算是有责任感的人。如果自己的言论或行动是产生问题的直接原因，那理所当然地要承担责任。如果是别人的原因而发生问题时也不要把责任全部推给他人，应该想到自己在处理事情方面也应负有相应的责任。

在这种情况下，志愿者一方面应做的是总结经验教训，通过解决问题进一步提高自身形象，使类似事件成为今后发展的台阶，更好地为服务对象提供优质服务。另一方面，自己要敢于承担责任，不推卸责任，不把责任转嫁给他人，才能赢得周围同事的认同和信赖，同时自身也能不断获得成长与发展。

---

① 代方梅. 对2008年北京奥运会志愿者心理素质培养的探讨［J］. 湖北体育科技, 2007, 26(6): 636–637.

（二）培养良好的意志

意志是人类特有的心理活动，是个体意识能动作用的表现，是个体有意识地支配、调节行为，通过克服困难，以实现预定目标的心理过程。[①] 良好的意志对于个体来说可以给别人可靠、可信的感觉，成为影响和带动别人的无形感召力。从心理学的角度来讲，强烈的事业心、积极进取和坚忍不拔的精神都是对志愿者意志的要求。

就志愿者而言，良好意志的培养可从以下三方面展开，即意志的自觉性、坚韧性和自制力。在志愿服务过程中，自觉地与可能遇到的各种困难作斗争是锻炼意志品质的重要途径。意志的坚韧性是在与逆境或困难的斗争中培育起来的，困难越大，越能放射出意志的光彩，志愿者的示范效应就在于此。在社会实践和日常生活中应加强自制力的培养，良好的自制力可以使志愿者在任何情况下做到自制、自立、自主，不为外界所左右。通过这三方面有意识的训练，志愿者的意志力会得到较好的提升。

（三）建立心理相容关系

心理相容关系是指交往双方的言谈举止、思想面貌、个性特征、气质风度等都能被对方认可、悦纳的心理关系。[②] 志愿者若能在与他人的交往过程中建立这种相互"认可、悦纳"的心理关系，可以留给别人可亲可近的心理感受，有利于消除交往中的心理障碍，缩短彼此间的心理距离。心理相容关系要靠真诚去播种，而真诚需要在角色互换中体验和锻炼，即志愿者有时是志愿者，有时是别人的晚辈、同辈或朋友。这样的角色互换可以体验到一种心理共鸣，才可以让彼此保持一种良好的关系。当然，心理相容关系除了真诚，还需要相互信任、理解、支持等。

（四）增强挫折耐受力

开展志愿服务过程中，挫折是不可避免的，不少人在遇到挫折后往往内心痛苦，情绪紧张，心烦意乱，有的迁怒于人，产生破坏性的行为。但受挫折时的心态是可以调节的。在面对挫折时，只要懂得正确认识挫折，对挫折进行正确的归因，适当进行情绪宣泄和积极寻求社会支持等方法，就能改善心态，调整行为，缓解挫折的打击，摆脱由挫折引发的痛苦，改善客观处境，减少志愿者的挫折感。除此之外，志愿者还要学会抵得住诱惑，耐得住寂寞，对生理、心理和外部环境进行控制，也可以培养自身的幽默感，学会在适当的时候激励自己和善于利用积极的心理暗示等方法，就能战胜志愿服务过程中的一系列艰难险阻，走出困境。

（五）强化竞争意识

竞争意识源于个体的自尊、自信、自强的心理要求，是一个人创造性才智发挥的催化剂。志愿者是在不谋求任何物质报酬、不受法律的强制下，从事公益事业与

[①] 彭聃龄.普通心理学［M］.北京:北京师范大学出版社,2003,343.
[②] 刘晓隽.论企业领导者的心理素质［J］.中国民营科技与经济,2008(2):119-120.

社会服务事业的人,在这种没有任何约束的情况下,要把工作做好,必须要有竞争意识,培养和强化竞争意识必须锻炼自我调节、自我解脱、自我完善的心理机能,进而不断提高其能力。顺境时,要保持头脑冷静,不能忘乎所以,放松警惕,要看到将来可能发生的变化。逆境时,不能惊慌失措,丧失信心,要看到优势所在,树立起做好工作的信心,通过利用有利条件、发挥才能的优势来走出困境,获得成就。

(六)辅以个别心理咨询

个别心理咨询是针对有特殊问题的志愿者,心理咨询师与志愿者之间进行一对一的个别会谈[①]。通过建立良好的咨访关系,倾听志愿者对自身问题的描述与感受,确立希望达到的目标,利用多种影响技术,向志愿者提供观察问题的视角,引导志愿者进行自我探索,选择适当解决问题的策略,制定有效的行动方案,在帮助志愿者解决问题的同时,发展志愿者自身解决问题的能力。培养心理素质的方法还有很多,例如树立正确的人生观和价值观、普及心理学知识、加强心理素质教育队伍建设等。

附录　志愿者适用心理测量工具

1. 人际关系自我评定量表

测验说明:请仔细阅读下列 16 个问题。每一个问题后面,各有 A、B、C 三种答案,请按照自己的真实情况任选其一。

1. 在人际关系中,我的信条是(　　)

    A. 大多数人是友善的,可与之为友。

    B. 人群中有一半是狡诈的,一半是良善的,我将选择良善者而交友。

    C. 大多数人是狡诈虚伪的,不可与之交友。

2. 最近我新交了一批朋友,这是(　　)

    A. 因为我需要他们。

    B. 因为他们喜欢我。

    C. 因为我发现他们很有意思,令人感兴趣。

3. 外出旅游时,我总是(　　)

    A. 很容易交上新朋友。

    B. 喜欢一个人独处。

    C. 想交朋友,但又感到很困难。

4. 我已经约定要去看望一位朋友,但因为太累而失约了,在这种情况下,我感到(　　)

    A. 这是无所谓的,对方肯定会谅解我。

[①] 代方梅. 对2008年北京奥运会志愿者心理素质培养的探讨[J]. 湖北体育科技, 2007, 26(6): 635–637.

B. 有些不安，但又总是在自我安慰。

C. 很想了解对方是否对自己有不满意的情绪。

5. 我结交朋友的时间通常是（　　）

A. 数年之久。

B. 不一定，合得来的朋友能长久相处。

C. 时间不长，经常更换。

6. 一位朋友告诉我一件极有趣的个人私事，我是（　　）

A. 尽量为其保密，不对任何人讲。

B. 根本没有考虑过要继续扩大宣传此事。

C. 当朋友刚一离去随即与他人议论此事。

7. 当我遇到困难时，我（　　）

A. 通常是靠朋友解决的。

B. 要找自己可信赖的朋友商量办。

C. 不到万不得已时，绝不求人。

8. 当朋友遇到困难时，我觉得（　　）

A. 他们大都喜欢来找我帮忙。

B. 只有那些与我关系密切的朋友才来找我商量。

C. 一般都不愿意来麻烦我。

9. 我交朋友的一般途径（　　）

A. 经过熟人的介绍。

B. 在各种社交场所。

C. 必须经过相当长的时间，并且还相当困难。

10. 我认为选择朋友的最重要的品质是（　　）

A. 具有能吸引我的才华。

B. 可以信赖。

C. 对方对我感兴趣。

11. 我给人们的印象是（　　）

A. 经常会引人发笑。

B. 经常启发人们去思考。

C. 和我相处时别人会感到舒服。

12. 在晚会上，如果有人提议让我表演或唱歌时，我会（　　）

A. 婉言谢绝。

B. 欣然接受。

C. 直截了当拒绝。

13. 对于朋友的优点缺点，我喜欢（　　）

A. 诚心诚意地当面赞扬他的优点。

B. 会诚实地对他提出批评意见。

C. 既不奉承，也不批评。

14. 我所交的朋友（　　）

A. 只能是那些与我的利益密切相关的人。

B. 通常能和任何人相处。

C. 有时愿与同自己相投的人和睦相处。

15. 如果朋友和我开玩笑（恶作剧），我总是（　　）

A. 和大家一起笑。

B. 很生气并有所表示。

C. 有时高兴，有时生气，依自己当时的情绪和情况而定。

16. 当别人依赖我的时候，我是这样想的（　　）

A. 我不在乎，但我自己却喜欢独立于朋友之中。

B. 这很好，我喜欢别人依赖于我。

C. 要小心点！我愿意对一些事物的稳妥可靠持冷静、清醒的态度。

评分标准：

各题计分标准如下：

题项	A	B	C	题项	A	B	C
1	3	2	1	9	2	3	1
2	1	2	3	10	3	2	1
3	3	2	1	11	2	1	3
4	1	3	2	12	2	3	1
5	3	2	1	13	3	1	2
6	2	3	1	14	1	3	2
7	1	2	3	15	3	1	2
8	3	2	1	16	2	3	1

根据所选定的答案，找出相应的分数，将16个题项的得分求和。如果总分介于38~48之间，说明人际关系很融洽，在广泛的交往中你很受众人喜欢；28~37之间，说明人际关系并不稳定，有一定数量的人不喜欢你，如果你想受人爱戴，还要做很大努力；16~27之间，说明人际关系不融洽，你的交往圈子太小了，很有必要扩大你的交往范围。

2. 情绪稳定性自我测验量表

测验说明：请仔细阅读下面30道题，每道题都有三种不同答案，请从中选择出与自己的实际情况最接近的一种答案，如有些题目确实与你不符可以不予选择。在作答过程中不得漏题，在同一题上不得斟酌太多时间，请根据看完题后的第一反应回答。

1. 看到自己最近一次拍摄的照片，你有何想法？
   A. 觉得不称心　　　　　　B. 觉得很好　　　　　　C. 觉得可以
2. 你是否想到若干年后有什么使自己极为不安的事？
   A. 经常想到　　　　　　　B. 从来没想到　　　　　C. 偶尔想到
3. 你是否被朋友、同事、同学起过绰号、挖苦过？
   A. 这是常有的事　　　　　B. 从来没有　　　　　　C. 偶尔有过
4. 你上床以后，是否经常再起来一次，看看门窗是否关好？
   A. 经常如此　　　　　　　B. 从不如此　　　　　　C. 偶尔如此
5. 你对与你关系最密切的人是否满意？
   A. 不满意　　　　　　　　B. 非常满意　　　　　　C. 基本满意
6. 你在半夜的时候，是否经常觉得有什么值得害怕的事？
   A. 经常　　　　　　　　　B. 从来没有　　　　　　C. 极少有这种情况
7. 你是否经常梦见什么可怕的事而惊醒？
   A. 经常　　　　　　　　　B. 没有　　　　　　　　C. 极少
8. 你是否有过曾经多次做同一个梦的情况？
   A. 有　　　　　　　　　　B. 没有　　　　　　　　C. 记不清
9. 有没有一种食物使你吃后呕吐？
   A. 有　　　　　　　　　　B. 没有　　　　　　　　C. 记不清
10. 除去看见的世界外，你心里有没有另一种世界？
    A. 有　　　　　　　　　　B. 没有　　　　　　　　C. 记不清
11. 你心里是否时常觉得你不是现在的父母所生？
    A. 时常　　　　　　　　　B. 没有　　　　　　　　C. 偶尔有
12. 你是否曾经觉得有一个人爱你或尊敬你？
    A. 是　　　　　　　　　　B. 否　　　　　　　　　C. 说不清
13. 你是否常常觉得你的家庭对你不好，但是你又确知他们的确对你好？
    A. 是　　　　　　　　　　B. 否　　　　　　　　　C. 偶尔
14. 你是否觉得没有人十分了解你？
    A. 是　　　　　　　　　　B. 否　　　　　　　　　C. 偶尔
15. 在早晨起来的时候，你最经常的感觉是什么？
    A. 忧郁　　　　　　　　　B. 快乐　　　　　　　　C. 讲不清楚
16. 每到秋天，你经常会有什么样的感觉？
    A. 秋雨霏霏或枯叶遍地　　B. 秋高气爽或艳阳天　　C. 不清楚
17. 你在高处的时候，是否觉得站不稳？

A. 是　　　　　　　　B. 否　　　　　　　　C. 有时是这样

18. 你平时是否觉得自己很强健？
A. 是　　　　　　　　B. 否　　　　　　　　C. 不清楚

19. 你是否一回家就立刻把门关上？
A. 是　　　　　　　　B. 否　　　　　　　　C. 不清楚

20. 你坐在小房间里把门关上后，是否觉得心理不安？
A. 是　　　　　　　　B. 否　　　　　　　　C. 偶尔是

21. 当一件事需要你做决定时，你是否觉得很难？
A. 是　　　　　　　　B. 否　　　　　　　　C. 偶尔是

22. 你是否常常用抛硬币、玩纸牌、抽签之类的游戏来测凶吉？
A. 是　　　　　　　　B. 否　　　　　　　　C. 偶尔

23. 你是否常常因为碰到东西而跌到？
A. 是　　　　　　　　B. 否　　　　　　　　C. 偶尔

24. 你是否需要一个多小时才能入睡，或醒的比你希望的早一个小时？
A. 经常这样　　　　　B. 从不这样　　　　　C. 偶尔这样

25. 你是否经常看到、听到或感觉到别人觉察不到的东西？
A. 经常这样　　　　　B. 从不这样　　　　　C. 偶尔这样

26. 你是否觉得自己有超越常人的能力？
A. 是　　　　　　　　B. 否　　　　　　　　C. 不清楚

27. 你是否曾经觉得因有人跟你走而心里不安？
A. 是　　　　　　　　B. 否　　　　　　　　C. 不清楚

28. 你是否觉得有人在注意你的言行？
A. 是　　　　　　　　B. 否　　　　　　　　C. 不清楚

29. 当你一个人走夜路时，是否觉得前面潜藏着危险？
A. 是　　　　　　　　B. 否　　　　　　　　C. 偶尔

30. 你对别人自杀有什么想法？
A. 可以理解　　　　　B. 不可思议　　　　　C. 不清楚

评分标准：

以上各题的答案，选 A 得 2 分，选 B 得 0 分，选 C 得 1 分。请将你的得分统计一下，算出总分。得分越少，说明你的情绪越佳，反之越差。

总分 0~20 分，说明情绪稳定，自信心强，具有较强的美感、道德感和理智感；有一定的社会活动能力，能理解周围人们的心情，顾全大局；是个性爽朗、受人欢迎的人。

总分 21~40 分，说明情绪基本稳定，但较为深沉，对事情的考虑过于冷静，处世淡漠消极，不善于发挥自己的个性；自信心受到压抑，办事热情忽高忽低，瞻前顾后，踌躇不前。

总分在41分以上，说明情绪极不稳定，日常烦恼太多，使自己的心情处于紧张和矛盾中。如果得分在50分以上，则是一种危险信号，务必请心理医生进一步诊断。

3. 焦虑自评量表

焦虑自评量表（Self-Rating Anxiety Scale，SAS）是William W. K. Zung于1971年编制的用于测量焦虑状态轻重程度的心理量表，具有较广泛的适用性。SAS采用4级评分，主要评定项目所定义的症状出现的频度，其标准为："A"代表没有或很少时间；"B"代表小部分时间；"C"代表相当多的时间；"D"代表绝大部分或全部时间。

测验说明：请仔细阅读下面的每一条，根据你最近一星期的实际感受，选择符合的选项：

1.我觉得比平时容易紧张和着急	A	B	C	D
2.我无缘无故地感到害怕	A	B	C	D
3.我容易心里烦乱或觉得惊恐	A	B	C	D
4.我觉得我可能将要发疯	A	B	C	D
5.我觉得一切都很好，也不会发生什么不幸	A	B	C	D
6.我手脚发抖打颤	A	B	C	D
7.我因为头痛、颈痛和背痛而苦恼	A	B	C	D
8.我感觉容易衰弱和疲乏	A	B	C	D
9.我觉得心平气和，并且容易安静坐着	A	B	C	D
10.我觉得心跳得快	A	B	C	D
11.我因为一阵阵头晕而苦恼	A	B	C	D
12.我有过晕倒发作，或觉得要晕倒似的	A	B	C	D
13.我呼气吸气都感到很容易	A	B	C	D
14.我手脚麻木和刺痛	A	B	C	D
15.我因胃痛和消化不良而苦恼	A	B	C	D
16.我常常要小便	A	B	C	D
17.我的手常常是干燥温暖的	A	B	C	D
18.我脸红发热	A	B	C	D
19.我容易入睡并且一夜睡得很好	A	B	C	D
20.我做恶梦	A	B	C	D

评分标准：A=1，B=2，C=3，D=4。

结果计分：先将第 5、9、13、17、19 题反向计分，即 A=4、B=3、C=2、D=1。然后将 20 个项目的各个得分相加，即得粗分。再用粗分乘以 1.25 以后取得整数部分，就得到标准分。标准分越高，症状越严重。

诊断标准：按照中国常模（中国正常人群 1158 例）结果，SAS 标准分的分界值为 50 分，其中 50~59 分为轻度焦虑，60~69 分为中度焦虑，70 分以上为重度焦虑。

4. 工作倦怠自评量表

Maslach 工作倦怠量表（Maslach Burnout Inventory, MBI）是由美国社会心理学家马勒斯（Maslach）和杰克逊（Jackson）联合开发，包含情绪衰竭（Emotional Exhaustion）、去人格化（Depersonalization）和个人成就感（Personal Accomplishment）三个纬度。MBI 在面世之后得到了最为广泛的应用和检验，已经被证明具有良好的信度和效度。MBI 共有三个版本，即服务版、教育版、通用版。服务版适用于咨询员、社会工作者、医生、警察等服务行业的工作者；教育版适用于教师、学校心理学家等教育行业的工作者；本量表（通用版）于 1996 年出版，淡化了服务者和服务对象的关系，适用于更为广泛的工作人群。通用版的维度有所改变，分别为情绪衰竭、讥诮（玩世不恭）、职业效能。情绪衰竭是指个人认为自己所有的情绪资源都已耗尽，对工作缺乏冲动，有挫折感、紧张感，甚至害怕工作。玩世不恭指刻意与工作以及其他与工作相关的人员保持一定距离，对工作不热心、不投入，对自己工作的意义表示怀疑。低职业效能指个体对自身持有负面的评价，认为自己不能有效地胜任工作。整个问卷共 15 道题。该量表适用于 16 岁以上各个行业所有人群。

请您根据自己的感受和体会，判断它们在您所在的单位或者您身上发生的频率，并在合适的数字上划"√"。

	从不	极少	偶尔	经常	频繁	非常频繁	每天
情绪衰竭							
1.工作让我感觉身心俱惫	0	1	2	3	4	5	6
2.下班的时候我感觉精疲力竭	0	1	2	3	4	5	6
3.早晨起床不得不去面对一天的工作时，我感觉非常累	0	1	2	3	4	5	6
4.整天工作对我来说确实压力很大	0	1	2	3	4	5	6
5.工作让我有快要崩溃的感觉	0	1	2	3	4	5	6

	从不	极少	偶尔	经常	频繁	非常频繁	每天
玩世不恭							
6.自从开始干这份工作，对工作越来越不感兴趣	0	1	2	3	4	5	6
7.我对工作不像以前那样热心了	0	1	2	3	4	5	6
8.我怀疑自己所做工作的意义	0	1	2	3	4	5	6
9.我对自己所做工作是否有贡献越来越不关心	0	1	2	3	4	5	6
成就感低落（反向计分）							
10.我能有效地解决工作中出现的问题	0	1	2	3	4	5	6
11.我觉得我在为公司作有用的贡献	0	1	2	3	4	5	6
12.在我看来，我擅长于自己的工作	0	1	2	3	4	5	6
13.当完成工作上的一些事情时，我感到非常高兴	0	1	2	3	4	5	6
14.我完成了很多有价值的工作	0	1	2	3	4	5	6
15.我自信自己能有效地完成各项工作	0	1	2	3	4	5	6

诊断标准：得分在50分以下，说明工作状态良好；得分在50~75分之间，说明存在一定程度的职业倦怠，需进行自我心理调节；得分在75~100分，建议休假，离开工作岗位一段时间进行调整；得分在100分以上，建议辞职并尽快咨询心理医生，此时不工作或者换个工作也许对人生更积极。

5. 志愿者角色压力源问卷

角色压力源问卷由彼得森（Peterson）、史密斯（Smith）和阿坎德（Akande）等编制，该问卷包括三部分：角色冲突（3道题）、角色模糊（5道题）和角色超载（5道题）。问卷采用李克特5分等级量表，由"5—非常同意"到"1—非常不同意"，分别为"非常不同意""比较不同意""不好确定""比较同意"及"非常同意"。

下面总共有13项描述，请根据自己的实际感受和态度进行判断，并在每项陈述后面相应的数字上划"√"。判断的标准如下：

1—非常不同意；2—比较不同意；3—不好确定；4—比较同意；5—非常同意

角色冲突

  1.我经常要面对一些要求彼此冲突的情形。 1 2 3 4 5

  2.我从两个或者更多的人那里接收到互相矛盾的要求。 1 2 3 4 5

  3.我不得不去面临一些不同情形，并以不同方式来做这些事情。 1 2 3 4 5

角色模糊

  1.我的工作有明确的、计划好的目标与目的。 1 2 3 4 5

  2.我确切地了解单位对我的期望是什么。 1 2 3 4 5

  3.我知道我的职责是什么。 1 2 3 4 5

  4.我非常明确我承担多大的责任。 1 2 3 4 5

  5.我的职责有明确的界定。 1 2 3 4 5

角色超载

  1.很需要减轻我的部分工作。 1 2 3 4 5

  2.在工作中，我感觉负担过多。 1 2 3 4 5

  3.我承担了太多的职责。 1 2 3 4 5

  4.我的工作负担太重。 1 2 3 4 5

  5.我所承担的工作量太大，以致于我不能保证工作的质量。 1 2 3 4 5

  诊断标准：得分在30分以下，说明感知到的角色压力并不明显；得分在30~49分，说明感到一定程度的角色压力，需要放松、及时排解；得分在50分以上，说明感到的角色压力较严重，建议积极寻求心理援助。

第四章　志愿服务文明礼仪和工作技巧

中华民族素来是一个讲求温良恭俭让的文明礼仪之邦。中国人也以其彬彬有礼的风貌而著称于世。古人云：不学礼无以立。经过几千年的发展与积淀，礼仪作为一种文化已经成为人们衡量为人处世的基础道德标准，是个人融入社会生活、获得成功的重要途径，也是社会文明程度、道德风尚的外在表征。志愿者的任务不仅仅只是完成自己的岗位工作，也承载着语言沟通、文化交流的任务。在志愿服务过程中，为了更好地提供服务，志愿者应具有良好的仪容仪表和得体的行为举止，做到知礼、懂礼、习礼、达礼。

【学习目标】

1. 了解志愿者的形象礼仪和接待礼仪。
2. 了解志愿者的沟通礼仪和涉外礼仪。
3. 掌握志愿服务的一般工作技巧。
4. 掌握志愿服务的特殊工作技巧

【学习导航】

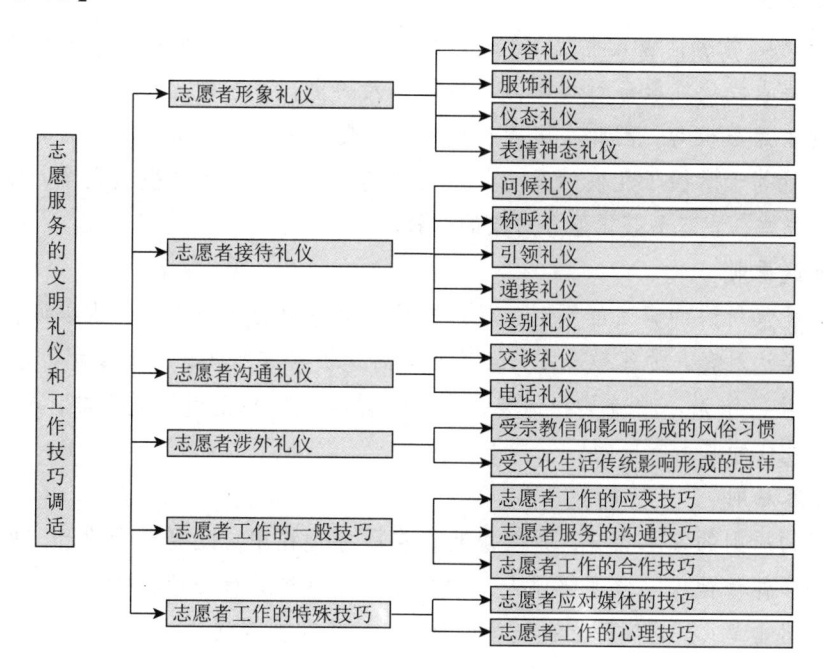

```
                                ┌─ 仪容礼仪
                    ┌─ 志愿者形象礼仪 ─┼─ 服饰礼仪
                    │                ├─ 仪态礼仪
                    │                └─ 表情神态礼仪
                    │
                    │                ┌─ 问候礼仪
                    │                ├─ 称呼礼仪
                    ├─ 志愿者接待礼仪 ─┼─ 引领礼仪
  志愿服务的        │                ├─ 递接礼仪
  文明礼仪和        │                └─ 送别礼仪
  工作技巧调适 ─────┤
                    ├─ 志愿者沟通礼仪 ─┬─ 交谈礼仪
                    │                 └─ 电话礼仪
                    │
                    ├─ 志愿者涉外礼仪 ─┬─ 受宗教信仰影响形成的风俗习惯
                    │                 └─ 受文化生活传统影响形成的忌讳
                    │
                    │                  ┌─ 志愿者工作的应变技巧
                    ├─ 志愿者工作的一般技巧 ─┼─ 志愿者服务的沟通技巧
                    │                  └─ 志愿者工作的合作技巧
                    │
                    └─ 志愿者工作的特殊技巧 ─┬─ 志愿者应对媒体的技巧
                                          └─ 志愿者工作的心理技巧
```

【导入案例】

志愿者小贺穿着一身得体的志愿者服装，第一次独立地走上了会场迎宾员的岗位。一辆白色高级轿车向会议中心驶来，司机熟练而准确地将车停靠在会场门前。小贺看到后排坐着两位男士、前排副驾驶座上坐着一位身材较高的外国女宾。小贺一步上前，以规范的动作先为后排客人打开车门，然后迅速走向前门，准备以同样的礼仪迎接那位女宾下车，但那位女宾满脸不悦。这位女宾为什么不悦？小贺非常茫然，不知所措。

在西方国家流行着这样一句俗语：女士优先。在社交场合或公共场所，男子应经常为女士着想，照顾、帮助女士。例如：人们在上车时，总要让妇女先行；下车时，则要为妇女先打开车门，进出车门时，主动帮助她们开门、关门等。西方人有一种形象的说法："除女士的小手提包外，男士可帮助女士做任何事情。"志愿者小贺未能按照通行的礼节做法先打开女宾的车门，致使那位外国女宾不悦。

知识窗

志愿服务礼仪的通用基本原则

在服务礼仪中，有一些具有普遍性、共同性、指导性的礼仪规律。这些礼仪规律，即礼仪的原则。掌握礼仪的原则很重要，它是志愿者更好地学习礼仪和运用礼仪的重要的指导思想。

1. 尊重原则

孔子说："礼者，敬人也"，这是对礼仪的核心思想高度的概括。所谓尊重的原则，就是要求我们在服务过程中，要将对客人的重视、恭敬、友好放在第一位，这是礼仪的重点与核心。因此在服务过程中，首要的原则就是敬人之心常存，掌握了这一点，就等于掌握了礼仪的灵魂。在人际交往中，只要不失敬人之意，哪怕具体做法一时失当，也容易获得服务对象的谅解。

2. 真诚原则

服务礼仪所讲的真诚的原则，就是要求在服务过程中，必须待人以诚，只有如此，才能表达对客人的尊敬与友好，才会更好地被对方所理解，所接受。与此相反，倘若仅把礼仪作为一种道具和伪装，在具体操作礼仪规范时口是心非，言行不一，则是有悖礼仪的基本宗旨的。

3. 宽容原则

宽容的原则的基本含义，是要求我们在服务过程中，既要严于律己，更要宽以待人。要多体谅他人，多理解他人，学会与服务对象进行心理换位，而千万不要求全责备，咄咄逼人。这实际上也是尊重对方的一个主要表现。

4. 从俗原则

由于国情、民族、文化背景的不同，在人际交往中，实际上存在着"十里不同风，百里不同俗"的局面。这就要求志愿者在服务工作中，对本国或各国的礼仪文化、礼仪风俗以及宗教禁忌要有全面、准确的了解，才能够在服务过程中得心应手，避免出现差错。

5. 适度原则

适度的原则的含义，是要求志愿者应用礼仪时，为了保证取得成效，必须注意技巧，合乎规范，特别要注意做到把握分寸，认真得体，既不能做得过头，又不能做得不到位。

（资料来源：http://www.jsyouth.net/News_View.asp?NewsID=6289）

第一节　志愿者形象礼仪

形象礼仪是个体形象的外在表现形式之一，形象礼仪的高低往往反映出一个人教养、素质的高低。形象就是一个人的外表是否得体，包括穿衣打扮、妆容、发型、配饰等。志愿者形象礼仪主要指志愿者在其工作岗位上为目标人群提供服务时所应该具有的言谈举止、服饰及礼貌礼节上的礼仪规范，主要包括仪容礼仪、服饰礼仪、仪态礼仪、表情神态礼仪。

一、仪容礼仪

仪容仪表是一个人精神面貌的外在表现。对志愿者而言，端庄整洁的仪容不仅表现自重、自信、敬业等个人内涵，更直接体现了对服务对象的尊重。

1. 注意个人卫生。保持体味清新，勤洗头、洗澡，勤换衣服。工作前忌食葱、蒜、韭菜、烈酒以及吸烟，避免过重的异味。餐后刷牙，注意牙齿及牙缝不要有食物屑。手要保持清洁，指甲干净无污垢，指甲过指尖小于 2mm，不涂有色指甲油。

2. 男士仪容的修饰：清洁清爽。若无特殊的宗教信仰或者民族习惯，要养成每日修面剃须的好习惯，切忌胡子拉碴。体毛过重的男士要注意遮掩体毛，勤于修剪鼻毛和耳毛，勿使其外现。发型要长短适当，一般要求做到前发不覆额，侧发不掩耳，后发不触领。注意头发的清洁，遵循"三不"原则，不能有味、不能出绺、不能有头屑。

3. 化妆得当。要美化自己的仪容仪表，化妆是很重要的一个手段。常规化妆品一般包括以下几类：美容的、美发的、护肤的和除味的，分别可以起到不同的作用。化妆礼仪的基本要求包括三点，即自然、协调和不在公共场合化妆。

二、服饰礼仪

服装不仅能表明一个人的身份,还能体现穿着者的修养、风度和品位。因此,志愿者在服饰的穿戴方面要注意礼仪规范,要穿出志愿者的精神,亮出志愿者的风采。①志愿者服饰的选择、穿戴要注意以下规范:

1. 服从志愿者组织(协会)对志愿者着装的统一要求。

2. 着装整洁。一忌布满褶皱,二忌出现残破,三忌沾染污渍及脏物,四忌充斥汗酸、体臭等异味。

3. 穿着文明、雅观。一忌过分裸露,二忌过分薄透,三忌过分紧窄,四忌过分艳丽。

4. 饰品得体。除手表外,在志愿服务中,以不佩戴首饰为好,对于男性服务人员来讲,尤其有必要如此。女性如需要配戴,切记以少为佳。具体要求是:佩戴饰品时一般不宜超过两个品种,佩戴某一品种的饰品,则不应超过两件。不宜佩戴花哨和张扬个性的工艺饰品以及名贵的珠宝饰品。不戴墨镜或有色眼镜。

图4-1 2011年深圳世界大运会礼仪志愿者

三、仪态礼仪②

除了仪容、着装这些静态呈现的外在礼仪外,志愿者落落大方的举止、合乎规范的行为、端庄稳重的仪态,也是志愿服务礼仪的基本要求。

(一)站姿

1. 基本站姿。志愿者的基本站姿要领:脚跟并拢,脚尖分开(女士30度左右,男士45度左右),收腹挺胸,提臀立腰,双臂下垂(自然贴于身体两侧),虎口向前,宽肩下沉,头正颈直,下颌微收,目光平视。在志愿服务过程中,男性与女性通常根据各自不同的性别特点,在遵守基本站姿的基础上,还可以各有一些局部的变化,主要表现在其手位与脚位有时会存在一些不同。

男性在站立时,要力求表现阳刚之美。具体来讲,在站立时,可以将一只手(一般为右手)握住另一只手的外侧面,叠放于腹前,或者相握于身后。双脚可以叉开,大致上以其与肩部同宽,这是双脚叉开后两脚之间相距的极限。但需要注意的

---

① 豆丁网[EB/OL] http://www.docin.com/p-510648495.html.
② 中国文明网[EB/OL] http://xy.wenming.cn/wmbk/wmly/201406/t20140619_1223631.htm.

是，在郑重地向客人致意的时候，必须脚跟并拢，双手叠放于腹前。

女性在站立时，要力求表现阴柔之美，在遵守基本站姿的基础上，可将双手虎口相交叠放于腹前。要特别注意的是，志愿者在服务于人时，不论是男性还是女性，站立时一定要正面面对服务对象，而切不可将自己的背部对着对方。

2．迎宾时站姿。志愿者在迎宾时的站姿要求的是规范、标准的站姿，即采用上述谈到的基本站姿，双手相叠于腹前丹田处，表示对他人的尊重。宾客经过时，志愿者要面带微笑，并向服务对象行欠身礼或鞠躬礼。

3．服务时的站姿。志愿者在为客人服务时，头部可以微微侧向客人，但一定要保持面部的微笑，手臂可以持物，也可以自然地下垂。在手臂垂放时，从肩部至中指应当呈现出一条自然的垂线。

图4-2 礼仪志愿者站姿

4．待客时的站姿。志愿者待客时站姿的技巧上有五个要点：一是手脚可以适当地进行放松，不必始终保持高度紧张的状态；二是可以在以一条腿为重心的同时，将另外一条腿向外侧稍稍伸出一些，使双脚呈叉开之状；三是双手可以采用体后背手站姿稍做放松；四是双膝要伸直，不能出现弯曲；五是在肩、臂自由放松时要伸直脊背。兼顾上述五点，既可以使志愿者不失仪态美，又可以为其减缓疲劳。

5．不良的站姿：①身躯歪斜；②弯腰驼背；③趴伏倚靠；④双腿大叉；⑤脚位不当；⑥手位不当；⑦半坐半立；⑧浑身乱动。

（二）行姿

1．行姿的基本要点。志愿者行进姿势的基本要点是双目平视，表情自然平和，两肩平稳，上身挺直，步幅适度，步速平稳，走成直线。

2．陪同引导时的行姿。陪同宾客时，通常应注意四点：一是本人所处的方位。若双方并排行进时，志愿者应居于左侧。若双方单行行进时，则志愿者应居于左前方约一米左右的位置，采用右手五指并拢、掌心向上的方式为其指引方向。当服务对象不熟悉行进方向时，一般不应请其先行，同时也不应让其走在外侧。二是协调的行进速度。在陪同引导服务对象时，志愿者本人行进的速度须与对方相协调，切勿我行我素。三是及时的关照提醒。陪同引导服务对象时，志愿者一定要处处以对方为中心。每当经过拐角、楼梯或道路坎坷、照明欠佳之处时须关照提醒对方留意。四是采用正确的体位。陪同引导客人时，志愿者有必要采取一些特殊的体位，如请对方开始行进时，应面向对方，稍许欠身。在行进中与对方交谈或答复其提问时，应以头部、上身转向对方。

3．进出电梯的行姿。陪同宾客进出电梯时，通常应注意以下要点：一是要遵守

"先出后进"的原则。乘电梯时，一般的规矩是里面的人出来之后，外面的人方可进去。二是要照顾好服务对象。乘坐无人值守操作电梯时，志愿服务人员须自己先进后出，以便控制电梯。乘坐有人操作的电梯时，则志愿服务人员应当后进后出。三是要尊重周围的乘客。进出电梯时，大都要侧身而行，免得碰撞、踩踏别人。进入电梯后，应尽量站在里边，人多的话，最好面向内侧，或与他人侧身相向。

4.不良行姿：①行走时内八字、外八字；②弯腰驼背、摇头晃脑、左顾右盼；③膝盖弯曲、重心交替不协调；④无精打采、身体松垮；⑤摆手过快、步幅过大或过小。

（三）坐姿

在服务工作中，志愿者须明确两点：一是允许自己采用坐姿时，才可以坐下；二是在入坐之后，尤其是在服务对象面前坐下时，务必要自觉地采用正确的坐姿。座姿的基本要领是轻、稳、紧。一般情况坐椅面的三分之二，比较软的沙发则坐椅面的三分之一，交谈时间比较长的情况下可坐满椅面背靠椅背，如果是很短的交谈则坐三分之一。女子落座双脚要并拢，男子则可分开，但双脚距离与肩宽大至相等。起立时，右脚后撤半步，站稳了再离开。常用坐姿有：

1.垂直式。要求是双脚垂直于地面，女子两脚并拢，男子两脚分开同肩宽，双手自然放于两腿上。适用范围：较适合于男士，或一些正规场合。

图 4-3 女性志愿者正确坐姿

2.前伸式。要求是双脚自然向前伸出，双手放于两腿上。女子两脚并拢，男子两脚分开同肩宽。适用范围：较适合于高个子、腿长者。

3.后点式。要求是双脚后撤，前脚掌着地，脚跟抬起，双手放于两腿上。女子两脚并拢，男子两脚分开同肩宽。适用范围：较适合于矮个子，或坐高凳子时。

4.前后式。要求是一脚前伸，一脚后点。女子两脚尽量在一条线上，男子两脚可分开同肩宽。双脚可调换，双手可自然相握放于腿上。适用范围：此位坐姿比较随意,任何场合、任何人都可采用。

5. 前交叉式(又名开膝合手式)。要求是双脚前交叉,右脚在上。双手相握,右手握左手。适用范围:适用于一些较随意的场合,正规场合不太合适。尤其是女性,在异性面前最好不要采用这种坐姿。

6. 转体式。要求是上体与双脚同时转向一侧(转体不超过45度),面向对方形成优美的S型坐姿,一只手可搭在扶手上。适用范围:与旁边的人交谈时需采用转体式坐姿。

7. 重叠式。要求是双脚重叠摆放,右脚放在左脚上,脚尖朝下。双手自然弯曲相握于腿上和膝盖上。适用范围:比较随意的场合或熟悉的朋友面前可采用,初次见面或在长辈、上级面前不可采用。

8. 不良坐姿:①双腿叉开过大,双腿直伸出去;②架腿方式欠妥,如"二郎腿",把腿架在桌椅上;③双手抱在腿上,或手夹在腿间;④腿部抖动摇晃,脚尖指向他人;⑤脱鞋脱袜,抚腿摸脚。

(四)蹲姿[①]

志愿者在工作中通常不采用蹲姿,只有在遇到整理工作环境、捡拾地面物品、给予客人帮助或者提供必要服务等特殊情况下才允许酌情采用蹲的姿势。常用的蹲姿有:

1. 高低式蹲姿。下蹲时左脚在前,全脚着地,右脚稍后,脚掌着地,后跟提起。右膝低于左膝,臀部向下,身体基本上由右腿支撑,从后背看基本在一个平面上。女子下蹲时两腿要靠紧,男子两腿间可保持适当距离。

2. 交叉式蹲姿。下蹲时左脚置步于右脚的右前侧,使左腿从前面与右腿交叉,左小腿垂直于地面,左脚全脚着地。右膝从左腿后面向左侧伸出,右脚脚跟抬起,脚掌着地,两腿前后靠近,合力支撑身体;臀部向下,上身稍前倾。此蹲姿女子较适用。

(五)手势[②]

手势的基本原则:志愿者在与人交谈时可以适当地配合手势的运用,加强内容表达和感染力。做手势时,四指并拢、大拇指自然向里靠,手掌与前臂成一条直线,肘关节自然弯曲,同时记住"欲扬先抑、欲上先下、欲左先右"的原则。手势不能过大,也不能过多。注意做手势时应用右手或双手,而不可单用左手,掌心不能向下,不能攥紧拳头,也不能伸出一个手指去指指点点,这些都含有不敬的意思。运用手势还要注意与面部表情、礼貌语言和身体其他部位的配合,才能体现出对宾客的尊重和礼貌。常用规范手势有:

1. "请"的手势。如"请进""这边请""里边请""请跳舞"等语义。要求右手

---

① 豆丁网[EB/OL] http://www.docin.com/p-502455137.html.

② 同上。

从横膈膜处打开,在身体的右斜前方与地面成45度角,身体前倾15度左右,目光注视对方、面带微笑,并加上礼貌用语。

2. "请随我来"的手势。当为来宾引领或引向某处时,需要采用这种手势。要求是在来宾斜前方,边招呼,边做手势,后退二、三步,把来宾引向目的地。其他要求同"请"的手势相同。

3. 曲臂式"请"。若一只手拿着东西或扶着门,而另一只手不便做"请"的手势时,可采用曲臂式"请"的手势。要求在"请"的手势基础上,手臂由体侧向体前摆动,与身体相距10厘米左右,掌心向上,身体稍前倾,头略转向手势所指方向,面向客人,面带微笑。

4. 双臂侧摆式"请"。如果面对较多的来宾,又是站在来宾的侧面,此时可将两只手臂向一侧摆动,做"请"的手势,即一只手从体侧抬起,曲臂,略低于肩部,掌心向上;而另一只手从体前曲臂抬起,掌心朝上,距身体10厘米左右。

5. 双臂横摆式"请"。如果面对较多的来宾做自我介绍,或为了引起大家注意时,可采用双臂横摆式,即双手从体侧抬起,曲臂,略低于肩部,掌心向上。另外,如果面对宗教人士做自我介绍时,可右手放在左胸上方身体前倾行礼。

6. 直臂式"请"。当为来宾指路、指示方向或指向某物时,可以采用直臂式。要求是指近处物时,手臂基本伸直抬到略低于肩的位置,再指向被指处;指远处物时,手臂基本伸直抬到略高于肩的位置,再指向被指处。同时,上体前倾,面带微笑,眼睛看着所指目标方向,并兼顾客人是否看清或意会到目标。

7. 斜下式"请"。当请客人入座时,可以采用斜下式。要求是直臂斜向下,掌心朝外,身体前倾,目光从客人很快转向椅面,并礼貌地说:"请座!"

不良手势:①不经意地咬指甲、玩手中的笔或其他工具;②手握拳、扳折手指关节;③当众骚头皮、掏耳朵、抠鼻孔眼屎、搓泥垢;④拇指指向自己鼻尖,或用手指指点他人。

四、表情神态礼仪

人们总会通过面部神态的变化来表达内心的思想感情,表现喜、怒、哀、乐,它对人们所说的话起着解释、澄清、纠正或者强调的作用。志愿者在服务过程中应呈现出谦恭、友好、真诚的表情神态,给服务对象留下美好的心理感受。

(一)志愿者笑容礼仪

微笑是世界上最甜美的语言,微笑的美在于其文雅、温馨、亲切自然,能缩短人与人之间的心理距离,形成融洽的交往氛围。微笑为志愿服务对象创造出一种令人备感轻松的氛围,同时也表现出志愿者对服务对象的重视与照顾。对志愿者来说,微笑是必备的通行证。微笑的基本做法是先要放松自己的面部肌肉,然后使自己的嘴角微微向上翘起,让嘴唇略呈弧形,在不牵动鼻子、不发出笑声、不露出牙齿的前提下，轻轻一笑。但在问候、致意、与人交谈时，露出上排八颗牙齿的笑容比较亲和。①

（二）志愿者眼神礼仪

志愿者在服务过程中，难免要与服务对象进行目光的交流。在进行目光交流时，要注意眼神的礼仪，要敢于礼貌地正视对方，目光坦荡、温和、大方。同时，特别要注意注视对方的部位。依照服务礼仪的规定，在注视对方面部时，一般以注视对方的眼睛或眼睛到下巴之间三角区域为好，表示全神贯注和洗耳恭听。在问候对方、听取诉说、征求意见、强调要点、表示诚意、向人道别或与人道别时，皆可采用这样的注视方式。但是，时间上不宜过久，否则双方都会比较尴尬。当与服务对象相距较远时，一般应以对方的全身为注视之点。在站立服务时，往往有此必要。②

第二节 志愿者接待礼仪

志愿者的接待礼仪主要指志愿者在服务岗位上迎接、接待、送别客人时所应具有的规范动作。志愿者在接待过程中要遵循平等、热情、礼貌、友善的原则，做到四个到，即口到、眼到、身到、意到；做到三个声，即来有迎声，问有答声，走有送声。③志愿者接待礼仪通常包括问候礼仪、称呼礼仪、引领礼仪、递接礼仪、送别礼仪。

一、问候礼仪

志愿者在迎接客人时，可根据客人的习惯致以问候。常见的问候方式主要有握手、鞠躬、合十、拥抱、抱拳等。

（一）握手礼节

握手礼是在人际交往中，使用频率最高、适用范围最广泛的一种礼节。见面、离别、迎来、送往、庆贺、致谢、鼓励、慰问等场合均可施行。

礼仪要求：（1）在行礼时，应起立，至握手对象约一米处，双腿立正，上身略向前倾，伸出右手，四指并拢，拇指张开与对方相握。握手时用力适度，微摇三四下后即松开。同时要面带微笑，目视对方，寒暄致意，表现出热情、关注和友好之意；（2）与异性握手，只能握其手的三分之一，即手指部分。同时注意时间不能太长，男士更不能紧握女士的手不放；（3）握手应遵循"尊者决定"的原则，即应由年长者、上级、身份高者、女士、已婚者先伸手示意，年轻者、下级、身份低者、男士、未婚者方可上前与其相握。如贸然抢先伸手是失礼的。

---

① 中国文明网［EB/OL］http://xy.wenming.cn/wmbk/wmly/201406/t20140619_1223631.htm.
② 同上。
③ 豆丁网［EB/OL］http://www.docin.com/p-894624324.html.

图 4-4　握手礼仪要求

注意事项：(1)不要用左手同他人握手（左撇子也不能用左手）；(2)不要在握手时争先恐后，以免造成交叉握手；(3)不要带着手套（女士带晚礼服手套除外）和墨镜与他人握手；(4)不要隔着门槛握手，或一人在门里，另一人在门外相握；(5)握手时另一只手不可插在衣袋里，或东张西望、心不在焉、有气无力；(6)不能用脏手与人握手，更不能握手后马上去揩拭；(7)一般情况下不要拒绝与人握手。

（二）鞠躬礼节

鞠躬在下级对上级，或同级之间，或者初见的朋友之间为表示对对方由衷的尊敬或表达深深的感谢时可行之。

鞠躬的方法：身体立正，双手自然垂于体侧或相握在体前、背在体后；目光平视，面带微笑；以腰部为轴，腰、背、颈、头呈一直线，身体前倾，视线也随之自然下垂；身体前倾后停留一两秒后再还原。礼毕抬起身时，双眼应有礼貌地注视着对方，若视线移向别处，会让人感到行礼不是诚心诚意的。

鞠躬的度数：鞠躬的深度视受礼对象和场合而定。一般问候、打招呼时施15度左右的鞠躬礼，迎客与送客分别行30度与45度的鞠躬礼。鞠躬的度数越深表示越尊敬。但90度的大鞠躬却是常用于悔过、谢罪等特殊情况的。而三鞠躬必须用90度鞠躬礼，一般用在婚礼、悼念等特殊场合。

鞠躬的其他要求：鞠躬时，必须脱帽，用右手握住帽檐，将帽取下，左手下垂行礼。女性戴无檐帽时可以不摘。如果在行进中向对方行鞠躬礼，礼毕后应向右跨出一步，给对方让路。受礼者若是平辈应还礼，上级、长辈等欠身点头即算还礼。行鞠躬礼时应站立，边走边鞠躬、随意点头弯身或做其他不雅的小动作，都是不礼貌的。

鞠躬适用的场合：迎来送往、接待外宾；大会发言、演讲报告、领奖、馈赠；演员表演前或献幕时；举行婚礼、答谢宴请、登门致谢或谢罪；悼念活动等。

（三）合十礼节

志愿者向客人行合十礼时，要站好立正，低眉欠身，把手掌对合，掌尖与鼻尖齐高，同时问候"您好"。合十礼大致有四种规格，一是双手举于胸前，多用于长辈向晚辈还礼；二是掌尖对着鼻尖，一般用于平辈见面；三是双手举到额前，仅用于晚辈向长辈行礼；四是双手举过头顶，只用于平民拜见国王时。

（四）拥抱礼节

志愿者和客人行拥抱礼时，要点为两人相对而立，右臂在上，左臂向下，右手扶在对方左肩后，左手扶在对方右后腰，两人头部及上身向左相互拥抱，然后向右拥抱，再次向左拥抱，一般持续3~5秒。行拥抱礼时忌讳扭捏躲避或尖叫，男女之间忌拥抱过紧、过久。同时注意地域的差异，在欧洲、美洲、澳洲诸国，男女老幼之间均可采用此方式，而在亚洲、非洲的绝大多数国家里，尤其是在阿拉伯国家，拥抱礼仅适用于同性之人，与异性在大庭广众之下进行拥抱是绝对禁止的。

（五）抱拳礼节

志愿者行抱拳礼时，动作要点为两腿并拢站立，头正身直，目视受礼者，左手四指并拢伸直成掌，拇指屈拢，右手成拳，左掌心按贴右拳面，肘尖略下垂，自然于胸前微微晃动。行抱拳礼时手的位置不宜过高，晃动不宜过烈。要注意抱拳不能乱抱，用左手抱右手，是"吉拜"；用右手抱左手，是不尊重对方的"凶拜"。

二、称呼礼仪

初次与服务对象接触时，如何称呼对方、如何相互了解、如何向对方表示欢迎和致意，这些通行的见面礼仪也是志愿者服务礼仪重要的组成部分。

（一）称呼礼节[①]

在任何情况下，志愿者都必须对服务对象采用恰当的称呼。主要从四个方面具体着手。一要区分对象。志愿者在服务中所接触的对象是来自全国各地的各界人士，彼此之间的关系、身份、地位、民族、宗教、年纪、性别等都存在着一定的差异，因此不同对象有不同的称呼。按照惯例，在正式场合下，一般对男士普遍称呼"先生"，以示尊重；对女士来说，未婚者称小姐，已婚者称太太、夫人，不明确者称女士；或根据其职衔（如"张经理""王主任"）、职业（如"赵医生"）、学衔（如"李博士"）等称呼。二要照顾习惯。在服务中称呼他人时，必须考虑交往对象的语言习惯、文化层次、地方风俗等，并分别给予不同的对待。例如，"先生""小姐""夫人"一类的称呼，在国际交往之中最为适用。在国内则可使用体现中国特色的称呼，如"同志""大爷""叔叔""阿姨""大哥""大姐"。三要有主有次。志愿者需要称呼多位服务对象时，要分清先后，标准的做法有两种，一是由尊而卑，即在进行称呼时，先长后幼，先女后男，先上后下，先疏后亲；二是由近而远，即先对接近自己者进行称呼，然后依次向下称呼他人。四是避免以下称呼禁忌：①不使用任何称呼。志愿者懒于使用称呼，直接代之以

---

① 四川文明网［EB/OL］http://www.scwmw.gov.cn/lyxt/201312/t20131231_253387.htm.

"喂""嘿""下个""那边的",甚至连这类本已非礼的称谓索性也不用。②使用不雅的称呼,甚至是含有人身侮辱或歧视之意的称呼,如"眼镜""矮子""瘦猴"等。

(二) 介绍礼节[①]

"介绍是人际交往的桥梁"。介绍的种类很多,常用的有自我介绍、为他人作介绍等。自我介绍的礼节为,志愿者在服务过程中如需进行自我介绍时,总的原则就是简明扼要,一般以半分钟为宜,只需说清自己的姓名,尤其是姓,以便对方称呼,以及所负责的服务工作就可以了。自我介绍时必须充满自信,面带微笑,表情亲切、举止端庄。为他人作介绍的礼节为,志愿者在介绍两人相识时,应站立、微笑、手势动作文雅,无论介绍男士还是女士,都应手心朝上,四指并拢,拇指张开,朝向被介绍的一方,切忌用手指指来指去。介绍时不要厚此薄彼,详细介绍一方,而粗略介绍另一方。语言要清晰、准确,实事求是。作为被介绍者,一般也应起立,面向对方,并做出礼貌的反应。在介绍两个人互相认识时,应遵循"尊者享有优先了解权"的原则进行。即先把男士、下级、地位低者、未婚者、客人等介绍给女士、上级、地位高者、已婚者、主人。在介绍过程中,先提到某个人的名字是对此人的尊敬。如"王教授,这位是新教师刘小红。"

三、引领礼仪[②]

志愿者常常会给客人带路引领到指定地点或座位处。在这种情形下,通常志愿者应走在客人的左斜前方1米左右范围,步伐不急不躁,不时回头与客人保持眼神接触。在拐弯或有楼梯台阶的地方,应用明确的手势指出前行方向并提醒客人"这边请"。引领的手势要求是,右手手掌指向正确方向,手指并拢,手心朝上,手臂自然伸展与肩平行;注意不要用手指指路。

在引领的过程中,假如碰上有门的地方,要遵循"外开门客先入,内开门己先入"的原则,即若门向外开,志愿者首先拉开门,然后请客人先进;若门向内开,则志愿者首先推开门进入,然后请客人进入。

四、递接礼仪[③]

递接物品是志愿者在服务中常用的举止,规范、合乎礼仪的递接动作显示出志愿者良好的修养。志愿者递送物品时动作要点为,双手五指并拢,两臂挟紧,递送时上身略向前倾,自然地将两手伸出。双手递接物品最佳。不方便双手并用时,也要采用右手。以左手递接物通常被视为失礼之举。递接物品时要轻拿轻放,接物时应点头示意或道声谢谢。若双方相距过远,递物者理当主动走近接物者;假如自己

---

① 四川文明网[EB/OL] http://www.scwmw.gov.cn/lyxt/201312/t20131231_253387.htm.
② 豆丁网[EB/OL] http://www.docin.com/p-894624324.html.
③ 同上。

坐着的话，还应尽量在递物时起身站立为好。

以下为递接不同物品时的礼仪。

1. 递带尖、带刃的物品。志愿者递送剪刀、刀子等带尖、带刃或其他易于伤人的物品于他人时，应使易伤人的部位朝向自己，或是朝向他处，让对方方便接取。

2. 递文件或证件等物品。志愿者递送书、文件、资料或证件等物品于他人时，应使字体正对接受者，让对方马上容易看清楚。

3. 递送茶水。志愿者递送茶水时，应一手握茶杯把儿或拿杯子中下部，一手托杯底，并说声"请用茶"；注意避免手部触碰杯口。

4. 递送名片。志愿者用双手接受或呈送名片，且名片的正面应对着对方。接过名片先仔细看，然后再将对方的名片放好；不可接过名片后看都不看就塞入口袋，或到处乱扔。如果未带名片，要向对方表示歉意。

五、送别礼仪[①]

"出迎三步，身送七步"是志愿者在送别客人时应遵循的基本原则。志愿者要热情地迎接客人，更要礼貌地送别客人，使客人来得高兴，走得也高兴。

（一）引导观众退场礼仪

比赛过程中，志愿者应引导观众尽量不要提前退场，应等待比赛完全结束后再离开；需提前退场，应选择在中间休息时离开，并注意不能打扰其他正在观看比赛的观众。比赛即将结束时，志愿者要马上做好准备，及时有序安全地引导观众退场。比赛结束时，志愿者应引导观众按座位顺序，向最近出口缓行退场；引导已退到场外的观众不要在出口处或体育场附近长时间停留，以免造成拥堵。同时引导观众主动将饮料瓶、果皮果核、报纸等杂物带出场外。

（二）送客人乘坐电梯礼仪

志愿者伴随客人来到电梯房门前，先按电梯呼梯按钮；电梯门打开时，要等电梯里的所有人出来后，才可以进入；若客人不止1人时，志愿者可先行进入电梯，一手按"开门"按钮，另一手按住电梯侧门，礼貌地说"请进"，请客人进入电梯轿厢；人多时应站成"U"字型，以方便每个人进出；站立时面向电梯门处，忌目光对视或相对而立；志愿者尽量站在控制按键处以方便帮助别人按键；到达目的楼层，一手按住"开门"按钮，另一手并做出请出的动作，可说："到了，您先请！"客人走出电梯后，自己立刻步出电梯。若乘坐的是自动扶梯，应靠右侧站立，空出左侧通道，以便有急事的人通行；应主动照顾同行的老人与小孩踏上扶梯，以防跌倒。

（三）送客人乘坐车辆礼仪

志愿者送客人乘坐车辆时，要弄清乘车的礼仪。若乘坐小轿车时，如果后排是

---

① 百度文库［EB/OL］https://wenku.baidu.com/view/7bef5e5f3b3567ec102d8aac.html.

两个座位，则后排右侧靠窗的位置是上座，后排左侧的位置次之；如果后排是三个座位，则中间位置为第三位。司机开车的，副驾驶位置为低。主人亲自驾驶的，以副驾驶座为尊，后座右侧次之，左侧再次之，而以后座中间座为最末。上车时应打开车门请客人、长辈和女士先上车，下车时地位低者先下车，并为尊者做好"护顶"，即左手开车门，身体顺势站在门后，右手挡于车门框上端，以免客人下车时碰撞了头。乘坐火车、飞机时，靠窗的位置为贵，靠窗且和车前进方向一致的座位为最上位。

第三节　志愿者沟通礼仪

志愿者工作在很大程度上是一种与人沟通的工作，能采取积极的态度与服务对象进行沟通的志愿者更容易解决在工作中遇到的问题，从而不断提高工作效率。

一、交谈礼仪

语言交往也是志愿者服务的基本需要。具体而言，志愿者在交谈时应当体现出以诚相待、以礼相待、谦虚谨慎、主动热情的基本态度。

（一）表情自然

交谈时目光应专注，或注视对方，或凝神思考，从而和谐地与交谈进程相配合。眼珠一动不动，眼神呆滞，甚至直愣愣地盯视对方，都是极不礼貌的。目光游离，漫无边际，则是对对方不屑一顾的失礼之举，也是不可取的。如果是多人交谈，就应该不时地用目光与众人交流，以表示交谈是大家的，彼此是平等的。

（二）举止得体

人们在交谈时往往会伴随着做出一些有意无意的动作举止。这些肢体语言通常是自身对谈话内容和谈话对象的真实态度的反应。因此，志愿者务必要对自己的举止予以规范和控制。适度的动作是必要的。例如，发言者可用适当的手势来补充说明其所阐述的具体事由，倾听者则可以点头、微笑来反馈"我正在注意听""我很感兴趣"等信息。但避免过分、多余的动作。为表达敬人之意，切勿在谈话时左顾右盼，或是双手置于脑后，或是高架"二郎腿"，甚至剪指甲、挖耳朵等。交谈时应尽量避免打哈欠，如果实在忍不住，也应侧头掩口，并向他人致歉。尤其应当注意的是，不要在交谈时以手指指人，因为这种动作有轻蔑之意。

（三）细节恰当

一要注意倾听。志愿者在交谈时务必要认真聆听对方的发言，用表情举止予以配合，从而表达自己的敬意，并为积极融入到交谈中去做最充分的准备。切不可追求"独角戏"，对他人发言不闻不问，甚至随意打断对方的发言。二要谨慎插话。交谈中不应当随便打断别人的话，要尽量让对方把话说完再发表自己的看法。如确实想要插话，应向对方打招呼："对不起，我插一句行吗？"但所插之言不可冗长，一两句点到即可。三要礼貌进退。参加别人谈话之前应先打招呼，征得对方同意后方可加入。相应地，他人想加入己方交谈，则应以握手、点头或微笑表示欢迎。如果别人在与其他人个别谈话，不要凑上去旁听。若确实有事需与其中某人说话，也应等到别人说完后再提出要求。谈话中若遇有急事需要处理，应向对方打招呼并表示歉意。值得注意的是，男士一般不宜参与妇女圈子的交谈。四要注意交流。交谈是一个双向或多向交流的过程，需要各方的积极参与。因此在交谈时切勿造成"一言堂"的局面。自己发言时要给其他人发表意见的机会，别人说话时自己要适时发表个人看法，互动式交流能够促进交谈进行。

（四）语言文雅

一是平易通俗。志愿者应充分考虑到对方的职业、受教育程度等因素，所说之话应力求平易通俗，以利于沟通与交流。二是文明礼貌。在交谈中，要常使用一些约定俗成的礼貌用语，如"您""谢谢""抱歉"等。在交谈结束时，应当与对话方礼貌道别，如可以说"有空再聊吧！""再见！"等。即使在交谈中与交谈对象发生了争执，也应不失风度，切不可讲"说不到一块儿就算了""我就是认为我对"等。交谈中应当尽量避免一些不文雅的句子，不宜明言的一些事情可以用委婉的词句来表达。例如想要上厕所时，宜说："对不起，我去一下洗手间。"在交谈时不得尖酸刻薄、冷嘲热讽，也不可高傲自大、目中无人。三是简洁明确。表达的内容清晰明了，不可产生歧义，模棱两可，以免产生不必要的误会。

二、电话礼仪[①]

电话礼仪可以大致分为三部分：接听电话礼仪，拨打电话礼仪，代接电话礼仪。志愿者所使用的电话用语，实际上是由口头用语和书面用语两大部分组成。在一般情况下进行电话交谈，通话双方主要使用的是口头用语，而在某种特殊情况下，比如电话记录，收发传真时必须用书面用语。

在整个通话过程中，志愿者要做到声音清楚，具体表现为咬字准确、音量适中、姿势正确。另外态度要平和，以尊重友好的态度去接待对方，不允许妄自菲薄或盛气凌人。在挂断电话前，志愿者应先向通话对象暗示此意，然后再轻轻将电话放下。不论是接听还是拨打电话，都应注意把时间控制在三分钟以内，避免浪费自己与他人的时间。如果是代接电话，应一如既往地保持友好态度，告知对方稍候片刻，然后立即去找对方要找的人，找不到应告知对方，然后再询问一下对方是否有事要转达，或者愿不愿意留下姓名与电话号码。另外通话之初的问候与通话告终的道别也是必不可少的。

---

① 中国文明网［EB/OL］http://xy.wenming.cn/wmbk/wmly/201406/t20140619_1223631.htm.

（一）接听电话礼仪

1.接听电话前。①准备笔和纸：在接听电话前，志愿者要准备好笔和纸，以防对方需要留言。②停止一切不必要的动作：不要让对方感觉到志愿者本身在处理一些与电话无关的事情，对方会感到志愿者在分心，这会让对方感到不被重视。③使用正确的姿势：如果姿势不正确，电话不小心从手中滑下来，或掉在地上，发出刺耳的声音，也会令对方感到不舒服。④带着微笑迅速接起电话：让对方也能在电话中感受到志愿者的热情。

2.接听电话时。①三声之内接起电话，铃响一声即接显得唐突，对方可能还没准备好；接听电话时要主动问候，报部门介绍自己。②注意接听电话的语调、速度，让对方感觉到志愿者是非常乐意帮助他的，尽量使对方可以从志愿者的声音当中听出其是在微笑；要经常称呼对方的名字，这样表示对对方尊重。③注意接听电话的措辞，绝对不能用任何不礼貌的语言方式来使对方感到不受欢迎；如果想知道对方是谁，不要唐突的问"你是谁"，可以说"请问您哪位"或者礼貌地问"对不起，可以知道应如何称呼您吗"。④注意双方接听电话的环境，当电话线路发生故障时，志愿者必须向对方确认原因。⑤须搁置电话时或让宾客等待时，志愿者应给予说明，并至歉。一般情况下，每过20秒志愿者应留意一下对方，向对方了解是否愿意等下去。⑥转接电话要迅速。每一位志愿者都必须学会自行解决电话问题，如果自己解决不了再转接正确的分机上，并要让对方知道电话是转给谁的。⑦不论是接听还是拨打电话，志愿者都应注意将时间控制在三分钟以内，避免浪费自己与他人的时间。当听到对方的谈话很长时，也必须有所反映，如使用"是的、好的"等来表示你在听。⑧感谢对方来电，并礼貌地结束电话：让对方先挂电话；在电话结束时，志愿者应用积极的态度，同时要使用对方的名字来感谢对方。

（二）拨打电话礼仪

志愿者在拨打电话时，除了注意以上接听电话礼仪中所提到的礼貌用语、语速等要求外，还应注意以下几点：①要选好时间。志愿者在拨打电话时，如非重要事情，尽量避开受话人休息、用餐的时间，而且最好别在节假日打扰对方。②志愿者应事先将拨打对象的姓名、职务、事项先列在一张纸上，以防通话中缺少条理，丢三落四、边想边说。③确认电话号码无误，若打错了电话应注意有礼地致歉。④接通电话时，在礼貌的问候之后，志愿者应该先自我介绍。⑤要掌握通话时间。打电话前，最好先想好要讲的内容，以便节约通话时间，尽量在3分钟内结束电话，为占用对方时间致歉，感谢对方的接听。

（三）代接电话礼仪

①尊重隐私。在代接电话时，掌握距离，根据与通话方关系的亲疏，掌握说话的分寸。不应热心过度，充当"包打听"，向发话人询问对方与其所找之人的关系，无礼纠缠。当别人通话时，要根据实际情况，或是埋头做自己的事，或是自觉走开，

不应故意侧耳"旁听"、主动插嘴。②记忆准确。对发话人要求转达的具体内容，最好认真做好笔录。在对方讲完之后，还应略微把要点重复一下，以验证自己的记录是否足够准确，以免误事。记录他人电话，应包括通话者单位、姓名、联系方式、通话时间、通话要点、是否要求回电话、回电话时间等等几项基本内容。③传达及时。接听寻找他人的电话时，先要弄明白"对方是谁""现在找谁"这两个问题。若对方不愿讲第一个问题，可不必勉强。若对方要找的人不在，可先以实相告，然后再询问对方"有什么事情"。若是二者先后次序颠倒了，就可能使发话人产生疑心。注意：不到万不得已时，不要把代人转达的内容，再托第二人代为转告。否则，一是可能使转答内容大变样，二是难保不会耽误时间。④留言格式：留言包括传达对象、电话来源、单位名及其姓名、具体事项、具体来电时间、回复与否以及回复时间，记录者签名，以便对留言不清楚的地方可以解释。

第四节　志愿者涉外礼仪

由于地区和历史文化的原因，各地区、各民族对于礼仪的认识各有差异，形成了各自不同的风俗习惯，具有"十里不同风，百里不同俗"的局面。因此志愿者必须充分了解各个国家、地区和民族的风俗习惯，懂得他们的风俗禁忌，才能更好地为服务对象提供高水平的服务。志愿者要遵循的涉外礼仪的原则主要有六条：一是不卑不亢，二是信守约定，三是女士优先，四有谦虚有度，五是尊重隐私，六是以右为尊。

一、受宗教信仰影响形成的风俗习惯[1]

1. 信奉伊斯兰教的国家：禁酒；妇女蒙戴面纱（外国人也一样），每天祷告五次；禁忌食用猪肉；在斋月里，日出之后和日落之前不允许吃喝；忌讳用左手向客人传递食物，认为左手不干净，因此用左手拿食品是不礼貌的；宴会上不饮酒，以果汁代酒。

2. 信奉印度教的国家：印度教徒把牛奉为神牛，牛在大街小巷行走，车辆行人要礼让；不吃牛肉；把母牛视为"圣牛"，老死不能宰杀，甚至当母牛不能自己寻觅食物时，有的还被收入"圣牛养老院"中供养。

3. 信奉佛教的国家：缅甸的国教为佛教，佛教徒占缅甸总人口的95%，缅甸人十分尊敬僧侣，认为只有当过和尚才算成人；僧侣出门上车、坐船时其他人都得起立让座；僧侣的食物由佛教徒来斋奉。泰国同样信佛教，泰国人非常重视头部，认为头是神圣不可侵犯的，如果用手触摸泰国人的头部，则被认为是对他的一种极大的侮辱；小孩的头谁也不能摸，不然是不吉利；如果长辈在座，晚辈必须蹲跪，以免高于长辈的头部；他人坐着的时候，忌讳提物从其头上掠过；睡觉时不能头朝西，

---

[1] 豆丁网［EB/OL］http://www.docin.com/p-894624324.html.

因为日落西方象征死亡。

二、受文化生活传统影响形成的忌讳[①]

（一）食物忌讳

志愿者为服务对象提供食物应该注意的是，印度教徒不吃牛肉，但吃猪肉；伊斯兰教徒不吃猪肉和无鳞鱼，同时还忌酒，在斋月里，日出之后，日落之前不能吃喝；东欧一些国家和地区的居民忌吃动物内脏。

（二）颜色忌讳

志愿者在谈到颜色时应该注意的是，比利时人和伊拉克人忌讳蓝色；日本人忌用绿色；巴西人以棕黄色为凶丧之色；欧美许多国家忌讳黑色，认为黑色是丧礼的颜色；叙利亚人和巴基斯坦人忌讳黄色；土耳其认为花色是凶兆，因此在布置房间、客厅时绝对禁用花色，一般用素色；摩洛哥人和印度人忌讳白色；乌拉圭人忌讳青色。

（三）数字忌讳

志愿者在谈到数字时应该注意的是，许多西方人和菲律宾人忌讳"13"，认为"13"代表不祥之兆，当"13"碰上星期五时就更不祥了；日本、朝鲜、韩国等东方国家忌讳"4"，认为"4"是预示厄运的数字；信仰基督教的国家和地区居民认为星期五不吉利，最好不举办任何活动。

（四）行为忌讳

志愿者在行为方面应该注意的是，许多佛教国家不能随便摸小孩的头，认为人的头是神圣不可侵犯的；在许多国家，如泰国、缅甸、印度、马来西亚、印尼和阿拉伯各国等认为左手是肮脏的，忌讳用左手拿食物、接触别人或给别人传递东西；赞赏伊朗人忌伸大拇指；尼泊尔人摇头表示赞同；许多阿拉伯国家忌讳同性之间携肩挽手；西方人忌讳别人乱动衣物，同时西方的老人忌讳别人搀扶。

（五）花卉忌讳

志愿者在花卉方面应该注意的是：德国人忌讳郁金香，认为它没有感情；日本人忌讳荷花，认为荷花是不祥之物；意大利人和南美洲人忌讳菊花；法国人忌讳黄色的花；在国际交际场合，忌用菊花、杜鹃花、石竹花、黄色的花献给客人，这已成为惯例。

（六）赠予忌讳

志愿者在赠予方面应该注意的是：巴西、意大利和巴基斯坦等国家和地区的居民忌讳将手帕作为赠予品；古巴、委内瑞拉、智利等国家和地区的居民忌讳将刀剑作为赠予品；法国人和美国人忌讳将香水作为赠予品；日本人忌讳将梳子作为赠予品；中东国家和地区的居民忌讳将酒品作为赠予品。

[①] 豆丁网 [EB/OL] http://www.docin.com/p-894624324.html.

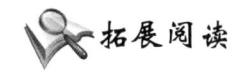

第四章 志愿服务文明礼仪和工作技巧

> **拓展阅读**
>
> **周总理涉外礼仪故事——鼓掌的时机**

握手是国际交往中最常见的礼节,就是这小小的握手却在中美和中苏关系发展的关键时刻尖锐地象征了两国关系。

1972年2月,美国总统尼克松访华,这是一次"破冰之旅"。周恩来总理当时给我们确定的接待方针是"不冷不热,不卑不亢,待之以礼,不强加于人"。

尼克松乘坐的专机于2月21日中午抵达北京,周恩来总理等到机场迎接。尼克松下机时,为了突出他和他的夫人,使照片拍出好的效果,不让基辛格、罗杰斯等人同他一起下机,等他跟周恩来握手之后,其他人才下舷梯。而周恩来又是怎样做的呢?在尼克松步出机舱,走下舷梯近一半时,周恩来鼓起掌来,尼克松也报之以掌声。请注意,周恩来不是等尼克松一出舱就鼓掌,也不是根本不鼓掌,而是等尼克松下梯一半时才鼓掌,足见周恩来总理对礼仪细节的重视。

尼克松对周恩来说:"我非常高兴来到中华人民共和国的首都——北京。""这是中美两国领导人越过一个大洋,越过相互敌对20多年的握手,这表明中美关系从此揭开了新的一页。"而周恩来则对这次历史性的握手作了寓意深长的形容:"你的手伸过世界上最辽阔的海洋——我们25年没有交往了啊!"

机场欢迎仪式,按惯例是悬挂两国国旗,奏两国国歌和检阅仪仗队等。尼克松既是国家元首,又是政府首脑,我方的接待完全符合礼仪。但同当时我们接待其他国家贵宾的仪式相比还是有所区别的,最明显的一点就是没有群众欢迎场面。所以西方媒体在报道中对我们接待工作的评价是"合于礼而不热"。

在欢迎宴会上,由于周恩来的精心安排,中国乐队演奏了美国民歌和尼克松家乡的歌曲《美丽的亚美利加》《牧场上的家》,让尼克松夫妇感到非常亲切。周恩来一般在和其他国家的领导人碰杯时,总是让自己酒杯上沿去碰对方杯子的中间部分,以示对来访客人的尊重。但这次在向尼克松敬酒时,却特意将他的酒杯杯沿和尼克松的酒杯杯沿持平后再碰杯。这种细节安排既不失礼也不过分,显示了我们对美国人不卑不亢的态度。

(资料来源:http://www.jyzyedu.cn/a/xinhaiyizhan/liyijiaoyu/2012/0427/564.html)

第五节 志愿者工作的一般技巧

在志愿者从事志愿服务工作时,必须掌握一些通用的工作技巧,如应变技巧、沟通技巧和合作技巧等,这些技巧无论对于志愿者做哪一项志愿工作都有着十分重要的作用。

一、志愿者工作的应变技巧

志愿者进行社会服务，并不是一项简单、机械的工作，在服务过程中经常会遇到一些突发事件。如何处理好突发事件对于志愿者的工作能否顺利完成有着非常重要的作用。由于突发事件都是出乎意料之外、防不胜防的，处理起来往往比较棘手，因此处理此类事件，除了要求志愿者要有广博的知识和良好的心理素质外，还需要具备一定的应变能力和技巧。所谓应变能力，就是当环境、条件、对手等发生变化时，能够及时采取措施迅速加以应对的能力。下面从平日积累和临场发挥两方面介绍如何培养志愿者工作的应变能力和技巧。

（一）注重积累

突发事件的发生具有较大的随机性，一般无法预测，而且往往受到不可控因素的限制，因而常常使人措手不及。但是并非所有的突发事件都无法预防，在平常的工作和生活中，志愿者要善于学习和思考，主动学习他人的经验教训，努力培养自己的应变能力，为正确处理在志愿服务过程中的突发事件做好准备。

1.认真参加各项培训活动。在志愿服务开展之前，志愿服务的组织方或主办机构往往会举办一些培训活动，以提高志愿者的服务能力和技巧。志愿者要主动积极参与这些培训活动，因为培训讲师往往会传授如何应对突发事件的技巧。由于培训讲师通常是某项社会服务或活动专家，他们在日常工作中积累了相当丰富的经验，认真学习他们的工作方法和技巧，对于志愿者自己进行社会服务将起到积极的作用。

2.经常向有经验者请教经验。志愿者初次参加社会服务工作时，往往会因为缺乏经验而感到紧张或害怕。在工作开始之前，向身边有服务经验的人或专家请教是十分明智的，他们可以帮助你消除紧张心理，并传授一些心得体会给你。

3.扩大个人的交往范围。无论家庭、学校还是小团体，都是社会的一个缩影，在这些相对较小的范围内，我们可能会遇到各种需要应变能力才能解决的问题。因此，只有首先学会应变各种各样的人，才能推而广之，应付各种复杂环境。只有提高自己在较小范围内的应变能力，才能推而广之，应付更为复杂的社会问题。实际上，扩大自己的社交范围，也是一个不断实践的过程。

4.加强自身的修养。应变能力高的人往往能够在复杂的环境中沉着应战，而不是紧张和莽撞从事。在工作、学习和日常生活中，遇事沉着冷静，学会自我检查。自我监督、自我鼓励有助于培养良好的应变能力。

（二）临场发挥

正确处理突发事件除了需要志愿者平日多做准备之外，临场的发挥也很重要。志愿者在处理突发事件时，需要掌握以下原则。

1.保持镇定，冷静思考对策。在志愿者工作的过程中，如果发生了突发事件，志愿者首先不能惊慌失措，应该保持镇定，尽快全面了解事件的具体经过，判明有关情况，积极寻找对策。如果志愿者没有冷静的头脑，不能做到处变不惊、镇定自若，那么就容易产生心理震荡和情绪波动，这反而会给突发事件的处理带来更大的障碍，使事态进一步恶化。因此，志愿者在面对突发事件时，必须学会控制自己的情绪，做到沉着冷静，在准确判断的基础上确立对策，实施有效的措施。

2.随机应变，寻找最有效的方案。面对突发事件，志愿者要充分发挥主观能动性，保持敏捷的反应能力，在短时间里做出准确的判断，从而寻找最有效的解决方案。面对突发灾害、事件，是不容迟疑不决的，必须快速反应，迅速做出判断。突然变化来得快，来得意外，人们不可能了解得很深刻、全面，也无法仔细推敲，但不及时做出反应又可能变得被动，这时必须当机立断，在行动中继续收集信息，观察变化，调整行动方案，以取得成功。面对突发的问题情况，还必须具备准确的判断能力，在准确判断的基础上，建立起决策的整个支持系统。判断准确的基础是掌握真实情况、具有丰富的知识储备和对问题的准确理解，这意味着志愿者在做出任何决策前，必须审查分析所有的事实。准确的判断能力是施展应变能力的基础。

二、志愿者服务的沟通技巧[①]

志愿者能否与服务对象进行有效的语言沟通与志愿者表达的清晰度、聆听的专注度、反馈的及时性有很大的关系。因此志愿者要提高自身的素养，训练自己的语言沟通能力。

（一）清晰准确表达

1.声音。与服务对象交流时，志愿者平稳、悦耳的声音能使对方心情愉快。讲话时要保持比较平稳的声调，避免将讲话的力气都集中在嗓子眼，否则过于尖锐的声调会让人觉得难以忍受，同时也不要声调太低，过于低沉的声调让人听起来很累，不要有气无力地说话。控制好音量，太大的音量容易成为交谈中气势逼人的角色，也容易让人反感，而音量太小会使人显得不够权威，容易被人忽视。保持中等的语速，讲话过快会让人听不清楚，过慢则会让人失去耐心，最好在讲话的过程中留一些停顿，以便让人有一个反应的过程。语气要谦和亲切，在交谈中志愿者说话的口气一定要做到亲切谦和，平等待人，切忌随便教训、指责别人。

2.发音。在交谈中要求发音标准，读错音、念错字、口齿不清、含含糊糊都让人听起来费劲。交谈中尽量少用方言，在公共场合交谈时，应用标准的普通话，不能用方言、土话，这也是尊重对方的表现。同时慎用外语，无外宾在场时，交流最好慎用外语，否则会有卖弄之嫌。

---

① 百度文库［EB/OL］https://wenku.baidu.com/view/7bef5e5f3b3567ec102d8aac.html.

3. 用语。在沟通过程中多使用敬语"您""您好""请"等。多使用礼貌用语，包括：

欢迎语：见到您很高兴……

问候语：您好 / 早上好 / 下午好 / 晚上好……

祝愿语：祝您观赛愉快……

送别语：再见 / 慢走……

征询语：需要我的帮助吗？ / 有什么可以帮到您？……

应答语：好的 / 是的 / 马上就好 / 很高兴能为您服务 / 我会尽量按照您的要求去做 / 这是我们应该做的 / 不要紧 / 没有关系……

道歉语：对不起 / 很抱歉 / 请您谅解 / 这是我们工作的疏忽……

答谢语：谢谢您的夸奖 / 谢谢您的建议 / 多谢您的合作……

指路用语：请这边走 / 请往左边拐……

（二）主动积极聆听

1. 积极倾听。志愿者在和服务对象交流时，要耐心地倾听对方谈话，并表示出兴趣，同时发出认同对方的"嗯……""是……"之类的声音，但不打断对方的话，等到对方停止发言时，再发表自己的意见。切忌左顾右盼、心不在焉，或不时地看手表、伸懒腰等。

2. 主动体察。要善于回应对方的感受，如果服务对象为某事特别忧愁、烦恼时，就应该首先以体谅的心情说："我理解你的心情，要是我，我也会这样。"这么一来，就会使对方感到你对他的感情是尊重的，才能形成一种同情和信任的气氛，从而，志愿者的建议和劝告才能有效果。

（三）及时恰当的反馈

1. 善于总结。志愿者在和服务对象谈话时，要善于简单总结对方的内容，讲出对方观点及感受，表示已明白对方感受和说话背后的含意。

2. 有效提问。有效地提问能帮助志愿者获取更多的信息和细节。提问有封闭式提问（指提问时，给对方一个框架，让对方在可选的几个答案中进行选择）和开放式提问。在和服务对象沟通的过程中，志愿者可多用开放式提问。

3. 换位思考。志愿者在服务过程中面对服务对象的不满和抱怨，要耐心解答，要懂得换位思考，设身处地为服务对象着想，耐心解答问题的过程就是服务对象情绪的润滑剂。

（四）沟通时注意事项

志愿者在与他人沟通时，还要注意一些雷区避免进入：

1. 坚持"六不问"原则。年龄、婚姻、住址、收入、经历、信仰属于个人隐私的问题，在与人交谈中，不要好奇询问。

2. 不要一个人长篇大论。交谈讲究的是双向沟通，因此要多给对方发言的机会，不要只顾一人侃侃而谈而不给他人开口的机会。

3. 不要冷场。不论交谈的主题与自己是否有关，自己是否有兴趣，都应热情投入，积极合作。万一交谈中出现冷场，应设法打破僵局。常用的解决方法是转移旧话题，引出新话题。

4. 不要插嘴。他人讲话时，不要插嘴打断。即使要发表个人意见或进行补充，也要等对方把话讲完，或征得对方同意后再说。对陌生人的谈话是绝对不允许打断或插话的。

5. 不要抬杠。交谈中，与人争辩、固执己见、强词夺理的行为是不足取的。自以为是、无理辩三分、得理不让人的做法，有悖交谈的主旨。

6. 不要否定。交谈应当求大同，存小异。如果对方的谈话没有违反伦理道德、侮辱国格人格等原则问题，就没有必要当面加以否定。

7. 把握交谈时间。一次良好的交谈应该注意见好就收，适可而止。普通场合的谈话，最好在30分钟以内结束，最长不能超过1小时。交谈中每人的每次发言，在3~5分钟为宜。

8. 避免低声耳语。如果多人交谈时，你只对其中一人窃窃私语，会给其他人造成你正在评论他们的印象，这种时候低声耳语会让其他人觉得你排斥了他们。

9. 不要过分谦虚。受到表扬的时候，可以把自己快乐的心情直接告诉对方，比只是谦虚效果好多了，这时候，空气中都会充满了幸福的感觉。

10. 不要挑剔别人的毛病。如果总是挑剔别人的毛病，被你挑毛病的人就会心情很差，应该从积极的角度思考，正确理解对方的想法和心情。

三、志愿者工作的合作技巧[①]

（一）志愿服务团队合作能力的素质要求

志愿服务往往涉及多人参与，这就要求志愿者需要具备良好的团队合作精神和沟通协调能力，具体来说，应具备如下几方面的能力：

1. 良好的团队精神。团队指一种为了实现某一目标而由相互协作的个体所组成的正式群体。为了实现团队目标，团队成员必须同心协力、真诚合作。这种团结协作的精神就是团队精神，其主要表现为大局意识、合作精神和服务精神。在志愿服务过程中，对于每一位志愿者来说，不仅要有个人能力，还要有在不同的位置上各尽所能、与其他成员协调合作的团队精神。只有发挥团队合作精神、互补互助，志愿者团队才能高效有序运作，发挥最大工作效率，不断提升服务质量。

2. 良好的协作意愿。团队力量大于个人力量，团队协作能激发团队成员的潜力。团队合作，最重要的在于价值观的认同和相互信任，相同或近似的价值观，会带来

---

① 石小川.志愿者团队合作能力提升途径探究[J].教育界:综合教育研究(上),2014(3):7.

彼此的信任和崇敬，而信任会让我们静下心来，真诚地倾听和沟通。因此，在志愿服务过程中，志愿者之间要精诚团结、相互信任、相互帮助，形成服务合力。志愿者与服务对象之间也要坦诚相待、真诚交流，建立良好的信任关系，实现良性互动和双赢，实现志愿者的自我成长与服务对象的认同。

　　3. 良好的沟通与协调能力。良好的沟通交流和组织协调能力是一个团队中每个成员必备的能力。对团队来说，成员之间有效沟通和协调可以促使团队成为一个紧密结合的有机体，更加富有生命力和战斗力，对个人而言，要想在团队中获得成功，沟通和协调是基本的要求，也是做好事情完成任务、实现团队目标的充分条件。在志愿服务过程中，志愿者之间、志愿者与服务对象之间需要积极沟通和协调，促进相互理解和信任，提升工作效率和质量。另外，在志愿服务过程中，当志愿者之间、志愿者与服务对象之间出现矛盾或冲突时，需要双方耐心细致地沟通协调，积极化解矛盾、处理冲突，保证志愿服务的正常进行。

　　（二）团队合作能力的培养

　　1. 加强志愿者的管理和考核。在志愿服务开展前的招募和筛选期间，明确对团队合作精神和良好沟通协调能力的具体要求，在面试中重点考察志愿者的团队协作能力。在对志愿者进行岗前培训时，注重团队建设与团队合作能力的培养。另外，在志愿服务过程中，根据志愿者特点合理分配志愿工作，并对志愿服务过程进行有效督导，及时淘汰不合格的团队成员。服务结束后，对在团队合作方面表现突出的优秀志愿者进行表彰奖励，保持其工作热情和团队精神。

　　2. 开展团队素质拓展训练。团队素质拓展训练是一种以提高心理素质为主要目的、以体验式培训为主要方式、兼具体能和实践的综合素质教育活动。团队素质拓展训练通过精心设置的一系列新颖、刺激的情景和游戏活动，让受训成员主动去体会、去解决问题，在参与体验的过程中，让他们的心理受到挑战，思想得到启发，团体凝聚力得到增强。通过组织志愿者开展团队素质拓展训练，有利于激发志愿者们的潜力，增强志愿者的活力、创造力和团结协作精神，营造"团结、包容、尊重、合作"的志愿服务文化氛围。

　　3. 创新管理模式与完善工作制度。一是创新志愿者管理模式。打破传统的志愿者管理组织架构，实现扁平化和网络化管理，激发志愿者工作积极性和服务热情。二是加强志愿者团队的标准化建设和文化建设。对志愿团队进行 VI（形象识别）、BI（行为识别）、MI（理念识别）设计，塑造志愿者团队统一整体形象，建立志愿者团队知名度和美誉度，增强团队吸引力。三是完善志愿者管理制度。完善志愿者例会制度、学习制度、考勤制度、活动制度和奖惩制度，促进志愿服务的制度化、规范化。另外，还要加强志愿者骨干队伍建设，通过志愿者领袖训练营、精英训练营等方式，培育一支以资深志愿者为主体的骨干队伍。

第六节　志愿者工作的特殊技巧

志愿者除了要掌握志愿服务的一般工作技巧之外，还要掌握一些特殊工作技巧，如应对媒体的技巧、心理技巧等，掌握这些技巧就可以在特殊岗位服务，更好地为特殊人群服务。

一、志愿者应对媒体的技巧

（一）应对媒体的态度

针对境外记者大量的个性化采访需求，北京奥运新闻中心工作的原则是做到"四有四不"：即"有求必应、有应必备、有备必给、有给必快"，"不拒绝、不应付、不回避、不耽误"，对所有的采访申请做到件件有答复，件件抓落实。这种"四有四不"的态度也是志愿者应对媒体的基本态度。此外，志愿者还要注意以下几项应对媒体的态度要求。

1. 充分尊重媒体。记者是新闻媒体的工作人员，以新闻媒体的名义从事采访报道活动，当然也就享有必要的职业权利：采访权、批评或评论权、著作权、与职业有关的人身安全权、履行职责所必需的通讯交通便利等[①]。所以，志愿者应该充分尊重媒体记者的职务行为。

2. 礼貌应对媒体。接受采访前，核实记者身份，了解媒体采访需求。志愿者可根据自身意愿，选择接受或拒绝采访。接受访问时，提供给媒体的信息和内容要客观、准确。增强保密意识，不得向媒体或外界透露工作机密。采访过程中，对于不了解、不便于回答、与志愿者工作无关的问题要礼貌回绝。同时，接受采访时要注意维护志愿者整体形象，以展示志愿者的整体风采。

3. 主动联系媒体。针对媒体追求信息的特点，志愿者可以主动将好的信息呈现给他们，而非躲躲闪闪、缄口不言。故事是最具有感染力和说服力的语言。所以如果要成为一名优秀的志愿者，就要深入了解志愿服务工作，要准备很多有意思的小故事，以随时讲给媒体记者及外国客人听。

4. 适当做好准备。志愿者应了解媒体采访规范，接受相关培训，了解社会志愿者整体情况和专业岗位的服务情况，做好接受媒体采访的准备。同时，在正式接受媒体采访时，也要有所准备。首先，仪态上要举止自然、大方；其次，要注意语言艺术，做到用语礼貌，说话简明扼要，条理清楚、重点集中，让人既一听就懂，又难以忘怀，不要卖弄口才、口若悬河。

---

① 晓竹.应当如何尊重媒体——同媒体打交道系列谈之四［J］.人民政坛，2010(4)：41.

5.遵守组织管理。工作时间不宜接受正式采访，如确有需要，经请示志愿者所在业务口负责人同意并安排替岗人员后，方可接受采访。采访结束后应及时将采访情况向志愿者业务口负责人反馈。

（二）志愿者识别媒体的技巧

志愿者们不仅要面对大量的省内、国内媒体记者，还要面对大量的境外媒体记者。因此，志愿者们应掌握一定的识别媒体的技巧，有效地为媒体提供恰当的服务。

1. 了解境外媒体的性质特点

志愿者在服务的过程中，要注意以下两点。

一是要了解媒体的政治倾向。要弄清楚所应对的媒体是不是合法媒体，还要明白所应对的媒体所属的政治势力是什么党派、什么利益集团，谁提供资金给它，等等。另外，还需要明白它对我们社会主义中国、中华人民、中华民族是不是友好的。比如，2008年3月，西藏发生少数分裂分子策划煽动的"3·14打砸抢烧事件"，随后北京奥运圣火踏上了海外传递的旅途。在少数藏独分子的煽动和筹划下，奥运圣火在部分国家的传递过程中多次遭遇"抢夺""冲击"。部分西方媒体在对这些事件的报道中，误读历史、偏听偏信，撰写了一些歪曲事实甚至错误的新闻报道，误导了西方民众对中国的认识。

二是要了解媒体实际影响如何。要明白这个媒体是不是主流媒体，是官方媒体还是民间媒体。西方的主流媒体如美国有线电视新闻网（CNN）、华盛顿邮报，日本读卖新闻、产经新闻，德国世界报，这些主流媒体大多由某个财团控制，为一定的政党服务。而中国的人民日报、新华社以及中央电视台等中国新闻媒体是由国家拥有，从人事调配、传播内容到部分经费支持，都由政府的有关部门负责管理。

2. 熟悉不同记者的身份性质

媒体记者按活动范围和业务分工大体分为专业记者、特派记者、地方记者、特约记者等类别。

专业记者是专门采访报道某一行业或某一战线的记者。专业记者的最大特点是"专"。他们在自己分工的那个方面掌握着较多的专业知识，并有一定的研究、有独到的见解。经过几十年的发展，中国新闻节目形态逐步得到完善，比如有经济新闻、娱乐新闻、体育新闻节目等，相应地就产生了财经记者、娱乐记者、体育记者等等。

特派记者是因特别的采访任务受编辑部派遣的记者，跟一般记者相比，他们的业务水平、活动能力以及身体状况都比较强。特派记者的编制属于编辑部，是报社、通讯社、电台或电视台内的工作人员。

为了全面及时地报道媒体编辑部驻地以外的新闻，新闻部门往往会派出记者常驻某地，或者在某地建立记者站，为编辑负责完成当地新闻报道的任务。这些驻外地的记者一般被称为地方记者，如人民日报、新华社以及中国青年报等都在各省建立了自己的记者站。

特约记者——新闻单位为某项重要的采写任务而约请外单位的人员来完成，而给以被约请人员的称号。特约记者采写的稿件一般都比较重要且富有特色。由于特约记者在该新闻单位里没有编制，所以不领取该新闻单位的工资（稿费除外），他们通常还在原单位领工资。

二、志愿者工作的心理技巧[①]

（一）为老年人服务的心理技巧

志愿者在服务老年人时，须先了解老年人在进入老年期后在生理和心理上的变化，以及各种老年人所面对的问题及需要。充分了解老人们的情况，才能与他们进行顺利的沟通并提供贴心周到的服务。

1. 了解老年人的生理、心理变化

老年期的生理变化：人在年老过程中都有一系列的老化性改变，这些都是正常的生理变化。年老后最明显的改变包括听觉能力退化，神经系统退化（记忆力、思考、学习力下降，说话及反应缓慢），视力衰退，呼吸系统老化（气喘），骨质疏松，心脏及血管系统、消化系统及泌尿系统功能减弱，关节活动能力减低等。

老年期的心理变化：老年期的心理伴随生理功能的减退而出现变化。老年期也是人生一个特别阶段，有很多变化或变故，如退休、健康衰退、丧偶、子女结婚等都会对老年人构成心理上的影响，当然这些心理上的改变会因个人适应能力不同而有所分别。一般常见的老年期心理改变有变得比较内向、自我中心倾向会比较强烈，对新生事物的接受能力会降低，常存怀疑，缺乏热诚的心态，比较关注自己的健康状况。老年人短期记忆能力会降低，行为表现为啰嗦、反复，容易遗忘事情或东西，而长期记忆往往能够保持，所以怀旧情结较浓。老年人要面对退休及亲友相继去世，常感到无助及恐惧。生活圈子较为狭窄，往往就只有他们的配偶、亲人和几名相交多年的好友。老年人因子女成长、结婚离开原生家庭，会成为"空巢老人"。

2. 掌握与老年人沟通的方法技巧

与老年人沟通交流时，注意使用以下的方法：保持目光接触，坐姿距离须留意老年人的听觉敏锐程度；应用手势、表情、物品及图书作辅助；不时轻触老年人的手或肩膀，表示肯定、响应和关怀；说话的速度要慢，语调平稳，句子要精简直接；发问时，只提出一条问题，忌问多重问题；宜用选择题或是非题模式发问；可重复句子或问题的最后部份，表明已听清；适当地运用回馈，不明白老年人说话时，要跟他／她澄清；保持忍耐。

与老年人沟通的忌讳：在嘈杂环境中与老年人交谈；同一时间多人与老年人说

---

① 成都志愿者网［EB/OL］http://www.cdvolunteer.org/zyzfc/n/a84.html.

话；催促老年人或急于代老年人作答；突然转换话题；取笑老年人；与老年人争辩；向老人大声呼叫或故意做夸张的嘴唇或口部的动作。

(二) 为残疾人服务的心理技巧

1. 了解残疾人的心理特点

残疾人是指在心理、生理、人体结构上，某种组织、功能丧失或者不正常，全部或者部分丧失以正常方式从事某种活动能力的人。残疾人包括视力残疾、听力残疾、言语残疾、肢体残疾、智力残疾、精神残疾、多重残疾和其他残疾的人。[①] 残疾人除具有人类共同的心理特点外，还有特殊的心理表现，且随着残疾类别、程度、发生年龄及残疾年限的不同而有所不同。

首先，残疾人在认知方面具有片面性。不同的缺陷会影响人的认知能力和认知方式。如盲人由于视力障碍，尤其先天视力残疾，缺乏甚至没有视觉空间概念，没有视觉形象，没有周围事物的完整图像。而在另一方面由于没有视觉信息的干扰，形成了爱思考、善思考的习惯，相应地抽象思维和逻辑思维就比较发达。同时由于他们的语言听觉能力较发达，而且记忆力比较好，所记的词汇比较丰富，也形成了盲人语言能力强的特点。许多盲人给我们一种语言生动、说理充分的印象。聋哑人因缺乏或丧失听力，他们和别人交往不是靠听觉器官和有声语言，而是靠手势。他们的形象思维非常发达，逻辑思维和抽象思维就相对受到影响，特别是先天失聪者。聋哑人视觉十分敏锐，对事物形象方面的想象力极为丰富。行为和人格偏离的患者，由于情绪不稳定，情绪的自我调节和自我控制能力差，其认知特点主要是现实性较差，容易离开现实去考虑问题，带有浓厚的幻想色彩，表现出明显的片面性。

其次，残疾人在情感方面具有复杂性。残疾人普遍存在孤独感。由于生理方面的某些缺陷，残疾人的行动受到不同程度限制，心理上容易受到挫折。残疾人的活动场所少，且在许多场合常常受到歧视，他们更宁愿呆在家里，这样很容易产生孤独感。残疾人自卑与自尊同存，因为他们在生活和就业等方面所遇到的困难远比普通人要多，且难以得到足够的理解和帮助，甚至常常受到厌弃与歧视，极易使他们产生自卑情绪，但同时又有很强的自尊心。残疾人对外界的事情比较敏感，情绪反映强烈，如聋哑人情绪反应强烈、频率高、持续时间短，往往很容易发怒。有的残疾人以爆发的方式宣泄情感，有的则将深刻而持久的内心痛苦隐藏在心，表现为无助与自我否定。残疾人由于自身的疾患，往往对残疾同伴怀有深厚的同情，这种同病相怜的情感使同类残疾者容易结为有限的社会支持网络，甚至形成依恋。此外，有相当一部分残疾人身残志不残，具有强烈的自强自主精神。他们不愿靠别人的帮助和施舍生活，他们有坚强的毅力，付出比常人多得多的努力学会新的求生本领，除解决自己的生活问题，还能为社会创造财富。

---

① 《中华人民共和国残疾人保障法》(2008年修订版)第一章总则第二条。

最后，残疾人在性格方面具有特殊性。不同残疾人由于残疾情况不同，对社会的了解和理解不同，会形成特殊的性格特点。如：盲人一般都比较内向、温文尔雅，内心世界丰富，情感体验深刻而含蓄，很少爆发式的外露情感，善于思考探索；聋哑人则比较外向，情感反应比较强烈，豪爽耿直，看问题容易注意表面现象；肢体残疾者主要表现为倔强和自我克制，他们具有极大的耐心和忍辱精神；智力残疾者由于整个心理水平低下，难以形成较完整的性格特征。

2. 与残疾人沟通、服务的技巧

初次见面打招呼要主动握手，即便对方伸出来的是假肢；说话放松，即便不小心说错话也不要显得太不自然；服务残疾人之前，要倾听残疾人的要求，征得本人同意再实施帮助和服务；如果援助意图不被对方接受，不要坚持；不要第一次见面就询问残疾人致残的原因；不要上前主动帮助、搀扶；不要过分强调残疾人的特殊性，不要用"正常人"来反衬残疾人；助残要适度，不要疏远冷漠，也不要热情过度。

走近盲人时，2米左右要发声打招呼，不要不吭声靠得太近；参加盲人的活动要做简单自我介绍，让盲人通过声音认识你；不要抚摸或者分散导盲犬的注意力，不要触摸盲杖；离开时要告知盲人；引路时，先征求同意，询问习惯以及有无特殊要求，让盲人站在右侧以便保护；走近楼梯前先要告知盲人有几级台阶；让盲人入座时将盲人一手放在椅背上一手放在椅子前面的桌子上，让盲人自行坐下；吃饭时，先帮盲人触摸餐具，尽可能详细地介绍菜肴，取菜时要征求意见，每次取一两种菜吃完再取，不要一次取太多。

对待聋哑人士时，志愿者要随身带纸笔；交谈时要正视对方，不要盯着手语翻译（如果有）；笔谈的同时要吐字清楚、简明扼要、面带表情；社交场合有聋人在场，尽量把健全人的谈话内容转达，不要让聋人有被孤立的感觉。

对待肢残人士时，不要过多注意肢残人士的残障部位；拍照时尽量避免对残障部位的特写拍摄；推轮椅前一定征得同意，不要随便触碰；推轮椅速度适中，不要倚靠轮椅；与坐轮椅的人士长时间谈话要蹲下来；不要拍轮椅使用者的头或肩；主动帮助开门；不要扶架拐的残疾人，上楼时走在前面，以免走在后面给走得慢的残疾人压力。

对待有认知障碍的人士时，自己说话要清楚明了，并给服务对象留询问时间；对方说话时要注意力集中，确认听明白；有耐心，不催促，不要替对方把没说完的话说完。

（三）为离异家庭子女服务的心理技巧

和正常家庭相比，离异家庭儿童更容易受心理健康问题的困扰，其原因是显而易见的。父母的离异造成家庭的破碎，在这种"残缺型"家庭中生活，不可避免地会在心理上造成严重的消极影响。

1. 离异家庭子女的心理特征

（1）产生强烈的自卑感、被遗弃感、怨恨感等消极情感。离异家庭的子女在家庭中得不到父母离异之前那种完整的温馨亲情，在学校里又常常受到同学的轻视，甚至讥笑和嘲弄，社会的传统偏见和舆论又往往使得他们抬不起头，因此他们为父母的离异感到羞耻，觉得低人一等，产生了强烈的自卑心理。①

（2）出现较严重的性格缺陷，个性的形成和发展受到严重的影响。儿童的个性是在生活过程中形成的。成人的态度和行为直接影响着儿童性格的形成。离婚的家庭容易给孩子造成心理创伤，甚至导致孩子形成不良性格。有的孩子因缺乏父母的关爱而逐渐形成孤僻、怯懦的性格；有的孩子由于长期生活在争吵打骂的环境中变得情绪暴躁，容易形成蛮横粗野和冷酷的性格；有的孩子由于对家庭、父母感到失望而逐渐产生悲观厌世心理。这些消极的性格特征最终影响到孩子们的人际交往、同伴关系，造成人际交往的障碍。

（3）缺乏自信心，问题行为的发生率较高。由于父母离异，完整家庭教育的缺少，单亲家庭的孩子往往缺乏良好的生活教养和学习指导，加上破裂家庭给他们的心灵带来的伤害，容易导致他们丧失自信心，出现学习和生活适应不良现象，问题行为发生的概率较高。

（4）离异子女的心灵创伤持续时间较长，难以平息和恢复。父母离异给孩子造成的心灵创伤往往要持续很长时间。有关资料表明，离异家庭子女中有37%的孩子在父母离异5年后心灵上依然创伤未愈；另有29%的孩子正处在勉强对付、努力熬过艰难的时期。这说明离婚给孩子造成的心灵创伤在短期内是难以恢复和抚平的。②

2. 帮助离异家庭子女解决心理问题的技巧

（1）用爱心唤醒他们的热情。离异家庭的孩子需要爱，需要别人的关怀和体贴。因此，作为一名志愿者对离异家庭孩子给予最大的帮助就是——给他们爱。爱的表达方式有许多种，例如：在生活上关心他们；在情感上支持他们，和他们一起分享痛苦和快乐；关注和尊重他们的感受；和他们做知心朋友等等。

（2）用理解剔除他们的偏激。离异家庭的孩子在家庭出现变故后，心理难免失衡，往往比较偏激，有时也会有过激行为。志愿者在服务他们的过程中，要给予他们充分的理解和尊重，在遇到问题时，要尽量倾听他们的想法和心声，了解他们的内心世界，然后再下结论，并帮助他们解决问题。也可以就某些事情经常和他们探讨，交流想法，获得他们的认可和信任；引导他们以积极健康的心态面对生活，使他们更好地融入同龄人中，杜绝他们的偏激行为。

（3）用鼓励驱除他们的自卑。离异家庭的孩子思想负担重，往往有自卑心理。志愿者要努力发现孩子的闪光点，适时地对学生进行鼓励。因为鼓励能驱除消沉者心灵的阴霾，使他们看到生活的希望；鼓励能消融自卑者心灵的雾障，使他们信心

---

① 李琛. 离异家庭儿童的心理特征及教育对策[J]. 山西教育, 2004(23): 36.
② 罗艳芳, 谢翠兰. 筑起爱的灯塔 引领迷航的孤舟——帮助孩子调适家庭变故的心理行动研究[J]. 杂文月刊: 教育世界, 2015(2): 303.

大增。在志愿服务过程中，志愿者要善于发现离异家庭孩子身上的闪光点和能力特长，鼓励他们参与各项社会活动，在活动中发挥自身潜能，培养他们自信心和责任感。一个充满鼓励的眼神，一声发自内心的赞许，一份满怀希望的期待，都有可能改变孩子的一生，让孩子们的生命展示新的亮丽色彩！

拓展阅读

案例：如何应对媒体采访？

2010广州亚运会志愿者小雯在开展城市志愿服务过程中，恰巧有记者前来采访，她被随机选中。在采访中，小雯看了记者的工作证，了解到记者想采访的重点是关于站点特色的内容，她向记者介绍了该站点最具特色的"彩绘亚运"活动。记者又问道："你能谈一下亚运会安全保障方面的情况吗？"小雯心想：这个问题自己了解的情况有限，并且不在自己的本职工作范围之内，但又不知道如何回绝，支支吾吾。旁边的小组长见状，及时过来解围。

遇到媒体采访的情形，首先要识别媒体的身份，了解媒体采访的目的、需求与基本形式，在可以受访的情况下接受对方的采访。对于自己不了解的工作或不在职权范围内的内容，应该委婉地回绝对问题的回答。小雯可以说："安保方面的工作由专门的部门和人员负责，他们更清楚情况，您可以向他们了解，相信他们可以给您满意的答案。"如果工作时间不宜接受媒体记者正式采访，就要礼貌地说明原因，如"对不起，我正在工作，不方便接受采访"等。

（资料来源：深圳大运会志愿者综合培训教材（内部资料））

第五章　志愿服务组织和管理

志愿服务活动的顺利开展，需要大批优秀的志愿者提供支持和保障。不管是经常性志愿服务项目，还是大型专项志愿服务项目，都需要招募和选拔志愿者，为志愿服务活动提供人力资源。志愿者不但需要具有服务热情，更需要具有服务岗位要求的技能和素质，因此志愿服务工作需要开展系统的志愿者培训。广大志愿者参与志愿服务工作，需要详细完备的志愿者管理机制。在志愿服务过程中，不但需要高素质的志愿者，更需要强有力的志愿者团队，才能有高质量的志愿服务，得到服务对象和社会的认可。

【学习目标】

1. 了解志愿服务组织与管理存在的问题及应对策略。
2. 掌握志愿者的招募和选拔流程。
3. 掌握志愿者培训内容及注意事项。
4. 掌握志愿者管理内容及注意事项。
5. 掌握志愿者团队建设要素及组建。

【学习导航】

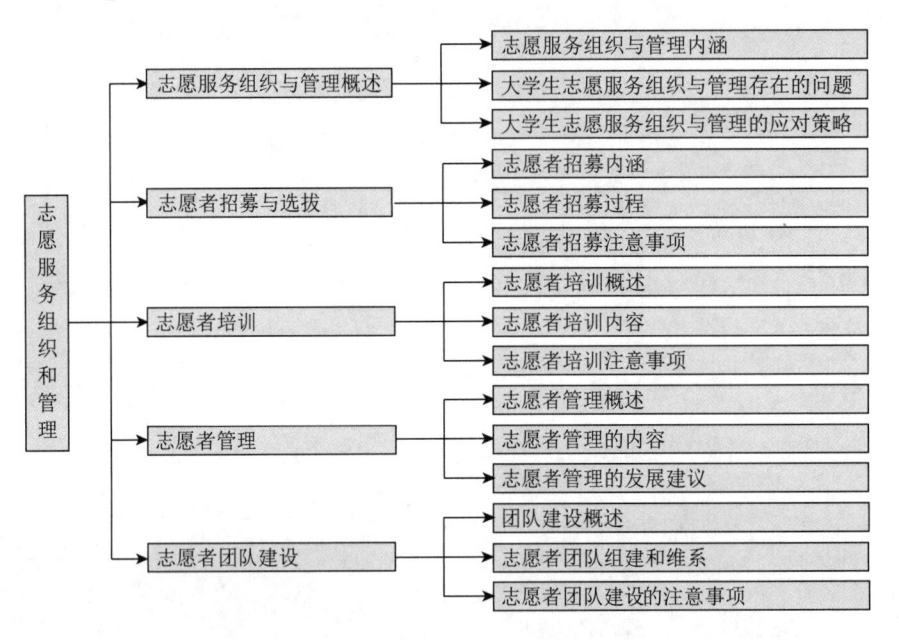

```
                                   ┌── 志愿服务组织与管理内涵
            ┌── 志愿服务组织与管理概述 ──┼── 大学生志愿服务组织与管理存在的问题
            │                      └── 大学生志愿服务组织与管理的应对策略
            │                      ┌── 志愿者招募内涵
            ├── 志愿者招募与选拔 ──────┼── 志愿者招募过程
            │                      └── 志愿者招募注意事项
志愿服务      │                      ┌── 志愿者培训概述
组织和管理 ───┼── 志愿者培训 ──────────┼── 志愿者培训内容
            │                      └── 志愿者培训注意事项
            │                      ┌── 志愿者管理概述
            ├── 志愿者管理 ──────────┼── 志愿者管理的内容
            │                      └── 志愿者管理的发展建议
            │                      ┌── 团队建设概述
            └── 志愿者团队建设 ───────┼── 志愿者团队组建和维系
                                   └── 志愿者团队建设的注意事项
```

第五章 志愿服务组织和管理

【导入案例】

陈宇浩，深圳市五星级义工，2015年深圳市教育工委优秀共产党员，原深圳职业技术学院电子与通信工程学院志愿服务分会会长，崇理书院爱心超市创建者之一。从一名志愿者到志愿者组织的主要干部，一路走来，陈宇浩对志愿者、志愿者团队有着特别感受。

"说到志愿服务，我第一时间想到的就是2014年赴江西吉安的支教团队……学院在全院公开发布组建支教团队的招募通知后，大家非常积极，一下子就报了80多人。志愿者团队建设成为我面对的首要问题……大家都是自愿报名，通过面试选拔后加入团队的，刚开始时相互间陌生、相互间不信任，而且谁都不服谁……我一个人肯定负责不过来30多人大大小小的事情，所以需要在支教、敬老、后勤等方面进行分工……让大家尽快熟悉起来成为重要的事情，简单而快速有效的办法就是类似于我们新生的破冰活动，让大家自我介绍，玩玩游戏，互相熟悉起来。在活动中最能看出哪些人比较活跃，那些人比较细心，那些人有领导能力。各个小组组长或者负责人选拔出来，就可以方便地开展工作……还有一点很重要，既然大家到陌生的地方，那肯定会有大大小小的问题，我都会事先告诉组长和组员，有问题先找组长，组长解决不了的再找我。'我们需要解决问题而不是传递问题。'这是我深有体会的一句话……在保证安全的前提下我会让他们自由发挥，这样的话我会发现，其实他们做到的比我能想到的更好。"正是一步一个脚印，前往江西吉安的支教团队开展了富有成效的志愿服务，被吉安日报等媒体进行宣传报导，"吉安微光支教团队"获评2014年广东省社会实践优秀团队。

"正是有了团队的强大，才有志愿服务的持续发展……全校14个义工分会都归校义工联统一管理，有大型活动都是一起做，看起来和和气气，但是我们之间也会有竞争……最怕的就是有事互相推诿、偷懒甚至不做事，活动安排后无人响应执行……我们会将志愿者分为若干个小组，比如社区志愿服务活动、校园的光盘行动、四点半课堂等，分别承接这些活动。然后从社区工作人员和学校同学处获得反馈，不定期我们也会一起出去看看他们参加活动的情况……顺利完成以后我们会自我奖励一下，比如一起唱歌、一起喝糖水等，相互之间就会更融洽，大家就会更有干劲做好每一次活动……我们也会按照这些情况评选我们的优秀义工和学校的百优义工，做得好与差是我们考核是否担任干部的重要指标。"

点评：陈宇浩同学在志愿服务过程中的成长和感受，充分说明志愿者离不开志愿服务组织，离不开志愿者团队的支持。志愿者组织要顺利完成志愿服务工作，需要精心的组织和管理。有志于志愿服务事业的同学，需要掌握志愿服务组织和管理的基本知识。

第一节　志愿服务组织与管理概述

志愿服务是社会文明发展的标志之一。大学生参与到志愿者队伍中，促进了我国志愿服务事业的发展，也加快了大学生的成长脚步。近年来，大学生志愿服务取得了喜人的成绩，但我们也应看到，在大学生志愿者组织与管理方面也存在一些问题，需要积极探索以求逐步解决。

一、志愿服务组织与管理内涵

志愿服务组织与管理主要包括两方面内容：管理系统和管理模式。管理系统又细化为三个要素：其一，志愿者和管理人员构成了志愿活动的主体；其二，组织参加活动的所有志愿者都是组织管理的对象，即客体；其三，其管理内容和流程囊括了志愿者的招募及选拔、培训、日常管理等。"志愿者管理模式即围绕志愿者的招募、培训、使用、评估、激励等一系列工作模式。对志愿者的日常管理，主要有四种管理模式：自主管理模式、定期报告模式、监督管理模式和指令工作模式。自主管理模式下志愿者拥有全部工作的决定权，亲自处理日常服务工作；定期报告模式下管理者对志愿者进行经常的监督和管理，志愿者是工作的主导，需要定期向管理者报告工作的进展及已处理的事项；监督工作模式下志愿者采取行动前需要向管理者提出采取行动的建议并获得认可，行动后同样需要定期汇报工作进展；指令工作模式下志愿者无须为工作提出建议，也不能自行做出决定，他们只需按管理者的指令工作。"[①] 志愿者组织可根据志愿服务项目以及志愿者团队的具体情况，选择不同的管理模式。

二、大学生志愿服务组织与管理存在的问题

（一）忽视志愿精神培养

许多大学生志愿者组织在管理其成员的过程中，不注重志愿精神的培育，片面强调参加活动的数量和影响范围，导致组织管理失去了"灵魂"。一个先进的志愿者组织，应该理顺志愿者、志愿服务和志愿精神三者间的关系，亦即载体、方法、灵魂之间的关系。若大学生的志愿精神未被重视和培育，不但大学生志愿服务不能长久延续下去，而且大学生将对志愿服务产生错误的认识，不利于学生的成长成才。

---

① 北京志愿服务发展研究会.中国志愿服务大辞典［M］.北京:中国大百科全书出版社,2014,92–93.

（二）管理机制不健全，服务层次不高

完备的管理机制是志愿服务事业发展的制度保证。然而许多大学生志愿者组织结构不完善，制度不健全，造成志愿者队伍涣散，志愿服务效率低下。尤其在新成员招募时缺乏科学的考核，使志愿者人数剧增。开始阶段志愿服务热情高涨，但随着时间的推移，由于培训、管理等方面满足不了需求，服务热情锐减，人员开始流失。另外在开展工作中，缺乏工作规划，系统性、计划性不足，使得许多志愿服务工作流于形式，更有许多活动形式单一，缺乏内涵，吸引力不强，没有体现出大学生的素质和专业技能，导致服务层次不高。

（三）组织领导者能力不强，条件设施尚待改善

志愿者组织的发展和组织领导者能力息息相关。当前志愿者组织领导者能力参差不齐，一些组织领导者能力不强。这样的结果就是能力强的组织负责人将志愿者组织不断往前推进，有措施有成效；能力弱的组织负责人则直接影响组织的发展壮大，组织的连续性、稳定性不强。此外，多数志愿服务组织的活动经费、条件设备尚不健全，即便多数组织中设立了对外联络职能部门，也未能从根本上解决这些问题。

三、大学生志愿服务组织与管理的应对策略

（一）培养和树立志愿精神

志愿精神是一种自愿的、不计报酬的，参与推动社会进步、促进人类发展的社会公益事业的精神。[①]在我国，志愿精神首先在于自觉自愿的行为。其次是一种承诺，这承诺包含志愿者本人对于志愿组织和服务部门的承诺。最后是一种互动参与，志愿者通过志愿服务感动更多人广泛参与志愿服务。大学生志愿者在实践中，应注重培养自己的志愿精神，不断外化志愿服务中的志愿精神。大学生志愿者组织在管理活动中，更应引导志愿者理解并树立志愿精神，理顺志愿者、志愿精神、志愿者服务之间关系，使志愿精神得到弘扬。[②]

（二）建立弹性化志愿者组织

所谓弹性，是指组织内部的部门结构、人员职责和工作职位都应不断调整，以适应组织内外环境的变化。根据需要设置临时工作小组，以适应组织环境和不同工作性质的变化，也可以设置一些富有弹性的工作职位，提高组织成员积极性。大学生志愿者组织应该大胆创新，引进先进的管理方法，调整组织结构，设立弹性化组织。首先，要体现分工职能，建立策划、组织、实施、宣传等完整的系统机构。其次，根据志愿服务的需要设置专项志愿服务部门，从不同部门抽调人手完成，加强

---

① 北京志愿服务发展研究会.中国志愿服务大辞典［M］.北京：中国大百科全书出版社，2014，12.
② 魏承帅.志愿失灵理论视角下高校志愿者组织失灵的成因及对策分析——以驻保高校为例［J］.法制与社会，2010，(8): 178.

各部门志愿者间的联系，既摆脱了僵化的组织管理模式，又能够发挥不同部门的功能，并不断根据环境需要调整志愿者组织的结构。

（三）发挥合力解决资源不足的问题

资源不足是志愿者组织面临的关键问题。从目前实际情况来看，应该从以下四方面解决资源不足的问题。第一，发挥团组织的作用，设立专项经费，加大投入力度，同时把志愿服务纳入到学校思想政治教育的教学环节中去，努力为志愿服务创造有利的外部环境；第二，在志愿者组织发展较为成熟的地区，可适当运用地方政府的财政投入，促成专项基金的建立，以支持志愿服务活动的开展；第三，建立企业捐赠基金制度，在主管部门的大力支持下，由学校主导，与企业进行配合协作，快速发展志愿服务；第四，志愿服务组织可以积极开展勤工助学等性质的志愿服务活动，为开展志愿者活动提供保障。同时，强化和规范志愿服务资金的管理，严格财务和审计制度，提高资金使用效益。

（四）建立科学的激励和考评制度

建立科学的激励和考评制度，应从学校管理和志愿服务组织管理两个角度入手。学校应出台一系列鼓励大学生参与志愿者活动的制度。如建立志愿服务档案卡，将学生参加志愿服务活动的有关情况记录到就业推荐材料和毕业生信息库，供用人单位选聘参考；设置志愿服务"校长奖"，定期对志愿服务过程中的优秀集体、优秀个人和优秀服务项目进行评比表彰，激发大学生参加志愿服务的热情；把志愿服务纳入团员推优入党、奖助学金申请、学生综合素质测评等评优评奖工作体系，使表现突出者获得成就感，引导学生积极投入到志愿服务中。对于热情不够且考核不过关的志愿者应实行"淘汰"的处罚，实现优胜劣汰。

（五）逐步提升活动的层次[①]

志愿者组织应从实际出发，抓住机遇，拓展大学生志愿者参与志愿服务的领域。一是加强社区服务基地建设，引导大学生进社区提供可持续的志愿服务，实现志愿服务的常态化。二是巩固农村和西部地区服务基地建设，积极倡导毕业生参加"三支一扶"计划和大学生志愿服务西部等项目，提升就业创业能力，大力弘扬志愿精神。三是开发高层次的志愿服务项目，积极发挥专业优势，推进产学研用结合，重点建设一批大学生热衷参与、能体现大学生智力优势的志愿服务项目，如社区健康保健服务项目、环境污染与保护项目、食品安全服务项目、法律咨询服务项目等。四是拓展境外志愿服务渠道，实施"走出去"战略，启动大学生志愿者国际交流计划，引导大学生积极参与境外志愿服务活动，促进大学生志愿服务国际化水平的提升。

---

① 曹科岩，刘岩. 关于构建大学生志愿服务长效机制的思考［J］. 教育与职业, 2015, 8(23): 115-117.

第二节 志愿者招募与选拔

"招募"一词在《现代汉语词典》中的解释为"募集（人员）""用广告或通知的方式使人来"的意思。[①]志愿者的招募就是为志愿服务活动募集人员，在本书中，募集的人员尤指在校大学生。志愿者招募是志愿者管理的第一个环节，也是做好志愿服务工作的基础。

一、志愿者招募内涵

（一）招募原则

志愿者招募需要尊重大学生参与志愿服务活动的意愿，使志愿者的招募做到公开、公平，从而激发大学生参与志愿服务活动的热情。在志愿者招募过程中，应遵循自愿性原则、信息准确原则、公平选拔原则等。

自愿性原则。志愿服务的重要特征就是自愿性，体现在志愿者的招募、活动开展等各个环节。是否参加志愿服务活动，参加哪个项目的志愿服务活动，都应该做到尊重学生意愿，尊重他们的选择权。尤其在大学中，由于志愿服务工作是在团组织的领导下开展，存在行政性安排的志愿服务活动容易造成行政干预志愿服务活动，产生"被志愿"的情况。

信息准确原则。《志愿服务条例》第四条规定："志愿者提供的个人基本信息应当真实、准确、完整"，第十二条规定："招募时，应当说明与志愿服务有关的真实、准确、完整的信息以及在志愿服务过程中可能发生的风险"。[②]当前在志愿者招募中普遍存在信息不对称现象，一方面志愿服务组织不了解志愿者的信息，另一方面志愿者不了解志愿服务组织和志愿服务活动的信息，从而直接影响招募效果。在大学校园中招募志愿者，由于涉及人数众多，只有做到信息真实准确完整，大学生才能更积极主动投入志愿服务活动中。这方面需要通过校园网络、微信公众号等多种途径将信息进行发布。

公平选拔原则。大学生有着参与志愿服务的高度热情，在招募信息发布后，往往出现报名踊跃的情况。这就需要根据志愿服务任务的需要确定招募条件和标准，并根据招募条件进行公平选拔，为志愿服务活动选拔合适人选。只有坚持公平选拔，才能促进志愿服务的可持续发展。

[①] 中国社会科学院语言研究所词典编辑室编. 现代汉语词典(第六版)［M］. 北京：商务印书馆, 2014, 1642-1643.

[②] 志愿服务条例［EB/OL］. http://www.gov.cn/zhengce/content/2017-09/06/content_5223028.htm, 2017-10-06.

（二）招募条件

大学生志愿者招募需要设定招募条件，以实现人岗匹配，充分发挥志愿者的优势和特长。只有将招募志愿者的需要说明清楚，才不会引起同学们的误解。志愿服务活动不但需要大批普通岗位的志愿者，也需要有一定特长的专业志愿者。因此，志愿者不但需要具备爱心、耐心、责任心等素质，也需要具备具体岗位的专项素质。招募条件包括基本条件和岗位条件，基本条件就是要有参与志愿服务的热情，愿意为志愿服务活动奉献自己的时间和精力；同时作为在校学生，需要遵守学校的规章制度，具有良好的学习态度等。岗位条件包括岗位所需要的专业知识和专业能力，如家电维修、食品检测、康复理疗等志愿服务项目，需要有电子信息工程、食品安全、医疗卫生方面的专业知识和专业能力。

二、志愿者招募过程

志愿者招募过程一般包括招募前、招募中、招募后三个阶段，具体有招募宣传、组织报名、考核选拔、总结评估环节。根据志愿服务项目持续时间的不同，分为经常性志愿服务项目，如校园安全志愿者、四点半课堂等，以及专项大型活动志愿服务项目，如深圳大学生运动会、深圳马拉松大赛等。

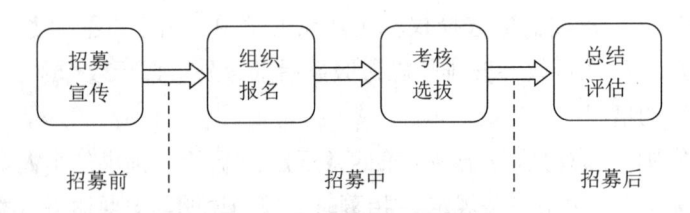

图 5-1 志愿者招募过程

（一）经常性志愿服务项目志愿者的招募

从时间看，由于这些志愿服务项目是经常性开展的，这部分志愿者的招募时间较为确定，一般在新同学入学报到以后开展。从数量看，经常性志愿服务项目招募的志愿者人数较多，是志愿服务活动的基础，为专项志愿者招募提供人才储备。

（二）专项大型活动志愿者的招募

专项大型活动志愿者是根据志愿服务活动的具体需要而进行招募的。对比于经常性志愿服务项目志愿者的招募，时间上体现为阶段性、临时性，目标上更具针对性。"需要清晰地界定志愿者岗位范围，汇总各部门对志愿者的需求人数，确定志愿者更加细致科学的岗位职责。通过调研，形成志愿者岗位的工作描述和职务要求，既要明确志愿者岗位的任务、职责、权利、隶属关系等，又要明确志愿者岗位需要的各种知识、语言水平、专业技能和综合能力，以此作为志愿者招募的前提和基础。"[①] 基本流程

---

① 田丽娜, 王华琳. 大型活动志愿者招募机制探究 [J]. 中国青年政治学院学报, 2013(4): 43-46.

见图 5-2。①

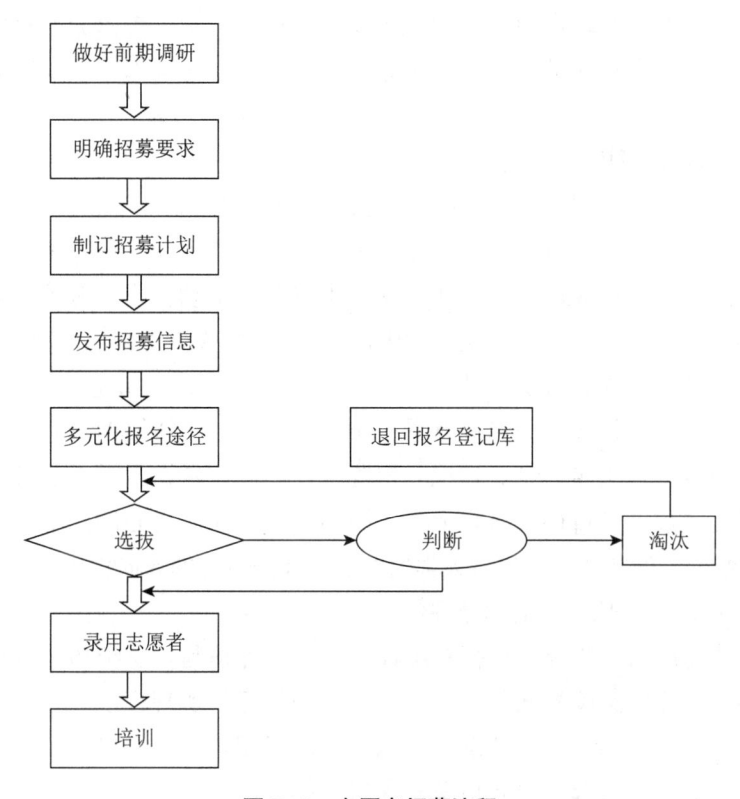

```
做好前期调研
     ↓
明确招募要求
     ↓
制订招募计划
     ↓
发布招募信息
     ↓
多元化报名途径        退回报名登记库
     ↓
    选拔  →  判断  →  淘汰
     ↓
  录用志愿者
     ↓
    培训
```

图 5-2　志愿者招募流程

需要指出的是，无论是经常性志愿服务项目志愿者还是专项大型活动志愿者，都需要完成规定流程的志愿者网上注册和基础的通用培训，以便对其日后的志愿服务进行跟踪统计和评价。

三、志愿者招募注意事项

良好的开端是成功的一半，鉴于志愿者招募在整个志愿服务活动中处于基础性地位，对志愿者招募需要高度重视，精心做好招募的各个细节。志愿者招募工作重点注意以下几个方面。

（一）做好招募前的宣传和氛围营造

不管是经常性志愿服务项目志愿者的招募，还是专项大型活动志愿者的招募，都需要充分利用校报、网站、微博、微信等宣传途径，在校园内进行广泛宣传，使志愿者招募成为大学生关注的热点。志愿者招募宣传的关键在于大学生志愿服务氛围的经常性营造，通过氛围营造，形成"人人争当志愿者"的良好局面。比如深圳

---

① 张晓红,任炜,李凌等.大型活动志愿服务组织与管理[M].北京:中国青年出版社,2014,102.

职业技术学院在建设"志愿者之校"的过程中,充分利用迎新晚会、军训教育、元旦晚会、总结表彰、专题报导等各种有效途径,达到大学生志愿服务氛围的经常性营造。每一次大型文化活动,都有关于志愿者的内容,对志愿服务氛围的营造起到显著作用。

(二)明确志愿者招募的条件

根据志愿服务的时间、地点、内容等具体情况,在志愿者招募中需要明确招募条件,做到描述清楚,针对性强。校外开展的志愿服务活动,首先考虑已经购买了意外伤害保险的同学;双休日、假期开展的志愿服务活动,应该考虑服务地点与居住地的距离,优先选择出行更为方便的同学。专项大型活动志愿服务项目的招募,应该明确专业范围、岗位能力要求,如小学生支教服务应明确志愿者需要有美术、音乐、书法等方面特长或相关专业背景,小家电维修、法律援助等志愿服务应明确志愿者应具备电子、法律等专业知识。招募条件还应该考虑大学生的日常表现和学业情况,明确选拔严格自律、努力上进、团结协作、充满爱心的同学,选拔学习态度端正、勤奋刻苦的同学,这将对大学生的发展起到良好的导向作用。

(三)做好志愿者招募后的总结评估

每次招募完成后,要及时进行总结评估。总结评估是指总结招聘过程的基本情况,以及招聘过程的经验、问题,从而评估招聘目标的实现程度。尤其是结合志愿服务活动的开展评估招募工作情况,为以后志愿者招募工作提供借鉴。通过招募后的总结评估,更好的掌握志愿者情况,为后续的志愿者管理工作提供依据,促进志愿者培训、志愿者团队建设等相关工作。

拓展阅读

深圳市第26届世界大学生夏季运动会赛会志愿者招募面试办法
(大运中心体育场)

根据《关于做好深圳大运会赛会志愿者招募面试的通知》的统一部署和相关规定,为切实做好大运会赛会志愿者(大运中心体育场)招募面试工作,制定如下招募面试办法:

一、招募条件

1. 坚持"公开、平等、竞争、择优"的原则,重点考察志愿者是否具备赛事志愿服务所要求的意识、技术和能力;

2. 原则上参加面试的同学必须为已经取得军训成绩,且在上学期无不及格科目者;

3. 有无故旷课记录,且在记录之后无悔改表现者,取消参加面试机会;

4. 主要学生干部、奖学金获得者、各级竞赛获奖者、各类受表彰同学等优先考虑；

二、面试安排

1. 面试分为综合面试和英语口语面试两大类，其中大部分同学参与综合面试类，对于英语口语能力突出的学生设立英语口语专项面试小组，采取开放式问答；

2. 外语口语交流优秀者，酌情加分，最多不超过10分；

3. 面试考官：1名老师及2名团学干部对1组候选人（每组5~8人），另有一名团学干部负责秩序维护及引导；

4. 面试时间：不少于8分钟/组。

三、面试流程

1. 面试志愿者以班级为单位统一参加面试；

2. 志愿者申请人在规定时间内到达备考教室，并配合工作人员做好签到，等候面试；

3. 志愿者申请人统一由工作人员带入考场进行面试，志愿者配合面试考官完成面试工作；

4. 面试结束后，志愿者应该迅速离开考场；

5. 各面试小组按照分配入围名额进行择优录取。

第三节 志愿者培训

"培训"在《现代汉语词典》中的意思为"培养和训练（技术工人、专业干部等）"。[①] 志愿者的培训就是为了完成志愿服务工作而对志愿者传授相关知识并进行相关技能的训练。针对在校大学生志愿者的培训主要包括通用知识培训、项目知识培训、岗位知识培训。志愿者的培训对于提高志愿者的素质起到重要作用，是志愿者组织和管理的重要环节。

一、志愿者培训概述

（一）志愿者培训的意义

1. 有利于提高全体志愿者的素质和能力

在校大学生参与志愿服务活动，虽然有着朝气蓬勃以及热情高涨的优点，但也存在缺乏对志愿服务的理解、缺少志愿服务知识、志愿服务技能薄弱等方面的不足。通过志愿者的培训，如志愿服务文化、志愿者心理调适、志愿服务礼仪、应急处置

[①] 中国社会科学院语言研究所词典编辑室编. 现代汉语词典(第六版)[M]. 北京: 商务印书馆, 2014, 978.

等内容的系统培训，使志愿者掌握志愿服务所必要的知识和技能，有利于提高志愿者参与志愿服务的素质和能力。

2. 有利于营造志愿服务的良好氛围

在志愿者培训中一般会安排交流、讨论等环节，让志愿者分享培训心得。志愿者从中分享培训收获和志愿服务感悟，相互勉励，相互促进，有利于营造志愿者之间良好的志愿服务氛围。尤其是优秀志愿者代表的现身说法，更具有典型示范和激励促进的作用。同时，将志愿者培训过程在校园内面对全体学生进行宣传，有利于营造良好的志愿服务校园氛围，对促进在校大学生参与志愿服务极为有利。

3. 有利于骨干志愿者的锻炼

从一名大学生到具备服务技能的志愿者，培训任务是艰巨的。如何既满足于志愿服务工作的任务需求，又能满足广大志愿者的需求，培训过程中骨干志愿者的作用发挥尤为重要。在大学生志愿者培训中，骨干志愿者参与到志愿者培训的始终。不管是培训的前期调研，还是策划组织、现场安排等具体工作，都需要骨干志愿者参与其中，充分发挥他们的作用。正是在培训过程中，锻炼了骨干志愿者，提升了志愿者的素质。

4. 有利于志愿者团队的形成

在志愿者招募报名阶段，志愿者表达的是个人意愿。在志愿者培训中，志愿者的角色意识得到强化，尤其是培训项目的合作交流，有利于促进志愿者的团队合作意识。随着培训的深入，志愿者扩大了人际交往，增强了沟通能力，为志愿者团队的形成提供了保障。

（二）**志愿者培训原则**

有效性原则。有效性原则是指培训的内容、方式等要素能有效提升志愿者培训的效果。有效性原则要求培训教师根据培训主题需要，善于从志愿者的角度思考，做到知识讲解通俗易懂，授课方式灵活多样，适时引导启迪思维，教学互动引起共鸣，促使志愿者主动学习、乐于思考、用心体会，真正理解所学知识，使培训收到实效。

目标性原则。目标性原则是指培训过程中有着明确的培训目标，并能紧紧围绕培训目标拟定培训方案，组织实施培训活动。目标性原则要求教师在培训过程做到"围绕主题，突出重点"，根据各培训专题设定培训目标和培训基本要求，设置培训内容和组织培训，讲授详略得当，活动安排合适、有效，做到不漏讲内容、不偏离主题。

（三）**志愿者培训流程**

志愿者培训的工作流程，一般包括调研需求、制定方案、组织实施、效果评估和反馈等环节，如图5-3。

```
调研需求 → 制定方案 → 组织实施 → 评估反馈
```

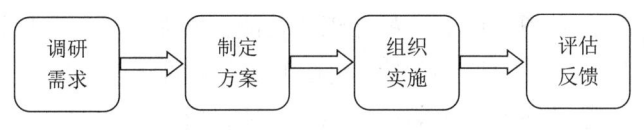

图 5-3　培训工作流程

调研需求主要指调研志愿服务项目对志愿者能力及素质的要求，从而确定培训的目标；制定方案主要指确定培训的内容、选择培训的方式方法、确定培训师资等；组织实施主要指按照培训方案制订的目标，做好各个时间节点培训内容的保障、监控、调整；效果评估和反馈主要指对培训方案实施情况进行调查，听取师生意见，为以后培训工作提供经验。

二、志愿者培训内容

我国《志愿服务条例》第十六条规定："志愿服务组织安排志愿者参与的志愿服务活动需要专门知识、技能的，应当对志愿者开展相关培训。"第二十二条规定："志愿者接受志愿服务组织安排参与志愿服务活动的，应当服从管理，接受必要的培训。"[①]结合大学生志愿者的实际，按照培训内容以及培训目标的不同，志愿者培训可分为通用培训、项目培训、岗位培训等。

（一）通用培训

培训对象为全体志愿者，其目标是全面提升全体志愿者的认识、素养和能力。主要内容有：志愿服务理念的培训，包括志愿者、志愿服务、志愿精神等内涵的认识，通过优秀志愿者和典型志愿服务活动的介绍，让志愿者对志愿精神等有全面认识，回答"为什么要做志愿者"等根本性问题；志愿服务心理健康知识的培训，包括志愿服务可能面临的挑战，心理调适的基本方法和技巧等；志愿服务礼仪的培训，包括志愿服务礼仪的核心原则和本质，志愿者形象礼仪、志愿者会面礼仪、志愿者会展服务礼仪、志愿者通讯礼仪、志愿者涉外交往礼仪等；志愿者沟通技能的培训，包括语言沟通技巧和非语言沟通技巧；志愿者团队建设理论的培训，包括如何组建团队，团队如何维系等；活动策划的培训，包括策划前准备内容、策划方案形成步骤等；活动宣传的培训，包括宣传的原则、宣传的内容、如何有效宣传等；安全教育及应急处理的培训，包括志愿服务活动的安全隐患内容、创伤救护、中暑等应急处理、大型突发事件应对等，使志愿者具备应对一般突发事件的能力。通过培训让志愿者更加理解志愿服务的理念、意义及具体要求，从而能够在志愿服务过程中更好地践行志愿服务理念，提高志愿服务水平。

（二）项目培训

培训对象为参加志愿服务项目的全体志愿者，其目标是提高志愿者对志愿服务

---

① 志愿服务条例 [EB/OL]. http://www.gov.cn/zhengce/content/2017-09/06/content_5223028.htm, 2017-10-06.

项目的认识，掌握服务项目所必备的知识和技能，增强参与服务项目的责任感。主要内容有：志愿服务项目的基本概况，包括项目实施的背景、开展历史、开展经验、主要内容、参与人数及注意事项等；志愿服务项目所在地域的基本情况，包括地理环境、风俗习惯、语言、饮食、交通等。例如深圳第26届世界大学生运动会赛会志愿者的培训内容《深圳大运会与深圳文化生活》中，包括了大运会常识、深圳大运会的申办和筹备、深圳大运会的特色、深圳概况与城市特色等，通过培训让志愿者充分了解深圳的城市特点（居住、饮食、旅游、交通、文化、创新等），也对大运会有更全面深刻的认识。

（三）岗位培训

培训对象为参与具体工作岗位的志愿者，其目标是提高志愿者对工作岗位的认识，掌握岗位所必备的知识和技能。岗位培训是志愿服务需要的最具体内容，对完成志愿服务任务产生直接影响。岗位培训主要内容有岗位职责、工作流程、注意事项等。以深圳第26届世界大学生运动会赛会志愿服务中的兴奋剂检测助理岗位为例，细分之后包括陪护员和进出控制员等职责区分，陪护员的工作职责是比赛后全程陪护运动员，直至运动员到达兴奋剂检查站接受兴奋剂检查；进出控制员的工作职责是在兴奋剂检查站内对进出检查站的人员进行登记，包括运动员、随队医务官和国际反兴奋剂官员等。这就需要志愿者英文良好，能随机应变，能遵守相关兴奋剂检查站内的规则，做事认真仔细，责任感强，在工作中能坚持到最后。这些都需要在培训中进行详细讲解，通过案例让志愿者对岗位有充分的认识，具备岗位职责所必备的素质。

三、志愿者培训注意事项

（一）加强培训师资队伍的建设

师资队伍建设是志愿者培训的重要基础，加强志愿者培训首先要加强师资队伍建设。志愿者培训师资队伍的构成应该多元，既有志愿服务机构的管理者、社会志愿服务明星，也要有礼仪、安全等领域的专家学者，更应该有学校志愿服务行列中的杰出志愿者。高水平的培训师资队伍更能保证培训的质量，在有限时间内更快提高志愿者的素质。拓展阅读材料《深圳职业技术学院志愿者培训方案》中，志愿者培训师资既有学生工作队伍教师，也有专业培训人员，还有志愿者助教，成立的"深圳职业技术学院志愿者培训师资源库"对培训师资进行统一管理。

（二）培训工作的形式要多样，增强培训的吸引力

志愿者培训不但要体现系统性，更要注重培训的形式。培训过程中注重志愿者的参与和互动，让志愿者在快乐参与中得到学习提高，有利于增强培训的吸引力。根据对培训效果的相关调查，团队拓展训练、现场调研、模拟训练等是最受欢迎的几种培训方式。

（三）做好志愿者培训后的经验分享和交流

经过培训，志愿者不管是对志愿精神的认识，还是志愿服务的感受，都会提高一个层次。应该做好培训各个环节的经验分享和交流，以此深化对志愿服务的感悟。正是在经验分享过程中，志愿者们敞开心扉，畅谈志愿服务中的困难、努力与收获，提升正能量。

拓展阅读

深圳职业技术学院志愿者培训方案

为推动我校"志愿者之校"建设的顺利开展，打造一支高素质、专业化的志愿者队伍，根据《关于建设"志愿者之校"的决定》（深职院［2011］119号）的精神及相关要求，制定如下培训方案。

一、培训目标

坚持以邓小平理论和"三个代表"重要思想为指导，深入贯彻落实科学发展观，围绕建设"志愿者之校"活动的各项任务和目标，充分整合社会培训资源，"分阶段、有计划、有重点、高质量"地推进培训工作，帮助所有在我校注册的志愿者掌握相应的知识、技能，提升服务质量和服务水平，使其成为合格的志愿者。

二、组织管理

1. 学校志愿服务指导中心全面负责我校志愿者培训工作的统筹、协调和推进，安排专职干部分管志愿者的培训，并负责校级骨干志愿者、星级义工的培训工作。

2. 各学院志愿服务中心负责所属学院志愿者的培训，按照学校培训大纲，参照学校训练营模式开展年级、班级和直属组义工和义工骨干的培训。同时协助校志愿服务指导中心完成校级骨干志愿者和星级义工的培训。

3. 每项志愿服务活动前，负责单位应在服务单位的配合下组织开展岗位培训。

三、培训内容、时间及方式

1. 志愿者培训内容包含两个项目：通用培训、岗位培训。通用培训共开设六门课程，包括有《志愿服务理念与心态》《志愿服务的文明礼仪》《活动的策划与宣传》《医学救护》《安全防范与应急指引》《团队的建设与管理》。岗位培训只面向指定服务岗位的志愿者，根据服务岗位的具体要求制定培训内容，使其掌握与服务岗位相关的岗位职责、工作任务、业务流程和作业标准等知识和技能。

2. 志愿者通用培训原则上在每学年各学院完成志愿者注册后开始，利用周三下午、晚上及双休日的时间进行，由学校志愿服务指导中心和学院志愿服务中心针对不同群体分别组织进行。志愿者岗位培训在每项服务活动前进行，由负责单位在服务单位的配合下组织进行。所有志愿者均需选修《志愿服务理念与实践》课程，1个学分16学时，经考核合格获得该课程学分。

3. 志愿者培训方式有面授培训、网络培训等，可参照学校训练营模式，具体方式由各学院灵活安排。

四、培训师资

1. 志愿者培训师资由两部分组成。《志愿服务理念与心态》《志愿服务的文明礼仪》《活动的策划与宣传》《团队的建设与管理》的培训师主要由学校学生工作队伍的老师担任，同时视需要学校或学院可协调其他优秀培训师进行授课。《医学救护》《安全防范与应急指引》的培训师则由学校志愿服务指导中心统一调配专业培训人员担任。

2. 志愿者培训师由学校志愿服务指导中心建立"深圳职业技术学院志愿者培训师资源库"进行统一管理，学校志愿服务指导中心根据各学院上报的培训计划安排培训师授课，原则上本学院的培训由师资库中的本学院学生工作教师承担，并为每位培训师配备一名志愿者助教，协助培训师完成前期课件准备以及课堂教学的任务。

3. 学校志愿服务指导中心定期组织培训师进行集体备课，在讨论与交流中不断完善培训课程。

五、培训参考教材

《志愿者通用读本》《大运会志愿者配套培训教材》及其他相关资料。

六、培训考核及督察

1. 所有志愿者参加完各类别培训后，都应有培训考核记录。通用培训的考核由学校志愿服务指导中心和各学院志愿服务中心负责完成，考核方式由组织方根据实际情况自行制定。岗位培训考核由志愿服务组织方和服务对象负责。校级骨干志愿者、星级义工的培训考核由校志愿服务指导中心负责。

2. 学校志愿服务指导中心采用定期督察、随机抽查和问卷调查等方式，负责对各学院志愿服务中心的志愿者培训工作进行督察，同时调研各学院开展志愿者培训存在的困难和问题。

深圳职业技术学院志愿服务指导中心
二〇一二年六月六日

第四节　志愿者管理

"管理"有"负责某项工作使顺利进行""保管和料理""照管并约束"的意思。[①]管理的要素包括计划、组织、指挥、协调和控制五个部分。计划是对未来的预测和对未来行为的安排；组织是通过对人和物的合理配置以实现经营目标；指挥是让已

---

① 中国社会科学院语言研究所词典编辑室编. 现代汉语词典(第六版)［M］. 北京：商务印书馆，2014，481.

经组建的组织发挥作用；协调意味着平衡；控制是保证计划得以实现的重要手段。①志愿者的管理就是通过人员的合理配置，发挥组织与协调的作用，以实现志愿服务工作的顺利完成。志愿者的管理对于志愿服务活动的顺利开展起到关键作用。

一、志愿者管理概述

（一）志愿者管理的意义

1. 有利于保障志愿服务活动的顺利完成

管理的本质就是协调，在志愿服务活动中通过时间管理、人员调配、物资管理等，为志愿者参与志愿服务提供必要的保障。没有管理，志愿者就是一盘散沙，缺乏凝聚力和战斗力。只有完善志愿者管理，才能提高效率，保障志愿服务活动的高效优质完成。

2. 有利于志愿者的素质提升

有了志愿者管理，志愿者从招募开始目标就更明确，以更积极的姿态参与到志愿者培训和志愿服务策划、组织、实施等各个环节，从而得到更全面的锻炼。通过志愿者管理，对志愿者的工作进行信息录入、统计、考核、奖励等，对于激发志愿者的热情，并将热情转化为实际行动极为有益。

3. 有利于人力资源的合理配置

大学生志愿者来自各个专业，有着不同的兴趣爱好。各个志愿服务项目有着不同的特点，各个岗位对志愿者的要求也各有区别。将广大志愿者调配到合适的志愿服务岗位中，让他们发挥专长，是志愿者管理的重要内容，也是志愿者管理在人力资源配备中的重要体现。

（二）志愿者管理原则

1. 以人为本。在志愿者管理中，以人为本的原则一方面体现在参与志愿服务的大学生志愿者中，要尊重志愿者的时间、兴趣、健康等方面的需要，关心志愿者遇到的困难和问题，为其参与志愿服务提供必要的保障；另一方面体现在服务对象中，要尊重服务对象的文化、民俗等，做到服务前认真调研，了解服务对象和服务内容，以便更好开展志愿服务活动。

2. 精神导向。"奉献、友爱、互助、进步"是志愿者共同的价值追求，"为人民服务""邻里守望""助人自助""公平正义"等是中国特色的志愿服务理念。在志愿者管理过程中，要大力弘扬志愿精神，宣传倡导我国特色的志愿服务理念。让广大志愿者在志愿精神的引领下，自觉将志愿服务升华为一种生活方式，在志愿服务过程中增长才干，提升境界。

3. 及时激励。为了保障志愿者参与活动的积极性，增强志愿者参与志愿服务的荣

---

① 王坚平. 现代管理学［M］. 杭州: 浙江大学出版, 2004, 30.

誉感，促进志愿服务精神的传递和扩散，对志愿者要做到及时激励。按照马斯洛需求层次理论，人类需求从低到高按层次分为生理需求、安全需求、社交需求、尊重需求和自我实现需求。在志愿者管理中，更多侧重在尊重自我实现上，引导大学生认识到志愿服务的价值，通过各种渠道广泛宣传，及时总结表彰，形成尊重志愿者的良好氛围。

4.人尽其才。志愿服务的类型多种多样，岗位内容千差万别，需要根据志愿服务活动的要求选拔有各种专长的志愿者，并且根据岗位的不同需求选择匹配的志愿者。志愿者到能够发挥所长的岗位开展志愿服务，更能体现个人价值，激发参与志愿服务的内在动力。人尽其才的原则是实现志愿者能力提升以及志愿服务效果提高的有效保障。

5.开放透明。"公益组织的公开透明包括组织理念和宗旨的公开透明、财务运作的公开透明、组织结构的公开透明、内部运作的公开透明。"① 大学生志愿者的管理也应该学习借鉴其中的优秀经验，通过公开透明的组织运作，让志愿者组织成为一个开放的组织，最大限度地吸引广大同学投入志愿服务行列。开放透明的原则也更容易吸收社会资源的支持，促进大学生志愿服务的可持续发展。这就需要借助现代技术手段及时公布志愿服务的相关信息，让更多关心、关注大学生志愿服务的人能够了解发展动态。

6.安全性。安全性原则是志愿者管理的最重要原则。由于大学生正处于人生成长的重要时期，对各种潜在风险认识不足，而且大学生是社会特别关注的群体，如果发生重大安全事故，不仅会影响大学生的成长成才，也会造成严重的社会影响。我国《志愿服务条例》第十七条规定："志愿服务组织应当为志愿者参与志愿服务活动提供必要条件，解决志愿者在志愿服务过程中遇到的困难，维护志愿者的合法权益。志愿服务组织安排志愿者参与可能发生人身危险的志愿服务活动前，应当为志愿者购买相应的人身意外伤害保险。"这就需要志愿服务组织对活动的安全状况进行认真评估，对志愿者进行安全教育，完善安全纪律，制定安全预案，做好安全保障。

二、志愿者管理的内容

志愿者管理内容和流程囊括了志愿者的招募及选拔、培训、日常管理等。考虑到本章已有招募、培训等相关内容，下面重点介绍志愿者的日常管理，其主要内容包括以下几个方面。

（一）志愿者的信息记录和管理

志愿者的信息记录和管理是志愿者日常管理的重要基础，就是为志愿者提供志

---

① 民间公益组织应该遵循六大原则［EB/OL］. http://blog.sina.com.cn/s/blog_b431ea7b0102v5zk.html, 2017-02-25.

愿服务信息的有效记载和管理，包括参与招募、培训、服务项目等信息档案的建立和维护，也包括志愿服务时间的登记与计算等内容。

（二）志愿者宣传工作

志愿者宣传工作对形成良好的志愿服务氛围起到重要推动作用。可以通过志愿者的新闻报道、海报、摄影作品、纪录片等多种形式，在志愿者内部以及社会大众面前展示志愿者的风采。

（三）志愿者排班轮岗

志愿者的岗位比较多，任务比较繁重，在这种情况下，需要科学、精确地进行志愿者人数与志愿服务岗位的匹配。通过志愿者排班轮岗，将志愿者与岗位充分匹配和对接，保障每个志愿者有岗、有责、有权。

（四）志愿者的激励与表彰

对志愿者的活动结果进行考核、总结，并对表现突出的志愿者进行表彰，这对调动志愿者积极性和营造良好志愿服务氛围极为重要。应该坚持内在激励与外在激励相结合的原则，重在精神激励，强调志愿者的价值体现。

（五）志愿者的保障与维权

志愿者的保障与维权是指通过建立保障机制，让志愿者在服务过程中没有后顾之忧，服务完成后权益受到保障。这方面有利于体现志愿者的价值，让志愿者感受到社会对其付出的尊重，从而促进志愿者服务可持续发展。

三、志愿者管理的发展建议

（一）大力推进数字化管理

数字化管理是指利用计算机、通信、网络等技术，通过统计技术量化管理对象与管理行为，实现研发、计划、组织、生产、协调、销售、服务、创新等职能的管理活动和方法。数字化管理让志愿者管理工作更加科学高效。在志愿者管理中推进数字化，有利于实现志愿者注册、培训、建档、活动申请及审核、活动结果、考核评优等功能的一体化，有着高效、方便的优点，有利于解决由于志愿服务活动信息大量拥挤而处理不及时的问题。结合现代技术手段的量化管理可以运用到志愿服务工作开展的计划、组织、协调、领导、控制的各个方面，有效推进志愿服务工作发展。图5-4是深圳职业技术学院的志愿服务储蓄银行的数字化管理界面，对志愿者（义工）申请、培训、档案管理以及活动的申请、审核、结果等通过数字化管理系统实现效率的提高。拓展阅读材料《深圳志愿者（义工）证》中提到深圳市推行电子志愿者（义工）证，该证有着身份识别、志愿服务计时、志愿服务实时统计、培训记录、信息查询、信息恢复等功能，方便志愿者参与服务和资源调配，实现全市统一的志愿者信息化管理。

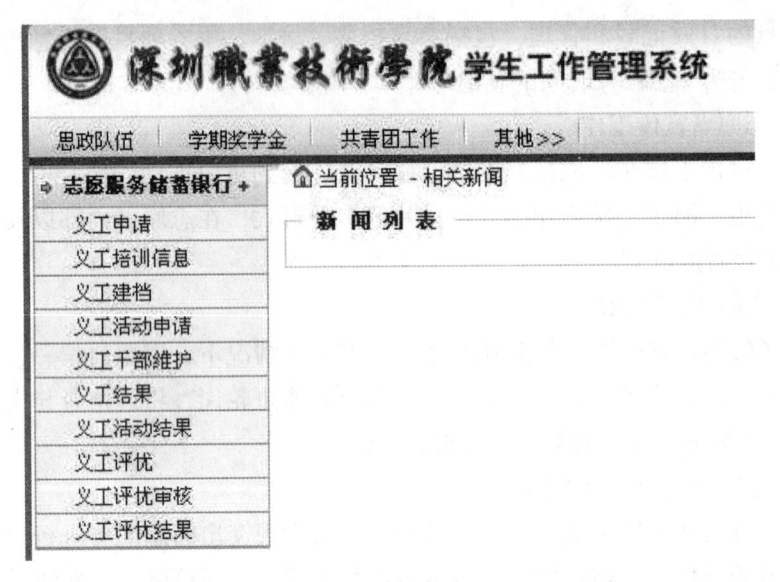

图 5-4 深圳职业技术学院志愿服务工作系统

（二）优化项目化管理

项目化管理有利于提高志愿服务的质量，也有利于锻炼志愿者的能力。按照项目资源的来源，可以分为组织内部项目和组织外项目；按照项目资源来源地国别，可以分为国内项目和国际项目；按照项目的不同领域，可以分为扶贫项目、医疗项目、环保项目、教育培训项目等。在实施项目的时候，要做到紧扣组织宗旨，重视申请环节，注重项目运作效率，项目管理规范化。尤其是做好项目申请、项目运作、项目评估的各个环节。①

（三）深入做好调研工作

做好志愿服务的调研工作，有利于掌握志愿服务的全面情况，提高志愿者管理的针对性和实效性。通过调研，形成贴近实际、符合需要的工作举措。拓展阅读材料《志愿者的一天》（深圳第 26 届世界大学生夏季运动会赛会大运中心体育场）就是对深圳第 26 届世界大学生夏季运动会赛会大运中心体育场志愿服务进行详细调研后，对志愿者管理进行科学安排，保障了志愿服务的顺利开展。

拓展阅读

深圳志愿者（义工）证 ②

自 1989 年起步以来，深圳诞生了我国内地的第一个法人义工组织、第一批国际志愿者、第一部义工法规、第一个"志愿服务市长奖"，在奉献社会、服务群众、引

---

① 李平.志愿服务培训教材［M］.北京:中国石化出版社,2015,125.
② 深圳志愿服务信息化工作资料汇编［EB/OL］. http://home.sva.org.cn/index.asp?Bianhao=6454. 2017-02-25.

导风气、提升文明等方面取得了丰硕的成果。2011年12月4日，市委市政府召开全市建设"志愿者之城"动员大会，在全国首次系统性提出建设"志愿者之城"的目标。2012年7月24日，市委市政府召开"志愿者之城"建设工作领导小组第一次会议，审议《深圳市"志愿者之城"建设目标指引》，提出"建成全市统一的志愿者信息化管理平台，推行电子志愿者（义工）证，方便志愿者参与服务和资源调配"。

深圳志愿者（义工）证作为志愿服务信息化建设的重要载体，其主要意义在于：一是通过志愿者（义工）证的数据采集，建设完善统一的志愿者信息库，进一步提高志愿者培训、考勤、考核等管理效率，有效地配置志愿服务人力资源；二是运用志愿者（义工）证智能终端、手机应用、呼叫中心等多种手段，实现志愿者、社会服务机构、社会服务项目等信息的统一存储、数据共享和互联互通，形成便捷的服务求助网络和及时的服务转介体系，推动志愿服务供需双方及时、有效对接；三是提供实名义工红马甲、人身意外险等多项附属便民服务，将进一步完善志愿者的激励保障机制，扩大志愿服务的社会参与。

深圳志愿者（义工）证的主要功能有以下几方面：

1. 身份识别功能。深圳志愿者（义工）证是深圳市注册志愿者的身份凭证，内置储存个人信息的芯片，印有专属志愿者个人的注册号，配有个人数码照片等，可用于志愿者在全市范围内跨组织、跨地区服务状态的记录和身份识别。

2. 志愿服务计时功能。深圳志愿者（义工）通过志愿服务信息平台配套终端使用志愿者（义工）证，可记录注册志愿者的志愿服务时间，可用于志愿服务考勤、积分入户、表彰激励等。

3. 志愿服务实时统计功能。深圳志愿者（义工）证通过与志愿服务信息管理平台相对接，可制作志愿服务数字地图。志愿者（义工）在服务地点刷证，志愿服务信息管理平台可实时显示志愿者的服务地点。同时，志愿者在志愿服务信息管理平台上查询时可以看到过去一段时间的服务记录统计数据。该数据以图表形式显示出来，如全年月均服务时长的变化趋势、服务地域分布比例图等。

4. 培训记录功能。志愿者（义工）在参与志愿服务培训时，通过志愿服务信息管理平台配套终端使用志愿者（义工）证，记载培训的相关情况，可用于规范新志愿者（义工）培训、跟踪培训骨干志愿者、考核激励等。

5. 信息查询功能。志愿者（义工）证内置储存志愿服务信息的芯片，可与志愿服务信息管理平台对接，志愿者（义工）可根据注册号登录志愿服务信息管理平台，查询到已经参与的志愿服务活动和服务时间信息，也可以明确查询到个人总的服务时长，看到由志愿者组织评定的等级、信用和积分等信息。

6. 信息恢复功能。深圳志愿者（义工）证丢失后，志愿者可凭注册号重新申请志愿者（义工）证，并通过志愿服务信息系统平台恢复志愿服务记录，保证志愿者的服务历史记录和其他珍贵信息在志愿服务信息平台中长时间保存。

> 拓展阅读

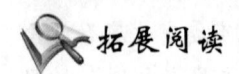

志愿者的一天

（深圳第26届世界大学生夏季运动会赛会大运中心体育场）

时间		工作任务
开始	完成	
7：00	7：00	场馆开馆
7：00	7：00	执行总监和志愿者到达场馆
7：10	7：20	组织志愿者到场签到
7：30	8：00	参加场馆工作例会
8：00	8：30	场馆志愿者工作团队会议
8：30	11：30	志愿者运行场馆，编写志愿者工作简报，摄影摄像工作
9：00	10：30	巡视志愿者履行岗位情况
10：30	11：00	与场馆业务口沟通协调会议
11：00	12：00	解决志愿者遇到的问题
12：00	13：00	午餐
13：00	13：30	召开志愿者代表工作会议和午休
13：30	14：00	志愿者场馆运行准备
14：00	17：00	志愿者场馆运行，编写志愿者工作简报，摄影摄像工作
14：30	15：00	场馆志愿者工作团队会议
16：00	16：30	审定当日志愿者简报并开始印刷
15：30	18：00	巡视志愿者履行岗位情况
18：00	19：00	晚餐
19：00	19：30	收集征求意见卡、紧急汇报卡等
19：30	20：00	召开志愿者代表工作会议
20：00	20：30	参加场馆工作例会，向赛会志愿者中心汇报工作
20：30	22：00	组织志愿者签离，准备第二天服务。提前核定人数、餐饮、交通

第五节　志愿者团队建设

美国著名管理学家斯蒂芬·P. 罗宾斯（Stephen P. Robbins）认为：团队就是由两个或者两个以上的相互作用、相互依赖的个体，为了特定目标而按照一定规则结合在一起的组织。①志愿者团队就是由两个或者两个以上的志愿者为了共同完成一个或多个任务而结成的分工明确且相对独立的小型组织，一般以5~12人为最佳。②

一、团队建设概述

团队建设相关理论指出，一个团队包括五个要素，分别是目标、领导、分工、沟通、制度。团队的建设和管理，从某种意义上说，就是这五个要素不断完善的过程。

（一）共同的奋斗目标

共同的奋斗目标是志愿者团队建设的首要要素，只有大家为着共同目标走到一起，才能凝聚人心，形成团结而有战斗力的队伍。志愿者团队在志愿服务的过程中，会不断遇到新的困难和问题。没有共同的奋斗目标，就是一盘散沙，在遇到困难和挫折时就会人心涣散，甚至团队解散。大学生志愿者团队组建的过程，就是寻找一批志同道合的同学的过程。在大学生参与志愿服务状况的调查中，分析结果显示大学生参与志愿服务的动机，排在前面的分别是对志愿服务工作感兴趣、尽自己的社会责任、增加社会历练、结交朋友等。③确定团队建设的目标，首先需要考虑志愿者团队成员的动机，以更好实现各自的目标；其次需要考虑志愿服务项目的具体内容，不同的项目内容会有不同的要求，根据服务项目确定目标更有针对性；另外要根据志愿服务项目的需要确定近期目标、中期目标、远期目标，根据志愿服务项目的进展及时调整目标。

（二）统一的领导

团队不管大小，都需要统一的领导，否则就会各自为政，不能有效实现共同目标。志愿者团队从组建之初就需要确定领导者，小到几个人的团队，需要有队长；大到几十、几百人的团队，需要有相关的领导集体。志愿者团队的领导（集体）就是运用团队赋予的权力，组织、指挥、协调和监督团队成员，从而实现团队的目标。志愿者团队的领导（集体）需要统筹考虑团队的选人用人、指挥协调、激励保障、文化建设等。团队有了统一的领导，才能围绕共同的目标，按照统一的决策部署，统一步调，有序开展工作。

（三）明确科学的分工

团队中科学合理的分工，是发挥每一位成员作用的关键环节，也是保障团队目标实现的重要基础。团队中的分工，首先要将工作任务细化分解，再根据细化分解的任务确定岗位职责，以及每个岗位所需要的人数，同时，要根据每个成员的不同特点，在分工过程中尽可能发挥各自的优势与特长。在分工过程中，既要考虑工作

---

① 团队［EB/OL］. http: //baike. baidu. com/view/296931. htm, 2017-03-02.
② 北京志愿服务发展研究会. 中国志愿服务大辞典［M］. 北京：中国大百科全书出版社, 2014(9): 41.
③ 彭远威, 卞飞, 王钰亮. 特区大学生志愿服务情况的现状与建议［J］. 深圳职业技术学院学报, 2013(11): 9-10.

的需要，也要尊重个人的选择，最好能实现两者的有机结合。

（四）畅通有效的沟通

畅通有效的沟通是团队建设中必不可少的重要因素。沟通是为了成员间的互信和互助。一方面沟通要及时。在推进志愿服务工作的过程中，情况千变万化，成员间的及时沟通，有利于互相帮助，及时解决各种未曾预料的困难，也有利于团队的及时调整，根据客观环境的改变及时调整分工、阶段性目标等。另一方面沟通要有效。要做到有效的沟通，就需要注意沟通的方式方法。沟通可以是口头的，也可以书面的；可以是面对面的，也可以通过电话、电子邮件、微信等；可以是事前的，也可以是事中或事后的；可以是直接的，也可以是婉转的。采取何种方式方法需要根据具体情况进行选择。

（五）完善的规章制度

完善的规章制度是实现志愿服务目标的重要保障。由于参与志愿服务活动的成员动机多种多样，有的将志愿服务作为长期事业来进行，"送人玫瑰，手有余香"的志愿服务理念深入人心；有的将志愿服务作为阶段性锻炼来进行，以实现个人能力的提升；还有的是受同学影响而参与体验的。志愿服务的类型也多种多样，有支教服务、食品检测、义务维修、健康理疗等。志愿服务持续时间长短不一，有些是长期开展的，如四点半课堂、义务家电维修，有些是阶段性服务的，如各种体育赛事的志愿服务等。不管出于什么动机，参加什么类型，服务时间长短，都需要完善志愿服务的规章制度以提高管理实效。通过规章制度的制定和实施，营造公平、有序、团结的志愿服务氛围，保障志愿服务顺利高效的开展。

二、志愿者团队组建和维系

志愿者团队是为了某个具体任务或某个服务项目而形成，一般会经历初建期、形成期、成长期、成熟期等。在不同阶段有不同的特点和不同的工作重点。初建期，团队从无到有，主要开展团队人员的招募工作；形成期主要开展破冰活动，加强团队协作，形成共同目标；成长期重点促进团队成员的感情，统一价值观，完善规章制度等；成熟期的团队具备了团队建设的各个要素，有利于发挥各个成员的特长。

（一）团队组建

当志愿服务项目确定以后，接下来的工作就是团队组建。团队组建是指招募不同背景和不同专业的个人，把他们变成一个整体、有效的工作集体的过程。志愿者团队的组建一般包括以下四个阶段。[①]

首先，准备工作。首要的是明确志愿服务的任务，包括时间、地点、人员数量需求、志愿服务的具体工作任务，从而明确团队的目标，并据此制定志愿服务的整

---

① 团队组建［EB/OL］. http://wiki.mbalib.com/wiki/团队组建, 2017-02-25.

体方案。

其次，创造条件。重点是为团队提供完成任务所需要的各种资源，如物资资源、人力资源、财务资源等。如果没有足够的相关资源，团队组建不可能成功。

然后，形成团队。团队形成需要做好三个方面工作，一是管理者确立团队组成人员；二是让成员接受团队的使命与目标；三是管理者公开宣布团队的职责与权力。

最后，提供持续支持。团队开始运行后，一方面要实现自我管理，独立开展工作，另一方面也需要各级组织提供持续支持。

（二）破冰

团队招募完成以后，由于团队成员有着不同动机，在志愿服务过程中有着不同的需求，特别是团队成员相互不熟悉，彼此之间缺乏沟通，互信的关系尚未建立起来，整个团队处于磨合之中，这时容易产生矛盾，处理不好，会严重影响后续工作。"破冰"就有利于消除人与人之间的隔阂，增加彼此之间的了解，促进形成良好的人际关系。破冰是一个专业术语，指的是培训当中一项专业的技术。"破冰"之意，是打破人际交往间怀疑、猜忌、疏远的篱樊，就像打破严冬厚厚的冰层。"破冰"往往要求全体成员共同参与一种游戏，这种"破冰"游戏帮助人们放松并变得乐于交往和相互学习。

破冰的技术包括以下几种。一是疯狂运动，让参与者忘我的运动，原理是运动的时候会减少没有必要的束缚，这样就达到破冰的目的。二是直接亲密，直接亲密是指设计一些让参与者直接进入培训预想状态的练习或活动，让破冰后彼此的无间和亲密感成为事实。三是自我消除，自我消除就是让参与者真正认识到彼此之间存在隔阂，需要利用自己的力量来消除它。这个技术是难度最高的，所以操作比较复杂，技术含量高，而且万一无法像预期的那样破冰成功，很可能会遭遇反弹，令培训无法继续。应该来说这个技术做得好的话，是三个破冰技术中最成功有效的，但是操作不当造成的负面影响也是最大的。[1]

（三）素质拓展

"素质拓展训练又称拓展训练、外展训练，是一种以提高心理素质为主要目的，兼具体能和实践的综合素质教育，它以运动为依托，以培训为方式，以感悟为目的。"[2]它与传统的培训相比，更加强调活动的参与、体验和分享，避免了培训的填鸭式说教，提高了培训的实效。素质拓展有利于磨练意志，激发个人潜能，也有利于提高沟通交流的主动性，形成相互配合、相互支持的团队精神，极大地促进团队合作。

---

[1] 破冰［EB/OL］. http://baike.baidu.com/link?url=nzpeujwBXTDvtbmPz1tK21DzdKaig27TEbrMYkCpc捌FjOHXf1PnyD82X9v3c981cFanTBkwjLgVJU3ldM9Fg8X–YHMGevEwcf0ikYkVxqAW, 2017-02-25.
[2] 梁达华, 龙继军. 体育教学中融入素质拓展训练的探讨［J］. 科技信息, 2011(8): 691.

（四）团队维系

经历团队的初建期和形成期，团队的凝聚力得到增强，共同目标和价值观得到巩固。要使团队得到进一步持续的发展，团队的维系是必不可少的。团队的维系主要体现在以下几个方面：满足志愿者需求，包括知情权、参与发表意见的权力等；满足个人的需求，包括工作条件的保障和时间的协调等；肯定志愿者工作（态度），让志愿者感受到其工作的价值，开展相关方面的宣传和组织工作。

在志愿者团队工作中，广泛开展的志愿者晨会、总结会、经验分享会、生日会等，可以极大促进团队成员的交流和互动；举办志愿服务总结表彰大会，开展星级志愿者（义工）、优秀志愿服务基地，举行优秀志愿服务项目等的评选，调动志愿者参与志愿服务的热情，促进志愿者团队的维系。

三、志愿者团队建设的注意事项

（一）做好团队中的冲突管理

由于参与动机的不一致，知识背景和文化习俗的差异，还有性格、能力的差异，团队中的冲突是很难避免的。要打造一支有凝聚力、战斗力的团队，做好团队中的冲突管理非常关键。冲突包括任务冲突和关系冲突两种类型。任务冲突和团队因素有关，是由于处于不同岗位的志愿者对同一问题的认识不一致而造成的。关系冲突是由于个性和人际关系的摩擦而造成的。做好团队冲突管理，一方面要了解冲突原因，分析冲突的类型，因势利导，妥善解决；另一方面要重视潜在冲突的防范和引导；更重要的是要不断营造良好的氛围，促进团队成员的相互信任与尊重。

（二）重视志愿服务的"流失率"

在大学生志愿服务活动内容增多、人数增加的同时，"招募多、流失快"的现象也普遍存在。志愿者中途流失的主要原因包括政策制度保障不足、任务目标要求过高、志愿服务项目缺乏吸引力、志愿服务文化氛围不足等。因此，大学生志愿服务工作的开展，应当以大学生的主体特性为导向，规范志愿服务工作流程，开发具有吸引力的服务项目，加强志愿服务保障，进一步完善激励措施，构建符合大学生群体特点的志愿服务模式，推动大学生志愿服务工作健康、有序、持久的发展。

拓展阅读

深职院崇理书院"品味咖啡吧"志愿者团队

为丰富书院建设内涵，促进师生互动，搭建同学交流平台，也为响应学校建设"志愿者之校"的号召，开发志愿服务项目，深化志愿服务建设，崇理书院（电子与通信工程学院）志愿者服务中心建立了"品味咖啡吧"志愿者团队。自2014年启动咖啡吧服务项目以来，崇理学院志愿者服务中心注重志愿者团队建设，为服务项目的健康、可持续发展提供保障，在书院内外志愿服务中发挥了重要作用。

经过细致调研以后，志愿者服务中心确定了咖啡吧志愿者团队项目，以此深化志愿服务建设，丰富书院建设内涵。该服务项目在书院内外公布了招募信息，要求以团队组建申报，团队成员需要有志愿服务热情，核心成员有一定的咖啡制作和服务的经验。在2014年7月公布招募信息以后，申报团队利用暑假时间进行调研，撰写项目申报方案。9月初志愿者服务中心共收到11个申报团队的方案，经招募考核小组的审查后，5家申报团队进入最后选拔阶段。最后经过展示、答辩，其中一个团队脱颖而出。同时，为保证志愿服务团队的可持续发展，不定期开展团队成员的招募工作。

此后，团队成员全体参加了书院组织的志愿者通用培训，提升了对志愿者、志愿服务、志愿精神等内涵的认识，并结合书院建设，进行了咖啡吧项目培训，进一步认识项目的重要意义，强化项目探索和克服困难的思想观念。尤其是采用"请进来，走出去"的思路开展岗位培训，邀请有经验的咖啡营运团队成员到学校进行现场指导，选拔团队骨干到生产一线学习生产制作技术及管理经验，回校后开展交流，实现团队成员对岗位职责、工作流程、注意事项等内容的掌握，满足岗位需要。

为促进团队建设，该团队以"品味咖啡，品味生活，做有品味的人"为理念，确定服务项目团队名称为"品味咖啡吧"，并在团队内进行了分工，包括材料采购、安全保障、咖啡研发和制作、财务管理、统筹安排等，每个人有明确的岗位，明确了自身的职责，也明确了服务值班时间、财务管理制度、卫生安全管理制度、服务礼仪规范等。"品味咖啡吧"志愿者团队每周召开例会，及时总结，沟通情况，解决问题。团队由店长总负责，对咖啡吧的发展、经营进行统筹。在下一步发展中，"品味咖啡吧"将纳入学校创业学院的统筹中，以提高团队的管理水平，从而提高志愿服务的质量和水平。

第六章　志愿服务项目的开发和管理

志愿服务项目是志愿服务活动的重要载体。近年来，以志愿服务项目为依托开展志愿服务活动已经成为各类志愿服务组织的主要做法，积极开发规范的志愿服务项目已经成为志愿服务组织的基本任务。同时，志愿服务组织也意识到对志愿服务项目进行科学管理，是志愿服务项目顺利实施、实现志愿服务价值的重要保证。

【学习目标】

1. 了解志愿服务项目的含义及其基本特征。
2. 理解志愿服务项目开发的基本原则及流程。
3. 掌握志愿服务项目组织实施的基本流程。
4. 熟悉志愿服务项目运行管理的基本内容。
5. 了解志愿服务项目评估的原则及流程。

【学习导航】

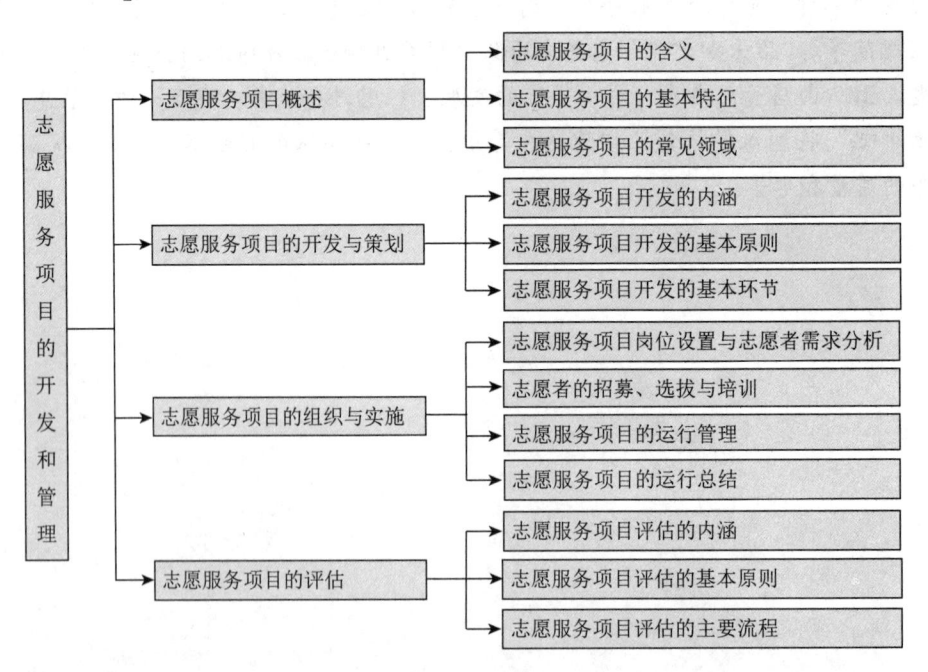

志愿服务项目的开发和管理
- 志愿服务项目概述
  - 志愿服务项目的含义
  - 志愿服务项目的基本特征
  - 志愿服务项目的常见领域
- 志愿服务项目的开发与策划
  - 志愿服务项目开发的内涵
  - 志愿服务项目开发的基本原则
  - 志愿服务项目开发的基本环节
- 志愿服务项目的组织与实施
  - 志愿服务项目岗位设置与志愿者需求分析
  - 志愿者的招募、选拔与培训
  - 志愿服务项目的运行管理
  - 志愿服务项目的运行总结
- 志愿服务项目的评估
  - 志愿服务项目评估的内涵
  - 志愿服务项目评估的基本原则
  - 志愿服务项目评估的主要流程

第六章 志愿服务项目的开发和管理

【导入案例】

"20天，一支大学生志愿服务队，帮助果农网上销售15000单75000斤大樱桃，助果农增收30万元"——在2015年山东省青年志愿服务交流会暨首届青年志愿服务项目大赛上，烟台市"乡约青春"大学生农村电商志愿服务项目晒出的成绩单，让人颇为意外。

"平均每天增收1.5万元"的成绩，源于该团队发起的"我为家乡代言"活动。活动的核心是，让各地烟台籍大学生志愿者"扎堆儿"网销家乡大樱桃、苹果等农产品，给存在销售困难的果农拓宽销售渠道。

以往志愿服务形式多为"周末上街摆摊""节假日慰问孤寡老人"等简单服务活动，虽然也有一定意义，但既零散、随意，难以形成品牌，又千篇一律，无法持续吸引青年参加。有的志愿服务甚至存在专业性问题，屡屡受到学者批评。

但这一次，很多类似"乡约青春"这样兼具创新和技术含量的获奖项目涌现了出来，在团山东省委党组成员、纪检组长谢宁看来，这正折射出青年志愿服务事业处于转型期："服务理念上，从简单的好人好事向社会化融入转变；管理机制上，从分散自主型向专业规范型转变；服务方式上，从简单劳动型向专业服务型转变"。

（资料来源：中国青年报2015年8月28日《新而专的志愿服务项目才会成为社会宠儿》）

第一节 志愿服务项目概述

一、志愿服务项目的含义

志愿服务项目是指由志愿服务组织策划开发，在特定资源的约束下，在一定时间内完成的志愿服务任务。如同项目是企业生存的基础，志愿服务项目是志愿服务组织存在和发展的基础，是践行志愿服务宗旨的重要载体。

二、志愿服务项目的基本特征

（一）公益性

公益性项目是指那些非营利性且具有社会效益性的项目。志愿服务项目的实施不计报酬，是为了造福于他人或社会，是一种典型的公益性项目。《中华人民共和国公益事业捐赠法》明确规定，公益事业是指非营利的下列事项：救助灾害、救济贫困、扶助残疾人等困难的社会群体和个人的活动；教育、科学、文化、卫生、体育事业；环境保护、社会公共设施建设；促进社会发展和进步的其他社会公共和福利事业。根据历届中国青年志愿服务项目大赛的规定，青年志愿服务项目具体分为阳光助残、关爱农民工子女、邻里守望与为老服务、环境保护与节水护水、扶贫开发与应急救援、文化宣传与网络文明、禁毒教育与法律服务、理论研究与基础建设、其他领域 9 大类。从公益事业与中国青年志愿服务项目的领域来看，志愿服务与公益事业的范畴基本一致。志愿服务项目的公益性已经是一种为社会各界所认可的特征。

随着志愿服务事业的不断发展，有学者提出，志愿服务的公益性不仅是简单的体现为助贫救急，而是要考虑如何从根本上消除社会贫困和弱势群体，构建一种分享与互助的公益文明。导入案例中烟台市"乡约青春"大学生农村电商志愿服务项目就实现了助贫扶困从"授人以鱼"向"授人以渔"的转变。

（二）组织性

志愿服务一般是代表组织或者与组织相关的行为，是一种致力于解决问题并帮助他人的有组织的活动，组织性已经成为志愿服务的一个重要特征。一般情况下，志愿服务包括 4 个维度，即自愿提供服务、没有任何报酬、在正式的组织中工作、与受益者无任何亲属关系。2016 年 7 月，中共中央宣传部、中央文明办、民政部、教育部、财政部、全国总工会、共青团中央、全国妇联印发了《关于支持和发展志愿服务组织的意见》，其中明确规定，支持和鼓励社会志愿服务组织走进社区，了解和征集群众需求，结合自身能力特点，有针对性地做好志愿服务规划，设计服务项目，开展服务活动，切实使服务对象受益。可见，志愿服务项目是由志愿服务组织开发的，具有组织性。

（三）可操作性

志愿服务项目最终要被执行实施，必须具备可操作性。对于具体的志愿服务项目，应该有明确的服务目标，确定的志愿服务对象，具体的服务内容。志愿服务项目的服务对象是谁，服务范围有多大，如何实施志愿服务，能在多大程度上满足志愿服务对象的需求，能达到什么样的效果等，这些内容应该非常清晰。导入案例中烟台市"乡约青春"大学生农村电商志愿服务项目的服务对象是家乡果农，服务内容是网销家乡农产品，服务目标是拓宽家乡农产品销售渠道，大幅增加果农收入，具有很强的操作性。

（四）时限性

根据项目管理的基本理论，项目是为了解决一个问题、抓住一个机会或接受一项命令后的一种临时性安排，受到时间、预算、资源以及客户需求等限制，具有一定的时限性。某一具体的志愿服务项目是为了完成相关的志愿服务内容的临时性工作，时限性是其重要的特征之一。首先，完成一项志愿服务有一定的时间期限。作为一项具体的志愿服务项目，原则上都有项目开始的时间和结束的时间。尽管有些项目的时间稍微长些，甚至达到 3~5 年，但其时间计划也是非常明确的。其次，执行志愿服务项目的志愿者是临时的。为了完成具体志愿服务项目，志愿服务组织要根据项目特点重新从组织内选拔或者重新招募志愿者。最后，志愿服务项目的资源整合具有时效性。每个具体的志愿服务项目的运行都需要运用各种资源，比如物资资源、资金资源等。对于不同的志愿服务项目甚至同一项目的不同阶段，使用的资源都是不完全相同的，具有一定的时效性。

拓展阅读

武汉铁路局：483名中外大学生志愿者今起服务春运

"中国的铁路发展越来越快，在中国当一名春运志愿者，我感到很自豪。"今天上午，来自刚果（金）的留学生帕特登上G514次列车，开始了自己的春运志愿服务之旅。

帕特就读于华中师范大学外国语学院，到武汉留学两年多，长期从事各类志愿服务，第一次做春运志愿者，他希望能发挥自己曾学习临床心理学的专业优势，"帮助别人，快乐自己！"

今天上午十点，武汉铁路局在武汉火车站举行了"文明旅行、礼貌乘车"宣传引导和春运志愿者服务启动仪式。随后，和帕特一起，20余名中外学生志愿者登上北上列车，接受不同以往的培训——乘车体验式培训，由"凤舞楚天乘务组"优秀乘务员为他们讲授微笑服务、文明礼貌用语等礼仪知识。

今年是武汉铁路局连续第7年面向高校招募大学生志愿者服务铁路春运活动。从今天起，来自华中师范大学、江汉大学、武汉铁路职业技术学院等高校的483名大学生将在武汉、武昌、汉口、襄阳等客流较大的车站开展为期25天的志愿服务工作，给旅客春节出行创造便利，营造温馨的环境。

此前，武汉铁路局团委还专门组织培训团队到各高校开展客运礼仪、铁路基础知识、导购、导乘、咨询、秩序维护、重点帮扶等内容培训，同时制作了《2016年春运青年志愿者工作手册》，设计了"五个一"活动流程，即一个点名会、一个活动交流会、一个当日服务明星评选、一张志愿活动合影、一条志愿者活动感悟信息，帮助志愿者更专业地服务旅客。

值得一提的是，春节期间到我国旅行的外国客人不断增多，今年，武汉铁路局还专门组织了一支外国留学生志愿服务队，为外籍旅客提供便捷服务，提升志愿服务的整体水平。

（资料来源：中青在线2016年1月24日）

三、志愿服务项目的常见领域

志愿服务项目的领域是指相对稳定、较为持续的志愿服务项目的服务范围。随着我国志愿服务事业的发展，大学生的主要志愿服务领域已经基本形成，主要有扶弱助老帮困、农村扶贫开发、城市社区建设、生态环境保护、文化宣传教育、大型赛会服务、应急救援服务、校园日常服务8大类。

（一）扶弱助老帮困

志愿服务最基本的出发点就是帮助需要帮助的人，扶弱助老帮困是志愿服务的基本领域之一。近年来，共青团中央开展了"青年志愿者助残行动""关爱农民工子女志愿服务""关爱空巢老人暖冬行动"等一系列的扶弱助老帮困志愿服务活动。中国青年志愿服务项目大赛获奖项目中也有不少扶弱助老帮困志愿服务，例如：广东省汕头大学"点亮心灯，重展欢颜"癌症患者关怀项目；共青团江苏科技大学计算机科学与工程学院委员会"心语娃娃"助聋阳光行动；陕西科技大学关爱农村自闭症儿童阳光助残项目；天津师范大学天嘉陵北里社区义务帮扶外来务工子女实践服务；同济大学遮阳伞法律援助志愿服务等。

拓展阅读

江苏大学开展助残阳光行动

在第25个全国助残日到来之际，江苏大学高度重视助残志愿服务行动的组织和开展，并提前两周谋划筹备，安排全校志愿者与长期结对的社区、残疾人服务中心和残疾人家庭对接联系。

5月13日，江苏大学环安学院志愿者联合镇江市残联智障亲友协会、市南徐培智园以及市穆源民族小学师生共同举办"心连心·手拉手·走向美好的未来"主题活动，部分残疾人亲友也参加了活动。活动现场，镇江市穆源民族小学带来精彩的民族舞蹈，市南徐培智园的智障学生精心表演了兔子舞、踏踏舞、甩葱歌等节目，赢得现场阵阵掌声。志愿者们现场表演了手语操《我相信》，用独特的方式表达对残疾人群的关注。

5月15日，江苏大学电气学院志愿者走进镇江市润州区康乃馨惠民服务中心，与重度残疾人一起进行串珠工艺品制作，体验残疾人的创业状态，感受他们自强不息的生活态度，并向残疾人赠送红包和小礼品，迎接5月17日全国助残日的到来。

5月17日下午，江苏大学能动学院志愿者来到跃进桥附近的残疾人（渐冻人）刘阳家中，并开展互动游戏环节、非正式小型辩论会等，志愿者们还带着刘阳外出散心、赏花，与他进行交流，其间涉及军事、环保、游戏、就业等多个话题，双方在此基础上建立起了良好的友谊。

5月17日下午，江苏大学医学院志愿者则在校内举办"心手相牵，共享阳光"5·17助残日的活动。志愿者模仿残疾人，并进行引导工作，让同学们站在盲人的角度上，体验他们的生活，感受到残疾人的乐观与坚强。

江苏大学志愿者助残日活动受到光明网的报道，通过这一系列活动，向社会传达了关心身边残疾人的信息，更重要的是为残疾人家庭带去了社会的关怀和温暖，让他们了解到这个社会对他们的关心，鼓励他们更加坚强地生活。

（资料来源：中国青年志愿者网 2015 年 5 月 25 日）

（二）农村扶贫开发

大学生参与农村扶贫开发志愿服务活动源于团中央 1996 年开始试点的青年志愿者扶贫接力计划。该计划采取公开招募的办法，动员大学生为一些比较落后的地区提供基础教育、医疗卫生、科技推广、发展规划等方面的志愿服务。我国大学生志愿服务西部计划和暑期的"三下乡"活动是典型的农村扶贫开发志愿服务活动。

拓展阅读

河南 728 名大学生志愿者赴西部和欠发达地区服务

2016 年 7 月 21 日晚，随着 T197 次列车的开动，242 名河南大学生志愿者踏上了奔赴新疆开展为期 1~3 年志愿服务的征程。

"到西部、到基层去实现人生抱负是我的梦想，我一定不负所托，在服务期内踏实工作、热情奉献，为边疆的繁荣稳定贡献青春、智慧和力量。"2016 年西部计划志愿者丁宇说。这名刚刚走出商丘师范学院大学校园的应届毕业生，将奔赴新疆自治区基层开展为期两年的志愿服务。

2016 年河南省大学生志愿服务西部计划、贫困县计划于 4 月启动，河南省近 4000 名大学毕业生响应号召，积极报名。经过严格选拔、身体体检和心理测试，共选拔出 728 名大学生志愿者。其中，377 名大学生志愿者将赴新疆、西藏、宁夏、重庆、云南、贵州等地开展志愿服务；71 名研究生支教团成员赴新疆、西藏等地开展支教服务；200 名志愿者到河南兰考、滑县等贫困县的贫困乡镇开展支农、支教、支医等志愿服务工作；80 名志愿者到河南基层团县委开展基层青年工作。

（资料来源：中青在线 2016 年 7 月 23 日）

（三）城市社区建设

近年来，大学生志愿者结合个人专长和专业特长，以社区为志愿服务基地，广泛开展了学习教育、文体展演、知识普及等丰富社区居民生活、提高社区居民素质的志愿服务活动。

> 拓展阅读

深圳职业技术学院与社区共建"四点半课堂"

2012年5月21日下午4点30分，南山西丽第二小学五(2)班的王思捷放学后，来到操场上。五年级语文教师任峻嶙已早早等候在这里，在清点、核实王思捷等20多个学生后，她便和一年级数学老师陈万里带着排好队的学生，步行5分钟左右来到西丽街道曙光社区服务中心，开始"四点半课堂"。

"四点半课堂"是曙光社区工作站站长李瑞爱及同事、西丽二小师生、高职院学生义工之间使用的"专有名词"，特指一批特殊的学生下午4点半下课后，先到中心做作业、看课外书籍、开展课外主题活动，一直到6点钟结束。

这里的"课堂"实际上是中心一楼综合活动室，面积50多平方米。王思捷等小孩子到后，放下书包就开始做作业。这里，空调已调到26度，桌凳擦得干干净净，摆放得整整齐齐；"上课"的除了以往的老师外，新添两个"准老师"：深圳高职院学生义工——2011级金融专业一班学生麦淑铃和电会专业四班学生管怡君。

在做作业的过程中，任峻嶙、陈万里结合教学课目，分别对个别学生的作业进行了现场指导。1个小时左右后，作业基本做完，麦淑铃、管怡君开始带领小孩子做游戏活动，不时传来孩子们欢乐的笑声。半个小时很快过去了，孩子们的父母下班后陆续来到这里，笑呵呵地将子女带回家。

曙光社区面积3平方公里，人口3万多，辖区大多是双职工家庭，一般下午6点钟下班，而小孩子下午4点半放学后无人照管，四处游荡，有的甚至滋事。西丽二小老师头痛、家长不放心又无能为力。

李瑞爱和社区同事在与学校老师交谈得知后，纷纷思考如何让孩子安全度过这两个小时的"管理真空"。经和相关单位反复讨论，2009年5月10日"四点半课堂"终于迎来第一堂课：学生为30名三、四、五、六年级父母"双职工"的小孩。之后，每周一、三、五，西丽小学教师义工、社区社工、社区退休老教师、社区工作人员按照日程表，轮流开展"四点半课堂"服务和管理。他们还一同制定包括学业辅导、兴趣培养、科普常识辅导、团队活动、物物交换活动、社区实践和社区服务等主要课堂内容。

大半年后，一个问题出现了：义工组织在安排人员上有困难，难保障长时间派出固定人员，这样不利于对小孩子服务管理。

2010年1月，高职院经管学院开展创建"爱心型"党支部等创建活动，由学生自己寻找相关活动内容。该院师生得知后，立即决定从这年3月起，派出学生党员、入党积极分子组成支教人员，加入到"四点半课堂"活动，每次大概2~4人。同时，制定相关服务事项，如：到社区服务前后要签到、登记；不得在服务间玩手机、做其他事情；要与小朋友建立友谊等。

从此，这个由学校、社区共同组建的"四点半课堂"，除特殊原因外，没有一次停课。五（2）班学生郑丽霞坦言，她非常喜欢这里，自己放学回家后一个人非常孤独。在这里，做作业时不懂可以问哥哥姐姐，还可读到《昆虫历险记》等科幻、神话小说。郑丽霞的母亲也表示，自己开服务店忙生意，"四点半课堂"解除了他们的后顾之忧。

学生义工麦淑铃说，刚来课堂，班上有一个小朋友非常活泼，不知道怎么和他相处。通过观察，发现其爱绘画，就帮其找漫画书看，逐渐和小孩子找到共同语言。最后，他们成为好朋友。

西丽二小政教处主任刘书平说，深圳一些家庭家长文化程度不高，又没时间辅导，有的还是老人隔代管理，小孩子下午4点半放学后管理失控现象普遍存在，希望"四点半课堂"模式能够推广。

（资料来源：深圳特区报2012年5月22日）

（四）生态环境保护

我国大学生环境保护志愿服务始于1999年6月启动的"保护母亲河"青年志愿者绿色行动计划。近年来，大学生志愿者开展了一系列的环境保护和生态建设志愿服务活动，为环境友好型社会建设做出了重要贡献，如：吉林省东北师范大学"盐治有茶"环保志愿服务项目；安徽省安徽大学保护长江江豚行动；同济大学绿行者志愿服务中队"绿济万家"项目；南京农业大学绿源环境保护协会"保护母亲河——秦淮环保行"项目；三亚学院志愿者服务社"污水上的城市"——三亚河河水污染问题倡导行动；西北大学生命科学学院青年志愿者队秦岭山脉森林生态恢复环保项目——为金丝猴植树等。

拓展阅读

大学生志愿者做鸟巢　倡导保护环境爱护鸟类

"我也想给小鸟们做个家，让它们住进来。"铺上小草，垫上棉花，涂上色彩。3月22日，在阎良公园里，5岁的晏子凡拿起"装修一新"的鸟巢，高兴地要挂起来给鸟儿们住。当日，来自西安航空学院阎良校区"青年志愿者联合会"的同学们制作了50多个"精致"鸟巢，在阎良公园里倡导市民保护环境，爱护鸟类。活动现场吸引了众多人参与，大家也纷纷动起手来，在春天给鸟儿安个温暖的家。

当天下午的阎良公园游人如织，热闹异常，人群中头戴小红帽的大学生志愿者和一字排开的鸟巢很是引人注意。宣传环境保护知识，和市民们一起做鸟巢，在白纸上绘画美丽蓝天……志愿者们通过互动游戏吸引过往游人纷纷驻足,大家一起为鸟儿们装修舒适的"家"。制作完成后,志愿者们和市民一起将50多个鸟巢高高挂在了公园的大树上,期待鸟儿能够入住。

"这些鸟巢都是环保材料做成的,我们花了很多心思呢!"郝耿耿是这支志愿者队伍的总队长,他告诉记者,希望通过这个活动,让大家都能够保护环境,爱护鸟类,让阎良更美。

(资料来源:陕西传媒网 2015 年 3 月 23 日)

(五)文化宣传教育

大学生结合个人知识结构,以社区、景区、文化场馆等为场所,开展向市民普及常识、传授知识、传播文化的志愿服务活动已经成为大学生志愿服务的一个重要领域,如:华东政法大学团委法律学校禁毒教育与法律服务项目;浙江理工大学材纺学院团委丝绸文化讲解志愿服务项目;聊城大学音乐学院"音乐文化课堂进乡村";深圳职业技术学院非物质文化遗产进社区志愿服务等。这些志愿服务项目对传承中华文明、促进社会和谐有着重要作用。

拓展阅读

上海大学生普法志愿者服务市民

12月6日,正值上海市宪法宣传周活动期间,上海大学生普法志愿者来到商业区、社区等地开展宪法宣传、法律咨询等活动,向市民宣传宪法及相关法律知识,提供法律援助,服务市民。多年来,上海坚持开展大学生普法志愿活动,这已成为上海"宪法宣传周"期间本市的一道靓丽的风景线。

为进一步学习宣传贯彻党的十八届四中全会精神,由市教卫系统法宣办联合本市多所高校,举办了以"秉持宪法精神 弘扬法治文化 建设法治上海"为主题的宪法宣传周(12月1日至7日)活动,并在12月6日在中山公园主会场,会同长宁区法宣办等单位联合开展了宪法宣传、法律咨询和提供法律援助等专题活动,华东政法大学等相关高校的大学生普法志愿者、法学专家以及市教卫系统法宣办、长宁区法宣办的有关领导参与了主会场的活动。这也是2014年上海市第二十六届宪法宣传周活动的重要组成部分。

在上海市第二十六届宪法宣传周系列活动期间,各相关高校(含有法学院或法律系)和上海市大学生志愿者分别在校园内、商业区、社区等开展了形式多样的活动,如:在校园内开展宪法和法律知识讲座、组织大学生参加法院庭审旁听活动等;在商业区向广大市民广泛宣传宪法和市民关心的法律法规,为广大市民就日常生活中遇到的法律问题答疑解惑,并积极为市民提供法律援助。对当场不能回答的问题,华东政法大学等有关高校通过后续整理、查阅法律资料和咨询专家等途径积极加以妥善处理,并以信件或邮件等形式将结果予以反馈。整个宪法宣传周活动共有7所高校参与,参加志愿活动的师生达400多人次,咨询服务对象达千人以上,宣传辐射面超过万人。此次活动不仅提高了相关高校的法制宣传教育水平,也增强了附近社区居民的法制观念,推进了普法教育的广度和深度,对建设法制社会、和谐社会做出积极贡献。

通过法制宣传日以及宪法宣传周志愿服务的系列普法活动,大学生检验了所学知识,锻炼了能力。在为广大群众服务的同时,也为我国的法制建设贡献了绵薄之力。诸多普法志愿者感言,自己在活动中体会到了学以致用的成就感和服务于市民、奉献社会的乐趣,增强了主人翁意识和社会的责任感、使命感。

(资料来源:上海教育新闻网2014年12月6日)

(六)服务大型赛会

组织大学生志愿者为大型活动提供志愿服务已经是国际通行的做法。根据中国人民大学人文奥运研究中心副主任魏娜对北京奥运会、残奥会志愿者工作的调查,2008年北京奥运会77169名赛会志愿者中51507名是大学生志愿者,残奥会44261名赛会志愿者中31861名是大学生志愿者。大学生不仅是赛会志愿者的主体,也是40万城市志愿者的重要来源。大学生志愿者在北京奥运会、残奥会志愿服务上的突出表演赢得了"鸟巢一代"的称号。自此,大学生志愿者成了各级各类大型赛会志愿服务的主力军,如上海世博会的"海宝一代",深圳大运会的"UU一代"等。

拓展阅读

1868名深职志愿者服务本届深马

2015年12月5日是第30个国际志愿者日,也是第三届深圳国际马拉松赛开赛的日子。赛场上,参赛选手的精彩表现固然让人拍手称赞,但那些默默无闻、无私奉献的1868名深职志愿者们——马拉松的护航者,也是深马赛场内外一道最闪耀的风景线,他们为赛事的平稳开展提供最有力的支持。

2015年是深职院志愿者独立服务马拉松赛事的第三个年头。随着参赛运动员人数的增加,1868名深职志愿者的人数也创了该校历史新高。为了解决全程直播、比赛路线改变等各种难题,深职院早在一个月前就开始了精心的筹备和筛选,先后组织了14场培训,还出台了《深马志愿服务十条规范》。为了确保赛事的顺利进行,校团委负责人和学院带队老师纷纷提前踩点,并为志愿者们"开小灶",对纪律、岗位规范、精神面貌提出了前所未有的要求。

深职志愿者分布在竞赛部、医疗部、后勤部、接待部、办公室、新闻宣传部、市场开发部、志愿者部、安保交通部共9个部门28个组别，工作涉及运动员检录、存寄物品、物资发放、医疗协助、安保检查等多个方面。同时学校还派出礼仪队员12人，负责起跑点市领导鸣枪以及颁奖礼仪，以及两支啦啦操队伍为马拉松现场助兴。

（资料来源：羊城晚报2015年12月8日）

（七）应急救援服务

大学生应急救援志愿服务已经成为国家应急救援体系的重要组成部分，是专业应急救援的重要辅助力量。从2003年的抗击"非典"到2008年的汶川地震救灾，大学生志愿者响应国家号召，紧急行动，投身于危难之中，做出了应有的贡献。

拓展阅读

上海首支高校应急安全志愿者服务队成立

2016年3月30日下午，"上海理工大学应急安全志愿者服务队"正式成立，这是上海高校中首支应急安全志愿者服务队。

据悉，服务队旨在充分发挥高校大学生志愿者在应急和突发事件中的积极作用，推广个人自救与互救的技能，最大程度地保证生命安全健康。服务队目前共有40余名队员，分别是来自各学院优秀志愿者代表、部分有应急安全经验的退伍大学生士兵以及参加过上海市民安防灾减灾志愿服务中心培训的学生。

服务队将通过开设专题讲座，设置培训课程，编制实训手册，举行模拟演练等形式，全面提升大学生科学自救的能力。同时服务队还将向社区、附属学校等提供相关志愿服务，为平安社会的建设发展贡献一份力量。

据团委负责人介绍，学校将借助此次与上海民安中心合作成立服务队的契机，探索创立上理工具有专业化和品牌化的高校志愿服务和应急安全志愿管理体系。未来争取将上海市应急安全志愿服务培训中心落户上理工，形成辐射效应，让更多的高校志愿者参加到专业培训中来。

据悉，上理工青年志愿者服务队自1994年成立以来，经过二十多年的蓬勃发展，现已成为一支规范、成熟、有影响力的组织机构，目前注册志愿者4550人。服务队不仅积极参与上海赛会服务、智力助残、环境保护、敬老爱幼、社区建设、志愿服务西部计划和扶危济贫等各项公益志愿服务活动，并在北京奥运会、上海世博会、世游赛、韩国丽水世博会、深圳大运会、亚信峰会、全国大学生运动会、国际花滑世锦赛等众多大型赛事志愿服务活动中崭露头角，充分展示了大学生良好的精神风貌和志愿风采。

（资料来源：上海教育新闻网 2016 年 3 月 30 日）

（八）校园日常服务

为了在校园内营造良好的"赠人玫瑰 手有余香"的志愿服务文化，大学生志愿者常常在校园内开展服务广大师生的志愿服务活动。目前，校园日常服务类志愿活动主要有服务校园活动、服务学生学习生活、服务新生入学、服务学生就业、开展文明宣传等项目。

拓展阅读

迎新志愿者：将服务进行到底

又一个收获季，又是一年迎新时。9 月 9 日，我校彩旗飘飘，处处洋溢着忙碌而喜悦的气息，深职院大家庭今年喜迎 8000 余名来自祖国各地的莘莘学子。为了能让"小鲜肉们"尽快融入校园，享受精彩的大学生活，老师学长学姐们也是蛮拼的。从早上 7 点开始，留仙洞、西丽湖、官龙山各校区的迎新工作人员及志愿者们都已各就各位，以饱满的热情迎接新同学的到来。一样的服装，不一样的辛苦；不同的站点，相同的用心服务，这就是我们可爱可敬的志愿者们。从各个接站点、学校门口、绿色通道咨询处，到新生报到处、校园主干道，迎新的整个过程处处可以看得到志愿者们忙碌的身影，感受到他们热情和真诚的服务。志愿者们的用心服务让校园更有爱心，传递了正能量，让新生来的安心，家长回的放心。

（资料来源：深圳职业技术学院校园网 2015 年 9 月 10 日）

第二节　志愿服务项目的开发与策划

一、志愿服务项目开发的内涵

志愿服务项目开发指的是志愿服务组织通过调查分析志愿服务的社会需求，结合自身资源，确定志愿服务方向，并策划志愿服务活动的过程。随着我国志愿服务的深入开展，大学生志愿服务的参与意愿高涨，但缺乏参与志愿服务的机会。因此，开发出足够多和足够好的志愿服务项目是提高大学生志愿服务水平的关键。志愿服务项目的开发已经成为志愿服务组织的一项重要工作。

社会需求是志愿服务项目开发的出发点，以社会需求为切入点，确定志愿服务内容、范围和工作要求，是有效开展志愿服务工作的基础。江苏科技大学计算机学院根据第六次全国人口普查的我国总人口数、第二次全国残疾人抽样调查的我国残疾人口数占全国人口数的比例以及各类残疾人口数占残疾人口数的比例，发现我国聋哑人是一个庞大的群体，并通过调查发现聋哑人是沟通最困难的残疾人群体。为了解决聋哑人和普通人的沟通困难问题、聋哑人和普通人的手语学习问题、公共服务单位对聋哑人的服务质量问题以及聋哑人融入社会问题，该学院借助科技力量，开发出"互联网+"产品"手语翻译器"，并开展了让我"听"懂你"心语娃娃"助聋关爱志愿服务行动。

拓展阅读

结合当地资源挖掘创新项目

山东曲阜志愿者协会会长宋娟在走访时发现，当普通人家的孩子假期在夏令营、补习班度过的时候，留守儿童却无处可去，甚至经常听到留守儿童溺水身亡的消息，"留守孩子感情缺失，情绪无处宣泄，很容易悲观。在假期，没有学校老师引导，更容易出现事故"。

"怎么能让这些孩子有人管？怎么能聚拢这些孩子？怎么能让他们在假期中既玩又学？"这几个问题在宋娟心中挥之不去，于是，"留守儿童国学圣地游"的项目诞生了。

项目化运营，这已是山东青年志愿服务的发展趋势。团山东省委党组成员、纪检组长谢宁发现，2008年北京奥运会特别是2009年山东全运会后，山东青年志愿服务呈现出井喷式的发展局面，志愿者数量急剧增加，服务领域越来越广，工作机制越来越完善，社会影响力也不断扩大。但是，分散自主的活动方式仍亟待转变。

宋娟认可这一点。她说，与此前没有成项目的、零散的活动相比，现在的项目受众面更广、影响更大，每一期都接收100个来自全国各地的留守儿童参加活动，"孩子们来到孔子的故乡可以学习中国的文化，对孩子们的影响更加长远"。

把关爱留守儿童、弘扬优秀传统文化和利用当地儒学资源融合在一起，这并不只是简单的加法式创新。"国学是博大精深的，是需要我们的下一代进行传承的，我希望留守儿童们都可以走出自己的家乡，多去学习。"宋娟说，4年多来，她的项目从未间断实施。

（资料来源：中国青年报2015年8月28日报道《新而专的志愿服务项目才会成为社会宠儿》）

二、志愿服务项目开发的基本原则

（一）践行志愿精神

由于志愿服务活动是不计报酬的，志愿服务项目开发时构建一定的超越物质利益的意义框架非常重要。这种意义框架便是践行志愿精神，这是志愿服务行动的主旨。志愿精神是指志愿者通过志愿服务所凝结的奉献、友爱、互助、进步精神。这种精神是一种基于道德和良知的不图回报的精神，一种自觉自愿奉献社会的精神。这种精神深刻体现了中华民族的传统美德，反映了社会发展进步的时代要求。社会上有少数人认为志愿服务活动是一种做秀。之所以产生这种偏见，是因为有些志愿服务活动存在单纯强调场面轰轰烈烈的问题，有些志愿服务活动走过场，没有给服务对象带来真正的帮助，有些志愿服务活动只注重短期效益，以致有"雷锋叔叔三月来，四月走"的批评。因此，志愿服务项目开发应坚持的首要原则是践行志愿精神。

（二）坚持需求导向

志愿服务组织开发志愿服务项目要坚持需求导向。首先，志愿服务项目要符合服务对象的实际需求。志愿者不计物质报酬地奉献个人的时间和精力，造福于他人和社会，如果所提供的服务不能满足服务对象的需求，甚至导致服务对象消极反感，志愿服务就失去了根本的意义。其次，志愿服务项目要符合志愿者的参与动机需求。不同的志愿者参与志愿服务活动有不同的动机需求，在满足志愿服务对象的需求之后，志愿服务组织还要考虑志愿者的期待，以提高志愿者的参与热情。另外，志愿服务组织开发项目时不能忽视组织自身的发展需求。志愿服务组织自身有健康发展的需求，开发志愿服务项目时要从组织的自身定位出发，根据志愿服务活动的规律，结合组织自身发展目标，设计和开展志愿服务活动，以实现组织发展的长久性。

知识窗

什么是最好的志愿服务项目

在西方有一种比较流行的理论，主张从志愿组织、志愿者、服务对象三者需求的最佳契合点中选择志愿服务的领域，设计好的志愿项目。

志愿组织、志愿者、服务对象三者需求一致（完美结合）：服务对象的一些需求与志愿服务组织提供的服务内容一致，也与某些志愿者的期待相符。如果你刚刚着手一项志愿服务项目，最好从这个领域开始。

志愿组织与志愿者的需求一致（不错的组合）：组织与潜在志愿者的需求相符合。这时候志愿项目的设计就需要多花一点心思，让志愿者充分了解提供这项服务而不是所期待的服务的原因和意义，才能让志愿者了解他们确实能帮助到服务对象。

志愿组织与服务对象的需求一致（潜在机会）：组织与服务对象的需要相符合，

但跟潜在的志愿者的需求不符合，志愿服务组织应该考虑到围绕组织的宗旨扩张新的志愿服务项目。

志愿者与服务对象的需求一致（危险组合）：志愿者与服务对象的需求相符合，但这项需求并不在志愿服务组织的服务范围内，需要阻止志愿者临时起意、扩大工作范围，有效的办法是向志愿者保证，组织会及时调整使命，满足服务对象的其他需求，或者把志愿者介绍到其他的志愿服务项目中去。

（资源来源：北京志愿者协会编著.志愿组织建设与管理[M].北京：中国国际广播出版社，2006，47.）

拓展阅读

需求导向是北京奥运会观众服务项目的特色之一

2003年8月，北京奥运会观众服务项目正式启动。首先遇到的困难是，往届奥运会观众服务领域的垄断性承办。美国现代国际赛事服务公司对自身知识产权以及以盈利为目标的高度保护，使我们缺乏可供参考、借鉴的成果和资料，无法深入了解往届奥运会观众项目内容与运行模式。为解决这一问题，我们从工作关系最密切的部门和人员入手，通过访谈、国际奥委会培训、知识转移等渠道迂回地搜集信息，"拼图"形成往届奥运会观众服务运行全貌，学习但不囿于以往经验。在分析国内外大型赛事服务经验以及奥运会观众需求的基础上，我们重新思考项目定位和总体布局，思考如何在以往奥运会的成功经验中有所突破，创造性地提出了"需求导向、全程关怀、专业规范、标准统一"四大服务特色。

特色之一：需求导向

观众服务的意愿与使命，是以积极友好的方式为奥运会观众提供全方位的信息、帮助与服务，营造安全、祥和、欢快、热烈的赛场氛围，使观众获得愉悦、有价值的奥运会以及残奥会经历，形成对2008年奥运会的良好印象和积极评价。用一句话概括，就是让观众满意。

为实现上述目标，观众服务团队于2004年聘请零点研究咨询集团开展了"观众需求系列调研活动"，2005年组织奥委会内外相关单位共同开展"观众经历模拟活动"，沿观赛经历逐个环节分析观众的硬件设施需求、信息内容需求、服务项目需求，在此基础上形成观众服务的总体方案。在方案制定过程中，我们始终坚持满足观众需求，观众需要什么，我们就提供什么，观众需要何种方式的服务，我们就提供何种方式的服务；坚持做观众群体的代言人，主动与相关部门沟通，确保其服务政策和安排满足观众需求，符合观众利益。

需求导向的定位，成为我们服务创新的源泉。从观众需求出发，从观众利益最大化出发，北京奥组委在服务内容、服务方式、服务理念、服务培训方面进行了一系列创新，赋予服务更加旺盛的生机与活力。

（资料来源：黄克瀛著．北京奥运会观众服务志愿项目管理研究［M］．北京：中国人民大学出版社，2013，241-242.）

（三）合理控制风险

志愿服务项目开发需在志愿服务组织的权限与服务能力范围内，量力而行，合理控制风险。志愿服务组织要根据自身的组织能力、志愿者专业素质、可用的各种资源以及组织面临的限制和困难，合理开发志愿服务项目。对于超出志愿服务组织能力范围内的项目，要充分论证其实现的可能性和存在的风险。大学生志愿服务组织进行志愿服务项目开发时，不仅要考虑服务时间的合理安排、服务能力的专业范围、服务经费的额度限定、是否符合法律和政策规定等因素，还要提供大学生志愿者的安全保障，避免志愿者的合法权益受到侵害，尽可能把未知与已知的风险控制到最小，做好安全应急和风险控制预案。我国《志愿服务条例》明确规定，志愿服务组织应当为志愿者参与志愿服务活动提供必要条件，解决志愿者在志愿服务过程中遇到的困难，维护志愿者的合法权益；志愿服务组织安排志愿者参与可能发生人身危险的志愿服务活动前，应当为志愿者购买相应的人身意外伤害保险。

（四）考虑持续发展

志愿服务项目是志愿服务组织存在的先决条件，志愿服务组织在进行志愿服务项目开发时要考虑项目的可持续性和组织的可持续发展。大学生志愿服务组织的志愿者有流动性强的特点，结合专业特长开发大学生志愿服务项目，运用专业知识开展志愿服务，一方面可以提高志愿者参与意向，提升服务水平，另一方面有利于项目的可持续开展。建立志愿服务基地，开发可持续模式的项目有助于志愿服务组织的可持续发展。

拓展阅读

启示

1."责任—奉献"及其启示

今天的青年志愿者，是一代新型的志愿者，他们参与具有奉献意义的志愿活动，更多地是出于责任伦理的考虑，而不是出于信念伦理。他们非常关注志愿行动的客观效果，而并不是仅仅满足于象征性地进行富有奉献符号价值式的表演。在他们心目中，志愿组织开展的一些活动，实际上就是一个个正在实施的"社会项目"。他们不仅在各种项目间进行选择，更重要的是，他们特别关注项目本身的意义和价值。对于那些只具形式主义意义的志愿活动，如"学雷锋日"去河边或公园打扫卫生之类的活动，他们往往不屑一顾。在他们看来，这类活动毫无必要和价值，因为它是园区或公园清洁工的份内之事。他们真正想参与的志愿活动，是那些能为社会当中的弱势群体办实事的"献爱心活动""支农支教活动""西部阳光行动""扶贫接力计划"和"大学生三下乡活动"等等。

这一发现的启示是，对志愿活动项目的策划，要力避形式主义，而在活动实施当中，要求实效。否则，所实施的活动项目将对青年没有任何吸引力。

2. "发展—奉献"及其启示

从理论上讲，志愿行动是一种不计报酬和回报的奉献活动。但从现实层面看，当代志愿者，他们在参与志愿活动时，是有所期待的。从本次调查来看，相当多的中国青年志愿者在谈及自己的参与动机时，除了提到传统的参与动机（如责任感、帮助他人、做些对社会有益或有意义的事情）外，还提到了许多与个人发展相关的动机，如专业实践、专业研究、锻炼能力、扩大交往圈、丰富生活、了解与适应社会、寻机会找个兼职等等。这意味着，青年志愿者的奉献，是建立在自我发展基础之上的奉献。至少，在他们看来，这种奉献不应与他们自身的发展相冲突。

这一发现的启示是，对于志愿活动项目的设计，要充分重视志愿者在行动中是否能够获得进步和发展；而在进行志愿活动的社会动员时，要更多地从青年自身发展的角度来进行宣传，而不能仅仅停留在社会需要的视角。

3. "快乐—奉献"及其启示

本次调查发现，被访志愿者提到的许多参与动机都与个体的快乐有相当程度的关联。这意味着在他们心目中，志愿活动中的奉献，是一种快乐的奉献，而不是一种痛苦的奉献。

这一发现的启示是，大众媒体在宣传志愿活动，尤其是在宣传志愿行动者时，要多一份快乐，少一点痛苦。

4. "量力—奉献"及其启示

在本次访谈调查中，有的志愿者谈到，志愿奉献应当量力而为，要在"自己力所能及的情况下干一些自己力所能及的事情"。

这一发现颇具启示，它意味着，不要过度地拔高青年志愿者在志愿活动中的奉献精神，他们追求的是量力奉献，而不是透支奉献。与此同时，它也提示媒体，榜样的宣传要具有可学性，要尽可能多地报道那些在力所能及的范围内做出突出贡献的志愿者。

综上所述，笔者认为，下列四句话可成为志愿活动之社会动员的口号：

"我参与、我奉献、我发展、我快乐。"

（资料来源：吴鲁平. 志愿者的参与动机：类型、结构——对24名青年志愿者的访谈分析 [J]. 青年研究，2007（5）：31-40.）

三、志愿服务项目开发的基本环节

志愿服务项目的开发一般分为志愿服务市场分析、志愿服务具体需求分析、志愿服务项目策划三个环节。

（一）志愿服务市场分析

在开发项目时，志愿服务组织需要对志愿服务市场有总体的了解。志愿服务市场是指随着政治、经济和社会的发展，为让志愿服务成为社会和谐与民生工作的重要力量和有效补充而形成的志愿服务需求与供给关系的总和。志愿服务市场分析是指根据志愿服务需求和供给市场，确定志愿服务组织开发志愿服务项目的主要方向和基本领域。

志愿服务项目的实施是为了帮助解决一定的社会问题和满足一定的社会需求，志愿服务市场分析首先要结合志愿服务组织发展愿景分析有哪些可以通过志愿服务协助解决的社会问题和可以满足的社会需求。例如农村山区的贫困家庭子女失学问题、因自然灾害而遭受人身财产损失的人民、需要生活照顾的残疾人和老人、农村进城务工人群的城市融入与公平劳动问题等。在分析社会问题和社会需求的基础上，定位志愿服务项目的基本领域，可有效弥补政府服务和市场服务的不足，为政府分忧、为百姓解难，有利于形成团结、友爱、互助的和谐社会氛围，维护社会稳定。

在确定志愿项目的方向之后，志愿服务市场分析还要对目前已有的类似志愿服务项目进行调研，了解相关志愿服务产品的供给情况，分析类似志愿服务项目的成功经验与存在问题，以此优化项目实施方案。

（二）志愿服务具体需求分析

为了满足志愿服务对象的实际需求，动员志愿者积极参与志愿服务活动，实现志愿服务组织自身宗旨和目标，志愿服务组织开发志愿服务项目时需要进行志愿服务具体需求分析。志愿服务需求分析是指在志愿服务项目开发前，结合志愿服务对象、志愿者、志愿服务组织等各自的需求，为确定志愿服务的目的、范围、资源配置、组织功能等所做的调查、分析和界定工作。志愿服务需求分析是将需求转化为服务目标的过程，它能帮助志愿服务组织确定服务对象的内容、志愿者的数量与要求等，是志愿服务项目开发的一个关键环节。

志愿服务具体需求分析步骤主要有：

1. 根据组织自身使命和战略确定服务对象；
2. 寻找已经提供类似服务的组织或项目，对服务对象、提供服务的组织进行调查；
3. 针对服务对象期待解决的问题，找出尚未满足的服务需求；
4. 根据志愿服务对象需求，明确志愿服务组织提供的志愿服务范围和目标；
5. 根据志愿服务范围，分析完成相关志愿服务任务的主要资源，包括志愿者数量与素质要求、物质资金需求等。

拓展阅读

客户需求分析法在北京奥运会观众服务项目计划中的应用

奥运会观众服务的目标、定位与服务内容受主办国国情和文化影响很大。观众服务计划的制订，不能简单照搬往届模式，必须建立在对观众心理以及服务需求的充分研究基础上。为此，我们积极尝试，引入服务管理领域客户需求分析法，将其作为战略计划和运行纲要的分析工具。这一分析方法获得了国际奥委会高度赞扬，并确定为标准化工具，向其他客户群代表部门及未来组委会推荐使用。

战略计划伊始，我们聘请专业机构开展"北京奥运会观众需求调研"，针对高校学生、北京本地居民、外省市居民、海外华侨、外国人与残障人士这6类潜在的观众群体进行深入分析，全面了解不同群体的观赛动机、服务需求、预期与担忧。以这些服务需求为核心和出发点，我们提出了关于观众服务的总目标、工作范围与服务方案的基本设想，搭建了北京奥运会观众服务总体框架。

考虑到观众需求分布在奥运之旅的不同环节，在观众需求研究的基础上，我们组织开展"观众经历模拟活动"，构建了"北京奥运会观众经历模型"。(1) 该模型将奥运会观众分为5种类型：北京本地观众、国内京外观众、中国港澳台观众、外国观众、有特殊需要的观众。(2) 该模型对不同观众群体的构成、观赛经历与服务需求进行了详尽的研究。其中，中国港澳台与外国观众的奥运经历被划分为10个大环节，37个小环节；国内京外观众的奥运经历被划分为9个大环节；北京本地观众的奥运经历被划分为6个大环节。(3) 结合观众的奥运经历，逐一环节对观众的服务需求、硬件设施要求与信息提供需求进行分析与总结。这些详尽的需求就是我们设计服务方案的根本依据。观众服务运行纲要、示范场馆运行计划以及每一条政策与程序都建立在上述分析的基础之上。

（资料来源：黄克瀛著.北京奥运会观众服务志愿项目管理研究［M］.北京：中国人民大学出版社，2013，244.）

知识窗

常见的志愿服务需求调研方法

问卷调查：设计调查问卷，确定目标群体，组织填写，回收问卷以及数据整理、统计、分析。问卷调查这种方式的优点是调研覆盖面广、信息量大，缺点是需要避免代填、乱填。

交流访谈：通过个别访谈、电话采访、网络互动等方式进行一对一的沟通了解，或以小型座谈会的形式邀请一部分代表参与讨论。这种方式优点是深入了解需求，缺点是存在调查群体数量小的局限性。

实地考察：深入到计划开展志愿服务的地点，通过实地考察的方式了解服务对象的真实需求。实地考察对于参与社会建设和社会服务的项目优势明显。

资料研究：志愿服务需求分析还可以通过调查相关文献资料进行。这种方式有助于对志愿服务项目的综合了解。

一般来说，志愿服务需求分析应该结合实际情况，可选择其中几种方式结合进行调研，以获取准确、全面的信息。

（资料来源：张兴博，朱剑松主编.大学生志愿服务理论与实践知识读本[M].成都：西南交通大学出版社，2014，52-54.）

拓展阅读

某志愿服务组织进行需求调研的途径和方法

1. 大型问卷调查。每年年初，由街道志愿者协会组织全街道性的双向问卷调查，以居民群众和社区单位为调查对象，以志愿者为调查员，以"居民需要哪些服务""志愿者愿意为他人提供哪些服务"为内容，进行调查。通过调查获取了大量的供需信息、人力资源信息。这种调查的调查范围之广，收集信息之多，后期处理之完善，在街道层次上实属罕见，而且调查结果一年好于一年，志愿者的提供与群众的需求一直保持在2∶1的比例。通过发卷、收卷、回访、核实、归纳、整理、分析、综合等严格步骤，既为志愿者服务提供了依据，又为服务搭桥指明了具体对象。

2. 志愿者分会的小型调查。为适应群众的需求，各居委会志愿者协会分会根据季节变化、社会形势变化，通过座谈会、谈心等形式每年对居民进行四五次社会调查，为辖区居民就近方便地解决一些临时需求。例如暑假期间双职工的子女学习辅导问题，冬季来临如何运送冬煤上楼、雨季来临房屋漏雨问题，都可在小型调查中摸清底数就近结对解决。

3. 灵活多样的个别调查。其一，会员入户走访，随时了解需求；其二，建立了644个社区服务信箱，居民可通过信件反馈需求信息；其三，设立13部志愿者电话，方便群众及时反映需求，以及方便子女不在身边的高龄孤老、行动不便的群众及时反映需求；其四，各分会将服务项目用大字招牌公布于众，随时接待群众来访求助。

（资源来源：丁元竹，江汛清编著.志愿活动研究：类型、评价与管理[M].天津：天津人民出版社，2001，63-64.）

（三）志愿服务项目策划

1. 志愿服务项目策划的内涵

志愿服务项目策划是指在对项目实施所在区域的自然环境、政治、文化、经济、社会等因素进行调研和分析的基础上，根据志愿服务需求评估结果，设计志愿服务项目。一般根据策划书的功能来确定撰写的结构和内容。

项目策划书功能之一是要让志愿者了解项目的意义和基本要求，产生参加项目的兴趣。项目策划重点突出该项目的意义、具体情况、对志愿者的要求、安全措施等方面的内容。

项目策划书功能之二是要统一项目管理团队的思想，让大家都了解整个项目的概况。项目策划重点突出项目的目标、预算、分工、评估等方面的内容。

项目策划书功能之三是要将项目介绍给项目资助方，争取各方面的人力、财力支持。项目策划重点突出该项目的意义、可行性和实际操作等方面内容。志愿服务虽然是无偿的，但并不等于志愿服务不需要资金支持、不需要社会资助。相反，社会资源的大力支持是志愿服务长期发展的重要保障。我国大学生志愿服务的资金来源主要是政府资助，高校志愿服务组织已经开始通过志愿服务项目策划和宣传争取一定的社会资源。2014年，广州志愿服务交流会上有近千个志愿服务项目获得了3784万元的资助。

2. 志愿服务项目策划的主要内容

项目管理理论认为，对于一个项目我们应该清楚以下内容：驱动力（我们为何做此事）；来源（谁决定了我们应该做此事）；客户（谁将是最终受益者）；确定程度（项目前期我们对项目结果如何有多少了解）；期望结果（最终的可交付成果是什么）；相关组织（哪些组织将参与）；范围（项目有多大）；复杂程度（相互关联的子系统需要整合到什么程度）；战略层级（是战略还是战术）。根据项目管理理论，结合志愿服务实际，志愿服务项目策划通常需要说明以下内容：

（1）项目概要：对项目进行简要介绍；

（2）社会需求：说明项目背景及关注的社会焦点问题；

（3）组织和执行团队介绍：说明为什么本组织能够实施该项目，组织的优势及可信度；

（4）方案概述：提出解决问题的具体措施；

（5）项目目标：为解决社会问题，满足社会需求，在项目实施之后可预见的成果目标。目标应具有可达成、清晰明了、时间性、可量化等特点；

（6）开展项目活动所需要的资源和财务预算；

（7）项目风险及其防范措施；

（8）项目监测与评估方案：说明如何证明项目是否成功，衡量成果目标的指标体系及检验评估方法；

（9）项目的可持续性发展计划：对项目成果的应用与转化进行说明；

（10）其他资料和佐证等。

知识窗

志愿服务项目策划书撰写

一般而言，项目策划书应该包括以下内容：志愿者来源，服务对象需求分析，项目目标，项目的阶段性安排，项目的责任分工，项目的经费预算，项目所需要的物质设备和文字材料等。模板如下：

"×××××"项目策划书

项目背景（为什么要开展此项目，意义、价值、作用何在）

项目概述（项目的主要内容，要简短、清晰、明确）

组织机构（明确主办单位、承办单位以及志愿者来源）

项目目标（目标明确，避免"假、大、空"）

项目内容（详细介绍要开展的服务内容）

项目时间表（项目具体安排，应包括时间、完成的内容、负责人、面向对象等）

项目预算（应包括从志愿服务组织、招募、培训到项目实施及总结等各阶段的预算，尽量详细、完备）

风险分析与安全预案（对项目可能存在的风险进行分析，如安全问题、易于造成项目失败的各种问题等，最好同时针对每种风险提出解决措施或方案）

（资料来源：陈曦主编. 大学生志愿服务［M］. 北京：冶金工业出版社，2009，104—105.）

拓展阅读

天使小助理医疗志愿服务项目策划书

一、项目组织机构

深圳职业技术学院医护学院志愿服务中心

二、项目需求分析

经我院志愿服务中心在深圳市西丽医院调查发现，病人在整个医疗过程中所经历的各个流程环节会产生相应的心理和物资上的志愿服务需求。如：医院挂号处人流量较多时，病人希望能有志愿者维持队伍的秩序；部分病人对医院各科室的具体位置不熟，耽误诊断时间，病人希望能有指引或带领服务；部分住院期较长的病人有和外界沟通与交流的需要；家庭困难病人需要志愿者号召社会进行捐助；医院对生理康复病人的社区探访和康复状况跟踪人手不足；医院需要志愿者开展社区卫生知识宣传等工作。医疗志愿服务涉及到来院时、在院中和离院后三个环节。

三、项目目标

1. 协助西丽医院开展来诊指引工作，减少病人等候时间；
2. 分别建立完善的病区和社区跟踪探访分组，为病人提供较专业的心理支持；
3. 强化社区卫生知识宣传，协助社区居民预防各种传染性疾病；
4. 建立与专业学习相结合的医院志愿服务基地。

四、项目内容

1. 服务对象：西丽医院病人、附近社区居民
2. 服务时间：课余时间
3. 服务地点：西丽医院挂号大厅、住院病区（非隔离区）和各社康服务中心
4. 服务内容：

（1）医院导诊：协助医院维持挂号处排队挂号工作；为病人提供医院各就诊区域的指引；帮扶有需要的病人等。

（2）病区探访：定期到病房与结对的病人交流，提供心理支持；帮助部分病人家属照顾病人等。

（3）社区服务：与医院一起到社区宣传如何预防传染性疾病等卫生知识；为有需要的已康复病人提供社区照顾服务；收集病人的康复情况，分析其治疗需求；号召社会为特困病人提供帮助等。

5. 志愿者要求：（1）志愿者为医护学院各专业学生；（2）志愿者需要接受专业的培训，含医疗知识培训和医务社会工作技巧培训。

五、项目实施安排（略）

（资料来源：深圳职业技术学院医护学院提供）

第三节　志愿服务项目的组织与实施

志愿服务项目的组织与实施一般分为志愿服务项目岗位设置与志愿者需求分析，志愿者招募、选拔与培训，志愿服务项目的运行管理，志愿服务项目运行总结等环节。

一、志愿服务项目岗位设置与志愿者需求分析

志愿服务项目实施之前，首先要根据志愿服务对象的需求进行岗位设置，确定每个岗位的工作职责与工作任务，并分析每个岗位对志愿者的需求数量以及基本要求，这是招募选拔志愿者的基本依据。

> 拓展阅读

深圳市第八届欢乐闹元宵非遗展演展示活动志愿者岗位设置与志愿者需求一览表

序号	岗位名称	岗位职责	志愿者人数需求
1	秩序维护组	1.引导观众有序入场和退场； 2.引导观众按照场内线路图有序参与各项活动； 3.按照既定方案控制各项活动的参与人数； 4.回答观众关于活动的各类咨询。	22人（一楼出入口各4人，扶手电梯6人，直行电梯4人，三楼出入口各2人）
2	节目联系组	1.演职人员的交通指引以及接待； 2.演职人员的需求沟通、统计与协调； 3.演职人员演出前的准备协助。	6人（每个人负责2个节目）
3	展演服务组	1.演出前各节目的道具检查与准备； 2.演出时各节目道具的排放与撤场。	10人
4	展示服务组	1.展示项目的需求沟通、统计与协调； 2.协助项目艺人展示非遗项目； 3.引导观众有序参观、参与互动。	50人（每个项目2人）
5	灯谜活动服务组	1.引导观众有序参加猜灯谜活动； 2.核对答案并发放奖券。	12人（每处6人）
6	非遗图片展以及知识问答组	1.引导观众有序参观和参与知识问答； 2.核对答案并发放奖券。	8人
合计			108人
备注：以上各组志愿者均参与场地布置志愿服务工作			

（资料来源：深圳职业技术学院非物质文化遗产保护志愿服务队提供）

二、志愿者的招募、选拔与培训

本书第五章已就志愿服务组织对志愿者的招募、选拔与培训进行了详细阐述，现对志愿服务组织为完成组织开发的具体志愿服务项目所进行的志愿者的招募、选拔与培训进行简要介绍。

（一）志愿者招募与选拔

明确志愿服务项目的岗位职责以及志愿者需求后，即可进行志愿者的招募与选拔。志愿服务项目是志愿服务组织在考量组织资源基础上开发的，项目确定后一般只需在本组织内选拔志愿者即可。如果志愿服务有特殊需要，结合志愿服务项目的实际，也可以在本组织之外招募志愿者。具体流程如下：

1.确定招募范围：为了提高招募工作效率，根据志愿服务的需求，一般先确定志愿者招募的范围，有时甚至直接确定志愿者的来源单位。例如，招募"走进中小学课堂普法宣传"志愿者，根据志愿服务的专业性质，可直接面向某大学法律专业的志愿者进行招募。

2.公开发布志愿服务项目方案以及志愿者招募流程：通过网络平台或其他方式（志愿者来源确定的可以通过函件）公开发布志愿服务项目方案以及志愿者招募流程，如志愿服务项目的岗位职责、志愿者的条件、报名方式、选拔方式等，要求内容完整、信息明确。

3.志愿者报名：志愿者在了解志愿服务项目的基础上，结合自身条件和自身需求，向志愿服务组织提出申请。

4.选拔并确定人选：根据报名情况以及项目需求，通过笔试、面试、技能测试以及考察等多种形式确定志愿者人选。招募选拔的志愿者一般应具备完成志愿服务项目的基本素质和条件，如：有较强的爱心、责任心和奉献精神，有充分的时间保证，具备志愿服务的专业技能等。为更好地实施志愿服务项目，有志愿服务经历或者有类似志愿服务项目经历的志愿者可优先录用。

（二）志愿者培训

为了更好地完成志愿服务项目，志愿者正式上岗前，志愿服务组织需要结合志愿服务项目的基本要求，对志愿者进行专题培训。志愿服务组织在培训前要做好详细的培训计划，包括确定培训目标，明确培训任务，拟定培训内容等。培训方法上，除了课堂讲授、案例分析、专题研讨等传统的教学方法之外，模拟演练也已经成为志愿服务培训的重要方法。

拓展阅读

北京奥运会观众呼叫中心志愿者以提升技能为核心的全面综合演练

奥运观众呼叫中心的服务具有很强的专业性。在1425名志愿者中，有413人来自本行业，其余志愿者均不具备一线服务经验。在模拟接线练习中，很多人因为紧张或规范用语不熟悉，中文表达都常常出问题，面对观众抱怨或指责时不知所措。为帮助他们提高服务技能，进入最佳服务状态，中心利用7月份电话量较少的时期，开展了"天天测"内部拨测强化训练、外部压力测试，以及"神秘客"应急预案演练。

"天天测"内部拨测强化训练

2008年7月10日至7月31日，每天14：00—15：00在三个职场同时开展"天天测"内部拨测，志愿者们相互拨打电话，互相提问，互相打分。这一做法在短时间内取得了显著成效，使志愿者业务知识水平与服务质量迅速提升。值得一提的是，通过内部拨测，志愿者们提出了283个知识库以外的问题，由中心统一制定答复口径并补充入库，以确保志愿者在提供咨询时从容自信、心中有底。事实证明，奥运会与残奥会期间，观众来电内容没有超出拨测的范围。

"外部压力测试"服务质量评估

2008年7月30日至8月3日,奥运观众呼叫中心委托行业志愿者来源单位,从全国各地给奥运观众呼叫中心拨打电话,对奥运观众呼叫中心的系统与人员进行压力测试。为期4天的拨测,共回收问卷2353份,总体满意度保持在95%以上,体现出"天天测"强化训练的优异效果。经过一个月的磨合与训练,奥运观众呼叫中心的整体服务水平已经实现了质的飞跃。

"神秘客"应急预案演练

作为组委会对外宣传的窗口,确保舆论宣传安全是奥运观众呼叫中心在平安奥运中的重要职责。2008年7月31日至8月2日,奥运呼叫中心开展了为期3天的"神秘客"应急预案演练,重点考察事件处理流程与时间。15位志愿者扮演神秘客拨打电话,模拟30种紧急事件,内容涉及技术平台突发故障、意外突发事件、敏感问题、骚扰电话应对、人员安全威胁等。通过神秘客拨测演练,奥运观众呼叫中心各级人员熟练掌握了突发事件的处理流程与规范。

(资料来源:黄克瀛著.北京奥运会观众服务志愿项目管理研究[M].北京:中国人民大学出版社,2013,271-272.)

三、志愿服务项目的运行管理

志愿服务项目的运行管理是指以志愿服务项目为主体,将各种资源、知识、技能、工具等应用于志愿服务项目当中,按照一定原则建立的实施项目的规范与流程,以实现高效的计划、组织、协调和控制。志愿服务项目的运行管理主要有人员管理、时间管理、财务管理以及信息管理等。

(一)志愿服务项目运行的人员管理

志愿服务项目实施过程中的人员管理,主要是指对志愿者的管理。人员管理一般从两个方面进行,一是科学的人员分工,二是规范的制度建设。

1. 科学的人员分工

在志愿服务项目的实施过程中,为提高工作效率,根据志愿服务各岗位的职责与任务、工作团队的规模,可以从三个层面进行人员分工:

(1)确定项目负责人及由主要的项目管理成员组成的核心管理团队;

(2)设置专项工作负责人、岗位负责人、工作小组负责人等,保证各项具体工作的实施;

(3)结合志愿者专长等因素,合理搭配各岗位志愿者。

2. 规范的制度建设

无规矩不成方圆,规范的制度是志愿服务人员管理的重要保障。志愿服务项目的管理制度,一般包括岗位职责、物资使用制度、考勤制度、考核制度、保障与激励制度、安全应急制度等。

（二）志愿服务项目运行的时间管理

志愿服务项目的时间管理是指按照项目计划对志愿服务项目的时间进度实施有效控制的过程。项目是在一定期限内实施的系列活动，能否在计划的时间内完成任务是重要的考核指标。志愿服务项目的时间管理包括以下两个方面。

1. 项目进度计划

志愿服务项目的进度计划是指根据志愿服务活动的开始和结束日期，设计合理可行的进度计划，确定每一时间阶段要完成的具体任务，这是确保志愿服务质量的重要前提。进度的确定应全面考虑志愿服务内容、资源需求、限制条件、各类风险等因素，这是一个反复确认的过程。

2. 项目进度控制

志愿服务项目进度控制是指监控志愿服务活动进度的执行情况，及时发现和纠正偏差。若要缩短进度，一般是通过缩短一个时间单元来缩短进度。换句话说，如果进度是以天来衡量的，则缩短任务的时间按天来衡量；如果任务是按周来衡量的，则按周来缩短任务的时间等。在进度控制中要考虑影响项目进度变化的因素、项目进度变更对其他部分的影响、进度变更时应采取的实际措施。特别是缩短进度通常意味着增加资源，对成本可能有着直接的影响。

（三）志愿服务项目运行的财务管理

志愿服务项目的财务管理是指在经批准的预算条件下，通过项目预算表帮助项目负责人约束和控制成本，通过对资金的合理使用确保志愿服务项目任务的完成。志愿服务项目的预算是为了最有效地调配资源，预估完成项目各工作所需资源（人员、材料、设备等）的费用，要求完整、详细、合理、真实。另外，志愿服务项目专项资金的设立、分配、使用和监督的管理，必须遵守专款专用、量入为出的原则进行独立核算，不得与管理经营性开支混淆。

（四）志愿服务项目运行的信息管理

志愿服务项目的信息管理是指对志愿服务过程中所出现的各种信息进行收集整理并实施有效控制的过程，一般包含信息的收集分析、信息的沟通反馈两个过程。志愿服务项目信息管理的一个重要作用是方便在志愿服务项目进行过程中，根据需要做出动态的调整，包括对项目带来的正面或负面影响的判断；调整项目范围、成本和期限以及与相关方进行沟通并得到确认；实施变化的措施等，以满足各方需求。

1. 志愿服务项目信息的收集分析

志愿服务项目信息的收集分析是为了了解项目的实际进展情况，根据特定目的对志愿服务项目实施过程中项目的状态以及影响项目进展的内外部因素进行的观察、测量、记录、整理、分析等工作。

2.志愿服务项目信息的沟通反馈

志愿服务项目信息的沟通反馈是指结合志愿服务目标，对收集的信息进行分类整理和科学分析后，实施的一系列信息交流和沟通的管理过程。根据沟通的严肃程度分为正式沟通和非正式沟通。正式沟通有会议、报告等方式；非正式沟通有谈话、团队娱乐活动等方式。根据沟通的工具分为书面沟通和口头沟通。选用何种沟通方式，主要取决于对信息要求的紧迫程度、预期的沟通目标和沟通的制约因素等。

四、志愿服务项目的运行总结

总结工作是志愿服务项目运行的一个重要环节。在志愿服务结束后，一方面志愿服务组织要及时收集整理项目实施过程中积累的资料、图片以及数据，对项目的完成的基本情况、项目运行的主要做法、获得的主要经验以及项目运行过程中存在的主要问题进行总结，提出意见建议；另一方面志愿者要对个人的工作任务完成情况、对参与项目的体验与收获等进行总结。志愿服务组织还应召开总结会议，对在志愿服务工作中表现优秀的志愿者进行表彰，通过表彰营造良好的志愿服务文化氛围。

第四节　志愿服务项目的评估

一、志愿服务项目评估的内涵

志愿服务项目的评估是指为了了解志愿服务项目的运行情况、服务质量、社会认可度以及可持续性等内容，运用科学系统的方法对志愿服务项目进行的综合考评。具体包括明确评估目的、分析评估的重点与关键问题、选择项目评估专家（机构）、构建评估框架、确定评估方式、编制评估计划、收集资料信息、处理和分析资料数据、撰写评估报告、发布评估结果并制定后续计划等。

二、志愿服务项目评估的基本原则

（一）客观公正原则

客观公正原则要求在志愿服务项目评估中尊重客观规律，排除主观随意性，深入调查研究，全面系统地掌握信息资料，以真实的数据、资料为依据进行评估。

（二）系统规范原则

系统规范原则要求在评估过程中要有整体性系统观念，充分考虑各方需求，同时注重使用规范化的评估方法。

（三）注重社会价值原则

注重社会价值原则要求评估过程中重点评估志愿项目践行志愿服务精神的情况，以社会价值的实现程度为主要评估内容。

三、志愿服务项目评估的主要流程

（一）明确评估目的

志愿服务项目的评估目的，一般有以下几点：

1. 通过了解志愿服务项目的运作情况，评估志愿服务项目的效率；
2. 通过了解志愿服务对象的满意度，评估志愿服务项目的效果；
3. 通过了解志愿者以及公众对志愿服务项目的认可度，评估志愿服务项目的社会价值；
4. 通过了解志愿服务项目形成的工作经验以及发现的问题，评估志愿服务项目的可持续性。

（二）分析评估重点与关键问题

确定评估目的后，应结合志愿服务组织的宗旨、服务对象的需求、志愿者的需求、项目的社会价值等因素，分析评估重点问题与需要解决的关键问题。

（三）选择项目评估专家（机构）

志愿服务项目评估的动力一般来自两个方面。一方面，志愿服务组织希望通过评估项目的可持续性，规范项目建设。这方面的评估可以是组织自行评估，也可以邀请第三方机构进行评估。另一方面，是志愿服务项目资助方提出的评估要求，这方面的评估一般是第三方机构进行评估。

（四）构建评估框架

目前国际上较有影响的评估框架有"三 E"理论、"三 D"理论和"顾客满意度"理论。为适应我国国情，清华大学 NGO 研究所研发了宏观层面的"APC 评估"理论和微观层面的"综合绩效评估"理论。

1. "三 E"理论：所谓"三 E"，指的是经济（economy）、效率（efficiency）、效果（effectiveness），主要针对志愿服务项目的成本、产出、目标等进行评估。
2. "三 D"理论：所谓"三 D"，指的是诊断（diagnosis）、设计（design）、发展（development），主要考察志愿服务项目的运行管理情况，以此评估志愿服务组织的服务能力。
3. "顾客满意度"理论：该理论考察的重点是志愿服务对象对志愿服务的满意度。
4. "APC 评估"理论：该理论重在对志愿服务组织的问责（accountability）、志愿服务项目的绩效（performance）、志愿服务组织实施项目的组织能力（capacity）进行评估。
5. "综合绩效评估"理论：这个理论重在对志愿服务项目的绩效进行评估，主要包括志愿服务项目的适当性、效率、效果、满意度、社会影响和可持续性。

（五）确定评估方式

常用的评估方式有问卷调查法、访谈法、观察法、资料法等。

（六）编制评估计划

为做好评估，应编制详细的评估计划，包括评估目的、评估形式、评估人员、评估的日程安排、评估经费预算等。

（七）收集资料信息

根据确定好的评估方式，收集资料信息。

（八）处理和分析资料数据

根据确定的评估框架，对数据进行整理汇总，并在充分讨论的基础上形成初步意见。必要时，对重点问题进行再评估。

（九）撰写评估报告

根据评估目的以及评估重点撰写评估报告。报告一般包括内容摘要、正文、附录等。

（十）发布评估结果并制订后续计划

志愿服务组织应将评估结果及时向志愿服务对象、志愿者、资助方反馈，并在适当的范围向社会公开，并根据评估报告，制定项目的后续计划。

拓展阅读

青年志愿者扶贫接力计划的项目开发与管理过程

青年志愿者扶贫接力计划的项目开发与管理过程主要包括立项、招募、培训、日常管理、评估和激励、经费六个方面。具体情况如下：

第一，立项。青年志愿者扶贫接力计划从创意、试点到推广实施，都有较为规范的立项程序。最早的静乐项目实施前，团中央书记处领导亲自带队，多次赴当地考察、选点，对项目实施的可行性和持续性进行了深入研究、论证，成立了项目实施领导小组和项目管理办公室，充分考虑了项目的社会需求和与之对应的志愿者来源，落实了项目实施场所、经费，制定了项目管理制度，在此基础上正式立项，开始项目试点。

第二，招募。扶贫接力计划支教志愿者的招募坚持面向社会公开招募与面向师范类院校组织招募相结合，支医、支农等需要专业技术人才的则面向医院、农业科研院所的特定群体进行组织招募。无论是公开招募还是组织招募都坚持志愿服务的特点，强调参与的自愿性。考虑学校开学的周期，招募一般选择在每年6—7月进行。公开招募的宣传主要通过报纸和互联网刊发招募广告、电视播出公益广告等形式；组织招募一般集中在特定群体中发布需求信息。扶贫接力计划实施以来（2001—2006年），全国有25万多人报名应募，从中可以看出公众中蕴涵的巨大参与热情，也可以证明招募信息发布方式的有效性。

针对具体项目的需求，对报名人员进行选拔是招募的重要环节。选拔一般采用分析报名资料、电话询问、面试等方式进行。在初选结果确定后，对初选对象进行实地考察（委托当地团组织、志愿服务组织考察并填写专门的考察表）。在全面考察的基础上最终确定参加项目的志愿者。

第三，培训。长期志愿者参加服务前进行必要的培训是项目取得成效的重要保证。培训的内容一般包括从事项目服务的技能培训和服务地情况介绍两个部分。由于支教志愿者虽然都受过高等教育，但许多没有实际的教学经验，因此注重对他们进行教育学、教育心理学、教学方法等教学技能培训。在上岗前一般由项目实施地教育部门进行考核，考核合格者正式开始支教志愿服务。除服务技能培训外，还要对志愿者进行项目实施地的地理、民风、民俗等情况的培训。为了提高培训质量，使志愿者培训更加规范，团中央青年志愿者行动指导中心与中国人民大学联合成立了"中国青年志愿者行动研究与培训中心"，专门培训参加重点项目的志愿者和志愿者服务组织者。各地依托当地大学或团校成立了类似的培训机构。

第四，日常管理。扶贫接力计划的项目管理主要由实施地项目管理办公室负责，按照团中央编印的《青年志愿者扶贫接力计划手册》规定的制度进行管理。管理制度对项目管理办公室的职责、权责和工作要求作了具体的规定，下放管理权限、明确管理责任、配套管理经费，真正实现了项目管理负责制。同时，管理制度对志愿者的行为和服务纪律也作了明确的规定。同时，实施地项目办公室还负责将评估工作的结果及时向项目领导小组和志愿者派出地予以反馈。

第五，评估和激励。参加服务的志愿者得到心灵的净化，情操的升华，以及在取得显著成效时的成就感就是对志愿者自身的激励。此外，还要采用多种方式对志愿者进行激励。首先是争取相关政策，使参加过服务的志愿者在升学、就业、评定职称等方面得到优惠；其次，各受接地积极评价志愿者，很多志愿者都被当地授予"荣誉公民"；再次，对志愿者的服务经历由派出单位进行考察鉴定，作为志愿者的重要工作经历。同时，在团中央、中国青年志愿者协会和各地开展的表彰活动中，大力表彰参加扶贫接力计划的优秀志愿者，以影响和带动更多志愿者参与其中。

第六，经费。一个长期项目的顺利实施，经费的保障至关重要。按照国际通行的惯例，长期志愿者需要给予一定的生活补贴，再加上保险费、往返交通费、项目工作经费等。目前，各级团组织广开筹资渠道，保证了这个项目的长期实施。筹资渠道主要有：一是争取有关党政部门在资金、政策方面的支持；二是通过与企业合作共同实施项目争取企业支持，如安利公司连续多年支持中国青年志愿者扶贫接力计划研究生支教团，各地也有大量通过企业冠名等形式联合实施的项目；三是向特殊群体进行组织招募时，争取志愿者单位保留其工资待遇，如按照团中央与卫生部联发的通知精神，许多医院保留了参加支医的志愿者的待遇并提供其他支持。

如上所述，青年志愿者扶贫接力计划是一项志愿服务项目化管理的成功范例。

首先，在立项、招募、培训、管理、评估激励、经费等每一个环节、每一个步骤上都制定具体的标准、明晰项目分工和责任。例如，立项由团中央书记处负责，在对项目可行性和持续性进行深入研究、论证的基础上，成立机构，落实经费，确定场所，制定制度，最终启动试点。该项目的环节、步骤设计周密，实施科学，每年都能够重复使用。

其次，范围、时间、成本、质量明确。该计划面向西部17个省区市的200余个贫困县开展，时间为半年至两年，明确了志愿者的生活补贴、保险费、往返交通费、项目工作费等成本，并建立了固定的筹资渠道，保障了项目经费的投入。

最后，重视反馈与激励，保障质量和效果。项目管理的一个重要内容是对项目实施的总体效益和志愿者服务情况进行评估并及时反馈。不论是日常管理，还是评估激励，该计划都建立了良好的沟通反馈机制。重视对志愿者的激励和评价，使得该项计划的影响力逐年扩大，后继有人。

（资料来源：共青团中央青年志愿者工作部编著.大学生志愿服务西部计划综合培训教材［M］.北京：中国青年出版社，2008，52-54.）

第七章　志愿服务与媒体传播

　　报纸、广播、电视等传统媒体和微博、微信、手机报等新媒体的相继出现，深刻地改变了人们的思维方式、生活方式和行为习惯。尤其在当代社会，信息爆炸，人们为各种信息所包围，须臾离不开信息。媒体传播对社会生活影响的深度、广度前所未有，其重要性举世公认，以至于媒体在西方被称为与行政、立法、司法并立的"第四种力量"。当前，任何组织要顺利运行，都必须处理好与媒体的关系，通过媒体传播自己的理念和价值观，塑造在公众眼中的良好形象。志愿服务组织必须充分认识媒体传播的重要作用，积极利用媒体发布志愿者招募信息，报导志愿服务活动，宣传优秀志愿者的先进事迹，培育志愿精神，促进形成人人关心、参与志愿服务的良好社会氛围，推动志愿服务健康开展。

【学习目标】

1. 了解媒体在志愿服务发展不同阶段的报道重点。
2. 理解媒体在推动志愿服务方面的重要作用。
3. 掌握志愿服务的媒体传播策略。

【学习导航】

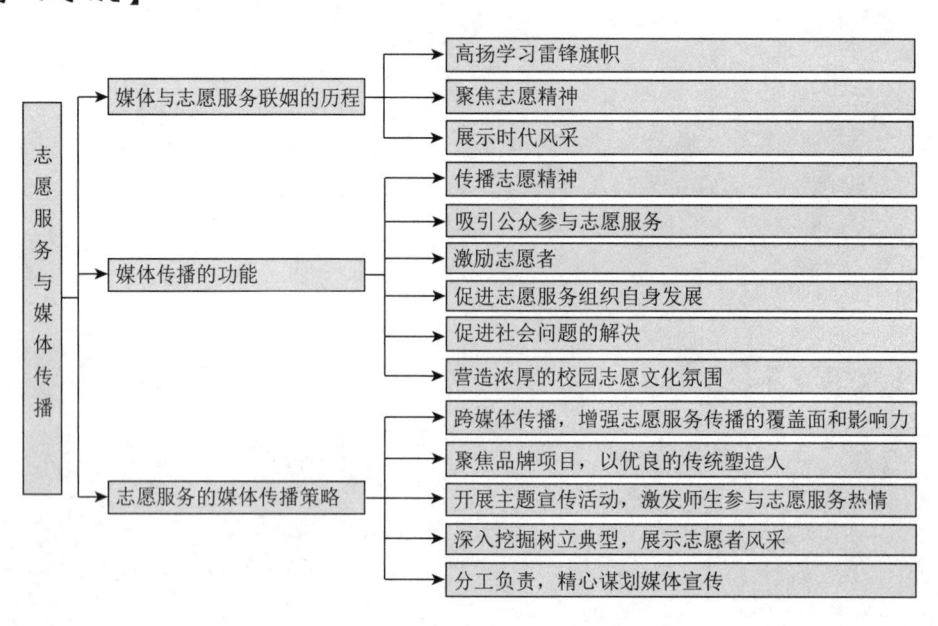

```
                            ┌─ 高扬学习雷锋旗帜
              媒体与志愿服务联姻的历程 ─┼─ 聚焦志愿精神
                            └─ 展示时代风采

                            ┌─ 传播志愿精神
                            ├─ 吸引公众参与志愿服务
志愿服务与媒体传播 ─┤ 媒体传播的功能 ─┼─ 激励志愿者
                            ├─ 促进志愿服务组织自身发展
                            ├─ 促进社会问题的解决
                            └─ 营造浓厚的校园志愿文化氛围

                            ┌─ 跨媒体传播，增强志愿服务传播的覆盖面和影响力
                            ├─ 聚焦品牌项目，以优良的传统塑造人
              志愿服务的媒体传播策略 ─┼─ 开展主题宣传活动，激发师生参与志愿服务热情
                            ├─ 深入挖掘树立典型，展示志愿者风采
                            └─ 分工负责，精心谋划媒体宣传
```

【导入案例】

小王是某高校团委干部,团委书记安排工作分工时决定由其统筹负责学校志愿服务的媒体传播任务。接到工作任务的小王陷入了思索:媒体传播对开展志愿服务有什么作用?媒体以往是如何报道志愿服务活动的呢?该如何谋划加强志愿服务的媒体传播,为推进学校志愿者工作营造良好的氛围?

第一节 媒体与志愿服务联姻的历程

媒体(Media),源于拉丁语"Medius",意为两者之间,是指实现信息传播的中介。随着人类科学技术的发展,传递信息的工具、载体和渠道等发生了巨大转变,媒体也经历着飞跃式的变迁。从中国古代主要为官方服务的报纸,到当今21世纪互联网时代自我意识浓重的电子媒体,中国媒体走过了漫长的发展道路。

志愿服务自在我国出现之日起,就受到媒体的高度关注。媒体敏锐地捕捉到志愿服务所蕴含的时代精神,通过报纸、广播、电视、微博、微信、手机等途径,向公众传递全国各地开展的形式多样、丰富多彩的志愿服务信息,普及了志愿服务知识,传播了志愿精神,吸引了公众参与志愿服务。可以说,媒体既是志愿服务的报导者、鼓吹者,也是志愿精神的培育者、推广者,从而成为志愿服务在中华大地蓬勃兴起的见证者和参与者。

一、高扬学习雷锋旗帜

在我国志愿服务的起步阶段,其主要形式是学雷锋活动。1963年3月2日,《中国青年》杂志首先刊登了毛泽东"向雷锋同志学习"的题词。3月5日,《人民日报》《解放军报》《光明日报》《中国青年报》等都刊登了毛主席的题词手迹。第二天,《解放军报》又首次刊登了刘少奇、周恩来、朱德、邓小平等同志的题词手迹。正是在党和国家领导人的积极倡导、推动下,全国各地掀起"学雷锋、做好事"的热潮。

这期间和之后的很长一段时间,媒体出现了对学雷锋活动的大量报道,仅《人民日报》在1978年1月1日至1993年12月31日刊登的文章,标题中包含"雷锋"字眼的就有642篇。这些文章中,有的是关于雷锋精神的理论探讨,如《在新的长征中继续发扬雷锋精神》(1978年3月4日第1版)、《关于"学雷锋"的思考》(1988年3月6日第4版)、《改革开放年代仍需发扬雷锋精神》(1988年3月5日第3版)、《新时期学雷锋要有新发展》(1989年12月16日第3版)等。有的文章是对"学雷锋"活动中涌现出来的先进典型的宣传,如《学雷锋 做雷锋 像雷锋——记人民的好儿子、解放军某部副指导员米扣子》(1978年4月4日第3版)、《边防军救人不留名凭祥市张榜找"雷锋"》（1989年12月21日第3版）、《退休女工张季秋被誉为活雷锋》（1989年11月6日第4版）。更多文章是对各行各业人们开展学雷锋活动的报道，如1978年2月8日第2版集中刊发的《旅客的贴心人学雷锋》《热情的机场服务员学雷锋》《红色女话务兵学雷锋》以及1979年1月5日第4版报导的《首都青少年举行"学雷锋树新风活动日"》等。在人民日报的引领下，光明日报、中国青年报及各地方媒体也聚焦学雷锋活动，浓墨重彩地报道人们无私奉献的高尚志愿行为。电视、广播不甘落后，做了大量学雷锋活动的现场报道，让人们更加直观地了解到全国各地如火如荼地开展学雷锋活动的形势，深切感受到雷锋精神的强大感召力，自觉加入学雷锋的行列。

拓展阅读

毛泽东同志为雷锋题词经过

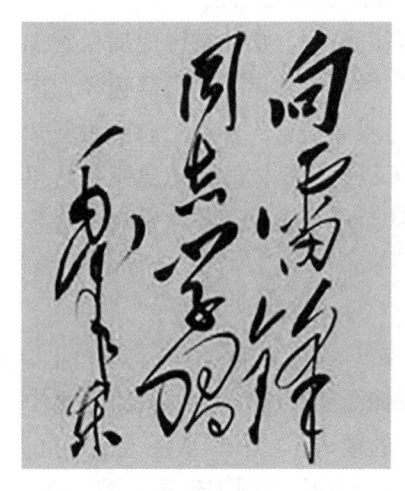

图7-1 毛泽东同志题词

记得大约在1963年2月中旬的某一天，《中国青年》杂志准备出版一期学雷锋专辑，该杂志编辑部给毛主席写了一封信，请他为学雷锋题词。在我收到这封信时，毛主席正在北京，住在中南海丰泽园里面的菊香书屋院内。当天，值班警卫打电话告诉我，毛主席已经醒了。我立即拿出已选好要送给他批办和阅处的文件和资料，其中有《中国青年》杂志请毛主席题词的信，来到毛主席的寝室。我在藤桌西边一张椅子上坐下来，面对着毛主席，向他汇报了需要批阅的文件、重大的国际新闻，也提到了《中国青年》杂志请他题词的信。随后，我便离开了他的寝室。

大约过了两三天，《中国青年》杂志编辑部的同志打电话到毛主席办公室，询问主席是否答应写题词。当时，我了解毛主席已经看过《中国青年》杂志的信，但未做什么表示。我便如实地告诉了他们。大约两天后，该杂志编辑部的同志又打电话来询问。当时，毛主席已经答应要为他们题词，我便如实地转告。他们说，《中国青年》杂志在3月1日出版，能否请毛主席在2月25日前写好，因为印刷还需要一周的时间。我将他们的要求报告了毛主席。毛主席让我先拟几个题词供他参考。我回办公室，思索了一番，拟好了十来个题词，立即送给了他。我现在还可以回忆起其中几个题词的大致内容，如："学习雷锋同志全心全意为人民服务的思想""学习雷锋同志鲜明的阶级立场""学习雷锋同志大公无私的共产主义风格""学习雷锋同志艰苦朴素的作风""学习雷锋同志毫不利己、专门利人的优良品德""学习雷锋同志勤奋好学的革命精神",等等。

2月22日,毛主席睡醒以后,值班警卫员打电话告诉我,主席让我去一下。我带着事先选好的文件、资料匆匆来到毛主席的寝室,放到他床头的长桌上。他示意我坐下,我便在他床前一张藤桌旁的椅子上坐下来。这时,毛主席从他身左半边床的书堆上拿起了一张信纸递给我。我一看,只见他已在纸上用毛笔书写了"向雷锋同志学习"七个潇洒苍劲的行草字。我为他拟的十来个题词,他一个也未用。这时,他吸了一口香烟,从容地带着询问的目光问道:"你看行吗?"我爽朗地回答说:"写得很好,而且非常概括。"毛主席好像要解释为什么没有采用我拟的题词这一疑问似的,接着说道,学雷锋不是学他哪一两件先进事迹,也不只是学他的某一方面的优点,而是要学他的好思想、好作风、好品德;学习他长期一贯地做好事,而不做坏事;学习他一切从人民的利益出发,全心全意为人民服务的精神。当然,学雷锋要实事求是,扎扎实实,讲究实效,不要搞形式主义。不但普通干部、群众学雷锋,领导干部要带头学,才能形成好风气。现在看来,毛主席的这番话不仅指出了学雷锋的方法,而且指明了雷锋身上最本质的东西;特别是指出了学雷锋的方向。毛主席谈完之后,我便回到我的办公室,打电话给《中国青年》杂志编辑部,告诉他们,毛主席的题词已经写好了,请他们到中南海西门来取。应当指出,毛主席在题词之前,就阅读了报纸上有关雷锋的报道,了解了雷锋的事迹。他曾对当时的军委秘书长罗瑞卿说过,"雷锋值得学习"。

1963年3月2日,《中国青年》杂志首先刊登了毛泽东"向雷锋同志学习"的题词。3月5日,《人民日报》《解放军报》《光明日报》《中国青年报》等都刊登了毛主席的题词手迹。第二天,《解放军报》又首次刊登了刘少奇、周恩来、朱德、邓小平等同志的题词手迹。《中国青年报》随即转载。以后,陈云、叶剑英等同志也为雷锋题了词。

由于老一代革命家的积极倡导,学习雷锋的活动很快从军队向全国各行各业发展,迅速兴起了一个全国范围的学雷锋热潮。共青团中央、全国总工会和全国妇联相继做出决定,并以各种形式组织了学习和宣传雷锋的活动。全国性的报纸,如《人民日报》《解放军报》《中国青年报》《光明日报》等,以及地方报纸,都用大量篇幅报道了各地开展学雷锋活动的情况,以及雷锋事迹、雷锋日记等。文化艺术和出版部门还出版了图书和画册,演映了雷锋的电影。随着学雷锋活动的深入开展,全国各行各业和各条战线上,涌现出成千上万雷锋式的先进人物,社会上迅速地出现了一种奋发图强、积极向上的精神,进一步地形成了一种良好的社会新风气。

(资料来源:《人民日报》1993年3月5日第3版,有删减,作者林克,时任毛泽东同志秘书)

二、聚焦志愿精神

随着学雷锋活动的深入开展，人们对志愿服务的认识逐渐深化，志愿服务在促进社会发展中的重要功能日益受到重视，政府成为志愿服务的有力推动者，此时志愿服务不再以"学雷锋"为名号，而是高高举起了自己的旗帜。

1987年，全国第一条志愿服务热线在广州开通；1990年，全国第一个正式注册的志愿者社团——深圳市义务工作者联合会在深圳诞生；1993年12月，共青团中央开始实施中国青年志愿者行动。1994年12月5日，在共青团中央的指导下，中国青年志愿者协会正式成立，这标志着中国志愿服务脱离学雷锋活动的最初形式，进入了新阶段。2000年1月18日，《中国青年报》刊登了时任中共中央总书记、国家主席江泽民在杰出青年志愿者来信上作出的重要批示："青年志愿者行动，是当代社会主义中国一项十分高尚的事业，体现了中华民族助人为乐和扶贫济困的传统美德，是大有希望的事业。努力进行好这项事业，有利于在全社会树立奉献、友爱、互助、进步的时代新风。希望你们在新的世纪里继续努力，发扬我国青年的光荣传统，不懈奋斗，不断创造，奋勇前进，为实现中华民族的伟大复兴作出新的更大的贡献。"此后，"奉献、友爱、互助、进步"就成为中国志愿精神内涵的具体表述。正是在中国志愿精神的感召下，中国注册志愿者的人数大幅增加，服务领域空前扩大，并形成了一批重点品牌服务项目，如"青年志愿者社区发展计划""青年志愿者扶贫接力计划""大学生志愿服务西部计划""大中专学生志愿者暑期文化科技卫生'三下乡'活动"以及"'保护母亲河'中国青年志愿者绿色行动营计划"等。

这个阶段，媒体对志愿服务的报道呈现两个特点。

一是从理论上探讨志愿精神的内涵，充分肯定志愿服务在推动社会进步中的重大作用。如《人民日报》先后刊文《志愿精神是永恒的》（1999年12月9日第12版）、《志愿服务今天如何认识你》（2003年6月26日第10版）、《让志愿精神成为构建和谐社会的时代强音》（2005年11月26日第6版）、《弘扬志愿精神》（2007年8月2日第13版）、《志愿精神靠什么弘扬》（2007年12月5日第5版）等。由于《人民日报》的权威性，这些文章在社会上产生了广泛而深远的影响，对于帮助人们正确理解志愿精神，厘清对志愿服务的不正确认识起到了至关重要的作用。同时，这还说明，志愿服务活动已经得到党和政府的高度认可，政府成为推动志愿服务事业的重要力量。

二是重点宣传志愿服务的品牌项目，扩大志愿服务的社会认知度。如《人民日报》曾刊文《团中央全面深化青年志愿者社区发展计划》（2000年5月29日第8版）、《自我教育 自我提高（短评）》（2000年6月8日第12版）、《新时期青年思想政治工作的载体》（2000年6月27日第9版）、《青春谱写道德歌》（2001年12月6日第11版）、《生命在奉献中闪光》（2002年6月4日第11版）、《十年不平凡 传播新风尚》（2003年12月16日第16版）。这些文章紧紧围绕"青年志愿者社区发展计划"，全面阐释了该计划的重要意义，回顾了该计划实施以来取得的重要成绩，宣扬了一批优秀志愿者典型。共青团中央不仅通过《中国青年报》大力宣传"青年志愿者社区发展计划""青年志愿者扶贫接力计划""大学生志愿服务西部计划""大中专学生志愿者暑期文化科技卫生'三下乡'活动"以及"'保护母亲河'中国青年志愿者绿色行动营计划"，而且专门开通"共青团关爱农民工子女志愿服务行动""大学生志愿服务西部计划""青年志愿者阳光助残计划"网站，介绍志愿服务项目，招募志愿者，宣传优秀志愿者先进事迹，全方位、多角度地记录了中国青年志愿者丰富多彩和卓有成效的志愿服务活动。

三、展示时代风采

2008年后，中国志愿服务进入深化阶段。2008年中国发生了两件大事，对中国志愿服务事业的发展产生了持久而深远的影响。一是突如其来的"5·12"汶川大地震，二是北京成功举办奥运会。在汶川大地震抢险救灾中，志愿者从全国各地奔赴前线，积极投身救援工作。人民日报、中国青年报、央视及各网络媒体的高密度报道，立体地展现了志愿者的英勇无畏和大爱无疆。如《人民日报》2008年8月4日第12版刊载文章《灾区，那温暖的红十字》，高度肯定了红十字志愿者在此次抗震救灾工作中发挥的巨大作用；2008年10月8日第2版"抗震救灾英雄谱"专栏刊文《志在无私奉献》，报导了汶川大地震救援队志愿者陈岩，连续救援时间超过60小时，和国家救援队一起救出了10多个学生的感人事迹。中国青年报在地震发生后，派出精锐记者奔赴现场，发出了大量关于志愿者舍身忘我投入救援的报道，生动反映了全国各地志愿者奔赴救灾前线的动态和志愿者高尚的精神风貌。如该报先后刊出《贵州100余名志愿者将赴灾区救援》《上海筹组青年志愿者服务队》《广大青年志愿者投身抗震救灾工作》《12355灾区青少年心理康复援助专家志愿团将赴灾区》《江西青年医疗卫生志愿者抗震救灾队赴川》等文章。中央电视台、各省市电视台在报道灾区救援时，总不忘把关注的镜头对准那群从全国各地赶来的志愿者们。

北京奥运会是中国政府举办的一届"美轮美奂"的奥运会，在奥运历史上留下了浓墨重彩的一页。北京奥运会的成功举办，离不开志愿者的积极参与和无怨无悔的付出。北京奥运会、残奥会期间，170万北京奥运会志愿者参与赛会服务，为各国运动员、来宾和社会各界提供了热情、周到、细致和专业的服务，向世界展示了中国人民包容、开放、自信的时代风采。各大媒体对奥运的报道中，关于志愿者的文章占了相当大的比例。如北京晚报刊发的通讯《保安领路 新西兰游客笑了》，讲述了三个懂点英文的保安，半夜送新西兰女游客回旅馆的故事。北京青年报以独特的新闻视角，整版聚焦赛场志愿者，让人们知道了一局赛事擦八遍地的细节，感受到他们的辛苦和无私奉献。该报8月15日刊登《雨中的彩虹》，图文并茂地展示了志愿者克服困难，顶风冒雨，坚守岗位的良好精神风貌。央视网除了专业记者关注志愿者外，还将8月17

日的主题设置为"奥运志愿者的故事",发动"CCTV奥运手机观察员"上传关于志愿者的图片、视频和文字,集中报道志愿者的故事。特别值得说明的是,由于其便携性和及时性等优势,手机成为传播奥运志愿服务信息的重要载体,奥组委通过手机群发了大量志愿服务信息,扩大了宣传受众的范围和影响力。正是通过媒体的传播,一批优秀奥运志愿者,如二炮退役少将陈廷军、肢体残疾者李嘉等走进人们的视野,让人们感受到他们投身志愿服务事业的热情,从而对中国的志愿服务有了全新的认识。

拓展阅读

从志愿者、火炬手到特聘专家的退休少将

早在2001年7月13日北京申奥成功的那一刻,陈廷军少将就憧憬着能为北京奥运做点什么。

机会终于在2005年来临了。这年,陈廷军从第二炮兵某基地政治部主任任上光荣退休。当年7月份,他在报纸上看到一则北京奥运会志愿者招募启动仪式的消息,立即被深深吸引住了。当发现奥运会志愿者的年龄条件没有上限时,当天晚上他就给北京奥组委写了一份申请。经过面试培训后,陈廷军在7月27日正式以志愿者的身份上岗了。

他的第一份工作是和3名大学生志愿者一起,分管3部向国内外公众开放的咨询电话,解答一些关于奥运会志愿者的问题,回复国内外公众的电子邮件和信件,并兼顾前期志愿者的信息资料收集和证件、餐票管理工作。

工作之初,尽管陈廷军对当志愿者的心理准备比较充足,但还是遇到了不少难题。例如电脑打字不熟练,电子邮件不会发,用英语交流一句也不会,对集中办公的环境不习惯等。于是,他就从当小学生开始,虚心向年轻人请教,很快就能比较熟练地操作电脑了。为了突破英语关,他利用晚上时间参加奥组委举办的英语培训班,虽然记性不太好,但还是掌握了一些简单的日常用语,一旦接到外国人的电话,他也可以打个招呼后再交给大学生志愿者代接了。

2006年1月,奥组委搬入奥运大厦,陈廷军的身份也由志愿者变为志愿者管理者,被委任为特聘专家,主抓前期志愿者项目、军队和武警支援奥运具体工作的组织协调等。从那时起,他和同事们一起,共分10期招募了1580名奥运前期志愿者。在三年多的时间里,他们把一批批志愿者迎接到奥组委,又把一批批志愿者送回学校和社会。由于工作积极,表现突出,他连续两年被评为奥组委优秀工作人员。

陈廷军退休以后到奥组委工作,除了想为奥运出点力和充实生活外,对名利早已无任何奢求。可是在今年春节前的一天,志愿者部领导要他填一份奥运火炬手推荐表时,还是让他激动了很久。奥组委有5000多名工作人员,只有200多个火炬手

名额，这一神圣的荣誉，陈廷军没能推辞掉。后来经过一系列相关程序，他被批准成为奥运火炬手。

2008年8月6日，圣火在北京开始传递，陈廷军是第412棒火炬手，被安排在前门大街到珠市口地段。下午16点15分左右，他从第411棒火炬手中接过了圣火，郑重地敬了一个标准军礼后，他挥舞着左臂，高呼着"为奥运加油"的口号，顺利完成了火炬传递。

陈廷军和他的团队进行的前期志愿者项目成绩斐然，招募的10万奥运会、残奥会志愿者都是精兵强将，40万城市志愿者在北京500多个场所进行着微笑服务，100多万社会志愿者的身影出现在北京的大街小巷，志愿者遗产转化项目也正在展开。

（资料来源：《解放军报》2008年09月03日 杨永刚 特约记者 冯金源）

需要特别指出的是，大学生始终是志愿服务的生力军和先锋队。他们朝气蓬勃，精力充沛，富有爱心，身体力行地践行"奉献、友爱、互助、进步"的志愿精神，深入社区、街道、工厂、矿山、企业开展志愿服务。在如今的大学校园，志愿服务已经成为高校团委对大学生进行思想政治教育的重要载体，参与志愿服务成为大学生追求的校园新时尚。大学生参加志愿服务活动，也始终是媒体报道屡见不鲜的题材。早在"学雷锋"时期，1989年12月17日，人民日报就刊发《浙江林校活跃着近三百个"雷锋"》，介绍了原浙江林业学校学生成立"学雷锋理事会"，在校园内外学雷锋做好事蔚然成风的故事。同年12月20日，人民日报以《雷锋精神在校园》为标题，向读者呈现了原山西矿业学院"为民服务小组"利用所学专业知识，为校内外群众免费维修各种家用电器的事迹。今天，我们随便翻阅《人民日报》《中国青年报》《光明日报》《中国教育报》等报纸，或者浏览各主流媒体的网站，都能看到大学生参加志愿服务的报道。

第二节　媒体传播的功能

我国志愿服务事业的发展，一路都有媒体的同行，媒体对志愿服务始终给予了极大的关注和热情支持。志愿服务事业在中国发展、壮大，参与志愿服务在社会上蔚然成风，志愿精神得以彰显，媒体的推动作用功不可没。

一、传播志愿精神

志愿精神是志愿服务的灵魂。志愿精神在社会上的广泛传播和得到人们的普遍认同，是推动志愿服务发展的基础。经过国家和社会各个层面的大力倡导，志愿服务已经得到大多数人的认可，志愿精神得以弘扬，参与志愿服务的人也越来越多。但是，社会上仍然有部分人对志愿服务的认知度不高，甚至存在误解。有的人认为志愿服务"纯粹是做宣传、搞形式,没多大作用",有的志愿者在志愿服务的过程中不被理解,遭受歧视等等。这些问题的解决,需要官方和民间多方面的共同努力,其中,媒体可以发挥至关重要的作用。通过刊发理论文章,直接向公众阐释志愿精神的理论渊源和深刻内涵,通过对一些大型志愿者活动和优秀志愿者的报道,不断传播"奉献、友爱、互助、进步"的志愿服务精神,唤起公众对志愿服务的认可及重视。

首先,媒体宣传志愿服务,挖掘中华优秀传统文化中的丰富资源,有利于增强公众对志愿精神的认同。中华传统文化是中华民族的生存方式和精神家园,提倡爱与善是中华传统文化的重要主题,这一主题可以说是志愿精神的重要源泉。儒家以"仁"作为自己思想体系的核心,把"仁"作为最高的道德标准和精神境界。《论语》载"樊迟问仁,子曰爱人",这里孔子把"仁"直接解释为"爱人"。孔子还提出"己欲立而立人,己欲达而达人","己所不欲勿施于人",倡导"忠恕之道"。孟子认为,"恻隐之心,人皆有之",是人天生的"良知"和"良能"。孟子还提出,"老吾老以及人之老,幼吾幼以及人之幼",继承和扩展了孔子的仁爱思想。墨家提倡"兼爱",其创始人墨子深刻认识到,如果人与人之间不能相爱必然导致社会失范。墨子说:"诸侯不相爱,则必野战;家主不相爱,则必相篡;人与人不相爱,则必相戒;君臣不相爱,则不惠忠;父子不相爱,则不慈孝;兄弟不相爱,则不和调。天下之人皆不相爱,强必执弱,众必劫寡,富必侮贫,贵必敖贱,诈必欺愚。凡天下祸篡怨恨,其所以起者,以不相爱生也。"如何改变国家失道、社会失序、家庭失和的问题?墨子提出要倡导"兼爱",要"兼相爱,交互利",要"爱人若己""爱人之亲若爱其亲"。总之,要通过互爱带来互利。此外,传统文化中道家的"泛爱"思想、佛家的"慈悲"思想,也充满宣扬爱与善的宝贵内容。中华传统文化已深深融入中华民族的血液,影响着我们的言行举止,成为我们判断是非美丑的重要标准。今天,我们宣传志愿服务,首要的就是要把传统文化中与志愿精神相关的思想珍宝挖掘出来,传递给大众,让大家明白志愿精神是中国传统文化中固有的基因,我们理应继承和发扬中华传统文化中的志愿精神,积极参加志愿服务。

其次,媒体宣传志愿服务,探索志愿精神的时代内涵,有利于加深公众对志愿精神的理解。志愿精神具有鲜明的时代特征和内涵,其与社会主义核心价值体系具有高度的一致性。"社会主义荣辱观是社会主义核心价值体系的基础。它以中国人民的共同利益为根本出发点,与志愿精神倡导的'友爱、互助'具有统一性。志愿精神是扶助弱者、互助自助的精神……社会主义荣辱观中'以团结互助为荣、以损人利己为耻',正是对完整的志愿精神的描述和倡导。'团结互助'是志愿行为发生的立足点……对志愿精神的理解和发扬,深化了社会主义荣辱观的理解和贯彻,是对社会主义核心价值体系一个层面建构的具体体现。"[①]党的十八大报告强调指出:"倡导

---

① 丁元竹,江汛清,谭建光. 中国志愿服务研究[M]. 北京:北京大学出版社,2007,13.

富强、民主、文明、和谐，倡导自由、平等、公正、法治，倡导爱国、敬业、诚信、友善，积极培育和践行社会主义核心价值观。"社会主义核心价值观是社会主义核心价值体系的内核，是社会主义价值体系的高度凝练和集中表述。以"奉献、友爱、互助、进步"为核心内涵的志愿服务精神与社会主义核心价值观提倡的"文明、和谐、公正、爱国、友善"高度吻合。可见，志愿服务精神具有鲜明的时代内涵，弘扬志愿服务精神，就是弘扬社会主义核心价值观。

2013年以来，习近平总书记分别给"本禹志愿服务队""郭明义爱心团队""南京青奥会志愿者"三支志愿者服务队回信，希望志愿者们弘扬奉献、友爱、互助、进步的志愿精神，在志愿服务中展现自己的风采，用实际行动为实现中国梦作出新的更大贡献。2014年2月，中央精神文明建设指导委员会专门印发《关于推进志愿服务制度化的意见》，进一步建立健全志愿服务制度，推动志愿服务长远发展。党和国家高度重视志愿服务，把志愿服务作为推动精神文明建设的重要力量。媒体宣传志愿服务，有利于人们认识志愿服务在党和国家事业发展中的重要作用，从而更加深刻理解志愿精神的内涵，自觉参加志愿服务。

二、吸引公众参与志愿服务

媒体宣传志愿服务的根本目的在于介绍志愿服务项目，让公众获知参与志愿服务的途径，帮助公众正确认识志愿服务，从而吸引更多人参与志愿服务。当前，我国发达城市的公众志愿服务活动的参与率为15%左右，相对于西方发达国家平均40%左右的参与率，还有相当大的差距。即使在高校，也有相当一部分学生对志愿服务不够了解。《深职院志愿服务调查报告》显示，在所有被调查的大学生中，非常了解志愿服务的人数为201人，占11.7%；比较了解的有661人，占38.3%；有一点了解的有668人，占38.8%；不太了解的有163人，占9.5%；没听说过的有29人，占1.7%。这说明，目前大学生对志愿服务的了解程度不高，相当多的学生仅是了解一点，自觉参加志愿服务的热情不够高。造成此状况的原因是多方面的，但公众对志愿服务事业和志愿服务项目信息缺乏了解，参与志愿服务的渠道缺乏，这是其中的重要原因之一。实践表明，志愿者组织通过媒体主动向社会发布志愿服务项目，做好志愿服务岗位描述，畅通公众参与志愿服务的渠道，可以动员越来越多的人加入到志愿服务事业中。如在北京奥运会和广州亚运会期间，各大媒体不仅详细报道了赛会本身，而且向公众提供参与志愿服务的大量信息，鼓励公众了解志愿服务，从而帮助组委会招募了大量合格志愿者。

媒体宣传志愿服务，营造浓厚的志愿文化氛围，有利于形成磁场效应，吸引更多的公众加入志愿者队伍。通过媒体的广泛宣传，社会大众会更加了解志愿服务，逐渐认识到志愿服务是一项高尚的事业，参加志愿服务既是利国利民的高尚行为，也是提升自身能力和道德境界的重要途径，从而自觉加入志愿服务队伍。"大学生志愿服务西部计划"是团中央与教育部、财政部、人力资源和社会保障部根据国务院常务会议精神，自2003年开始联合实施的、旨在帮助西部地区发展的志愿服务计划。该计划实施以来，媒体大量报道了大学生志愿者服务西部，在西部建功立业的光荣事迹，扩大了在大学生中的影响力，使其成为一个巨大的磁场，每年吸引万余名大学毕业生响应祖国号召，"到西部去，到祖国需要的地方去"，到西部基层开展为期1~3年的教育、卫生、农技、扶贫等志愿服务。大量志愿者服务期满后选择扎根西部、扎根基层、扎根民族地区和艰苦地区。"大学生志愿服务西部计划"的成功实施，与媒体的广泛宣传、在高校形成了浓厚的志愿文化氛围密不可分。

三、激励志愿者

任何组织想要持续存在下去，不断发挥组织功能，实现组织目标，对组织内成员的激励都是必不可少的。志愿服务组织也不例外。为增强对志愿者的吸引力、凝聚力，提高志愿者投入志愿服务活动的热情，志愿服务组织必须通过采取包括专业培训、提升职位、提供物质奖励、颁发荣誉证书等方式来不断激励志愿者。具体而言，志愿者激励分为外在激励和内在激励。外在激励主要指为志愿者提供物质回报和物质保障，如为志愿者提供津贴、实习证明、学分，购买人身安全保险等。内在激励主要是精神激励，利用组织目标、成就感等对志愿者进行激励。

媒体报道志愿服务活动能在一定程度上满足志愿者的精神需求，起到激励志愿者的功能，属于内在激励。一方面，媒体报道志愿服务活动，是政府和社会对志愿服务事业的认可，作为这项事业的参与者，志愿者自然心里感到愉悦。另一方面，媒体对某一项具体志愿服务项目的报道，特别是对志愿者和志愿服务效果的报道，更能激发志愿者的成就感、荣誉感。例如，奥运志愿者看到媒体对奥运志愿服务活动的报道，特别是看到自己亲身参与的志愿服务项目被媒体报道，自豪感、荣誉感就会油然而生。我们相信，参与奥运志愿服务活动已成为志愿者铭记一生的事件，激励着他们在志愿服务的道路上不断前行。美国人本主义心理学家亚伯拉罕·马斯洛1943年在《人类激励理论》中将人类需求像阶梯一样从低到高按层次分为五种，分别是：生理需求、安全需求、社交需求、尊重需求和自我实现需求。媒体报道志愿服务能满足志愿者的社交需求、尊重需求和自我实现需求，是对志愿者更为持久和有效的激励。

四、促进志愿服务组织自身发展

志愿服务组织及时向社会发布信息，有利于消除公众对志愿服务组织的误解。北京团市委官方微博"青年说"曾发布了一条有关民间志愿者机构年终工作座谈会的消息并配了图，图片上有瓜子和水果引来个别网友的质疑："把你们桌上的瓜果餐点省了就可以满足一个孩子的一顿午饭钱，开个会还非要配上茶点"。其实这些东西是其中一位志愿机构负责人为了与大家分享结婚的喜讯自带的,后来通过媒体及时发布消息,澄清事实,消除了网友的误解。

五、促进社会问题的解决

志愿服务的产生、发展源于社会问题的存在,这些问题要么是政府无力解决,要么是不便于解决,志愿服务的根本使命在于促进这些社会问题的解决。媒体关注志愿服务,宣传志愿服务,会有助于缓解或彻底解决某些社会问题,有利于构建和谐社会。

媒体宣传志愿服务,会从以下两个方面促进社会问题的解决。一方面,媒体报道志愿服务,让大众关注到问题的存在,激发他们以自身行动参与解决这些问题的热情,众人拾柴火焰高,关注、参与的人越多,问题越容易解决。比如,因为媒体对医疗志愿服务、支教志愿服务等的广泛宣传报道,很多人为志愿者无私奉献的精神所感染,越来越多的医生发挥自己的专业优势,在休息日深入贫困地区开展免费诊疗,越来越多的大学毕业生选择了赴边远山区义务支教。媒体关注志愿服务,还有利于宣传相关知识,为解决社会问题创造良好条件。如媒体宣传防艾志愿服务、帮助自闭症儿童志愿服务等,就会帮助大众了解艾滋病和自闭症,掌握预防和治疗疾病的知识,从而帮助自己和他人。另一方面,媒体对志愿服务的报道,有可能引起政府的关注,从而采取相应对策,加快社会问题的解决。如2011年1月,中国社会科学院农村发展研究所于建嵘教授发起"随手拍照解救乞讨儿童"行动,得到全国网友响应,网友纷纷将自己遇到的乞讨儿童的照片上传至微博,希望失踪儿童的父母能借此信息找到自己被拐的孩子。腾讯、新浪、搜狐、网易、猫扑等媒体都专题推荐报道"随手拍照解救乞讨儿童"行动,迅速在各大论坛形成热点话题。此后,广州市公安局等多地公安部门表示,关注了"随手拍照解救乞讨儿童"微博,国家公安部门对拐卖儿童违法犯罪活动采取了更加严厉地打击措施。"随手拍照解救乞讨儿童"行动通过微博传播和发酵,发挥了监督乃至倒逼一些政府部门履职的功能。

六、营造浓厚的校园志愿文化氛围

中共中央、国务院2014年下发的《关于进一步加强和改进大学生思想政治教育的意见》指出,校园文化具有重要的育人功能,要建设体现社会主义特点、时代特征和学校特色的校园文化,形成优良的校风、教风和学风。俗话讲,"近墨者黑,近朱者赤",这句话生动形象地道出了社会氛围和风气对人潜移默化的影响。良好的校园文化对大学生具有很强的影响力、感染力和吸引力,有助于大学生养成良好的学习和生活习惯,培养积极健康的心态。

志愿文化是高校校园文化的重要组成部分,具有鲜明的社会主义特点和时代特征,能够促进形成优良的校风、教风和学风,发挥重要的育人功能。高校浓厚的志愿文化氛围的形成，离不开媒体对志愿服务活动、志愿精神的广泛宣传。高校通过校园广播、电视、报纸、微信、微博、宣传栏等经常地报道志愿服务活动，宣扬志愿者的先进事迹，让广大学生在校园随时随地都能接触到志愿服务的文化符号，坚持数年，一定能形成浓厚的校园志愿文化氛围。2011年9月，深圳职业技术学院发布《关于建设"志愿者之校"的决定》，把志愿者工作作为加强和改进大学生思想政治教育的重要手段和提高人才培养质量的重要举措。此后，学校各种媒体加大对志愿服务活动的宣传报道，推动志愿精神进课程、进课堂，每年公开表彰优秀志愿者，召开宣传志愿精神的主题班会和团组织生活会。几年坚持下来，学校形成了浓厚的志愿文化氛围，利用周末和节假日参加志愿文化服务成为学生的生活常态，志愿文化成为育人的有效抓手。

第三节 志愿服务的媒体传播策略

志愿服务与媒体的密切合作由来已久，没有媒体的广泛宣传报道，志愿精神就不会像今天这样得到人们的普遍认同，志愿服务事业也不能发展得这样快。媒体宣传报道志愿服务有自己独特的策略。概括地讲，借助媒体传播志愿服务，既要考虑志愿服务的特点，明确传播重点，也要根据每种媒介的优势，扬长避短，传统媒体和新媒体综合运用，实现志愿服务和媒介的更加紧密的结合，提升传播实效。

一、跨媒体传播，增强志愿服务传播的覆盖面和影响力

在数字信息时代，受众和媒体都面临全新的环境。从受众方面来说，人们对信息的需求前所未有的强烈，单一的媒体或单一的传播方式已经难以满足需要。人们根据自身需要和条件，从报纸、电视、互联网、手机等各种媒介获取文字、声音、图像信息，只通过某种单一媒体接受信息的人是非常少有的。从媒体方面来说，不同媒体之间的竞争日趋激烈，单一媒体的影响力在下降，跨媒体集团比单一的媒体公司更具有竞争力。正是在这种背景下，跨媒体传播应运而生。所谓跨媒体传播，既指信息在不同媒体之间以不同形式传播，也指不同媒体之间的合作、共生、互动与协调。

其实，今天跨媒体传播已经是一种司空见惯的新闻传播常态。今天任何稍微具有冲击力的新闻事件，都能引起不同媒体的关注，人们几乎能在相同的时间从不同的媒体获得该事件的信息。传统的纸质媒体无不顺应跨媒体传播的趋势，纷纷"触网"，增加读者黏性，增强竞争力。

跨媒体传播给我们的启示是，任何组织想通过媒体传播自己的理念，树立自己的良好形象，都必须顺应跨媒体传播的要求，多种渠道、多种方式宣传自己，展示自己。志愿服务亦不例外。在共青团中央指导下成立的中国青年志愿者协会是跨媒

体传播宣传志愿服务的积极实践者。一方面，中国青年志愿者协会深耕传统媒体，以《中国青年报》为宣传主阵地，并向其他纸质媒体拓展，对志愿服务进行深度报道。为充分利用媒体资源，中国青年志愿者协会还专门成立文化宣传工作委员会，新华社、人民日报、中国青年报、经济日报以及中华儿女报等报刊社的相关方面的负责人均为该委员会委员。另一方面，协会还专门建立网站，全面宣传介绍"关爱行动""西部计划""阳光行动""海外计划""暖冬行动"及"节水护水行动"等品牌项目，发布志愿服务信息，展示志愿者风采。中国青年志愿者协会跨媒体传播非常成功，已经成为我国传播志愿服务理念的一面旗帜。

开展志愿服务是高校承担社会职责，对大学生进行成长、成才教育的重要抓手，做好志愿服务宣传，吸引更多的大学生了解志愿服务、参与志愿服务是开展志愿服务育人的基础。高校团委要适应跨媒体传播的要求，增强志愿服务宣传实效，让学生随时能够了解志愿服务信息，受到志愿精神的熏陶，积极主动参与志愿服务。要统筹学校校报、广播、电视、宣传栏、官方微博、微信公众号以及网站等各种宣传载体，根据不同载体的特征，从不同角度、不同方面宣传志愿服务。

当前，高校要特别注重通过微博、微信等新媒体来传播志愿服务。传统的纸质媒体已经不再是高校师生获取信息的主要途径，微博、微信等新媒体受到师生青睐，方兴未艾。高校师生几乎人人持有手机，随时随地浏览微博、微信获取信息已经成为习惯。而且微博、微信传播信息具有"病毒"扩张的特征，通过关注、转发、评论，信息传播迅速，容易形成热点，可以说是一种高效、经济的信息传播载体。高校要高度重视新媒体在传播志愿服务中的重要作用，建设好主题微博、微信公众号，以师生喜闻乐见、生动活泼的形式宣传好志愿服务。

二、聚焦品牌项目，以优良的传统塑造人

高校师生谈起志愿服务，自然而然想起"大学生志愿服务西部计划""大中专学生志愿者暑期文化科技卫生'三下乡'活动"等团中央发起、推动的志愿服务项目。这是因为经过多年的开展和媒体的广泛宣传，"大学生志愿服务西部计划"和"大中专学生志愿者暑期文化科技卫生'三下乡'活动"已经成为志愿服务的标志性品牌项目，在高校产生了广泛而深远的影响，引领着中国志愿服务发展方向。

其实，经过 20 余年的实践和积淀，各高校志愿服务都形成了自己的一些品牌项目，这些品牌项目凝聚着志愿精神，成为学校文化不可或缺的一部分，春风化雨般浸润、影响着广大学生。如北京大学的"研究生支教团""平民学校"等。从 1999 年 9 月至 2013 年，北京大学已派出 15 批、共计 226 名支教团志愿者参与西部地区支教扶贫行动，践行"用我智慧奉献爱"的口号。2011 年，时任中共中央总书记胡锦涛同志给北京大学第十二届研究生支教团回信，充分肯定了北京大学研究生支教团的志愿服务活动，号召广大青年学生"向实践学习、向人民群众学习"，勉励北大学子

把支教扶贫的接力棒传下去。2006年，北京大学青年志愿者协会启动"平民学校学生志愿服务队"，充分利用校内既有的专业教育培训资源，配合教师志愿者团队为校内工友提供免费培训服务，帮助他们圆个人的"北大梦"。截至2014年，平民学校已开展8年，参与服务的志愿者人数近300人，受众人数近千人，为传承平等理念、成就平民梦想做出了切实而富有成效的贡献。①

不仅是像北京大学这样的名校，一些普通院校甚至普通高校的院（系），经过多年努力，也精心培育了自己的志愿服务品牌特色项目。如深圳职业技术学院外语学院发挥师生精通外语的优势，2006年启动了"'四点半'课堂志愿服务"项目。在深圳市西丽街道留仙社区，很多小学、幼儿园学生下午四点半就放学，但此时多数孩子的家长却没有下班，这些孩子面临着将近2个小时的看管空白期、教育空白期。志愿者每周3次，下午4：30准时深入社区开展寓教于乐的外语学习活动，每月组织1次大型"社区英语角"。10年来，参与该项目的志愿者达6000余人次，开展活动近1000次，服务居民与小孩20000余人次。"'四点半'课堂志愿服务"项目社会影响力不断提升，受到南方都市报、深圳特区报、Shenzhen Daily、凤凰网、深圳新闻网、深圳南山新闻网、大洋网等众多媒体的广泛报道和高度评价。

各高校的志愿服务品牌项目传承数年，深入人心，具有较强的示范效应。一个优秀的将军打仗，总是集中优势兵力，消灭敌人。一家著名的企业，虽然旗下有众多品牌产品，但宣传的重点总是一两个拳头产品。志愿服务传播，要聚焦这些品牌项目，以点带面、点面结合，增强效果。要把这些项目的意义、历史、参与方式等，通过广播、报纸、宣传栏传播出去，也可以请参与项目的优秀志愿者开展讲座，使师生耳濡目染，受到熏陶，自觉加入志愿服务组织，参与志愿服务。

三、开展主题宣传活动，激发师生参与志愿服务热情

在一些特别的日子，如"3·5学雷锋纪念日""5·12国际护士节""6·5世界环境日""12·5国际志愿者日"等，组织策划志愿服务主题宣传和实践活动，有利于在全校营造"我为人人、人人为我"的志愿服务浓厚氛围，推动志愿服务事业发展。

开展志愿服务主题宣传活动，历来为中央文明办、共青团中央和人民日报、中国青年报等媒体所重视。在2016年"3·5学雷锋日"来临之际，2月26日，中宣部、中央文明办在北京召开全国学雷锋志愿服务工作推进会，会上公布了最美志愿者、最佳志愿服务项目、最佳志愿服务组织、最美志愿服务社区"四个100"先进典型名单，公布湖北监利沉船事件和善后工作全体志愿者为"最美志愿服务群体"，并向先进典型代表颁发了奖牌。中央宣传部、中央文明办在中国文明网向全社会公开发布李勇杰等10位岗位学雷锋"最美人物"的先进事迹，现场播放了反映他们先进

---

① 北京大学志愿服务发展历程［EB/OL］. http://www.pku.edu.cn/campuslife/zygy/index.htm.

事迹的视频短片，"当代雷锋"孙茂芳向10位岗位学雷锋"最美人物"颁发了荣誉证书。330余家地方文明网站同步播出发布仪式。此后，《人民日报》连续刊文，详细介绍了"最美人物"的先进事迹。2005年"学雷锋日"来临前夕，在共青团中央部署下，各级团组织大力开展了青年网络文明志愿行动宣传和实践活动。3月2日至4日，团中央书记处全体同志来到基层单位，与团员青年共话网络建设，勉励青年肩负起互联网时代的青春使命，积极做网络文明先锋，共建共享清朗网络空间。在网站、微博、微信等各类网络空间中，共青团发起了一系列倡导依法上网、文明上网、理性上网的主题活动，号召广大青年网友在网络上主动弘扬正能量、自觉抵制负能量，积极加入网络文明志愿者队伍。在线上活动广泛开展的同时，各地团组织和青年网络文明志愿者还普遍开展了线下活动，通过有深度、有内涵的宣传教育，大力提升青年网络文明素养，并通过青年向全社会开展宣传动员，形成线下学习、线上实践，线下动员、线上行动的有效闭环。

"3·5学雷锋纪念日""5·12国际护士节""6·5世界环境日""12·5国际志愿者日"等是开展主题宣传的大好时机，高校要充分重视，统筹规划，力争通过主题宣传，增强师生的志愿服务意识，弘扬"奉献、友爱、互助、进步"的志愿精神，形成人人参与志愿服务的良好氛围。做好主题宣传的关键，一是要制定详细的方案，调动各方面的资源和积极性。二是要宣传和实践并重，组织系列志愿服务活动。三是要开展优秀志愿者评比表彰和优秀志愿者先进事迹宣讲。

拓展阅读

关于组织开展2014年"12·5"国际志愿者日主题宣传与实践活动的通知

中央文明办〔2014〕20号

各省、自治区、直辖市和新疆生产建设兵团文明办、民政厅（局）、团委：

今年12月5日是第29个国际志愿者日。为进一步在全社会营造"我为人人、人人为我"的志愿服务浓厚氛围，推动我国志愿服务事业制度化、规范化、常态化发展，中央文明办、民政部、共青团中央决定，在12月5日前后，集中组织开展国际志愿者日主题宣传与实践活动。现将有关事项通知如下：

一、总体要求

认真学习贯彻党的十八大和十八届三中、四中全会精神，学习贯彻习近平总书记给"郭明义爱心团队"、华中农业大学"本禹志愿服务队"、"南京青奥会志愿者"的回信精神，以培育和践行社会主义核心价值观为根本，通过开展形式多样的主题宣传与实践活动，以知促行、以行促知，让奉献、友爱、互助、进步的志愿精神深入人心，推动形成志愿服务人人愿为、时时能为、处处可为的生动局面。

二、活动安排

1. 广泛开展中国志愿服务标识宣传推广活动。中国志愿服务标识将于12月初在京统一发布。各地要围绕这一标识的宣传推广，通过组织"标识解读""有奖问答"等互动活动，通过举办发布会及在公共场所张贴海报、发放宣传品、设立咨询点等方式，向公众集中宣传和解读标识的设计理念和内涵意蕴，开展志愿服务理念传播与知识普及活动。

2. 认真开展志愿者嘉许与志愿服务成果展示活动。各地各部门要以社区为重点，以志愿服务记录为基础，开展志愿者星级认定工作，评定一批五星级志愿者，组织优秀志愿者、优秀志愿服务组织、优秀志愿服务项目、志愿服务优秀社区等评选活动，探索开展志愿服务嘉许与回馈活动；围绕志愿服务典型选树与成果展示，组织优秀志愿者事迹宣讲与志愿服务项目展播等活动，加强公众对志愿服务的认知与理解。

3. 积极设计开展有仪式感的活动。各地各部门要结合地域特点和行业特征，设计开展为志愿者授星仪式、志愿者集体宣誓仪式、重点活动启动仪式、志愿者和志愿服务组织同发倡议书等有仪式感的活动，不断提升志愿服务的社会影响力和志愿者的荣誉感、归属感。

4. 开展普法志愿者和法律服务志愿者下基层活动。贯彻落实十八届四中全会关于加强普法志愿者和法律服务志愿者队伍建设的要求，结合"12·4"国家宪法日，各省（区、市）分别组织万名法律志愿者进基层活动。要以社区为重点，组织法律志愿者开展普法宣传；为空巢老人、进城务工人员、残疾人、困难群众和农村留守老人、妇女、儿童提供各种形式的法律志愿服务。

5. 开展项目对接与专业志愿服务活动。12月3—4日，"志愿服务广州交流会暨首届中国青年志愿服务项目大赛"将在广州举办，各地要结合本地特点，积极开展资源推介、成果转化、项目培育等活动。同时，推动企业、机关、学校、医院和公益慈善类、城乡社区服务类社会组织和志愿者，深入基层、收集需求，到社区开展文体、医疗、科普、消防等专业志愿服务活动。

三、活动要求

1. 高度重视，精心组织。各级文明办、民政部门、团委要高度重视国际志愿者日主题宣传与实践活动，将其作为加强志愿者队伍建设、发展志愿服务事业的重要举措抓紧抓好。积极协调和联合相关部门、志愿服务行业组织，精心组织、周密部署、科学策划，充分调动广大志愿服务组织和志愿者的积极性、主动性和创造性，切实做好活动各项工作。

2. 切合实际，务求成效。国际志愿者日主题宣传与实践活动要紧跟形势、结合实际，面向基层、务求实效。要充分发挥各类宣传媒介的作用，利用微访谈、微电影等形式，创新宣传方式，丰富宣传内容，扩大宣传范围，切实将志愿服务理念知识宣传普及与提升志愿服务水平、满足人民群众服务需求、发展志愿服务事业有机结合起来，进一步提高志愿服务的社会认知度，推动形成人人关心、支持、参与志愿服务的社会氛围。

3. 宣传典型，搞好总结。要以国际志愿者日为契机，集中宣传志愿服务知识，展示志愿服务各项成果，展现志愿者风采，推广一批优秀志愿服务组织、志愿服务项目、志愿者案例，增进沟通交流，促进成果共享。各省（区、市）和新疆生产建设兵团文明办、民政厅（局）、团委要做好活动的总结，并于12月30日前将总结报告分别报中央文明办志愿服务工作组、民政部社会工作司和团中央青年志愿者工作部。

联系方式：

中央文明办志愿服务工作组联系人：何一帆，电话：010-83085245，邮箱：zyfwgz@sina.com。

民政部社会工作司联系人：程杰，电话：010-58123510，邮箱：chengjie@mca.gov.cn。

团中央青年志愿者工作部联系人：查干·巴依尔，电话：010-85212099，邮箱：zyz035@126.com。

中央文明办　民政部　共青团中央
2014年11月21日

四、深入挖掘树立典型，展示志愿者风采

榜样的力量是巨大的。展示、宣传优秀志愿者的先进事迹是志愿服务传播的重要内容。深入宣传优秀志愿者的先进事迹对开展志愿服务至关重要。雷锋、丛飞等一大批先进人物影响了千千万万的人。为开好2008年北京奥运会，奥组委招募了大批志愿者，一些优秀志愿者的先进事迹感动了更多的人，吸引了更多的人加入到奥运志愿服务当中。二炮退役少将陈廷军，2005年7月加入奥运志愿者队伍，从学习使用电脑、听说英语口语开始，克服了大量困难，成为一名优秀志愿者，连续两年被奥组委评为优秀工作人员。他的事迹鼓励了一大批人积极加入奥运志愿者队伍。

高校尤其要注重挖掘树立本校志愿者中的先进典型，大力宣扬他们的先进事迹，为师生树立可亲、可敬、可学的身边榜样。组织有关人员深入基层、深入一线，宣传报道志愿者典型，全面展示志愿者风采，不仅能增强志愿者的荣誉感，而且也能发挥榜样的力量，带动全校师生参加志愿服务。2011年，深圳举办第26届世界大学生运动会，深圳职业技术学院选派了近9000余名志愿者，其中涌现出了李栋等一批优秀志愿者典型。学校及时、全面地整理了他们的先进事迹材料，通过广播、报纸、手机、网络等渠道和召开表彰大会，图文并茂地向全校师生大力宣传，不仅促进了当时志愿服务工作，而且产生了深远的影响，对学校今天志愿者工作的开展也有积极的推动作用。很多后入学的师弟师妹们都知道李栋等志愿者，都被他们崇高的荣誉感和忘我的工作精神所感动，纷纷加入志愿者队伍。

拓展阅读

互动哥互动姐视频走红　声嘶力竭5小时点燃大运会开幕式激情

昨晚随着一段与大运开幕式有关的小小视频放到网上,"互动哥""互动姐"立即成了风靡网络世界的热词。在视频中,一位互动志愿者一直在努力调动身边观众的情绪,一刻也不得歇。这条视频此后迅速传开,视频中的志愿者还得了个雅号:"互动哥"。

网友们感叹,这些距离大运会开幕式最近的孩子却一分钟开幕式都看不到,5个小时的"声嘶力竭",只为了点燃观众的互动情绪,实在太感人了。

记者昨晚从有关方面了解到,开幕式上,这样的"互动哥"可不止一个,164名来自深圳职业技术学院的学生组成了这个互动团队,其中不仅有"互动哥",更有"互动姐",视频中的"互动哥",是他们的一个缩影。

大运开幕式上,引导观众互动的志愿者成了一道亮丽风景,被观众亲切地誉为"互动哥""互动姐"。记者了解到,他们共有164人,全部是来自深圳职业技术学院的在校学生,经过层层面试,过关斩将,才从众多应聘者中脱颖而出。

自7月12日开始进行集中培训,8月12日上午11时在校园进行誓师,1点半集合,2点半到达春茧U站,6点进场——他们开始了青春的一场激动人心的表演。

12日晚大运开幕式结束后,当大家还沉浸在"不一样的精彩"中时,微博上已有网友开始搜索"互动哥"了。在大运会开幕式当晚,网友"joy甘"将拍摄的一名大运志愿者为调动现场观众情绪而做出一系列行动的视频放上微博。视频一出,引来网友迅速围观,几小时内被转发192次。

在短短一分半钟的视频里,记者看到"互动哥"一刻也没有停歇,他先挥动手中的黄色布条,示意自己四周方向的观众挥舞起双手助威,接着他又拿出荧光棒吆喝观众们跟他一起呐喊喝彩。视频的作者"joy甘"在微博里说道:暖场的时候,这个小伙子在我面前"拼命""声嘶力竭"地引导大家互动,在之后的两个多小时时间里,他几乎就没有停过,几乎累得气喘吁吁,不时弯下腰来喘气。他们真的辛苦了。

目前,"互动哥"已被网友搜索出来,他是深职院的大一学生,名叫李栋,土生土长的深圳人。面对记者时,他没有了视频中的亢奋,反而多了一分腼腆。对于自己突然"成名",他显得有点局促,并强调自己只是许多"互动哥"中的一员,期望通过自己的一份力量能够为大运会增添不一样的精彩。昨夜,受到网友热捧的"互动哥"李栋和"互动姐"颜秋接受《晶报》记者专访,讲述了他们开幕式上的互动故事。

(资料来源:2011年8月13日晶报　记者 吴建升　实习生 王晓婷)

五、分工负责，精心谋划媒体宣传

像奥运会、亚运会等大型赛事这样需要数千名志愿者的志愿服务项目不是很多，大多数志愿服务项目实际需要的志愿者并不太多，由于志愿服务项目岗位的限制和大多数人自身条件的限制，很多人无法实际参与志愿服务。这样，志愿服务的育人功能一方面体现为让更多的人参与到志愿服务中，亲身践行志愿精神，从而受到教育，升华思想境界，另一方面是通过媒体传播，向公众传递志愿服务信息，宣传志愿者的无私奉献精神，使那些无法亲自参与志愿服务的人间接获得情感体验，产生向善、向美的渴望，从而实现志愿服务的育人功能。因此，志愿服务组织要高度重视志愿服务的媒体传播，在策划志愿服务项目时，充分考虑宣传工作，大型志愿服务项目要成立专门的宣传报道组，一般项目要安排专人负责宣传工作。无论是宣传报道组，还是宣传专员，都要精心准备，在实施志愿服务项目之前，要掌握充足的项目信息，包括项目意义、参与志愿者人数、服务对象、志愿服务进程以及可能的收获等。在志愿服务项目实施过程中，要亲自深入现场，仔细观察，收集第一手资料。志愿服务结束后，要及时组织撰写宣传文章，通过多种媒体发布出去，展示志愿服务成果，展现志愿者风采。

2011年，深圳举办第26届世界大学生运动会，深圳职业技术学院9000多名师生志愿者参与了大运志愿服务活动。为更好地宣传志愿服务活动，展示当代大学生风采，激发志愿者服务热情，深圳职业技术学院专门成立了宣传报道组，每个场馆的志愿服务队都有专人负责新闻采编。宣传报道组创办了纸质媒体《深职大运风》和电子媒体《深职大运手机报》，分别设有编辑部，每天出版1期，每个赛事场馆也各自创办了自己的纸质媒体。《深职大运风》发往大运执行局、各赛事场馆和校领导。《深职大运手机报》向志愿者、非第一线大运工作者、大运执行局有关领导以及市领导和学校中层以上干部共计11000人发送。每天，各场馆新闻采编人员除编辑出版本场馆的纸质媒体外，还负责向《深职大运风》和《深职大运手机报》推荐稿件。《深职大运风》和电子媒体《深职大运手机报》编辑部根据需要，从各场馆来稿中选择采用稿件。宣传报道组有时候发现具有比较重大价值的新闻线索，会将其作为重点选题予以策划，组织人员深入现场采访，撰写稿件深入报道，如"互动哥"李栋就是宣传报道组挖掘出来的志愿者先进典型。此外，宣传报道组还非常重视外宣，他们通过手机、QQ和电子邮箱与各纸质媒体和网络媒体保持了密切联系，密集地向媒体投递新闻稿件，或提供新闻线索，协助媒体现场采访。据不完全统计，整个大运会期间，校外媒体发布深圳职业技术学院志愿者有关的视频新闻23条、报纸和网络新闻359篇，全方位地呈现了学校对大运志愿服务活动的高度重视和周密部署安排，有力地展示了特区大学生的良好形象。

第八章 志愿服务保障与激励机制

近十年来，我国的志愿服务事业蓬勃发展，许多大事件均有志愿者的参与，街头小巷也不乏志愿者的身影，志愿服务离社会大众越来越近，我们为之振奋的同时，也应更加重视其中存在的问题，例如法制欠缺、资金欠缺、服务能力欠缺、保障激励措施欠缺、社会认同欠缺等，这些都制约了我国志愿服务事业的顺利发展。

志愿服务强调奉献精神，但这并不意味着我们从事志愿服务不需要任何必要的保障和激励。奉献是志愿服务的灵魂，而保障与激励则是基础。建立志愿服务保障激励机制是志愿服务活动规范化和可持续化发展的需要，也是激发大学生积极参与志愿服务，从而实现自我价值和社会价值统一的需要。

【学习目标】

1. 认识和掌握志愿服务中的法律问题和权益保障。
2. 了解志愿服务资金的筹措途径和管理。
3. 掌握志愿服务过程中的安全风险防范，了解基本应急救护常识。
4. 明确高校志愿服务激励机制的构建方法和途径。

【学习导航】

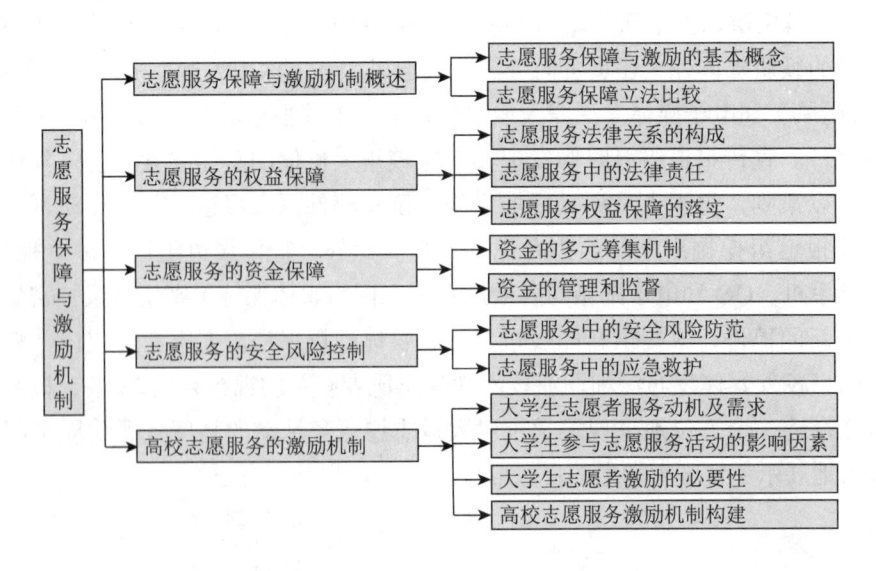

志愿服务保障与激励机制
- 志愿服务保障与激励机制概述
  - 志愿服务保障与激励的基本概念
  - 志愿服务保障立法比较
- 志愿服务的权益保障
  - 志愿服务法律关系的构成
  - 志愿服务中的法律责任
  - 志愿服务权益保障的落实
- 志愿服务的资金保障
  - 资金的多元筹集机制
  - 资金的管理和监督
- 志愿服务的安全风险控制
  - 志愿服务中的安全风险防范
  - 志愿服务中的应急救护
- 高校志愿服务的激励机制
  - 大学生志愿者服务动机及需求
  - 大学生参与志愿服务活动的影响因素
  - 大学生志愿者激励的必要性
  - 高校志愿服务激励机制构建

第八章 志愿服务保障与激励机制

【导入案例】

拿什么保护你 受伤的志愿者？

34岁的黄凯（化名）是湖北宜昌某公司的一名员工。2008年四川汶川地震发生后，黄凯作为一名志愿者负责给灾区孩子送课外书。不幸的是，他在赶往车站途中遭遇车祸，造成右腿严重骨折。由于妻子失业，家中女儿尚小，黄凯术后康复尚需时日，这个并不宽裕的家庭一下子陷入困境。"作为志愿者，我不求回报。但是，我希望国家能有相应的保障机制，让我在受伤的时候也能得到应有的帮助。""流汗流血又流泪的"的黄凯道出了许多志愿者共同的心声。

漫画/焦海洋

有关调查显示，在我国既往的志愿服务活动中，一半左右的公益组织没有给志愿者买过保险，10%左右的志愿者参加志愿服务活动时受过身体或精神伤害，大约9%的志愿者在志愿服务过程中曾不被理解或遭歧视。"人们往往认为志愿者只要奉献和服务就行了，所以'过度使用'和'不当使用'志愿者的现象并不少见。"中国青年志愿者协会副会长谭建光说。

（资料来源：中国文明网［EB/OL］.http: //www.wenming.cn/zyfw_298/yw_zyfw/201507/ t20150713_2726805.shtml）

第一节 志愿服务保障与激励机制概述

一、志愿服务保障与激励的基本概念

仅就保障机制而言，保障指保护，使事物或人不受侵犯或破坏；机制，是指一定的体制或组织机构为促进职能作用发挥而建立和实施的一系列具有自我调节、控制、信息传递等功能的措施和手段。[1] 广义的志愿服务保障机制就是指保证"志愿服务"持续性的个人因素和社会因素的有机整合，包括政策法律保障、资金保障、志愿者权益保障、志愿服务培训、志愿者激励、培养公民意识、创造国际合作环境等等。

---

[1] 赵振铎.语文大辞海［M］.沈阳:辽宁大学出版社,1997,306.

什么是激励？美国管理学家贝雷尔森（Berelson）和斯坦尼尔（Steiner）给激励下了如下定义：" 一切内心要争取的条件、希望、愿望、动力都构成了对人的激励。——它是人类活动的一种内心状态。"[①] 人的一切行动都是由某种动机引起的，动机是一种精神状态，它对人的行动起激发、推动、加强的作用。虽然志愿服务具有奉献爱心的性质，但是对志愿者适当的激励是保证并吸引更多的志愿者参与志愿服务工作、提高志愿服务工作质量的重要措施。志愿服务激励机制按作用方向可分为外部激励（社会化激励、组织激励）、内部激励（自我激励）两大类；按作用类型可分为精神激励和物质激励两种。

二、志愿服务保障立法比较

世界上一些志愿服务开展比较成熟的国家都制定相应的法律来为公民参与志愿服务明确权责、规避风险、激励引导。政府不能寄希望于让公民牺牲自我利益来为他人或社会服务，如果这样，志愿服务将依赖于人们高尚的道德，而这是很难长时间大范围持续下去的，志愿服务在其发展之初确实是由人们内心的善良品德带来的活动，但当它向成熟阶段发展的时候，就应该用法律制度来维护、保证它持久的生命力。

（一）相关国家及地区志愿服务保障立法

根据美国社区服务机构的调查，2011年美国的志愿者人数约为6430万，占全国人口总数26.8%，志愿服务贡献的经济价值达1710亿美元。志愿者提供的服务时间约为79亿小时。[②] 美国人对志愿服务充满热情与志愿服务法律的完善密切相关。美国政府在1973年就制定了志愿服务法，后历次修正法案内容，从法律层面不断明确志愿者地位和志愿者活动的发展目标。相关法律法规包括1989年颁布的《国内志愿服务修正法》，1990年颁布的《国家和社区服务法案》，1992年颁布的《全国与社区服务技艺增订法》，1993年颁布的《全美服务信任法案》，1997年颁布的《志愿者保护法》等。另外，美国还在其他领域立法和发布政策，如设立相关奖项，为志愿者就学、求职提供便利等。其中，1997年6月，由克林顿总统签署实施的《志愿者保护法》，对志愿者个人责任的风险做了严格的规定和限制，该法排除了志愿者个人在合法组织的责任范围内因简单或普通过失造成损失的侵权责任，但故意、犯罪行为、重大过失、疏忽大意、过于自信行为造成的侵权责任并不能免除。责任的确定和限制是这部法律的重点，通过对可能发生的责任类型的分类规定降低了志愿者侵权责任的风险，由此免除了志愿者参加志愿服务的后顾之忧，从而促进了美国志愿服务的进一步发展。

相较于其他国家，德国志愿服务相关立法更为注重对志愿者的培训和保护，除了规定志愿者的培训和时间投入之外，法律还对志愿服务过程中的角色定位有着明

---

① 贝雷尔森, 斯坦尼尔. 人类行为: 科学发现成果 [M]. 北京: 科学出版社, 1996, 66-67.
② 辛华, 张学东. 当前美国志愿者与志愿服务组织状况探讨 [J]. 哈尔滨师范大学社会科学学报, 2013(6): 15-17.

确的分工,派遣方、接收方和协调方各自拥有相应的权利和义务,为志愿者提供全方位的保障。此外,志愿者在参加志愿服务时,其角色也有着明确的定位,即志愿服务不允许代替正常的授薪岗位的工作。比如说志愿者到养老院服务,只能够利用业余时间陪老人聊天、读书、散步等,严禁从事应由专业护工从事的工作。[①]志愿服务在德国并不仅仅是社会公众参与社会管理和服务的一个途径,更多的是一个自我提升的过程,政府鼓励志愿者长期参加志愿服务,并对此进行记录,进而给予各种鼓励政策。

我国台湾地区的社会现状、风俗习惯、社会秩序和我国内地最为接近,志愿服务立法起步较早,相对系统完善,因此台湾地区的志愿服务立法也可为我国内地所借鉴。台湾地区立法的最大的特点就是系统性强,立法体系完整,以《志愿服务法》为母法,配套以伦理守则、奖励办法、服务记录办法等相关子法,完整的立法体系使得志愿服务整个过程都在法律的规定里操作。

(二)国内志愿服务保障立法

2017年9月,国务院颁布了《志愿服务条例》。在此之前,我国暂未出台全国性志愿服务法,但这不代表我国志愿服务活动无法可依,志愿服务立法呈"地方先行"模式。自1999年8月5日广东省通过我国首部关于青年志愿服务的地方性法规《广东省青年志愿服务条例》始,截至2016年,全国范围内已有19个省、自治区、直辖市以及18个较大的市出台了关于志愿服务的地方性法规。[②]比较这三十多部地方性法规,其立法结构主要采取"总则—志愿服务主体—志愿服务保障—法律责任"的逻辑结构。由于各地分散立法,内容大同小异,但总体呈现以下不足:缺乏全国性立法,立法体系较为混乱;相关主体界定不明;原则性条款居多,权益保护乏力;志愿服务责任规定不明确;配套制度设定不完善等问题。

此前,由于我国目前在志愿服务领域的立法缺失,部分志愿者行为在某种程度上呈现自发、分散和无序的状态;志愿者在志愿服务过程中,其本身的合法权益得不到有效保护,有的被服务对象当作廉价劳动力使用而偏离了志愿服务的初衷;有的志愿者从事志愿服务却无法得到原工作单位的理解,经济上没有了保障;有些志愿者应有的物质和精神激励得不到体现;严重的是甚至志愿者的人身安全都无法得到足够保障,受到意外伤害时也无法得到有效补偿。如此种种,由于政策保障的缺失以及有关法律法规的滞后,志愿者的合法权益乃至人身财产安全不能得到充分保障,一定程度上挫伤了志愿者的积极性。

2010年,广东省在《广东省青年志愿服务条例》原27条的基础上,拓展修订了《广东省志愿服务条例》。该条例总体看来虽然存在纲要性规定居多、涉及操作层面细

[①] 郑春荣. 德国志愿服务: 特点、趋势与促进措施[J]. 中国青年研究, 2010(10): 680-685.
[②] 杨帆. 我国志愿服务法制保障的顶层设计与制度落实[J]. 湖南社会科学, 2016(3): 95-98.

节缺乏的问题，但已基本涵盖志愿服务过程中的所有内容，是一个比较完整的志愿服务立法，在三十多部地方立法中相对比较成熟，它也为我国全国性的志愿服务立法提供了参考，具有深刻的立法实践意义。2017年9月，国务院颁布《志愿服务条例》（国令第685号，以下简称《条例》）对我国志愿服务事业的发展做出了全局性谋划和法制保障，对我国志愿服务组织的法律地位、规范管理和活动开展等进行了系统规定，将进一步推动志愿服务制度化、常态化发展，提升志愿服务整体效能，从根本上解决我国志愿服务领域基本法缺失的状况。该《条例》重点解决了以下几个问题[①]：

1. 明确了志愿服务组织是志愿服务的重要主体这一法律地位。这有助于厘清志愿服务组织与其他社会服务提供主体之间的关系，推动各类志愿服务组织明确定位、强化管理、提升能力、拓展领域，有效释放创造力和生产力，提高志愿服务专业化、科学化水平。

2. 明确了志愿服务的运行规则。《条例》规定志愿者、志愿服务组织、志愿服务对象可以根据需要签订协议，明确当事人的权利和义务，约定志愿服务的内容、方式、时间、地点、工作条件和安全保障措施等，以协议的方式促进了志愿服务活动的制度化、常态化。《条例》要求加强对志愿者招募、权利保护、能力培训、服务安排、激励回馈、经费保障、信息记录等方面的管理，并建立了相应的投诉、举报等监管制度，为进一步规范志愿服务组织管理提供了法律依据。

3. 明确多种促进措施，以利于提升志愿服务整体水平。《条例》规定县级以上人民政府应当根据经济社会发展情况，制定促进志愿服务事业发展的政策和措施，合理安排志愿服务所需资金。《条例》同时规定，学校、家庭和社会应当培养青少年的志愿服务意识和能力。国家鼓励企业和其他组织在同等条件下优先招用有良好志愿服务记录的志愿者。公务员考录、事业单位招聘可以将志愿服务情况纳入考察内容。

志愿服务立法，是广大志愿者和志愿服务组织早已期盼的一件大事，各新闻媒体对此都做出了积极解读，但是因为志愿者众多，志愿服务组织很多都是没有注册的团队，因此管理难度较大；再加上《条例》中许多条文使用的是"鼓励""可以""应当"等"非硬性"规定，更多的是体现导向性而不是强制性，因此，《条例》在具体实施过程中可能会碰到难以实质性约束的问题。

拓展阅读

2017年9月，国务院正式发布《志愿服务条例》（国令第685号），全文共44条，分总则、志愿者和志愿服务组织、志愿服务活动、促进措施、法律责任和附则

---

① 丁小溪，罗沙. 依法规范促进志愿服务发展——《志愿服务条例》解读［EB/OL］. 新华网http://news.xinhuanet.com/2017-09/06/c_1121618068.htm.

等 6 章。《志愿服务条例》全文可参阅中国志愿服务网 http://www.chinavolunteer.cn/show/1038608.html。

通过对国内外志愿服务立法情况的分析，发现其关注的重点和难点均是如何使制度得到落实，即志愿服务的保障机制可以归结为管理机制、注册机制、招募机制、培训机制、评估机制、权益保障机制、经费保障机制、激励机制、责任机制等几类。它们是志愿服务法律制度的核心，是保障志愿活动顺利进行，提高志愿服务质量，保护志愿者、志愿者组织和志愿服务对象合法权益以及志愿服务事业长远发展的重要制度。

由于篇幅所限，且部分内容在其他章节已有详述，本章节重点探讨志愿服务相关方之间的法律关系、责任和权利，志愿服务资金的筹措和管理，志愿服务的风险控制，高校志愿服务的激励机制等问题。

第二节 志愿服务的权益保障

一、志愿服务法律关系的构成

从法律层面讲，志愿者是志愿服务的主体，志愿者、志愿者组织和服务对象三者之间形成的民事上的权利义务关系是内容，而志愿服务行为则是客体，他们共同组成了志愿服务行为的法律构成[①]。志愿者从事某项志愿服务，一般会由志愿者与志愿者组织、志愿者组织与志愿服务对象两两或者是三方共同签订志愿服务协议书，以明确服务内容、时间和各方的权利、义务。

查阅上海市和广东省志愿服务条例，对志愿服务协议的表述分别为"志愿服务活动的组织者与志愿者之间可以根据需要就服务的内容、期限、要求及其他必要事项签订书面协议"或者是"志愿者组织与志愿者之间、志愿者组织与志愿服务对象之间，应当就志愿服务内容协商一致。任何一方要求签订书面协议的，应当签订书面协议"。虽然就志愿服务相关方是否签订书面协议，各地条例均有规定，但由于采用的是"可以"或者是"应当"等非强制性或语气较弱的词语表述，签订书面协议往往得不到落实，当产生法律纠纷时，受侵害方很容易败诉。

案例

2011年3月，某志愿者主动要求到上海一家志愿者组织做志愿者，并希望该组

---

① 俞风月.中国志愿服务法律保障研究［D］.上海：华东政法大学硕士学位论文，2013，11.

织给其一个锻炼学习的机会。该组织经考虑，将其安排到下属项目担任志愿者，并给予其相应的志愿者补贴。根据要求，该志愿者在上海社区志愿者服务网进行了志愿者登记注册。

该志愿者的工作主要是：在公益活动现场维持秩序，根据需要递送相关文件等。当年8月，该志愿者突然离开，并要求结清所有补贴否则拒不移交项目资料。同时向某区劳动争议仲裁委员会申请仲裁，声称双方是劳动关系，要求对方支付未签订劳动合同的双倍工资及补缴社会保险费。

劳动仲裁部门以该志愿者组织与志愿者之间没有书面协议为由，认定双方存在劳动关系，裁决志愿者组织败诉。志愿者组织十分震惊，没有想到一片好心居然换来这样的结果，志愿者组织不服，向人民法院申请撤销该裁决。经法院审理，结果为维持原判。

（资料来源：搜狐新闻［EB/OL］.http：//news.sohu.com/20120109/n331653746.shtml）

（一）志愿者与志愿者组织之间的关系

志愿者与志愿者组织之间是平等主体之间的民事关系。志愿者组织根据开展志愿服务活动的需要公开或面向特定人群招募志愿者的行为，视为要约邀请；志愿者综合衡量自身情况后向志愿者组织报名，视为要约。志愿者组织经过审查认定志愿者符合条件，通过签订协议并完成注册登记则视为法律意义上的承诺。[①] 通过这一系列过程，双方确立了民事合同关系，有利于明确双方的权利和义务。若任何一方在志愿服务过程中受到损害，可直接依据合同规定维护自身权利。

（二）志愿者组织与志愿服务对象之间的关系

两者之间的关系，可以分两种情况来讨论：一种是志愿者组织主动提供服务；另一种是志愿服务对象主动申请服务。

当志愿者组织向志愿服务对象主动提供服务的时候，二者是一般合同关系。志愿者组织根据自身职能寻找服务的潜在需求对象，并向其做出提供志愿服务的意愿表示，视为要约；服务的潜在需求者做出同意接受志愿服务的意思表示，视为承诺。实际情况中，志愿者组织基于自身意志主动向志愿服务对象提供志愿服务的情形，一般受道德约束较多，但真正发生权益侵害，产生法律纠纷，其合同关系也受法律约束。

当志愿服务对象向志愿者组织申请服务的时候，二者是一种委托合同关系。志愿者组织就要通过考察志愿服务对象的主体资格以及相关服务内容、风险，从而确定是否接受志愿服务对象的申请并给予相关答复。一旦志愿者组织接受志愿服务对

---

① 韩文津.志愿者权益保护的法律问题研究［D］.武汉理工大学硕士学位论文，2013，10.

象的申请，那么志愿者组织就应当按照申请的相关内容履行服务义务，而志愿服务对象则也需要按照申请中约定的内容尊重和配合志愿者的服务。通过这种关系而产生的双方义务就是法律层面的义务。

（三）志愿者与志愿服务对象之间的关系

志愿者与志愿服务对象之间应该是一种自愿、平等、相互尊重地提供与接受服务的善意关系，一般情况下，并不存在某种特殊的法律关系。[1] 分析其中关系也可以分如下两种情况来讨论，志愿者是自发从事志愿服务还是通过志愿者组织登记从事志愿服务。

1. 如果是在志愿者组织中登记注册过的志愿者，那么志愿者完全是基于与志愿者组织的法律关系而为志愿服务对象提供服务，与志愿服务对象一般不产生直接的法律关系。特殊情况下，只有在志愿者超越志愿服务协议范围，对志愿服务对象的合法权益有所侵害的时候，才发生侵权法律关系。

2. 自发从事志愿服务的志愿者，现实中也很少会与服务对象建立书面契约关系，志愿者多是基于道德范畴向志愿服务对象提供无偿服务，但若超越服务范围侵害了他人的合法权益，则应按照我国《侵权法》加以规制。

二、志愿服务中的法律责任

志愿服务是一种服务他人和社会的公益活动，也存在风险和意外，甚至还会出现与志愿服务有关的纠纷争议。当在志愿服务活动中出现了人身伤害或财产损失，如何解决纠纷，由谁承担相关法律责任，常常成为各方关注的焦点。[2] 通过上文对志愿服务中法律关系的分析，就各关系方应承担的民事法律责任大致归纳为下列几种情形。

（一）志愿者权益受侵害

1. 因志愿者组织原因，志愿者权益受到侵害

如前所述，志愿者与志愿者组织之间是民事合同关系，志愿者组织违反协议（合同）约定，并对志愿者造成损害的，可能构成相应违约责任、侵权责任或两者的竞合。比如：志愿者组织无故勒令志愿者退出组织；志愿者组织在组织、安排志愿服务活动中，未能及时披露志愿服务风险等相关信息；未能针对志愿者提供有效的服务技能培训与安全教育；未能向志愿者提供相应的安全保障或保险；不按照合同约定为志愿者开具服务证明；未能及时协调解决志愿者在志愿服务活动中所遇到的困难；未能向志愿者维护正当权益提供必要的协助等等。另外，还可能在违反合同约定的同时还侵犯了志愿者相关的人身与财产权益。若志愿者提出追偿，志愿者组织应根据志愿者遭受损失的情况承担相应的责任。

---

[1] 田思源. 北京奥运会与我国志愿者立法 [J]. 法学论坛, 2007(4): 56-60.
[2] 肖金明, 张强. 志愿服务法律制度的基本构造 [J]. 法治论丛, 2010(5): 16-23.

2. 因志愿服务对象或第三人的原因，志愿者权益受到侵害

志愿者依据协议（合同）约定，在服从志愿者组织安排提供服务的过程中，受到志愿服务对象或第三人侵害造成损失的，应由服务对象或第三人承担民事赔偿责任，志愿者组织首先应当为受害志愿者向有关侵权方追偿损失提供必要的支持和帮助；如果服务对象或第三人没有赔偿能力，志愿者权益一直处于受损状态，此时应启动志愿者组织的严格责任，由其先行对志愿者进行赔偿，然后向侵权人进行追偿。

3. 志愿者权益因不可抗力或意外事件受到损害

志愿者依据协议（合同）约定，在服从志愿者组织安排提供服务的过程中，因不可抗力或意外事件受到损害的，若志愿者组织已经为志愿者购买保险，则由保险公司直接进行赔偿；若没有购买保险，则根据我国民法公平责任之原则，由受益人即志愿服务对象给予适当补偿，若志愿服务对象无力补偿时，则可由志愿者组织予以适当补偿。

除了通过购买保险和设立专项基金的方式为承担责任提供资金支持，志愿者组织针对志愿者提供相应补偿后，还可以向各级志愿服务基金会申请相应补助，弥补损失。这样可以避免因无限承担该项补充责任而对志愿者组织自身运作和发展造成不利影响。

（二）志愿者侵害他人权益

1. 对志愿者组织权益造成侵害

如果志愿者违反协议（合同）约定，并对志愿者组织利益造成侵害，应当承担违约责任。例如：志愿者未按照协议约定提供服务，造成志愿者组织损失的；志愿者在服务过程中未遵守协议规定的相关义务或不服从组织安排，造成志愿者组织损失的；志愿者违反合同约定索取报酬或接受馈赠，损害志愿者组织名誉的；等等。[①]

2. 对志愿服务对象或第三人权益造成侵害

如果志愿者依据协议（合同）约定，在服从志愿者组织安排提供服务的过程中，因客观服务技能局限、不可抗力影响等因素损害志愿服务对象或第三人利益的，完全由志愿者组织承担相应的侵权责任。

如果这种损害是由于志愿者本身的主观故意或者重大过失造成的，因志愿活动的无偿性及利他性，也应由志愿者组织先行承担民事赔偿责任，保护弱者利益，事后依据过错责任原则作为侵权行为的判断标准向志愿者追偿。

如果是志愿者违反志愿者组织安排或自发服务造成服务对象或者第三人权益受损的，其实就是民事主体间的一般侵权行为，按照《侵权责任法》的一般规定处理即可。[②]

---

① 王婉妍. 论我国志愿服务法律制度的完善 [D]. 北京：首都经济贸易大学硕士学位论文, 2012, 20–21.
② 韩文津. 志愿者权益保护的法律问题研究 [D]. 武汉：武汉理工大学硕士学位论文, 2013, 31.

三、志愿服务中权益保障的落实

明确了志愿服务各方的法律关系和法律责任，通过下面的一些措施，能够帮助我们做好事前的预防和事后的追偿，使得各种权益保障能得到落实。

（一）对志愿者的相关保障

1. 志愿者安全救济保障制度

由于志愿服务环境的不确定性和风险性，志愿者组织应为志愿者购买临时或短期意外伤害险，短期保险可以月度为周期，临时保险以活动起止时间段为保期。由于志愿者组织属于非盈利的公益组织，在为志愿者购买意外事故安全保险方面存在一定的资金困难。因此，可以探索由服务对象支付这笔费用，或由志愿者组织向各级志愿服务基金会申请相应补助，弥补经费不足。

2. 志愿者侵权责任保险制度

志愿者组织作为投保人为志愿者（被保险人）投保责任保险，当志愿者根据志愿者组织安排提供志愿服务过程中致服务对象或第三人损害时，由保险人承担损害赔偿责任。通过责任保险分担志愿者侵权损害责任，一方面能够使受害者的权益得到及时有效的赔偿，促进社会公平；另一方面，能够有效减轻志愿者和志愿者组织的损害赔偿压力，其本质上也是对志愿者权益的更为全面和深入的保护。

3. 志愿服务安全和技能培训制度

志愿者组织还应加强对志愿者的安全知识和服务技能培训，良好的素质与高度的自我保护意识是确保志愿服务质量和志愿者人身安全的关键所在。例如在汶川抗震救灾中服务的志愿者，由于很多没有接受过专门的心理辅导，也没有经过专业的测试筛选，当看到悲惨的场景，一些志愿者心理无法自我调适，轻者出现失眠，造成心理阴影；重者导致抑郁症等精神疾病。而在新加坡，民防志愿者的培训受到高度重视，5万多名民防志愿者接受过基本的民防技术培训后，根据所在地区编成若干小组，一旦国家发生灾难或战争，即可转为全职民防职员。

4. 志愿者生活保障制度

志愿者生活保障涉及多方面的问题。例如在我国志愿服务西部和"三支一扶"等国家大力倡导的志愿服务中，志愿者的养老金、社会保险、生活补助、探亲交通费等基本生活保障都由财政投入，从而得到很好的贯彻落实。但是在日常志愿服务中，餐费、交通费和服务装备费则是志愿者的基本服务成本，实际运作中，这些费用经常还是由志愿者自掏腰包，这对于那些没有经济来源的学生志愿者，多少成为障碍和负担。因此，笔者认为，对于志愿服务对象主动申请的志愿服务活动，应由服务对象解决志愿者的误餐补助、交通和必需装备费用；对于志愿者组织主动提供的志愿服务，应由志愿者组织通过专项资金来解决这部分费用。总之，不论是"自上而下"还是"自下而上"的志愿服务，都需要从制度层面落实志愿者的基本生活保障。

（二）对志愿者组织的相关保障

在各地的专门立法中并未就志愿者组织的地位和权益进行专门章节的规定，但从整体上分析，现行法律中对志愿者组织的保障主要有国家政策支持、资金筹措和财政支持、自主管理志愿服务活动、追偿权等几个方面。①

1. 各级政府政策支持

各地纷纷将志愿服务纳入国民经济和社会发展规划，并为志愿者组织开展活动提供便利。例如：《上海市志愿服务条例》第八条规定："市和区、县人民政府应当将志愿服务纳入国民经济和社会发展规划，支持和促进志愿服务事业的发展。市和区、县民政部门及其他有关部门根据各自职责做好与志愿服务活动相关的服务和行政管理工作。乡、镇人民政府和街道办事处应当采取措施，支持和帮助本辖区内志愿服务活动的开展"；第二十九条还规定："对在志愿服务活动中表现突出的志愿者和志愿者组织，由相关主管部门予以褒奖"。②

2. 资金筹措和财政支持

志愿者组织可以通过接受社会捐赠、资助等形式，筹集开展志愿服务活动的经费。《中华人民共和国公益事业捐赠法》明确规定，国家鼓励自然人、法人或者其他组织对公益事业进行捐赠。公益性社会团体受赠的财产及其增值为社会公共财产，受国家法律保护，任何单位和个人不得侵占、挪用和损毁。捐赠者可以按照国家法规与政策的规定享受税收减免等优惠。同时，各级人民政府应根据实际情况安排资金，支持志愿者和志愿者组织开展志愿服务活动。《北京市志愿服务促进条例》第二十三条还专门就志愿服务基金作出保障性规定：北京市设立志愿服务基金，用于对志愿者组织活动的资助、救助、奖励等事项。广州通过立法还确立了政府通过购买志愿者组织的服务实施公益事业项目的制度。③

3. 自主管理志愿服务活动

志愿者组织可以根据自身实际建立志愿服务活动的各项制度，对志愿者进行招募、培训、管理、评估等工作，组织开展志愿服务活动，筹集、使用和管理志愿服务活动资金、物质，建立志愿服务档案，开展志愿服务绩效评估工作。志愿者有义务接受志愿者组织的指导和安排，履行志愿服务承诺，完成相应的任务。

4. 追偿权

志愿者按照志愿者组织安排从事志愿服务活动，侵害他人合法权益并造成损害的，由志愿者组织依法承担民事责任。其中，志愿者有故意或者重大过失的，志愿者组织享有依法向其追偿的权利。

---

① 余双好. 志愿服务概论 [M]. 武汉：武汉大学出版社, 2013, 191-192.
② 上海市志愿服务条例, 2009年4月23日上海市人民代表大会常务委员会第十次会议通过。
③ 刘茜. 广州政府购买社会服务发展快 如何保质引关注 [N]. 南方日报, 2012年6月14日.

(三)志愿服务对象的权利和义务

志愿服务对象作为享受服务并且无须提供对价的被服务对象,有接受或不接受志愿服务行为的权利;对志愿服务的内容和效果有权予以客观、公正的评价;对志愿者侵害其人身权利、财产权利的行为有权予以检举揭发并诉诸法律等等。服务对象在享受服务的同时,亦承担一定的义务,主要包括尊重志愿者的人格尊严和劳动,就服务事项可能存在的风险作出必要的告知和说明等,从而保障志愿服务的顺利开展。

第三节 志愿服务的资金保障

志愿服务本身不需要支付报酬,但志愿者在服务过程中会产生基本服务成本;另外,志愿者组织的管理、培训、评估、奖励也需要资金支持;同时,志愿服务过程中的安全防护、保险、权益损害的代偿等,这些都需要资金做保障。

我国志愿者组织的资金主要来源于政府拨款。参考《合肥市志愿服务条例》,志愿服务专项基金作为志愿服务的主要经费,由政府资助、社会捐助、基金增值收入及其他合法收入构成。实际运作中,资金的缺乏阻滞了我国志愿服务的顺利开展,也制约了其社会功能的发挥。因此,完善资金的多元筹集机制,加强资金的内部管理是志愿服务最终得以有效开展的保障。

一、资金的多元筹集机制

志愿者组织的资金筹集有多种途径,目前主要包括政府、企业、基金会、私人等途径。

(一)政府资金支持

志愿者组织的主要资金来源是政府,主要有以下三种渠道。

1. 政府财政拨款。财政拨款和补贴广泛存在于一些"自上而下"的志愿者组织,如共青团下的青年志愿者协会,就有来自政府的专项拨款。但对于更多的"自下而上"的志愿者组织而言,要获得政府的这类专项资助很难。财政拨款量大但覆盖面较窄,在我国,目前仍是政府对志愿服务资金支持的主要方式。

2. 政府购买服务付费。很多发达国家都鼓励非政府组织从事某一领域的工作或开展一些特殊方面的工作,然后由政府来购买非政府组织的服务以解决社会发展中出现的问题,此方式在我国也必然会成为一种趋势。在这里,政府购买服务付费,指的是政府提供的某些公共产品,并不是由公共机构提供服务,而是由志愿者组织提供服务,然后由政府公共机构向志愿者组织支付服务费。这种方式,必须注意两个方面:一是志愿者组织不能以此营利;二是不能额外增加志愿服务对象的负担。否则,就违背了志愿服务的宗旨。

3. 政府提供项目经费。从国外很多非政府组织的实践经验来看，开发项目以弥补资金缺口已成为一种必然趋势。志愿者组织要寻找政府提供项目经费，首先要策划一份项目申请书，申请书中详细说明该项目与政府关注点的密切性，项目的实施可以为政府带来的好处以及社会效益；其次要采取积极的措施与政府部门保持良好、密切的联系，收集相关政府部门的信息，熟知申请资助的相关程序，确保本组织的行动适应政府工作部门的工作重点和兴趣愿望。[①]

（二）企业捐赠

对于企业而言，参与社会公益事业有利于提高自身的竞争力和美誉度，也有利于企业实现长期的商业目标。一家有远见的公司往往会有一套全面性的捐赠规范，并时常更新。[②]一般情况下，企业捐款的动机不外乎以下三种：一是为了获得税收的减免；二是为了树立企业良好的社会形象；三是为了实现企业的社会责任。基于以上动机，志愿者组织在争取企业捐款的时候要注意如下三个方面：

1. 要明确志愿服务活动给企业带来的收益。虽然很多企业参与或捐赠志愿者组织主要是承担企业的社会责任，但志愿者组织募捐时要明确自己的志愿服务活动能给合作企业带来的利益。为此，志愿者组织要吸引企业的目光，就得设计出完美的资助申请方案和实施方案，使企业确信向本组织捐赠是最合适、最正确的选择。

2. 要选择合适的企业。志愿者组织在寻找企业资助的时候，要有的放矢，只有当志愿组织的项目目标与企业的目标在方向上大致相同的时候，才能获得资金资助。如一个环保志愿组织的潜在支持者就可能是关注环保的企业。

3. 要加强与合作企业的沟通交流。合作双方要明确彼此的权利和义务，在合作伊始就要制订比较详细的合作计划，对活动的开展进行明晰的界定。捐赠企业可对活动过程进行必要的监督；志愿者组织要积极与合作企业沟通交流，并及时地将项目的执行情况反馈给企业。

（三）基金会资助

寻求基金会支持是志愿者组织募集资金的重要途径。基金会是社会团体和其他组织以及个人自愿捐赠资金从事公益事业的民间非营利性组织。例如由陈香梅公益基金会陈悦记传统文化基金资助的项目，其目标就是为非物质文化遗产艺术家提供继承人，保护非物质文化遗产，逐渐复兴民族文化，重建民族自信；为贫困儿童提供公平的艺术教育，增添社会竞争力。因此，要获得基金会的资助，志愿者组织规划的项目目标必须与基金会的宗旨相吻合，在众多基金会中确定少量可能对志愿服务项目感兴趣的基金会后，详细制订项目计划书和实施方案，加强与基金会的沟通，以提高获得资助的成功率。

---

① 陆士桢，张晓红，郭新保. 北京志愿服务模式研究［M］. 北京：北京出版社，2009，165–166.
② 丁元竹，江汛清，谭建光. 中国志愿服务研究［M］. 北京：北京大学出版社，2007，172.

(四)个人捐赠

向个人募集资金是志愿者组织获得经费的一个传统途径。个人对于组织的捐赠往往与个人的道德修养以及经济状况相关。在经济条件允许的情况下,具有古道热肠的人对公益事业进行捐赠,以实现帮贫扶弱的愿望。向个人募捐可以通过公益活动进行,常见的有义演义卖大型公益活动,或通过电视、广播等新闻媒体的宣传,号召公众进行捐赠。

志愿者组织在筹集资金的过程中,根据自己组织的规模和组织所掌握的社会资源以及项目的具体情况,可以选择单一的资金筹集方式,也可以是多种方式的组合。

二、资金的管理和监督

(一)财务管理

志愿者组织的财务管理主要包括以下三个层次:

1. 财务会计层次。记录组织的财务开支,其中主要包括财务记录和财务报告两部分。

2. 财务管理的内容。主要包括筹资决策、项目投资管理、成本分析和财务分析等。其中最重要的是支出管理,财务支出是志愿者组织为其自身的生存和发展开展业务活动以实现其社会使命而发生的各种资金消耗,包括项目支出、日常的办公支出、工作人员的工资福利以及基本建设支出等。志愿者组织的财务支出不同于企业,注重的是社会效益,因此在支出的时候要坚持四个原则,即坚持按照批准的预算和计划办理;坚持按照规定的定额和开支标准办理;坚持按照合法的原始凭证办理;坚持按照规定的资金渠道办理。

3. 财务预算和控制。预算是志愿者组织财务管理的计划环节,预算可以为志愿者组织有限资源的合理分配打下基础,也可以指明未来筹资需求的规模和时间,更可以为管理者提供决策依据。

(二)财务监督

志愿者组织的财务监督是指根据国家有关政策和财务制度的规定,对志愿者组织的财务活动和其他有关的经济活动进行监督。这种监督包括组织内部、外部对财务的审核和监督。财务监督的内容涉及志愿者组织预算、收入、支出、财产物质方面的监督。完善的财务监督有助于提高志愿者组织的财务使用率,提高志愿组织的社会公信力,从而筹集更多的资金,实现志愿服务的可持续发展。

在我国目前的实践中,对志愿者组织起到财务监督作用的主要是媒体,各类媒体成为社会公众了解志愿者组织资金管理的有效渠道。但媒体由于自身的特性,只会关注特定事件或突发事件,不可能持续关注志愿组织的财务管理情况。因此,单纯依靠媒体很难实现规范的财务监督。应借鉴国外的经验,将这些工作交由专门的或专业化的第三方评估组织来完成,通过制度来实现强制性、常态化监督。

第四节　志愿服务的安全风险控制

志愿服务过程中，有可能存在风险甚至出现安全事故。志愿者组织及志愿者都要学会识别在志愿服务中可能存在的安全风险，采取措施，规避、防范事故的发生；当事故发生时也能科学、冷静应对处理。

一、志愿服务中的安全风险防范

（一）志愿服务中可能存在的安全风险

志愿服务中的风险包括志愿者在从事志愿服务活动过程中自身可能遭受的损失以及给他人造成的损失。他人既包括接受志愿服务的对象，也包括与志愿服务不相关的任何第三人。

1. 人身方面的损失。如身体受到伤害、罹患疾病、人格受到侮辱等。
2. 财产方面的损失。如随身携带财物的损毁与灭失、财物被盗抢等。

（二）志愿服务安全风险产生的原因

1. 自然灾害。如酷暑、严寒、地震、洪涝等。
2. 人为事故。如交通事故、食物中毒、失火、拥挤、人群骚乱等。
3. 社会安全事件。如纵火、爆炸、投放危险物质等犯罪与恐怖活动。

（三）志愿服务安全风险的防范

关于志愿服务中的风险防范，《波兰公益活动及志愿制度法》规定："要告知志愿者其所提供的服务对健康及安全构成的一切风险，以及防护这些风险的规则；根据其他独立规定中适用于雇员的那些规则，为志愿者提供安全和卫生的服务环境，包括相关的医疗检查、人身防护及工作中的安全和卫生事务培训。"同时，该法还规定："根据公共健康保险相关条例，志愿者享有保险利益……对于提供服务期限不满30天的志愿者，受惠者必须为其提供事故保险。"我国志愿者保险制度经历了真空期、初创期的发展，现在正处于完善期。在这一时期，志愿者保险制度还存在诸多问题，需要通过加强立法，构建以工伤保险或社会福利为基础、特殊保险为最高保障三位一体的志愿者保险体系等措施来予以完善。

1. 要加快志愿服务的立法进程，完善志愿服务安全风险防范的法律保障。我国目前缺少全国性的志愿服务法律、法规，志愿服务的法律主体、法律责任和法律义务不明确，救济措施也缺少法律强制性。

2. 要加强志愿者组织安全风险防范的能力建设。志愿者组织对志愿服务的每个环节、每个领域可能发生的安全风险须做出评估，由专人在规定的时间完成。志愿者组织要做好风险防范应急预案，对一般风险和特殊风险都有应对措施。

3. 志愿者组织要在重点环节上加强防范。

①招聘时严格审查，做好志愿者的筛选工作。志愿者申请审查和筛选是物色志愿者合适人选的重要方式。根据一定标准确定志愿者的资格并进行筛选可以快速、有效地淘汰那些不合适者。不良记录者要限制其参加相关项目的志愿服务，如有经济不良行为者，一般不能从事筹资和涉及钱物的志愿服务。而如果要开展学校和家庭之类的志愿服务项目，就不能挑选那些有犯罪记录的人来参与和小孩子在一起的志愿服务，以保证这些志愿者不会虐待孩子或误导他们。

②志愿服务项目负责人要定期审查志愿者履行职责、遵守志愿者组织内部规定和程序、安全操作情况及其工作环境和设备的安全状况。

③必须注册，要理解和承认志愿服务的章程并履行手续。共青团中央和中国青年志愿者协会于2006年颁布了《中国注册志愿者管理办法》，对志愿者全面推行注册制度，以努力建设一支相对稳定的志愿者骨干队伍。该办法对注册志愿者的基本条件、权利、义务、管理和培训、权益保障等方面都作了明确的规定，规范了注册志愿者的管理工作，对壮大志愿者队伍、传播志愿服务理念、夯实志愿服务事业的基础具有重要意义，对志愿服务中的风险防范也有积极的作用。

④制定指导培训手册和签订保证协议。一旦一个人被志愿者组织接受为志愿者，志愿者组织就必须根据其将要执行的任务，对其进行指导和培训，如：提供志愿服务工作的有关信息，包括工作程序、安全规定、服务规则；培训志愿者，使其理解和掌握开展志愿服务的规定和技能，严格按规定行事，遵守安全规则，应对危机事态，并签字确认参加了这样的培训。志愿者组织一般不开展危险性较大的志愿服务；对于一些特殊事项，志愿者组织要和志愿者就安全的相关问题单独约定，比如对于参加抗灾救灾活动等风险较大的志愿服务。

⑤必须明确界定组织志愿服务的范围。注册的志愿者，在志愿者组织的安排下，从事时间、地点、对象和内容已经确定的志愿服务，才能认定为是该组织的志愿服务活动。志愿者个人进行的不具有上述性质的服务行为，只视为个人行为，不视为有组织的志愿服务活动。

⑥在志愿服务结束后及时进行总结。宣布志愿服务活动结束以后发生的一些问题原则上不予负责。

⑦平衡需求和分担风险。当遇有高风险的服务需求和拥有富于冒险精神的志愿者时，如何进行此项目，需要周密安排和谨慎行事。为分担志愿服务风险，可借鉴国内外经验做法，为志愿者购买保险、建立风险预备金等。

4. 志愿者也需要加强安全风险防范意识。志愿者本人必须严格遵守法律法规的相关规定以及志愿服务的操作规程，努力培养和加强风险防范意识，在开展志愿服务活动时保持严谨和高度负责的态度，最大限度降低风险的发生概率。

总之，做好志愿服务的安全风险防范，需要国家加强立法，对志愿者组织和志愿服务活动进行严格规范；相关职能部门（或社群组织）如民政部、共青团组织等加强对志愿者组织、志愿者以及志愿服务活动的监督和严格执法；志愿者组织建立、健全安全风险评估、活动规划、应急处理预案等相关机制；志愿者严格遵章守法，努力提升安全风险防范意识。只有这样，才能杜绝和减少安全风险责任事故的发生。

二、志愿服务中的应急救护

心肌梗死、脑血管意外等疾病的急性发作，溺水、触电、交通事故、中毒、摔跌等意外事故以及自然灾害、公共卫生和社会安全等突发公共事件的发生，给人的生命安全造成了重大威胁。而对于事件中的受害者来说，其最佳抢救的黄金时间仅有4分钟。在欧美国家，掌握应急救护知识和技能是公民必备的素质。然而，在我们目前的日常生活中，遇到突发事故往往依赖医疗救助，能够第一时间在现场准确进行施救的人寥寥无几，这往往就延误了最佳抢救时机。掌握正确的应急救护知识和技能，积极开展现场自救互救，将会挽救更多人的生命，减少许多不必要的伤亡和损失。

开展志愿者应急救护知识培训有利于提高志愿者在志愿服务过程中的自我防护意识和自救互救能力，有利于在志愿服务中保护自己和他人的安全。据专业人士介绍，心肺复苏、创伤四项技术（止血、包扎、骨折固定、伤员搬运）及常见急症的现场处理等，这几项救护知识都是平时较为实用的，对处理日常志愿活动中碰到的一些紧急情况有一定的实际意义。

志愿者必须通过红十字会的应急救护能力培训，取得培训结业证书，才能在突发情况下有效开展应急救护。以下是志愿者通过培训可以掌握的医疗急救常识：①

（一）遇到急危重病员时，志愿者应采取哪些措施？

1.镇定有序的指挥。一旦灾祸突然降临，不要惊慌失措，如果附近有人，应请他马上去打120急救电话，如果无人经过，应先采取救治措施。

2.迅速排除致命和致伤因素。如：搬开压在身上的重物，撤离现场，如果是触电意外，应立即切断电源；清除伤病员口鼻内的泥砂、呕吐物、血块或其他异物，保持呼吸道通畅等。

3.检查神志是否清醒。采用大声呼喊、拍打面部或掐压手脚等方式。

4.检查伤员的生命体征。检查伤病员呼吸、心跳、脉搏情况。如有呼吸心跳停止，应就地立刻进行心脏按压和人工呼吸。

5.止血。有创伤出血者，应迅速包扎止血，材料就地取材，可用加压包扎、上止血带或指压止血等方式。

6.如有腹腔脏器脱出或颅脑组织膨出，可用干净毛巾、软布料或搪瓷碗等加以保护。

---

① 湖北省十堰市太和医院急诊科培训资料，并根据最新的临床急救知识作适当修改。

7. 有骨折者用木板等临时固定。

8. 神志昏迷者，将其平卧，头偏向一侧，清除口腔内分泌物，防止窒息。

（二）如何拨打120急救电话

1. 讲清楚"我们需要救护车"。如果伤病员不能行走而身边无人能抬者，可要求随车派出担架员。

2. 将确切地址告诉对方。在家的要说清住宅所在的区、楼牌号、房间号及行车的捷径等；在现场的要说标志性的、特点突出的高大建筑物或知名的单位及具体路段。

3. 说清伤病员发病或受伤的时间，目前的主要症状和现场采取的初步急救措施（如服过什么药、有无止血等）。

4. 讲清伤病员最突出、最典型的发病表现（如吐血、呕吐、头痛胸痛、昏迷、呼吸困难）或受伤情况（如头部、胸部外伤，四肢骨折）。

5. 如果是较大的意外事故，伤亡人数多，应报告事故原因、伤员数量和大概伤情，以便120指挥中心启动应急预案，派出相应的急救站和急救车辆与人员。

6. 留下自己的姓名及联系电话号码。

7. 若要自行选择就诊医院或医保定点医院，也应提前说明，120指挥中心将尊重病人意愿调度相应急救站。

8. 在不需要紧急医疗救援的情况下，不要拨打120电话；成人特别要注意引导小孩不要打骚扰电话或报假警，以免影响正常的医疗急救。

（三）徒手心肺复苏术（CPR）

心跳、呼吸骤停的急救，简称心肺复苏，通常采用人工胸外按压和口对口人工呼吸方法，是最基本、最常见的急救技术。

1. 抢救前，施救者首先要确保现场安全，检查患者的反应性，检查有无呼吸或呼吸是否正常，当在识别心脏骤停后的10秒内开始进行胸外按压。在成人患者无反应且不呼吸或无正常呼吸时（即无呼吸或仅仅是喘息）实施CPR并开始按压。

2. 施救者先使病人仰面平卧于坚实的平面上，然后自己的两腿自然分开，与肩同宽，跪于病人肩与腰之间的一侧。

3. 去除气道内异物。开放气道前应先去除气道内异物，如无颈部创伤，清除口腔中的异物和呕吐物时，可一手按压开下颌，另一手用食指将固体异物钩出，或用指套或手指缠纱布清除口腔中的液体分泌物。

4. 开放气道。仰头—抬颏法，即用一只手按压伤病者的前额，使头部后仰，同时另一只手的食指及中指置于下颏骨骨性部分向上抬颏。使下颌尖、耳垂连线与地面垂直。

5. 胸外心脏按压，让病人的头、胸部处于同一水平面，最好躺在坚硬的地面上。抢救者左手掌根部放在病人的胸骨中下半部（两乳头连线中点），右手掌重叠放在左手背上。手臂伸直，肩关节垂直于胸骨上方，以髋关节为支点，利用肩和背的力量垂直下压胸腔至少 5 厘米（儿童至少胸部厚度的 1/3，约 5 厘米；婴儿至少胸部厚度的 1/3，约 4 厘米），然后放松。放松时掌根不要离开病人胸腔。挤压要平稳、有规则、不间断，也不能冲击猛压。下压与放松的时间应大致相等。频率为每分钟至少 100 次。按压 30 次。

6. 人工呼吸方法。进行 30 次按压后，施救者一手捏住病人鼻翼两侧，另一手食指与中指抬起患者下颌，深吸一口气，用口包住病人的口吹入，吹气停止后放松鼻孔，让病人从鼻孔呼气。依此反复进行。每分钟 8~10 次，每次通气维持时间应超过 1 秒。同时要注意观察病人的胸部，操作正确应能看到胸部有起伏。

7. 胸外按压与人工呼吸的比例是 30:2。2 分钟完成 5 个循环的 CPR。如单人施救，则 5 个按压 / 通气周期（约 2 分钟）后，再次检查和评价，如仍无循环体征，继续进行 CPR。如 2 人施救，则 1 人行胸部按压，另 1 人行人工通气，同时监测颈动脉搏动，评价按压效果。每 2 分钟更换按压职责，避免因劳累降低按压效果。

（四）常见外伤的止血、包扎、固定、搬运

1. 包扎止血法。是指用绷带、三角巾、止血带等物品，直接敷在伤口或结扎某一部位的处理措施。常用的操作方法有：

①加压包扎止血法：适用于小动脉、静脉及毛细血管出血。用消毒纱布垫敷于伤口后，再用棉团、纱布卷、毛巾等折成垫子，放在出血部位的敷料外面，然后用三角巾或绷带紧紧包扎起来，以达到止血目的。

②加垫屈肢止血法：如上肢、小腿出血，在没有骨折和关节损伤时，可采用屈肢加垫止血。如上臂出血，可用一定硬度、大小适宜的垫子放在腋窝，上臂紧贴胸侧，用三角巾、绷带或腰带固定胸部；如前臂或小腿出血，可在肘窝加垫屈肢固定。

③止血带止血法：材料取弹性的橡皮管、橡皮带。在紧急情况下，也可用绷带、三角巾、布条等代替。止血带应扎在伤口近心端，尽量靠近伤口，不强调标准位置（以往认为上肢结扎于上臂上三分之一处，下肢结扎于大腿的中部）。结扎时应先将伤肢抬高，止血带下垫上敷料或毛巾等软织物，以免压伤皮肤。将止血带适当拉长，绕肢体两周，在外侧打结固定。要标明扎止血带时间，每 60 分钟放松 1 次，放松时用手压迫出血点上部血管临时止血，每次松开 2~3 分钟，再在稍高的平面扎上止血带，不可在同一平面反复缚扎。上止血带的时间不能超过 5 小时（冬天时间可适当延长）。

注意事项：①如伤处有骨折时，须另加夹板固定。伤口内有碎骨或异物存在时，不得应用加压包扎止血法。②用止血带止血，一定要扎紧。如果扎得不紧，深部动脉仍有血液流出。

2. 骨折固定法。伤肢的及时固定，可减轻疼痛，避免造成对神经、血管的损伤。固定材料可就地取材，使用木板、树枝等，如无物可用，可将受伤的上肢固定于胸壁，下肢固定于健侧。

注意事项：①有出血时应先止血和消毒包扎伤口，然后固定骨折。如有休克，同时进行抢救。②对于大腿、小腿和脊椎骨折，一般应就地固定，不要随便移动患者。③固定力求稳妥牢固，要固定骨折的两端和上下两个关节。④上肢固定时，肢体要弯着绑，呈屈肘状，下肢固定时，肢体要伸直绑。

3. 搬运法。伤病员在脱离现场进行初步急救处理和随后送往医院的过程中，必须要经过搬运这一重要环节。正确的搬运术对伤病员的抢救、治疗和预后都至关重要。常用的搬运方法有：

①徒手搬运。a.单人搬运。由一个人进行搬运。常见的有扶持法、抱持法、背法。b. 双人搬运法。常见的有椅托式、轿杠式、拉车式、椅式搬运法、平卧托运法。

②器械搬运法。将伤员放置在担架上搬运，同时要注意保暖。在没有担架的情况下，也可以采用椅子、门板、毯子、大衣、绳子、竹竿、梯子等制作简易担架搬运。

③危重伤病员的搬运

a.脊柱损伤：硬担架，3~4人同时搬运，1人专管头部，保持头部与躯干成一直线，固定颈部不能前屈、后伸、扭曲。

b.颅脑损伤：半卧位或侧卧位。

c.胸部伤：半卧位或坐位。

d.腹部伤：仰卧位、屈曲下肢，宜用担架或木板。

e.呼吸困难病人：坐位。最好用折叠担架（或椅）搬运。

f.昏迷病人：平卧，头转向一侧或侧卧位。

g.休克病人：平卧位，不用枕头，脚抬高。

（五）食物中毒的处理

食物中毒是由吃了被污染的食物而引起的。一旦有人出现上吐下泻、腹痛等食物中毒的症状时，千万不要惊慌失措，应冷静地分析发病的原因，针对引起中毒的食物以及吃下去的时间长短，及时采取如下三点应急措施：

1. 催吐。如果进食的时间在 1~2 小时前，可使用催吐方法。用匙柄或指甲不长的手指等刺激咽后壁或舌根以催吐。如果胃内容物过于黏稠等，可以先喝温开水 500 毫升左右，再进行催吐。

2. 导泻。如果病人进食受污染的食物时间已超过 2~3 小时，但精神仍较好，则可服用泻药，促使受污染的食物尽快排出体外。一般用大黄 30 克一次煎服，老年患者可选用元明粉 20 克，用开水冲服。体质较好的老年人，也可采用番泻叶 15 克，一次煎服或用开水冲服，也能达到导泻的目的。

3. 解毒。如果是因吃了变质的鱼、虾、蟹等引起的食物中毒，可取食醋 100 毫升，加水 200 毫升，稀释后一次服下。此外，还可采用紫苏 30 克、生甘草 10 克一次煎服。若是误食了防腐剂或变质的饮料，最好的急救方法是用鲜牛奶或其他含蛋白质的饮料灌服。

如果经上述急救，症状未见好转或中毒较重者，应尽快送医院治疗。在治疗过程中，要给病人以良好的护理，尽量使其安静，避免精神紧张；病人应注意休息，防止受凉，同时补充足量的淡盐开水。

（六）酒精中毒的处理

急性酒精中毒患者在饮酒后，最初表现为兴奋。醉酒后很多人会表现为话多，舌头不灵、吐字不清，脸发热发麻，恶心、呕吐、头晕，看、听和触觉减退，站不稳、走路蹒跚等。严重者会出现嗜睡、昏迷不醒或休克、频繁抽搐、呼吸浅慢甚至停止呼吸、心率减慢甚至心跳停止、心搏无力、血压下降等症状。对于轻度中毒者，首先要制止病人继续饮酒；其次可找些梨、马蹄、西瓜之类的水果解酒；也可以用刺激咽喉的办法（如用筷子等）引起呕吐反射，将酒等胃内容物尽快呕吐出来（对于已出现昏睡的患者不宜用此方法）；然后安排病人卧床休息，注意保暖，注意避免呕吐物阻塞呼吸道；观察呼吸和脉搏的情况，如无特别，一觉醒来即可自行康复。如果患者卧床休息后，还有脉搏加快、呼吸减慢、皮肤湿冷、烦躁的现象，则应马上送医院救治。

（七）烫伤、电击伤的处理

1. 烫伤

烫伤事故常见于日常生活中，如能及时采取救助措施，可有效减缓伤害程度。具体处理方法如下：

①烫伤后，要迅速除去热源，离开现场，在第一时间用冷水冲洗伤口 10~15 分钟以上。如烫伤较轻无伤口，可用烫伤药膏涂在患处。

②保护和暴露创面，对粘在创面的衣物等，应先用冷水降温后，一边冲水，一边小心地将衣服慢慢地除去，必要时用剪刀将衣服剪开。

③当遇到严重烫伤病人时，不可使用烫伤药膏或其他油剂，不可刺穿水疱。应用敷料（如清洁的布料等）遮盖伤处，立即送往医院救治。

2. 电击伤

发生触电时，最重要的抢救措施是迅速切断电源，尽快将受伤者与电源隔离。对触电者的急救应分秒必争，若发现心跳呼吸已停，应立即进行胸外心脏按压和口对口人工呼吸等复苏措施，除少数确实已证明被电死者外，一般抢救维持时间不得少于 60~90 分钟。如果抢救者体力不支，可轮换人操作，直到使触电者恢复呼吸心跳，或确诊已无生还希望时为止。发生呼吸心跳停止的病人，病情都很危重，这时应一面进行抢救，一面紧急联系把病人送就近医院作进一步治疗。在转送医院的途中，抢救工作不能中断。

（八）晕厥的应急处理

晕厥又叫昏厥、昏倒，常因大脑暂时缺血、缺氧而引起，有短暂性意识丧失。无论哪种晕厥，发病多突然开始，有头晕、心慌、恶心呕吐、面色苍白、全身无力等症状，意识模糊持续数秒至数分后自然清醒，随之全身疲惫无力，稍后自动恢复，

一般无抽筋和尿失禁。急救处理方法如下:

1. 使患者平卧,头偏向一侧,松解衣领。

2. 可用手掐压人中、百会、内关、涌泉等穴位。

3. 原因不明的晕厥,应尽快送医院诊治。

4. 当患者脸色苍白、出冷汗、神志不清时,立即让患者蹲下,再使其躺倒,以防跌撞造成外伤。

5. 患者意识恢复后,可给少量水或茶。

(九)中老年突发病的紧急处理

中老年人常见的突发病是心脑血管疾病和骨折。一旦发生,及时采取入院前的应急措施至关重要。

1. 心绞痛。这是冠心病患者易发生的急症,发病时胸前区呈阵发性疼痛,历时1~5分钟。一旦发作立即停止任何活动,就地安静休息,不要随意搬动患者,让其就近平躺。并在舌下含服硝酸甘油1片,待症状缓解后就医。

2. 急性心肌梗塞。主要症状是突然在心前区发生持续性剧烈疼痛,面色苍白,出冷汗,烦躁不安、乏力、甚至昏厥。症状和后果比心绞痛严重得多。此时必须让病人安静平卧,不要惊慌失措;可先服安定片、止痛药,同时呼叫急救车急救。切忌乘公共汽车或扶病人步行去医院。

3. 心力衰竭。原有风湿性心脏病、冠心病、高血压性心脏病及肺心病的老年人,如果突然出现呼吸困难,应让病人安静休息,解开衣领、裤带,半坐位,两足下垂。如以往曾发生过,对治疗方法比较熟悉,可先按老方法服药,否则不可随意给药。应尽快送医院救治。

4. 中风。原有心脏病、高血压病的老人突然发生语言不清、口角歪斜、肢体瘫痪、大小便失禁等,很可能是中风。应让患者立即卧床,不要随便移动病人,同时马上拨打120电话,或用私家车尽快就近送往具备溶栓资质的医院。

5. 骨折。老年人由于骨质疏松,很容易因跌倒或被物体冲撞而发生骨折。一旦骨折,千万不要活动已骨折的肢体,可用木板、棍杖等将骨折肢体固定好。固定物要长出骨折部上下两个关节。固定关节部位时,夹板不要过窄。如果骨折部位不确定,应进行大面积固定,之后再送医院。

第五节　高校志愿服务的激励机制

大学生志愿者已经成为志愿者队伍中最为活跃、最积极、最具影响力的群体。大学生参加志愿服务,以大型会展、运动会及赛事服务,环境保护与美化服务,帮助孤、寡、老、残疾人的服务,支教服务等为主要内容。同时,由于大学生掌握了一定专业知识,大学生志愿者也倾向用自己的专业知识和技能来服务社会发展。在实际志愿服务中，如果存在工作强行摊派、组织混乱、活动形式单一、活动内容单调，不被服务对象理解或尊重，持续时间长甚至还需个人经费上的投入等现象，这些都会影响到大学生志愿者参与志愿服务的体验。如何充分激发大学生参与志愿服务活动的持续热情是一个重大问题。服务动机是参与志愿服务的重要内驱力，因此，从大学生志愿者的服务动机出发，针对现实中志愿者激励措施的缺失及存在的问题，尝试构建高校志愿服务激励机制。

一、大学生志愿者服务动机及需求

为了深入了解大学生志愿者的服务动机，课题组在深圳高校中面向大学生志愿者发放了1800份调查问卷，回收1800份问卷，其中有效问卷1722份。对大学生志愿者的服务动机及需求分析如下。

问卷调查了25项志愿服务行为动机，按照李克特量表进行测量：完全不符合、比较不符合、居中、比较符合、完全符合，并分别赋值1、2、3、4、5。结果表明，排在前5的参与动机中，广泛地接触社会得分最高（3.74），其次是帮助别人很重要（3.73）、充实自己的生活（3.73）、接触更多的人（3.73）、让自己很快乐（3.7）；而获取利益方面的动机排在末端。

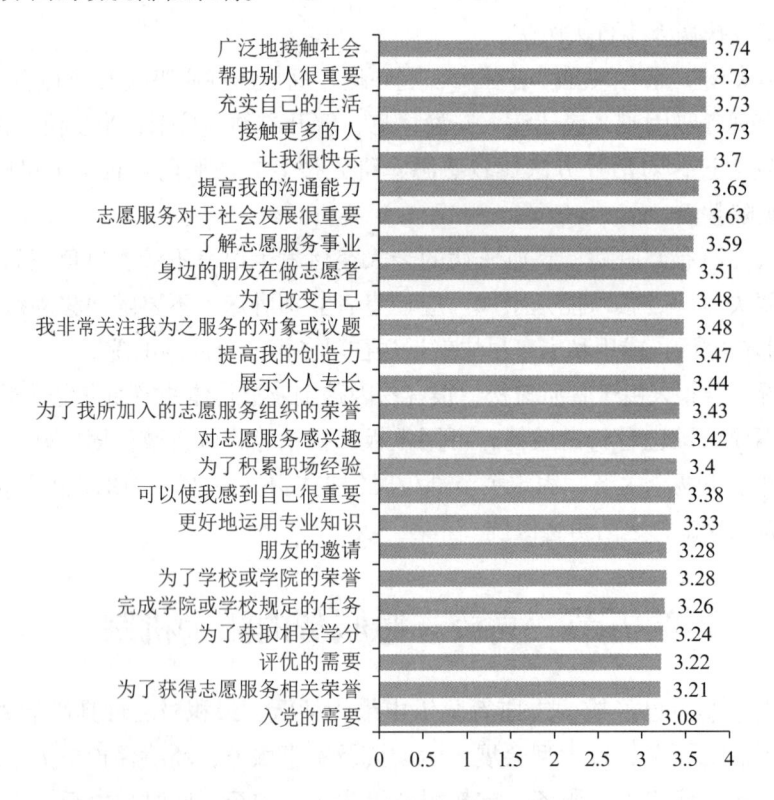

动机	得分
广泛地接触社会	3.74
帮助别人很重要	3.73
充实自己的生活	3.73
接触更多的人	3.73
让我很快乐	3.7
提高我的沟通能力	3.65
志愿服务对于社会发展很重要	3.63
了解志愿服务事业	3.59
身边的朋友在做志愿者	3.51
为了改变自己	3.48
我非常关注我为之服务的对象或议题	3.48
提高我的创造力	3.47
展示个人专长	3.44
为了我所加入的志愿服务组织的荣誉	3.43
对志愿服务感兴趣	3.42
为了积累职场经验	3.4
可以使我感到自己很重要	3.38
更好地运用专业知识	3.33
朋友的邀请	3.28
为了学校或学院的荣誉	3.28
完成学院或学校规定的任务	3.26
为了获取相关学分	3.24
评优的需要	3.22
为了获得志愿服务相关荣誉	3.21
入党的需要	3.08

图 8-1 大学生参与志愿服务动机

（一）帮助他人、服务社会与增长才干、挖掘潜力的统一

从以上调查结果可以看到，实现"增长自身才干"和"帮助服务他人"的统一目标，是大部分大学生参与志愿者服务的主要动机。这说明了当代大学生在肯定奉献价值的同时，也意识到了利他行为对自身发展的积极作用。其中"增长自身才干"是属于务实的理想需求，而"帮助服务他人"则是志愿者精神的核心，两者结合是志愿者行动得以持续的重要动因。

（二）期待获得精神激励，并兼顾物质激励

由上表可知，大学生参与志愿服务的动机，更偏重于价值的肯定和经验的积累，如希望得到主办方的肯定、认同及改进的建议、意见，也希望赋予他们符合这个角色的相应权利。相对而言，选择获取利益方面的动机排在末端，比如"为了获取相关学分""评优的需要""入党的需要"等。由此可见，大学生参与志愿服务的动机更多的是奉献、快乐、价值认同等精神层面的需求。当然，在访谈中也有大学生志愿者提到，"大学生绝大部分还是纯粹的消费者，特别是对于经济状况不太好的学生，他们参加志愿服务的热情很高，但持续的志愿服务会涉及到一笔不少的费用，比如交通费等等，希望组织方能解决"，这些话也道出了大学生志愿者希望获得在服务过程中基本费用支持的愿望。

综合分析大学生参与志愿服务的动机，我国学者殷小川、田惠芬认为青年志愿者参与服务的动机主要涉及5个方面：即成就动机，归属需要，权力动机，自我检验、自我提高动机，娱乐、交往动机。[①] 这个结论也为我们此次问卷调查所印证。

二、大学生参与志愿服务活动的影响因素

大学生参与志愿服务活动，会受到不同因素的影响。我们的调查问卷调查了7个因素，结果显示，1324人（76.9%）认为时间因素影响参与志愿服务活动，与个人生活或工作学习相冲突；496人（28.8%）认为经济因素影响参与志愿服务活动，参加志愿服务还需自己掏钱；432人（25.1%）选择社会因素，认为多数人对志愿者有偏见；对志愿者权益的保障比较欠缺位列第4（410人，23.8%）；其余的依次是家庭或朋友因素（303人，17.6%）、法律因素（286人，16.6%）、其他因素（48人，2.8%）。

表8-1 大学生参与志愿服务活动的影响因素（多选）

参与志愿服务活动的影响因素	人数	百分比（%）
时间因素	1324	76.9
经济因素	496	28.8

---

① 殷小川, 田惠芬. 大型体育赛事志愿者的动机分析与2008北京奥运会志愿者的管理对策[J]. 首都体育学院学报, 2006, 18(1): 29-31.

续表

参与志愿服务活动的影响因素	人数	百分比（%）
社会因素	432	25.1
对志愿者权益的保障比较欠缺	410	23.8
家庭或朋友因素	303	17.6
法律因素	286	16.6
其他	48	2.8

由上表可知，应有尊重的缺失、耗时间以至影响学习、经济因素成为阻碍大学生参与志愿服务的三大因素。由此可见，大学生期待自己的付出能够得到肯定和尊重，在服务中累积成就感和热情，并且他们希望能够兼顾学业，不想让志愿服务活动影响专业学习，从而实现社会实践和专业学习更好地结合。同时，他们也希望能给志愿者更加完善的权益保障和相应的法律支持，使得志愿者更好地服务于他人与社会。

三、大学生志愿者激励的必要性

美国哈佛大学的詹姆斯教授在多年研究的基础上指出，如果没有激励，一个人将仅能发挥出其能力的 20%~30%；如果施以适当的激励，将通过其自身努力发挥出 80%~90% 的能力。大学生志愿者具有一定的思想觉悟，热心社会公益事业，他们利用业余时间，发挥自己的专业知识与技能，为社会、社区、他人提供非盈利性的服务。建立大学生志愿者激励机制，不仅是社会持续进步、志愿者精神培育的需要，也是青年志愿者活动规范化发展的需要，更是激发大学生更多参与社会实践，从而实现自我价值和社会价值统一的需要。[①] 由此可见，完善大学生志愿者激励机制是十分必要的。

四、高校志愿服务激励机制构建

高校是引导和激励大学生志愿者的主要力量，但目前的激励工作存在引导思路和志愿者的真实需要不相符的矛盾，主要表现为服务定位不准确、激励内容单一化、奖励方式不恰当、激励机制不完善等问题。

此次开展的问卷还调查了大学生对志愿服务激励的需求，排在前 4 的分别是学校、老师或家长的支持和肯定（948 人，55.1%），服务对象的衷心感谢（885 人，51.4%），主办方的中肯评价包括意见和建议（713 人，41.4%），同学或朋友的支持和赞赏（699 人，40.6%）。

---

① 苏红.基于大学生志愿者服务动机的激励机制研究［J］.出国与就业(就业版),2010(14): 15-17.

表8-2 大学生参与志愿服务活动希望得到的奖励（多选）

参与志愿服务活动希望得到的奖励	人数	百分比（%）
学校、老师或家长的支持和肯定	948	55.1
服务对象的衷心感谢	885	51.4
主办方的中肯评价包括意见和建议	713	41.4
同学或朋友的支持和赞赏	699	40.6
置换学分	453	26.3
荣誉证书和荣誉称号	449	26.1
主办方提供的适量奖金或物品	399	23.2
评优、入党优先考虑	339	19.7
新闻媒体的宣传	151	8.8
其他	40	2.3

基于目前志愿服务激励工作存在的问题以及以上调查问卷的分析，可尝试构建全方位的高校志愿服务激励机制。

（一）组织激励

1. 建立常态化、制度化表彰制度。出台相关评选表彰制度，如《校园志愿者星级评定及优秀志愿者评选管理规程》；每年组织举办志愿服务表彰大会，评选"校长义工奖""星级义工""年度优秀志愿者组织""年度优秀志愿服务项目"等；颁发志愿服务奖状、志愿服务星级徽章，并记录志愿服务个人网上档案。

2. 完善对志愿者的配套奖励措施。修订《关于先进团支部、优秀团干、优秀团员评选办法》《关于推荐优秀团员作为党的发展对象工作条例》《评优评奖办法，特困生、贫困生资助办法》《优秀学生奖学金评定办法》等制度，体现志愿服务在其中的权重因素，保证星级志愿者或优秀志愿者在同等条件下可优先享受相应的评先、评奖、推优等荣誉，获得各类学生干部选拔资格，获得推荐入党资格等。

3. 增加志愿者毕业后的就业优势。志愿者在毕业时可将《志愿服务手册》、星级评定等各类证书作为本人在校期间参加社会服务工作的证明材料及志愿者档案中的材料证明。学校与前来学校招聘的企业商定，在同等条件下优先录用有志愿服务经历的毕业生。

4. 借助各种媒体平台，加大对大学生志愿者活动的宣传和倡导。讲究宣传艺术，提高宣传实效，例如利用微博、微信公众号等，将志愿服务情况随时上传到网络，让更多同学了解志愿服务，同学们可以通过回复、评论等功能探讨活动，互相激励。通过QQ群、微信群等方式让志愿者交流志愿服务，拉近志愿者彼此之间的距离，增进感情。

5. 建立完善志愿服务银行制度。志愿服务银行是在传统的志愿服务运行体系与管理的基础上，导入银行运作理念和管理模式，形成的一种新型的志愿服务系统化创新性管理。它的主要存取业务为各类储户志愿服务时长的储蓄，其他志愿服务资源的储蓄，志愿服务时长转换为对应的积分后进行积分兑换（兑换对象包括爱心包裹，盆栽，学习用品等物品以及社会实践学分），参与志愿服务银行已储蓄项目的申请竞标，一方的志愿服务时长交换另一方等量志愿服务时长等。

拓展阅读

第二届全国基层团建创新典型案例："中国地质大学（武汉）志愿服务银行"

中国地质大学（武汉）志愿服务银行设立于2013年，由该校团委领导，校志愿者协会直接参与，是以"留存志愿热情，传递青春梦想"为宗旨，面向校内志愿者群体提供志愿服务时长认证兑换、志愿服务团队对接接力、志愿服务项目公益众筹等服务的综合管理平台。通过"志愿服务银行"这一管理机制的创新转型，成功破解了志愿服务信息难记录、服务热情难持续，服务项目难发展等难题。该志愿服务银行管理模式的构建和实施，为校园公益事业刮起了一股新风。一大批志愿者不仅是"银行"的建设者，更是"银行"的受益者，他们在志愿实践中充实自我，在公益奉献中升华人生。

网址链接：http://theory.people.com.cn/n1/2016/0127/c401479-28089947.html

（二）社会激励

1. 服务对象激励。在志愿服务活动之后，邀请服务对象对志愿者的表现给予恰当的评价。志愿者非常看重服务对象对自己服务活动的评价，学校及志愿服务队要做好服务对象的评价工作。可以在服务活动结束后，召开服务对象座谈会，让他们对志愿服务质量与效果进行评价；也可以事先准备好评价表，让服务对象填上简洁的评价。服务对象的满意是对志愿者最好的肯定和嘉奖。

2. 社会荣誉激励。通过社会给予的精神奖励和荣誉奖励，可以使志愿者感受到志愿服务的社会价值，产生服务的自豪感。例如推荐评选政府义工奖，推荐在志愿服务中表现特别优秀的志愿者参与"杰出青年""五四奖章"等荣誉的评选等。

3. 社会回报激励。在各种志愿服务激励机制中，社会回报激励最为明显和直接。高校、政府和社会组织应积极创造条件，让大学生志愿者的服务获得更多社会回报。例如，义务献血的回报机制就是我国社会回报激励机制的一种探索。《福建省公民献血条例》规定：献血者累计献血800毫升以下的，自献血之日起5年内临床用血，可以按其累计献血量的3倍免费用血，自献血之日起5年后临床用血，可以按其累计献血量等量免费用血；献血者累计献血800毫升以上的，可以终生免费临床用血；除献血者本人按上款规定享受的用血优惠外，献血者的配偶和直系亲属临床用血时，可以累计按献血者的献血量等量免费用血。再例如，日本国际协作机构 JICA 为鼓励青年志愿者参与各种志愿服务，不仅在其志愿活动参与期间予以多方面的关心和指导，同时活动结束后对参与者的职业发展予以大力的支持，为青年志愿者制定职业发展规划、提供就业咨询与招聘信息、提供就业培训补助、制定特别考试制度、对青年志愿者在就业上优先录用等。①

（三）内在需求激发与引导

1. 自身成长激励。科学丰富的培训是大学生成长的重要资源，它不仅为志愿服务的高效运转提供基本保障，也让大学生在其中不断学习知识、提高技能，是激励大学生志愿者的重要举措。因此，要严格制定培训制度，根据工作实际需要来设计培训内容，并采用灵活多样的培训方式，把知识培训与实践技能培训有机结合起来。例如，德国以志愿者个体素养和专业技能提升为导向，重视以不同方式培训将志愿服务、家庭生活与职业生涯结合起来，以应对志愿服务专业化发展带来的问题。②

2. 团队认同激励。人的积极性、创造性的发挥，必然受所在团队共同的价值观、文化氛围、行为方式的影响。因此，志愿者组织要重视团队建设，使得团队更具有战斗力与向心力，让团队中的每个成员都有强烈的归属感与愉悦感，形成和谐奉献、关爱互助的氛围。例如在志愿服务活动间隙，为当天过生日的志愿者开个生日 Party，看似小小的活动却极大鼓舞志愿者的工作热情，增强了团队凝聚力。通过类似方法，让每个志愿者能围绕团队核心目标，公开坦诚进行沟通和协调，在愉快的氛围中高效完成志愿服务活动，并在团队生活中获得珍贵的体验。

3. 工作丰富化激励。志愿服务活动内容单一化、重复化时，大学生志愿者可能会产生心理上的厌倦和反感。因此，志愿者组织需要精心设计，为大学生提供能够丰富他们个人经历以及发展机会的工作，如更多的责任、更有趣的工作、更有技术含量的任务、个人成长的机会、参与决策的机会、更多的自由裁量权、多样化的活动等。③这会使志愿者的工作内容丰富化和扩大化，使志愿服务工作本身更有内在意义和挑战性。

4. 快乐体验激励。"我奉献、我快乐"是许多志愿者喜欢挂在嘴边的口头禅，这意味着在他们心目中，志愿活动中的奉献是在分享快乐，而不是"痛苦自己、快乐别人"的奉献。他们所追求的是在帮助别人、服务社会中精神上所谓的"高峰体验"。④ 因此，志愿者组织要经常保持感激的心，对志愿者做出关怀，记下志愿者的闪光点并适时加以表扬；要多展示志愿者在服务过程中所获得的点滴快乐与精彩生活，让他们将忧愁情绪转化，更多获得愉悦体验。

---

① 刘雨青. 共青团青年志愿服务工作机制的建构与完善研究［D］. 南昌：南昌大学博士学位论文，2015，108.
② 郑春荣. 志愿服务发展研究 德国志愿服务：特点、趋势与促进措施［J］. 中国青年研究，2010(10): 13–17.
③ 苏红. 基于大学生志愿者服务动机的激励机制研究［J］. 出国与就业（就业版），2010(14): 15–17.
④ 林敬平. 志愿者服务动机调查与激励机制设计［J］. 广东青年干部学院学报，2008(2): 14–17.

实践篇

第九章 "志愿者之校"建设的实践模式

志愿服务秉承奉献、友爱、互助、进步的宗旨和理念,体现公民的责任意识,是一个国家、地区或城市现代社会文明程度的重要标志。在广大学生中深入开展志愿服务活动,有利于提升学生的思想道德素质,培育其团结互助、关爱他人、无私奉献的良好品格;有利于引导学生了解社会、认识国情,树立正确的世界观、人生观和价值观,提高大学生思想政治教育的实效性。深圳职业技术学院自2011年9月在全国率先启动"志愿者之校"建设以来,把志愿者工作与人才培养、社会服务相结合,建立健全"学校主体、多方联动"的志愿服务工作模式,开发一批高水平的志愿服务项目,建设一批固定的志愿服务基地,形成一批特色志愿服务品牌,率先将深圳职业技术学院建设成为志愿文化传播面广、志愿活动参与率高、志愿组织繁荣活跃、志愿资源汇聚丰富的"志愿者之校"。目前,每年约有90%的在校生注册成为志愿者,志愿服务已经成为深职学生的人生态度和生活时尚,越来越多的大学生在志愿服务中成长成才。

【学习导航】

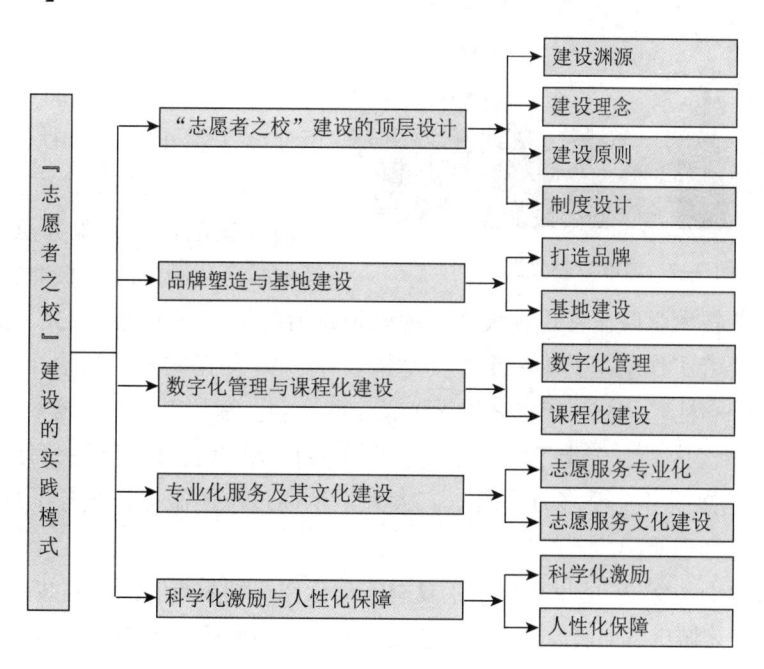

```
                                    ┌─ 建设渊源
                ┌─ "志愿者之校"建设的顶层设计 ─┼─ 建设理念
                │                   ├─ 建设原则
                │                   └─ 制度设计
                │
"志愿者之校"    ├─ 品牌塑造与基地建设 ─┬─ 打造品牌
建设的实践模式   │                   └─ 基地建设
                │
                ├─ 数字化管理与课程化建设 ─┬─ 数字化管理
                │                       └─ 课程化建设
                │
                ├─ 专业化服务及其文化建设 ─┬─ 志愿服务专业化
                │                       └─ 志愿服务文化建设
                │
                └─ 科学化激励与人性化保障 ─┬─ 科学化激励
                                        └─ 人性化保障
```

第一节 "志愿者之校"建设的顶层设计

一、建设渊源

1979年，深圳经济特区成立后，祖国各地的热血青年来深创业，远离家乡，无依无靠，遇到困难难以得到社会的帮助。面对这些问题，深圳团市委于1989年9月20日组织了19名热心人士组成义工队伍，开通"关心，从聆听开始"青少年服务热线电话，为遇到困难的来深工作者提供帮助。1990年4月23日，由46名义工组成的市义工联在民政局注册成立，成为中国内地第一个正式注册的义工团体。到1993年底，市义工联已经成长为拥有400多名会员、具有一定影响力的社会团体。1994年市义工联采取拓展服务项目、健全服务组织、取消入会年龄和学历限制等一系列措施，使义工规模迅速扩大。1999年注册义工达到3万人，已发展壮大为社会各阶层积极参与、拥有相当服务力量和服务社会各个领域的社会群众性团体。2005年7月1日，《深圳市义工服务条例》出台，从法理上进一步明确义工服务概念、规范义工工作，标志着深圳义工事业迈上崭新的台阶。"有困难找义工，有时间做义工"已成为深圳市民广为接受的一句响亮的口号。截至2016年，全市共有义工组织9500余个，义工125万名，约占全市常住人口总数的10%，每万名志愿者拥有志愿服务组织76个。在全市建立了城市U站、社区U站、绿道U站、医疗健康U站、文明旅游U站等规范化志愿服务点达262个，其他常态化服务点达624个。

图9-1　城市U站义工

深圳职业技术学院非常重视大学生的思想政治教育，力求创新形式、提升实效，大力发展志愿者工作就是其中一个重要举措。在1993年正式办学初始，学校成立了学生社团"爱心社"，1996年更名为学校义工联合会。建校以来，学校6万余名注册义工活跃于特区内外，奔走于城市乡村，以实践传承文明，以奉献书写风采，累计向社会提供志愿服务一千多万小时。广大大学生通过志愿服务，服务了社会，也提升了自身的综合素质。

2011年8月，第26届世界大学生夏季运动会在深圳举行。深职院共有9015名赛会志愿者、76名城市志愿者、70名教师志愿者和153名管理人员参与大运会志愿服务，服务于深圳市龙岗区、坪山区、南山区3个赛区13个场馆群和交通、机场、官方酒店、大中华指挥中心4个专项团队,志愿服务26天,累计服务72万多个小时,服务运动员、技术官员和观众120多万人次,出色地完成了各项工作任务。以我校"互动哥"李栋为代表的志愿者成为青春深圳的品牌。大运会闭幕式上,李栋同学代表127万大运会志愿者接受时任教育部部长袁贵仁献花。我校荣获深圳市大运会志愿服务工作"杰出组织单位",志愿者李栋获得深圳市"第三届义工服务市长奖"。大运会工作是对我校人才培养和组织管理等各方面工作的一次集中检阅,深职师生交出了一份圆满的答卷,创造了"不一样的精彩"。大运会结束后,为传承和发扬大运精神,学校专门发文《深圳职业技术学院关于"建设志愿者之校"的决定》,举全校之力建设"志愿者之校":将原西丽湖校区广场命名为"大运广场",开设志愿服务课程,成立校院两级志愿服务中心,组建50余个志愿服务基地,开展"学校志愿服务文化月"系列活动,把志愿者工作与人才培养、社会服务相结合,把志愿者精神作为学校的核心价值加以培植、弘扬,让志愿者精神成为每一名师生员工的价值追求。

图9-2　志愿者服务大运会田径赛事

图9-3　"互动哥"李栋在大运会闭幕式上代表全体大运会志愿者接受褒奖

图9-4　志愿者在大运会开幕式现场

二、建设理念

"志愿者之校"建设理念，是在对高校育人工作进行深入思考、系统谋划的基础上提出来的，是高校落实"立德树人"根本任务的人才培养的重要理念。

（一）建设"志愿者之校"是开展大学生思想政治教育的有效抓手和重要渠道

目前，大学生思想政治教育工作成效不高是高校面临的普遍困惑。大多数高校的思想政治教育仍旧停留在填鸭式、说教式的课堂教学方式，效果不明显。如何增强大学生思想政治教育的实效性是教育界多年来需解决的一项重大课题。志愿服务所倡导的"奉献、友爱、互助、进步"精神是高校思想政治教育的重要内容，其自主自愿的方式以及实践性的特点极大地增强了其吸引力。因此，建设"志愿者之校"，营造浓郁的志愿服务文化氛围，能够让大学生人人争当志愿者，人人争做志愿服务，在志愿服务活动中，提升思想道德素质和文明素养，形成团结互助、关爱他人、无私奉献的良好风尚。这有利于引导学生了解社会、认识国情，树立正确的世界观、人生观和价值观，提高大学生思想政治教育的实效性。

（二）建设"志愿者之校"是培养现代优秀职业人的有效途径

一个优秀的职业人应具备奉献、团结和进取的良好职业素养，而这又与"奉献、友爱、互助、进步"的志愿精神高度契合。青年学生是志愿服务的生力军，学校是开展志愿服务教育的主阵地。食品安全、家电维修、普法宣传、会展服务、医学护理等项目的志愿者利用专业知识技能服务社会，有利于培养和训练其专业能力，培养其专业精神和工匠精神。建设"志愿者之校"，引导学生"以阳光心态面对人生，以辛勤劳动创造生活，以感恩情怀融入社会"，有利于突出对学生的全人教育，培养"德业并进、学思并举、脑手并用的高素质高技能人才"；有利于整合社会资源，搭建合作平台，推动学校深化"政校行企四方联动，产学研用立体推进"办学模式改革。因此，建设"志愿者之校"，大力开展专业化、常态化、规模化的志愿服务活动是培养现代优秀职业人的有效途径。

（三）建设"志愿者之校"是大学服务社会、参与社会建设的重要平台

志愿服务事业是精神文明建设的重要载体，同时也是现代公共服务体系的组成部分。通过强调自愿和力所能及的志愿服务活动，为弱势群体、受难人群和贫困地区提供实实在在的支持和帮助，弥补市场机制和政府部门"失灵"的空白区域，弥补政府与企业、行政与市场之间的空隙，在政府和社会之间建立起广泛的缓冲地带，帮助缓解社会矛盾、缓和社会压力，给受助者带来心灵上的慰藉和实际的受益。因此，建设"志愿者之校"是大学服务社会以及大学生参与社会建设的重要平台。

三、建设原则

为保障"志愿者之校"建设科学发展、创新发展、内涵发展，学校提出了普及

化、常态化、制度化、专业化、基地化、品牌化、数字化、课程化、媒体化、人性化的10项建设原则。

1. 普及化。参与志愿服务是文明社会公民素质的重要表现，让更多的大学生投身志愿服务，提升公民意识、增长社会阅历是建设"志愿者之校"的主要目的。让做志愿者成为广大同学的大学生活时尚，让每一位志愿者都能够在志愿服务中成长，让志愿精神逐渐内化成青年学子的固有品格。

2. 常态化。为克服志愿服务活动"雷锋三月来，四月走""运动式"的不良现象，通过建立志愿服务的长效机制，依托专业和基地，形成每个二级学院都有活动品牌，每个班级都有活动项目，每周都有志愿活动，每人都有服务经历的氛围。学校将每年的3月和12月确定为志愿服务文化月，举办志愿文化大讲坛，打造一批志愿文化精品，依托志愿服务专题网站、微博、微信、博客和主题社区等互联网新媒体，宣传志愿服务活动、交流志愿服务心得、推介志愿服务项目，促进志愿服务的常态化发展。

3. 制度化。顶层设计是工作有效开展的关键。学校相继出台了《关于建设"志愿者之校"的决定》《深圳职业技术学院志愿服务管理办法》《志愿服务储蓄银行与志愿服务证书管理办法》等文件。成立了"志愿者之校"建设工作领导小组，并相应成立了学校社会实践与志愿服务指导中心专门机构，建立"学校—学院—班级—宿舍"4级志愿服务组织体系。

4. 专业化。大学生志愿服务不能满足于走访敬老院、维持交通秩序等常规性活动，而应该利用自己的专业知识服务他人和社会。通过校企合作，积极与热心公益事业的行业、企业建立伙伴关系，探索生产实训基地、社会实践基地和志愿服务基地"三基合一"；通过政校合作，把志愿服务体系建设与社会管理工作有机结合起来，形成资源共享、优势互补和协调推进的工作格局；推进产学研用结合，组建食品义工、护理义工等专业化志愿者队伍，引导师生志愿者运用食品检测、医疗保健等专业知识服务社会；鼓励学生开展公益创业，组织公益实习实践，引导毕业生创办社会企业或公益组织，推动社会建设。

5. 基地化。建设志愿服务基地是志愿服务长效化、社会化的重要保障。一是在校外推行生产实训基地、社会实践基地和志愿服务基地三合为一，在学校建设多个基地，包括深圳自闭症研究会、福永敬老院和华富街道青少年活动中心等在内的近百个志愿服务基地。二是在校内建立"书院U站"和"爱心义站"。结合书院制模式，充分利用学生宿舍和生活园区，建立一批集教育、服务、管理于一体的书院U站。

6. 品牌化。为树立典型，以点带面推动志愿者工作，学校设立了志愿服务专项基金，每年通过专家评审立项，资助一批志愿服务品牌项目；各学院结合学生的兴趣爱好、专业特点和时事热点，开发了关爱自闭症儿童、深圳车站志愿服务和普法宣讲等近百个品牌项目。在校内推进校园志愿文化建设，组建了文明出行、节能环保、公益服务和爱心传递4大类40项校园志愿服务项目，如化生学院的光盘行动、校义工联四点半课堂、汽车学院汽车检修和经济学院 e 仔诚信书屋等等。

7. 数字化。为提高志愿者工作数字化管理水平，学校开发了全国首个"高校志愿服务储蓄银行"系统，系统已完成义工申请、义工活动申请、义工活动上报、义工培训、学分置换和志愿服务证书打印等功能。此外，学校全面推进电子义工证普及工作，义工证由深圳团市委开发，具有记录时数、团员服务、公益服务、医疗便民、交通便民、旅游服务、保险服务和金融服务等功能，注册志愿者均需要办理此证。

8. 课程化。为加强志愿者培训，提高志愿者的服务意识和服务水平，一是在《思想道德修养与法律基础》课程中增设志愿服务教育模块，普及志愿者精神和志愿文化教育，让志愿文化成为大学生理想信念教育的重要内容。二是面向新生注册志愿者开展"志愿服务理念与实践"专题通用培训，开设《志愿服务理念与心态》《志愿服务的文明礼仪》《活动的策划与宣传》《团队的建设与管理》和《医学救护》5个模块的课程。

9. 媒体化。在移动互联网时代，新媒体对于推进志愿者工作发挥了重要的作用。学校开发了"深职院志愿者之家"网站和"深职义工"微信公众号，各二级学院志愿服务中心也相应开通了微博和微信公众号，充分发挥了移动互联网的管理、教育和服务功能，推进了志愿者全媒体建设，打造了志愿者网络阵地。

10. 人性化。志愿文化建设需要人性化的氛围，一是加强激励，通过志愿服务时数置换学分、打印志愿服务证书、评选优秀义工、推优入党等举措提升大学生志愿服务的积极性。二是打造志愿文化阵地，包括升级"深职义工"LOGO 和特色红马甲等标识，通过志愿服务主题班会、分享会、讲座和论坛来传承志愿精神与志愿文化；三是资金保障，学校设立了志愿服务专项基金，每年通过专家评审立项，资助一批志愿服务活动；四是理论支持，学校致力志愿文化科研，成立专门科研团队，为深圳市建设"志愿者之城"及我校志愿文化体系建设提供理论支撑。

四、制度设计

学校将"志愿者之校"建设作为人才培养、思想政治教育、培育和践行社会主义核心价值观的一项重要举措，专门成立了"志愿者之校"建设工作领导小组，下设社会实践与志愿服务指导中心，统筹协调全校师生志愿服务工作；各学院和机关工会成立相应领导机构，设立志愿服务中心，明确责任领导和工作人员；各学生班级要设立志愿服务团队，各团支部在其支部班子中可以设立社会实践与志愿服务委员。同时，学校出台了《关于建设"志愿者之校"的决定》《深圳职业技术学院志愿服务管理办法》及《深圳职业技术学院志愿者培训方案》《"志愿服务校长奖"评选表彰办法》《志愿服务储蓄银行及志愿服务证书实施办法》等文件。

2011 年 9 月，学校出台了《关于建设"志愿者之校"的决定》（深职院〔2011〕

119号），《决定》阐明了建设"志愿者之校"的意义，指出建设"志愿者之校"是深圳打造"志愿者之城"的重要力量；是大学生思想政治教育的重要渠道；是提高人才培养质量的重要举措。《决定》明确了建设"志愿者之校"的指导思想：深入贯彻落实科学发展观，以社会主义核心价值体系建设为根本，以打造志愿服务育人平台为目标，树立"三并人才培养从志愿服务做起"的理念，着力培养志愿服务意识，壮大志愿者队伍，完善志愿服务体系，健全多元化运行模式，形成人人争做志愿者的良好校园文化，争当深圳建设"志愿者之城"的排头兵，为深圳市社会建设和管理创新贡献力量。《决定》明确了"志愿者之校"的主要目标：把志愿者工作与人才培养、社会服务相结合，建立健全"学校主体、多方联动"的志愿服务工作模式，开发一批高水平的志愿服务项目，建设一批固定的志愿服务基地，形成一批特色的志愿服务品牌，率先将深圳职业技术学院建设成为志愿文化传播面广、志愿活动参与率高、志愿组织繁荣活跃和志愿资源汇聚丰富的"志愿者之校"。《决定》提出了六项建设"志愿者之校"的具体措施，即推进志愿服务教育进课堂；创新志愿服务模式；优化志愿队伍结构；完善志愿服务内容；培育志愿服务文化；促进志愿服务交流。同时还从组织保障、投入保障、激励机制三方面提出来保障措施，以进一步鼓励和规范我校志愿服务活动，保障志愿者、志愿者组织和志愿服务对象的合法权益，倡导"奉献、友爱、互助、进步"的志愿服务精神，推动"志愿者之校"建设。

图9-5 深圳职业技术学院出台的大学生志愿服务文件

2012年10月，学校出台了"1+3"文件，即《深圳职业技术学院志愿服务管理办法》及《深圳职业技术学院志愿者培训方案》《"志愿服务校长奖"评选表彰办法》《志愿服务储蓄银行及志愿服务证书实施办法》三个附件。《深圳职业技术学院志愿服务管理办法》分为总则、志愿者机构及组织、志愿者、注册与管理、志愿者培训、志愿者服务活动、激励与保障、法律责任和附则9个章节。《深圳职业技术学院志愿者培训方案》包括了培训目标、组织管理、培训内容、时间及方式、培训师资、培训参考资料和培训考核及督察6方面内容。《"志愿服务校长奖"评选表彰办法》分为评选总则、组织机构、参选条件和评选程序等内容。《志愿服务储蓄银行及志愿服务证书实施办法》分为总则、组织机构设置、权限设置、志愿服务时间的认证记录和积分的存储、志愿服务积分的支取和志愿服务证书6章，共18条。"1+3"文件的出台为"志愿者之校"建设提供了制度保障。

第二节 品牌塑造与基地建设

一、打造品牌

学校设立了志愿服务专项基金，通过专家评审立项，资助一批志愿服务品牌项目，以点带面，促进志愿服务的常态化发展。经过多年的建设，"深职义工"的表现得到了社会和媒体的高度认同，形成了一些品牌活动。如连续多年承担深圳国际马拉松赛事、中国（深圳）国际文化产业博览交易会、中国国际高新技术成果交易会、中国公益慈善项目交流展示会以及春运等志愿服务工作。各个二级学院也结合学院特点，开展一系列的品牌活动，如光盘行动、小家电维修和普法宣讲等品牌项目。学校团委每年召开"志愿者之校"总结表彰大会，鼓励各二级学院巩固品牌项目和基地，开发新项目、新岗位。

表9-1 2015年志愿服务品牌项目一览表

1.朋辈·助学（电信学院）	12.南山国税局志愿服务（经济学院）
2.小家电预约维修站（电信学院）	13.深港澳车展志愿服务（汽车学院）
3.特普融合风景写生志愿服务（艺设学院）	14.大手拉小手关爱活动（汽车学院）
4.马路小管家特色志愿者队伍（管理学院）	15.亚洲动物基金会志愿行动（外语学院）
5.光盘行动（化生学院）	16.雏鹏助教（外语学院）
6.小章鱼助残分队（化生学院）	17.电子相册义务制作（传播学院）
7.西丽小学助学支教（计算机学院）	18.红色文化传承活动（机电学院）
8.计算机学会义务维修（计算机学院）	19."空调义务清洗"志愿服务（机电学院）
9.蓝色海洋清洁志愿服务（建环学院）	20.爱心衣服行动志愿服务（人文学院）
10.南山半程马拉松志愿服务（建环学院）	21."一公斤零废弃"（校义工联环保组）
11.宝安中心图书馆志愿服务（经济学院）	22."天使家园"关爱脑伤宝宝（校义工联助残组）

第九章 "志愿者之校"建设的实践模式

案例1:春运义工,爱涌鹏城

2016春运期间,在罗湖火车站和深圳北站,除了来往的乘客,还有一群"绿箭侠",穿梭在每日上万的人流中,耐心地为旅客解答,细心地指引,为老弱病残孕搬运行李……他们就是深职院的220名春运义工。2016年春运1月24日至2月6日期间,220名深职院志愿者利用寒假休息时间,于罗湖火车站和深圳北站、深圳东站开展春运志愿服务,这也是我校连续第7个年头参与春运志愿服务。深职义工用最真诚、最热情的服务与微笑温暖了旅客的返乡路。

此次春运正值深圳最冷的时候。志愿者们每天6点半起床,从学校组队乘地铁,7点半正式上岗。候车厅、检票口的问询处,爱心家园登记处,安检口和售票厅到处都是深职志愿者身影。在他们提供的志愿服务中,不少是对旅客的指引,包括行路指引、公交换乘、旅游景点信息、酒店餐饮购物线路等。对于老弱病残孕等乘客,他们更是主动帮助搬运行李,10天下来每人每天平均搬运50多件,每天工作时间7小时。在志愿服务过程中,一个简单的手势,一个会心的微笑,一句简单的问候,一次真诚的帮助……都会在不知不觉中传递给身边的每一个人。服务期间,学校领导和广铁集团领导都到一线慰问看望志愿者,给予了高度的赞扬。深圳特区报、羊城晚报、深圳卫视等媒体报道了我校春运义工的情况,充分展示了我校学子良好的精神面貌和综合素质。

图 9-6 一天工作结束后的分享活动

案例2:"四点半课堂"进社区,广大居民齐称道

外语学院从2006年开始依托西丽街道留仙社区,九年如一日,常抓不懈,形成志愿服务的长效机制。2015年,学院继留仙社区后又新增了珠光社区"四点半课堂"志愿服务基地,使志愿服务实现基地化、品牌化和项目化。外语学院"四点半课堂"志愿服务内容主要包括课业一对一辅导、英语角、雏鹏助教、读书漂流、募捐义卖以及以重大节日为契机的党团主题活动、社团活动等,如"Open your mouth, open your world"服务社区居民英语角、"学雷锋义工服务集市进社区"、"会展服务、展党员风采"、大学生外语协会教社区居民轻松学英语、纸艺社的花语折纸教学和"游戏嘉年华、快乐你我他"社会实践等活动,截至2015年底,服务时间超过1000小时。

"四点半课堂"通过新颖的志愿服务形式,大力弘扬志愿精神,深受社区居民好评,已经成为社区文化不可或缺的一项重要内容,并形成良好的社会反响,受到南方都市报、深圳特区报、凤凰网、大洋网等众多媒体的广泛报导和高度评价。2014

年3月7日，恰逢原深圳市委书记王荣一行到西丽留仙社区开展调研和慰问活动，对外语学院的党员"四点半课堂"之社区英语角活动进行了深入了解，高度赞扬了学校志愿者工作和"四点半"课堂活动，鼓励大学生多参加志愿服务，为志愿者精神增添新的活力。

二、基地建设

基地化是推进志愿服务长效机制建设的重要保障。建立基地必须遵循践行志愿精神、坚持需求导向、合理控制风险、考虑持续发展的原则。通过志愿服务市场分析、志愿服务具体需求分析、志愿服务项目策划三个环节，各二级学院结合学院特点和专业特长在街道、社区、企业、偏远乡村等地建立基地近百个，并创造性推行生产实训基地、社会实践基地和志愿服务基地三合为一，推动志愿服务和专业教学的协同发展。在校内，各学院建立集教育、服务、管理于一体的志愿服务站点、"书院U站"和"爱心义站"，充分利用学生专业特长和实训场所，打造品牌服务项目，服务师生，如电脑维修、汽车检修、珠宝检测、空调清洁等。依托基地，确保了志愿者工作的常态化、专业化和品牌化发展。

表9-2 各学院校外志愿服务基地一览表

序号	学院	基地名称
1	经济学院	"梦之e"支教基地；U基地；非遗文化志愿服务暨非遗文化教育传承基地；诚信书屋；国防安全教育基地；服务志愿者基地（巴士基地）；助残基地；曙光社区四点半课堂
2	计算机学院	南山武警中队；西丽小学；西丽消防中队；南山残联；现代牙科器材（深圳）有限公司
3	建工学院	西丽麻磡社区；深圳西丽366大街；深圳社会福利院；华阳特殊儿童康复中心；深圳市蓝色海洋协会
4	动画学院	丽湖社区；东湖公园；益田村；留仙居跳蚤市场；留仙洞校区图书馆；深圳市救助站
5	电信学院	福华社区；丽城社区；残联康复工作站；麻岭社区；第二外国语学校
6	管理学院	世界之窗U站；南山消防大队；宝安固戍社区；南山区白石洲社区；华·美术馆；福田区桥乡村
7	外语学院	大梅沙海滨公园太阳广场；留仙居社区；蓝天社
8	化生学院	会展中心；松坪山社区
9	人文学院	深圳音乐厅；丽湖社区工作站
10	汽车学院	宝安中心地铁站；深圳会展中心
11	医护学院	南山福利院；南山区白芒社区
12	媒体学院	深圳市奔跑者俱乐部

第九章 "志愿者之校"建设的实践模式

案例3：十几年如一日，"启明星"闪耀河源山区

学校自2001年开始在河源市开展社会实践活动，十几年如一日，形成了以爱心支教、社情调研、师资培训和捐资助学为主要形式的活动模式，逐步完善了"基地化、规模化、常态化、长效化"的工作机制。支教团队根据当地学生的需求开设了英语、作文、演讲、普通话等语言表达课程，美术、摄影、音乐、舞蹈等艺术课程，保健、历史、天文地理、生理健康等生活常识及学科趣味课程，以及心理健康、人际交往、团队培训和自我管理等拓展课程。学生们还深入当地居民家庭，通过家访的形式开展留守儿童的人生规划辅导，引导他们树立远大理想。"是哥哥姐姐们让我们知道外面精彩的世界，告诉我要通过自己的努力，坚持自己的理想和信念，发奋读书，实现自己的梦想。"优胜中学的小雯拉着哥哥姐姐的手说："哥哥姐姐，明年你们还会来吗？能不能留下来再为我们上课？"

"支教生活很短暂，这里条件或许艰苦、天气或许炎热，但是我们收获了同学之间的友谊、互让互助的团队精神，也感受到了山区孩子的不易……一辈子也不能忘记。"义工胡震在交流会上说："支教让我感触最深的是，当孩子们可以展示一段完整的舞蹈、能讲述一个英语故事、可以算出一道算术题，当辛勤付出有成果的时候，你会感觉到无比开心。"

"启明星"支教活动是学校社会实践的品牌项目，每年暑假，学校300多个团队奔赴祖国20个省市地区，近万名学生活跃在支教等社会实践活动中。

图9-7 志愿者在为小学生上书法课

案例4：建设"社团+志愿服务"活动基地，服务社会

2015年4月16日下午，在深圳市西丽第二中学报告厅，由我校团委与西丽二中牵手打造的深圳市首个"社团+志愿服务"活动基地正式挂牌。"社团+志愿服务"模式是让我校社团走出校园，利用自己的专业技能服务社会。社团成员们为中学生每周四下午的"第二课堂"担任兴趣导师，传授知识，从而让大学社团文化在中学校园里生根开花，充分发挥大学社团的社会服务功能。

"从2014年10月开始，我们就组织了多个社团每周四下午四点半进驻西丽二中开设特色小课堂，深受中学师生的欢迎，目前社团数量已达33个。"深职院学生社团联合会主席叶德才表示，今天借着揭牌这个平台，让学校社团服务终于"合法化"了。本次进入西丽二中的社团包括魔术协会、TOP街舞协会、Brave&love动漫社、影视创作协会、B-BOX&rap社、纸艺社、清风棋社、学习拓展协会、话剧社和SAY主持人协会等。这些社团都是根据二中学生的报名需求，精心挑选出来的。在上学期里，社团"老师们"个个精心准备教学计划、教学内容和教具，并经过指导老师的悉心把关和筛选才正式上岗的！

"社团＋志愿服务"模式不仅搭建了大学生展现风采和锻炼技能的舞台，拓宽了人才培养渠道，夯实了社团内涵建设，丰富了志愿服务形式，同时让两者取长补短，实现资源共享，从而更高效、更深入地为社会提供专业服务。各二级学院也结合了专业特点，将该模式推广到福华社区、南山书城、深圳音乐厅等地方，建设"社团＋志愿服务"活动基地，服务社会。

第三节　数字化管理与课程化建设

一、数字化管理

为了提高学校志愿服务工作的管理水平，学校开发了全国首个"高校志愿服务储蓄银行"系统，实现志愿服务时间认证记录和积分存储、查询、学分置换等功能。其本质是实现志愿服务时间和积分储蓄的一种管理方式。即在志愿服务活动管理中，导入银行运作理念，以实现志愿服务时间和积分的存储、查询、支取等功能。

（一）组织机构设置及权限设置

学校志愿服务指导中心负责志愿服务储蓄银行的总体运行，各二级学院志愿服务中心具体负责志愿服务储蓄银行的日常运作，主要为审核志愿服务时间的存储和志愿服务积分的支取，审核并发放志愿服务证书。各级志愿服务组织设志愿服务储蓄银行专员，由主要的学生干部担任，主要负责初审志愿服务时间的存储；受理并初审志愿服务积分的支取申请，并做好相应的支取记录；负责志愿服务证书的具体办理。

志愿服务储蓄银行划分为三级管理权限。

一级权限，由校志愿服务指导中心拥有。具有终审权限，对其他级别管理员在系统内进行的操作给予确认后方可生效；同时监管其他级别管理员在系统内的操作情况。

二级权限，由各学院志愿服务中心拥有。在系统内审核志愿服务时间的存储、志愿服务积分的支取以及志愿服务证书的申请。监督三级权限管理员在系统内的操作情况。

三级权限，由"志愿服务储蓄银行"专员拥有。在系统内初审志愿服务时间的存储、志愿服务积分的支取以及志愿服务证书的申请。

（二）志愿服务时间和积分的存储

活动结束后，志愿服务团队负责人应在一周之内向志愿服务储蓄银行专员提交活动总结和《志愿服务活动时间认定和存储审批表》。同时向志愿服务储蓄银行系统上传服务时间、地点、简要内容、人员、照片和相关证明等信息，申请存储志愿服务时间和积分。经志愿服务储蓄银行专员初审、学院志愿服务中心审核并公示、校志愿服务指导中心终审后予以认证和存储。

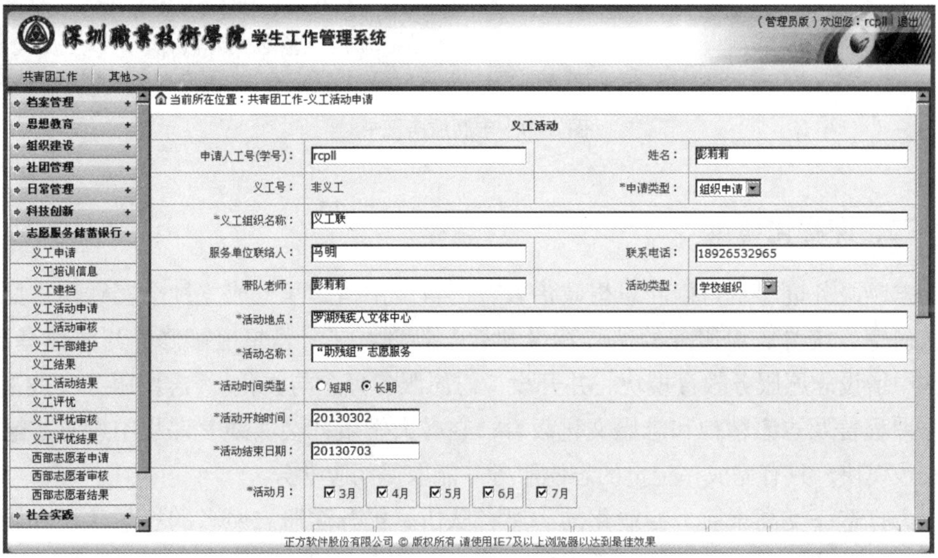

图 9-8　志愿服务数字化管理系统界面

服务时数以小时为单位计算，依循四舍五入的原则，记录为 0.5 的倍数，如：0.5 小时、1.0 小时、1.5 小时、2.0 小时、2.5 小时……服务积分以分数（score）为单位计算。服务时间 1 小时转化为 2 分，记为 2S。

（三）志愿服务时间和积分的置换

志愿服务时数可以置换选修学分。64 个志愿服务时数置换第一个学分，44 个志愿服务时数置换第二个学分，每个学期置换 1 个学分，在校期间置换学分最高不能超过 2 个学分。

志愿服务积分可置换资源优先使用权，例如校内文艺演出、体育比赛门票。

志愿者在学校的志愿服务经历以及志愿服务时数可以打印在志愿服务证书上，此证书是志愿者开展志愿服务的唯一官方证明。志愿服务证书将详细载明志愿者的姓名、学号、学院、注册时间，以及其在志愿服务储蓄银行系统存储的"服务时间和积分"历史记录（包括服务对象、服务内容、服务时间、服务地点、服务效果等）、时间总长、服务鉴定等。注册志愿者毕业前，志愿服务证书由志愿服务储蓄银行系统自动生成，经学校志愿服务指导中心盖章后，由学校统一颁发。

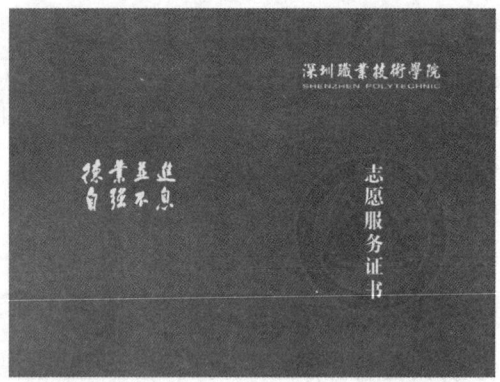

图 9-9 志愿服务证书

二、课程化建设

志愿服务进课堂是创新思想政治教育的重要举措。学校成立社会实践与志愿服务教研室，统筹志愿服务的课程建设和教学管理。在《思想道德修养与法律基础》课程中增设志愿服务教育模块，并开设《志愿服务理念与文化》《志愿服务实践》等选修课程普及志愿精神和志愿文化教育；在《大学生社会实践》课程中设置志愿服务实践模块，只有完成一定量的志愿服务才能取得相应学分。

为打造一支高素质、专业化的志愿者队伍，提升注册志愿者的思想认识和服务水平。学校出台了文件《深圳职业技术学院志愿者培训方案》，每一名志愿者需要参加模块化培训。培训分为通用培训和岗前培训。通用培训是针对刚注册的志愿者进行5个模块的课程培训。岗前培训是指针对服务的项目，开展相应的知识和技能培训。

（一）组织管理

1.学校志愿服务指导中心全面负责我校志愿者培训工作的统筹、协调和推进，安排专职干部分管志愿者的培训，并负责校级骨干志愿者、星级义工的培训工作。

2.各学院志愿服务中心负责所属学院志愿者的培训，按照学校培训大纲，参照学校训练营模式开展年级、班级和直属组义工和义工骨干的培训。同时协助学校志愿服务指导中心完成校级骨干志愿者和星级义工的培训。

3.每项志愿服务活动前，负责单位应在志愿服务需求单位的配合下组织开展岗位培训。

（二）培训内容、时间及方式

1.志愿者培训内容包含两个项目：通用培训、岗位培训。通用培训共开设5个模块，包括有《志愿服务理念与心态》《志愿服务的文明礼仪》《活动的策划与宣传》《医学救护》《团队的建设与管理》。岗位培训只面向指定服务岗位的志愿者，根据服务岗位的具体要求制定培训内容，使其掌握与服务岗位相关的岗位职责、工作任务、业务流程和作业标准等知识和技能。

2. 志愿者通用培训时间原则上在每学年各学院完成志愿者注册后开始，利用周三下午、晚上及双休日的时间进行，由学校志愿服务指导中心和学院志愿服务中心针对不同群体分别组织进行。志愿者岗位培训在每项服务活动前进行，由负责单位在服务单位的配合下组织进行。所有注册志愿者均需选修《志愿服务理念与实践》课程，1个学分16学时，经考核合格获得该课程学分。

3. 志愿者培训方式有面授培训、网络培训等，可参照学校训练营模式，具体方式由各学院灵活安排。

（三）培训师资

1. 志愿者培训师资由两部分组成。《志愿服务理念与心态》《志愿服务的文明礼仪》《活动的策划与宣传》《团队的建设与管理》的培训师主要由学校学生工作队伍的老师担任，学校或学院也可协调其他优秀培训师进行授课。《医学救护》的培训师则由校志愿服务指导中心统一调配专业培训人员担任。

2. 志愿者培训师由校志愿服务指导中心建立"深圳职业技术学院志愿者培训师资源库"进行统一管理，校志愿服务指导中心根据各学院上报的培训计划安排培训师授课，原则上本学院的培训由师资库中的本学院学生工作教师承担，并为每位培训师配备一名志愿者助教，协助培训师完成前期课件准备以及课堂教学的任务。

3. 校志愿服务指导中心定期组织培训师进行集体备课，在讨论与交流中不断完善培训课程。

（四）培训考核及督察

1. 所有志愿者参加完各类别培训后，都应有培训考核记录。通用培训的考核由校志愿服务指导中心和各学院志愿服务中心负责完成，考核方式由组织方根据实际情况自行制定。岗位培训考核由志愿服务组织方和服务对象负责。校级骨干志愿者、星级义工的培训考核由校志愿服务指导中心负责。

2. 校志愿服务指导中心采用定期督察、随机抽查和问卷调查等方式，负责对各学院志愿服务中心的志愿者培训工作进行督察，同时调研各学院开展志愿者培训存在的困难和问题。

图9-10 志愿者培训课程进行中

第四节　专业化服务及其文化建设

一、志愿服务专业化

打造专业化发展志愿服务，一方面鼓励志愿者结合所学专业知识、专业技能服务社会。据调查数据显示，对于高校志愿服务活动应与专业相结合这一问题，表示"比较赞同"的人数占总调查人数的47%；"无所谓"的占25.2%；"不赞同"的占7.1%；"完全不赞同"的占1.3%。这表明大学生更倾向于志愿服务活动与专业相结合。另一方面倡导志愿服务组织管理专业化，确保志愿服务活动顺利开展。

（一）服务内容专业化

学校各二级学院结合专业特点，建立志愿服务队伍，如经济学院法律专业的法律事务宣传、汽车与交通学院的汽车检测维护、化生学院的食品药品安全检测、珠宝学院的珠宝鉴定、电子信息工程学院的小家电维修、计算机学院的计算机检测维修等等。广大志愿者通过专业化的志愿服务，既体验社会、服务社会，又提升了专业知识、专业技能。

（二）组织管理专业化

深职义工已成为了深圳的一张靓丽的名片，活跃在深圳国际马拉松、高交会、文博会、慈展会、春运义工等大型的活动当中。组织管理专业化是做好志愿者工作的必要条件，主要体现在专业化操守、专业化技能、专业化形象上。首先，专业化操守是核心，专业化操守即高度认同并遵循志愿精神，要求志愿者认同、遵守服务的内容、形式与要求。其次专业化技能是基础，要求志愿者掌握服务的基本知识和技能，了解"怎么做"。最后专业化形象是关键，专业化形象是专业化操守和专业化技能的综合表现，是志愿者素养的基本体现，包括礼仪、言行举止、沟通技巧等。

表9-3　各学院专业化志愿服务项目一览表

序号	学院	活动名称	活动地点
1	电信学院	小家电预约维修站	西丽湖校区、福华社区
2	电信学院	朋辈助学计划	校区内
3	计算机学院	留仙社区义务维修	留仙居社区
4	计算机学院	助学支教志愿服务	西丽小学
5	计算机学院	电脑义务维修	校园内
6	计算机学院	计算机科普知识培训	校园内
7	化生学院	药品安全宣传	会展中心
8	化生学院	食品安全宣传	松坪山社区

续表

序号	学院	活动名称	活动地点
9	化生学院	白蚁与甲醛的防治	松坪山社区
10	建工学院	绿色环保志愿服务	西丽镇麻磡公园
11	建工学院	深圳市社会福利院关爱活动	深圳社会福利院
12	建工学院	关爱华阳特殊儿童康复中心儿童	观澜镇
13	建工学院	梧桐山绿道环保公益活动	梧桐山
14	建工学院	"拒绝使用一次性碗筷"活动	校园内
15	动画学院	丽湖社区志愿服务	西丽镇丽湖社区
16	动画学院	益田社区志愿服务	益田村
17	动画学院	深圳市救助站志愿服务	深圳市救助站
18	医护学院	医护志愿者进社区	366大街、白芒社区等
19	医护学院	南山福利院志愿服务活动	南山福利院
20	医护学院	义务献血	西丽湖、留仙洞校区
21	管理学院	专业导游志愿服务	世界之窗U站
22	管理学院	"品位定位"志愿服务	华·美术馆
23	媒体学院	创e文化服务	校园内
24	外语学院	四点半课堂	留仙洞社区
25	外语学院	大梅沙国际风筝节志愿服务	大梅沙海滨公园
26	外语学院	雏鹏助教	留仙居社区
27	经济学院	普法宣传	校园内
28	经济学院	保驾栋梁	不定点
29	人文学院	深圳音乐厅志愿服务	深圳音乐厅
30	艺术学院	珠宝首饰鉴定	366大街、大磡社区
31	汽车学院	深圳地铁志愿服务	宝安中心地铁站
32	汽车学院	深港澳车展志愿服务	深圳会展中心
33	汽车学院	交通安全宣传志愿服务	西丽湖校区

案例1：依托专业型社团，法律事务宣传益民生

经济学院志愿者服务中心依托该院法律事务专业，本着"法之学以致用，律之通维己权"的专业精神，以"学法、懂法、守法、普法"为活动宗旨，面向学校和社会开展一系列具有法律特色的志愿服务活动。一方面提高了我校法律专业学生的专业素质涵养，另一方面又能让法律文化真正地走进普通市民的生活，为和谐社会建设贡献出一份微薄之力。

经济学院志愿者服务中心联合学生社团法律协会于2010年年底成立深职院"大学生普法团"，并于每年的4月和12月走进全市各中小学进行法制宣传主题活动讲座。让中小学生从法律讲座中了解最基本的法律常识，提高分辨是非以及自我保护的能力，树立正确的世界观、人生观和价值观，并懂得用法律武器保护自己。2014年，普法志愿者与社区工作社合作，共同走进翻身社区，为翻身社区的小学生们进行普法宣讲。2015年9月，普法志愿者与维德志愿法律服务中心正式合作，进一步拓展了学生的志愿服务项目，为社会弱势群体、贫困人群和边缘人群提供免费志愿法律服务。

"大学生普法团"志愿服务与专业结合、与社团结合、与社会组织结合，服务市民、弘扬法制精神，推进法制建设，为"依法治国"方针献一份力量，提升了志愿服务专业化和内涵化水平。该志愿服务团体于2013年5月获得了深圳市"优秀大学生普法团"称号以及广东省社会管理调研大赛"优秀奖"等荣誉。

图9-11 志愿者接受市民法律咨询 　　　　图9-12 U站的法律宣传进行中

案例2：专业化铸就深马志愿者

2014年12月7日，我校独立承担了2014年深圳国际马拉松赛事志愿服务工作。1380名志愿者和17名带队老师分成24个小组，分布在竞赛部、医疗部、后勤部、接待部、办公室、新闻宣传部、市场开发部、志愿者部、安保交通部共九个部门，主要从事运动员检录、物资存取与发放、医疗协助等工作，服务近万小时，服务5万人次。

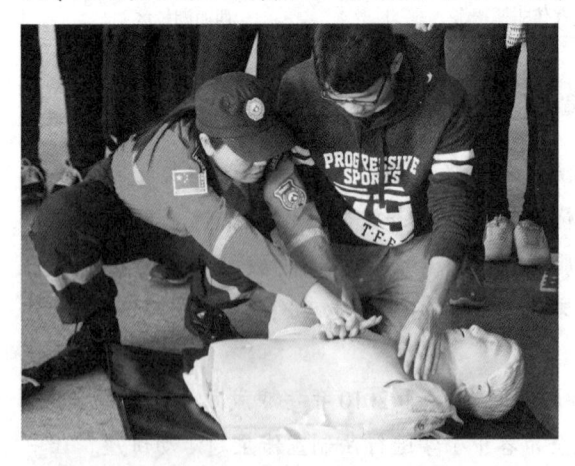

此次马拉松对志愿者的要求高，要求其服务专业性强，要100%参与过大型的志愿服务，100%为学校注册志愿者，有较好的语言表达能力、仪表仪态、人文素养和心理素质，同时接待部的志愿者要有较好的英语交流能力。我校从3000余名报名的志愿者中优中选优，形成了一支由1380名高素质学生组成的马拉松志愿服务团队。在岗位分配时，根据岗位需求和学生的专业特点将志愿者科学分配

图9-13 马拉松赛志愿者学习专业急救技能

到各服务岗位，使学生能结合自己的专业，提高服务质量。

赛事服务前，为提高专业服务水平，学校与主办方共开展了13场培训活动，其中1场针对14名带队老师和90名组长的骨干培训大会，1场包含4门课程针对千名志愿者的通用培训，此外还有11场针对各个业务口的专业培训。通过这一系列的培训，志愿者们更加明确了自己的职责和使命，更深入了解马拉松赛事的整体情况，熟知志愿服务过程中应注意的文明礼仪、医疗救护和安全保护等内容，为更好的开展马拉松赛事服务奠定了坚实的基础。与此同时，校团委制定了《马拉松赛事志愿服务规范》《登车和用餐领取安排表》《登车示意图》《2014深圳国际马拉松赛志愿者管理架构及人员安排》《2014深圳国际马拉松赛志愿者工作推进表》以及《马拉松赛事志愿者通用知识手册》等文案，为本次赛事志愿者工作提供了精细化的管理和服务。

此次马拉松赛志愿者工作领导小组由校领导挂帅，组员由来自校团委和各学院的17名老师组成。除了为广大志愿者解决保险、服装、证件、饮食、交通等基本保障外，还专门成立了机动小组，轮换生病或工作强度大的志愿者。本次志愿者活动实行了巡视督察制度，及时了解志愿者的困难，解决志愿者中存在的问题；建立了深马志愿者微信和短信平台，及时发布优秀志愿者典型和工作推进情况，鼓舞广大志愿者士气，提升志愿者集体荣誉感和团队作战能力。12月7日当天上午，深圳市、团市委和

图9-14 赛事志愿者接受专业礼仪培训

学校相关领导来到比赛现场，亲切慰问了工作岗位上的志愿者，鼓励同学发扬深圳义工精神，展现深圳义工风采，让深圳"因你而更美"。

二、志愿服务文化建设

加强志愿服务宣传工作有利于传播志愿精神、吸引公众参与志愿服务、激励志愿者、促进志愿服务组织自身发展、促进社会问题的解决和营造浓厚的校园志愿文化氛围。在对大学生是否了解志愿服务的调查中，数据显示，选择"非常了解志愿服务"这一选项的人占总调查人数的11.7%；选择"比较了解"的占38.3%；"有一点了解"的占38.8%；"不太了解"的占9.5%；"没听说过"的占1.7%。数据说明，目前大学生对志愿服务的了解程度不高，绝大多数学生仅是了解一点，因此需加强志愿服务宣传引导工作。

为了顺应移动互联网时代的发展，学校团委启动了"深职阳光"新媒体工程，构建了"校—院—支部"三级联动的微信公众号体系，同时开发了"深职院志愿者

之家"网站和"深职义工"微信公众号,14个二级学院也相应开通了微博和微信公众号,构建了志愿者网络阵地,有效地推动了志愿服务工作的教育、管理和服务。

校义工联微信公众号主要有四个功能。一是新闻快递,第一时间宣传义工联9个直属组、14个学院义工分会的活动动态。二是活动召集,发布志愿服务活动需求,接受广大同学的报名。三是总结分享,主要是义工的活动心得等。四是典型塑造,宣传优秀义工事迹,以点带面,引导更多的同学加入到志愿者团队中来。2016学年度公众号共发布148篇推文,点击阅读量超过5000次。

学校还通过开展"志愿服务随手拍""寻找最美志愿者""校园因你而更美"等线上活动,充分发挥广大志愿者自媒体的作用。同学们拿起手机,拍下身边动人的志愿者场景,分享到微博、微信朋友圈,营造志愿文化氛围,倡导校园文明新风。学校各类网站、微博、公众号也择优发布,与学生自媒体互动,取得了良好的效果。

志愿文化是"志愿者之校"建设的重要内容,学校组织师生团队设计出"深职义工"LOGO和特色红马甲,极大地丰富了"深职义工"的精神内涵,身着特色红马甲的志愿者成了校园内外一道靓丽的风景线,深受广大市民赞赏。另外,学校还开展"深职义工"口号评选活动,面向全校师生征集口号,并由师生投票评选出传播性强、内涵丰富的口号。如"来了就是深职人,来了就做志愿者""志愿有你,深职更美""义起来,更精彩""义工联,一家人"等口号已经深入民心。

图 9-15 深职院"志愿者之家"主页界面 　　　图 9-16 深职院校义工联微博首页

第五节　科学化激励与人性化保障

学校出台了《志愿服务储蓄银行及志愿服务证书实施办法》和《"志愿服务校长奖"评选表彰办法》等文件来激励志愿者积极参加志愿服务活动。我校志愿服务激励措施可以归结为三种类型:物质性激励、精神性激励和发展性激励。

一、科学化激励

1.物质性激励。一方面,在参加大型的展会志愿服务中,与主办方争取物质保障，包括交通、餐饮、服装和保险等，解决志愿者的后顾之忧，同时在每次大型活动中，学校会组织分享会和生日会，同学们在活动结束后进行分享交流，增进友谊，提高思想认识。另一方面，参加志愿者活动可以置换学分，并与推优入党、奖助学金评选、优秀学生评选挂钩，学生入党必须参与 40 小时以上的志愿服务。此外，毕业生可以在毕业时打印志愿服务证书，证书包含学生基本信息、注册时间、服务时数、参与活动情况等信息，是学生出国深造和就业创业的有效凭证。

2. 精神性激励。精神性激励是志愿者的主要激励方式，在大学生对志愿服务奖励的需求的问卷调查结果中，排在前四的分别是"学校、老师或家长的支持和肯定"（占 55.1%）、"服务对象衷心的感谢"（占 51.4%）、"主办方的中肯评价，包括意见和建议"（占 41.4%）、"同学或朋友的支持和赞赏"（占 40.6%）。数据显示，大学生更加注重志愿服务奖励的荣誉，以及社会的支持和肯定。学校每年 6 月会进行"志愿者之校"建设系列评优活动，根据《志愿服务"校长奖"评选办法》评选出志愿服务校长奖（个人和组织）、星级义工、优秀基地、优秀项目和"百优"义工，同时会开展"志愿者"之校表彰大会，大会对获奖的组织、团队和个人进行表彰，同时获奖代表会分享经验，达到树立典型、交流经验的作用。

3. 发展性激励。现代大学生面临的就业压力和毕业后的生存压力已逐渐引起社会重视，因此大学生在参与社会活动中更加关注活动本身对就业和对个人发展的影响，同时学校在组织志愿服务活动时，特别注重志愿服务活动对学生成长成才的教育意义。首先，要使志愿服务活动成为大学生获取社会经验、增加社会阅历的重要途径。其次，要组织志愿者参加国家大型赛事及大型展会等社会影响力大的活动，拓宽学生眼界，培养学生团结协作的精神。

二、人性化保障

1. 权益保障。志愿者从事志愿服务时，一般会由志愿者与志愿者组织、志愿者组织与志愿服务对象两两或者是三方共同签订志愿服务协议书，以明确服务内容、时间和各方的权利、义务。

2. 资金保障。一方面学校设立了志愿服务专项基金，为各品牌志愿服务项目提供资金支持，确保了志愿者交通、服装、饮食、保险、证件和团队建设等活动保障。另一方面，由服务对象所在的组织提供资金保障，以满足志愿者的管理、培训、评估、奖励、安全防护和权益损害所产生的经费开支。

3. 安全风险控制。志愿服务过程中，有可能存在风险甚至出现安全事故。志愿者组织及志愿者通过通识培训和岗前培训识别在志愿服务中可能存在的安全风险，掌握必要的安全防控技能，科学、冷静应对处理安全事故。

第十章 "志愿者之校"建设案例简析

第一节 在校志愿者管理及志愿服务开展

学校志愿者工作已经走上规模化和常态化轨道。以 2016 年为例，全校注册义工 21883 人，占在校生总人数的 92.31%，共开展志愿服务活动 2881 次，服务人次为 34979 人次，服务总时数 145988 小时，全校建设校外志愿服务基地 64 个，志愿服务品牌项目 92 个，星级义工 435 名，其中五星级志愿者有 17 名。志愿服务已成为深职学子的大学生活习惯，志愿精神已逐步成为青年学子的固有品格，深职义工已成为深圳这座年轻城市的一张靓丽名片。

一、如何成为一名注册志愿者

（一）注册

申请人登陆"志愿服务储蓄银行"（数字化校园系统）进行注册。二级分会进行审核、建档。

（二）培训

培训包括通用培训和岗位培训。通用培训需完成 20 个学时，其中理论培训 6 个学时，实践 14 个学时。岗位培训是对指定服务岗位的志愿者做的针对性培训。

（三）参加活动

活动申请：所有志愿服务活动必须由二级学院志愿服务中心在"志愿服务储蓄银行"系统登记申报。活动审核：经校义工联审核后方可开展活动。活动数据上报：活动结束后由二级权限管理者在志愿服务储蓄银行中的"活动结果"栏目中上报活动数据。志愿者自行报名、参加班级、学院以及校义工联的志愿服务活动。如志愿者自行参与校外组织的义工活动，需区级以上（含区级）义工联证明，才能将数据上传系统。

（四）注册志愿者条件

在深圳职业技术学院，要成为一名正式的注册志愿者，必须符合下列条件：

（1）完成志愿服务储蓄银行个人注册。

（2）完成 20 个学时的通识培训，并考核合格。

（3）每年服务时间 20 个小时以上（含 20 个小时）。

（4）注册志愿者注册后若不符合以上条件，每年 6 月"志愿服务储蓄银行"将注销其个人信息。

（五）学分置换与证书打印

在"志愿服务储蓄银行"系统进行学分置换。每个学年置换 1 个学分，在校期间最多只能置换 2 个学分。具体置换办法：20 个小时的义工培训 +20 个当年志愿服务基本时数 +24 个志愿服务时数可置换第一个学分；20 个当年志愿服务基本时数 +24 个志愿服务时数可换第二个学分。每年 4 月份全校统一开展学分置换。志愿服务证书是志愿者开展志愿服务的校方证明，将详细载明志愿者的姓名、学号、学院、注册时间、服务总时数、评优结果等信息。志愿服务 40 小时（20 个小时的义工培训和 20 个志愿服务时数）可获取打印资格。证书打印只限定于毕业生，并于 6 月份打印。志愿服务证书可进入毕业生档案，作为就业或出国留学的重要参考资料。

二、校内志愿服务的开展

为引导广大志愿者从自我做起，从小事做起，弘扬志愿文化，学校一方面大力开展校内志愿服务活动，整合团学组织资源，成立了文明出行类、节能环保类、公益服务类、爱心传递类 4 大类 40 项校内志愿服务项目。另一方面，开展"校园因你而更美"校园文明新风主题教育活动。调动全体学生节约能源，节约资源，增强文明意识，规范文明行为，提升文明素质，以此引导学生的日常文明行为。在全校范围内形成文明自觉的校园文化，让大学生成为文明的倡导者和传播者。

（一）活动内容

1. 校内志愿服务

（1）文明出行类：文明出行志愿服务队、"11"排队日志愿服务、校内交通文明劝导服务、校园（社区）文明接力站。

（2）节能环保类：节能环保宣传小卫士、西丽湖校区"节能卫士"、节能环保漫画巡展、"人文情怀"图书回收志愿服务、废旧电池回收志愿服务、深职"熄灯一小时"、拒绝一次性用品、"心盒"——废旧纸盒重新利用、药品回收。

（3）公益服务类：小家电预约维修站、排气扇预约维修组、"计算机卫士"义务维修、网络排障服务、办公电话排障服务、校内空调清洁及保养、DV 爱心接力拍摄、校园树木病虫防害及宣传、汽车美容志愿服务队、珠宝首饰鉴定、化妆设计指导、海报设计培训、粤海之桥、"读书破万卷，修补我帮忙"志愿服务、"瓶心而动"环保行动、医护志愿者义务献血活动、旅游出行志愿服务、手机信号问题解答、"车轮上"志愿服务、共庆世界动物日、图书馆志愿服务、合理膳食及营养宣传。

（4）爱心传递类：图书漂流传递爱心、e 心 e 义爱心集市、"e"往情深（收集旧衣物）、"爱心衣加衣"旧衣物捐赠活动、绿色书香传递。

2. 校园文明新风 7 大活动

（1）节能行动：推行节电节水和宿舍废水回收利用。主要内容为教学楼实训楼课后关灯、关空调，宿舍废水回收利用，违章电器查处。学校将组织专项义工队伍开展巡查课后关灯、关空调和违章电器使用现象，并在每个宿舍配置统一标识的废水回收桶。

（2）光盘行动：反对餐桌浪费。主要内容为站在立德树人的高度，教育同学们崇尚节俭、珍惜资源、尊重劳动，主动承担起推进"光盘行动"的责任，营造浓厚的反对铺张浪费的氛围，引导同学们自觉抵制餐桌浪费，将文明就餐、光盘习惯内化为终身践行的健康生活方式，培育与奢侈浪费对立的新时尚及新价值取向。

（3）低碳行动：倡导绿色低碳生活方式，建设环境友好型校园。主要内容为不随便张贴海报、悬挂横幅、印制宣传单页，公共场所内不吸烟，减少开车上学次数，活动不摆设鲜花、铺设地毯，不随意采摘花果、践踏绿地等。

（4）节俭行动：倡导资源节俭节约，建设资源节约型校园。主要内容为学生活动不随意派水、不随便吃工作餐，精简活动用品和办公用品等。

（5）排队行动：倡导文明有序排队风气。主要内容为排队乘车，排队乘坐电梯，排队就餐等。

（6）守时行动：引导养成守时守信习惯。主要内容为巡查晚归、晚熄灯、上课迟到早退缺课等现象。

（7）平安行动：引导学生树立安全意识，养成安全文明习惯。主要内容为校园内单车文明停放、文明骑行，学校校门口公交站点上车引导、红绿灯处中国式过马路引导等。

（二）活动实施及推进步骤

1. 宣传发动阶段：各班级（团支部）召开主题班会，认真学习活动方案。引导广大志愿者服务他人的同时，从自我做起，从小事做起，以身作则弘扬志愿精神。

2. 项目对接和队伍组建阶段：各学院志愿者服务中心根据实际情况组建专项志愿者队伍，并开展相关培训。

3. 主题活动开展阶段：学校组织举行校园文明新风主题教育活动的启动仪式，同时，学校组织开展"校园文明之星"寻访、"校园文明现象"随手拍、"我的校园，因我而更美"微博主题语等活动，并通过多种新媒体手段对文明风气和文明个人进行全校范围内的宣传，营造人人争做文明示范的浓郁氛围。学院志愿者服务中心具体指导各专项志愿者队伍开展日常巡查和引导。

4. 检查总结和表彰阶段：学校志愿服务指导中心进行不定期巡查，检查各学院承接项目的开展情况。在每学期的志愿服务主题活动月总结会上进行专项评比和表彰。

附件1 "因你而更美"校园文明新风主题活动倡议书

美丽深职，孕育沃土，需要你我共同呵护。为创建文明校园，培育校园志愿文化,提升深职学子综合素质,我们倡议并号召全校同学增强文明意识,规范行为,使广大同学成为文明的倡导者、先行者和传播者。为此,向全体深职学子发出以下倡议:

一、节能行动:课后随手关灯、关空调;宿舍废水回收利用,节约用水;禁用违章电器;及时关闭不用的电器的电源;

二、光盘行动:尊重劳动,爱惜粮食,按需打饭,不随意倒剩余饭菜汤汁;

三、低碳行动:不随便张贴海报、悬挂横幅、摆设鲜花、铺设地毯;善用电子媒介、网络平台,少用纸质材料;

四、节俭行动:勤俭节约,合理规划使用生活费;学生活动不随意派水、不随便吃工作餐,精简活动用品和办公用品;

五、排队行动:文明排队乘车,排队乘坐电梯,排队就餐;

六、守时行动:不晚归、不晚熄灯、不迟到、不早退、不无故旷课,增强时间观念,养成守时习惯;

七、平安行动:遵守交通规则,礼让他人;文明停放、骑行自行车;增强安全意识,不乘坐非法营运车辆。

同学们,让我们积极参与到七大行动中来,从现在做起,从小事做起,从我做起,养成良好的学习生活习惯,不断提升个人涵养,共同用行动为我们充满人文魅力的精神家园添砖加瓦。

图 10-1 "光盘行动"知识宣传　　图 10-2 义务为居民清洗空调

第二节　二级学院志愿服务工作开展
——以崇理书院为例

学校各二级学院根据专业特点、生源结构等因素,按照学校普及化、常态化、制度化、专业化、基地化、品牌化、数字化、课程化、媒体化、人性化的工作原则，开展具有专业特色的志愿服务工作，基本实现了有服务基地、有专业项目、有特色项目的工作格局，并以此带动了专业建设、校企合作、学生竞赛、社团活动等教育教学工作。

崇理书院是深圳职业技术学院依托电信学院成立的践行"寓教育于生活"理念的育人平台，其核心是将传统意义上的学生宿舍打造成为生活设施齐全、师生深度共融、文化精神彰显、实践活动丰富的人才培养场所。

一、大爱暖鹏城，从此出俊才——崇理书院志愿服务中心概述

崇理书院志愿服务中心成立于 2011 年，作为深圳职业技术学院首批成立的二级学院志愿服务中心，以学校建设"志愿者之校"为契机，结合学院自身情况，形成了"一个顾问团、两类使者、两大模式、九大基地、六支队伍"的发展模式。

中心成立之初，由深圳市"五星级义工"、深圳市 1 号义工、深圳市竹园小学校长李泓霖，深圳市"五星级义工"、深圳职业技术学院经济学院教师李保军，深圳市福田区原福田义工联秘书长郑政鑫，深圳市福田区福田街道福安社区工作站站长佉志成，深圳市南山区第二外国语学校学生工作处主任欧阳智慧组成了志愿服务中心顾问团。顾问团为高校志愿者工作出谋划策，并定期以讲座、沙龙等形式培训广大志愿者。此外，该中心选拔同学们身边的优秀志愿者作为形象大使、宣传大使。第一批选拔出深圳大运会"互动哥"李栋和大运会颁奖礼仪志愿者雷雅茵作为志愿服务中心形象使者，第二批选拔出寒假积极投身于社会实践活动、用心服务养老院老人的王凯义代表崇理书院志愿者形象，对内推广志愿服务精神，对外宣传本学院志愿者服务队伍的建设情况以及志愿服务工作的开展情况。崇理书院先后共推选了 21 位同学为形象大使，负责推广志愿者服务精神，带动学院学生提高志愿服务意识。

中心还探索出了"双休日志愿服务"和"社团＋志愿服务"两大志愿活动发展模式。依托九大服务基地平台，推进双休日志愿服务项目，充分调动基层团支部参与志愿服务的热情。如每逢周末都组织志愿者走进福华社区，为居民开展电器维修等便民服务。以"社团＋志愿服务"双推进模式为载体，成立了六大专业化服务队，通过不断打造类似于"小家电预约维修""电脑排障预约维修"等精品项目，培养学生良好的道德修养，提高青年志愿者的素质，为建设"志愿者之校"做出贡献。

在积极开展实践活动的同时，崇理书院还致力于志愿服务工作的理论研究，主持并参与了《大学生志愿服务工作模式及长效机制研究》《深职院建设"志愿者之校"途径研究》等省市及学校党建与思想政治教育研究课题，在全市范围内发放调查问卷 600 余份，撰写特区高校志愿服务工作开展现状调查报告 1 份，相关学术论文

8篇，并陆续在我国中文核心期刊等相关杂志发表，为书院志愿服务工作的进一步开展奠定坚实的理论基础。

图10-3　为市民义务维修小家电　　　　图10-4　教社区小朋友画画

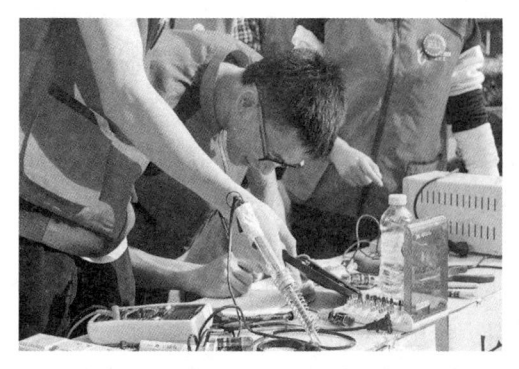

二、建制已完备，发展正当时——建组织，谋发展

（一）加强团队凝聚力建设　各部门协调共进

崇理书院志愿服务中心成立之初，就形成了有丰富大运志愿者工作经验和极大工作热情的主任及部长为基础的极具凝聚力的领导团队。这些学生干部在整个团队的中枢发挥着领头羊作用，在协调志愿者中心、志愿者团队和志愿者个人的关系方面发挥了重要作用。在随后的招新活动中，中心吸收了一批有爱心、充满激情与干劲的新成员。在短短的两年时间里，崇理书院志愿服务中心的组织结构日趋完善，目前志愿服务中心下设有办公室、培训部、外联部、素质拓展部等部门。

志愿服务中心分工明确，制度完善，是志愿服务中心各项工作得以高效有序开展的重要保障。完善制度，使每次活动的开展有章可循，从项目策划、项目实施到总结都有条不紊，保证了所有流程的规范实施和井然有序。严格内部考核，通过考核，很好地调动志愿者的工作热情与积极性。在团队成立的两年间，中心通过内部交流会、联欢会等方式加强了部门间的沟通，使全体成员彼此间得到深入的了解。经过大家的共同努力，志愿服务中心逐渐形成一种团结和谐的良好氛围，共同推进崇理书院志愿服务事业的快速发展。

（二）六大队伍展风采　九大基地耀鹏城

为了积极响应学校建设"志愿者之校"的号召，崇理书院志愿服务中心积极开拓，将服务范围扩大到全深圳市，在多个单位建立了志愿服务基地。

1. 福田街道福安社区工作站——党员先锋服务队开展志愿服务活动

品一杯咖啡，讲一段故事，过一个下午，舒服和充实。从2012月份开始，福田街道福安社区内出现一个流动咖啡馆，每月一场活动，每期约30人参加。老党员过党员生日会，中青年党员邂逅知己，社区居民自由表演，这个名为"党群咖啡馆"的活动给社区居民带来新鲜而有趣的交流平台。崇理书院志愿服务中心依托此基地，选拔出党员志愿者6名，根据每期党群咖啡馆的主题，前往福安社区协助开展活动。

2. 福田街道福华社区工作站——小家电大力量，助力"志愿者之城"建设

通过"书记项目"中的"党员双星计划"，崇理书院在福田街道福华社区建立了深圳首家小家电预约维修站，社区居民将损坏的家电送至维修站，志愿服务队将根据登记情况提前做好维修准备，修好的家电再由社工通知居民领回。经过3年的运行，已经为社区居民修好了近700件小家电，服务态度和质量受到居民的高度认可。2012年初，在福安社区CBD十项微公益放飞启动仪式上，崇理书院志愿服务中心的"小家电义务维修站"认领了一项微公益项目，希望此项目在以前"小家电"志愿社团扎实推进的基础上，将用更宽的视野，更高的标准，助力社会公益，覆盖更多社区居民。

3. 西丽街道丽城社区——温暖传递，花儿爱心接力

每年的三八妇女节、雷锋月等节假日期间，志愿者们会结合活动主题定期开展丝网花手工艺品义卖活动，义卖的作品由崇理书院丝网花学习班的能工巧匠提供，义卖作品包括玫瑰、百合、月季、梅花、腊梅等共20多种，义卖所得善款将全部用于捐赠，用来帮助有需要的人。

4. 南头街道残疾人职业康复中心——残障人士关爱行动

崇理书院志愿服务中心定期在南头街道办残疾人职业康复中心开展"同一个蓝天，同一个世界，关爱残障人士"志愿服务活动。在康复中心，志愿者们通过"水杯叠罗汉""踩气球""丢手绢"等传统趣味游戏吸引很多残障人士的踊跃参与。此项主题活动不仅推进了书院爱心助残志愿服务活动，丰富了书院志愿者文化，更是拓宽志愿助残实践范围，使活动覆盖面不断扩大，最终更好地为残疾人提供及时便利的志愿服务。

5. 华富街道青少年服务中心、南山第二外国语学校——四点半课堂

崇理书院志愿服务中心与基地共同举办的的四点半课堂至今已开展8期，辅导学生达130多人次。通过四点半课堂为孩子们营造一个良好的学习氛围，让孩子们在开心快乐的气氛中来学习，同时也给孩子们提供了一个交流展示自我的平台。

6. 麻岭社区——做文明深圳人，节水护水我先行

为提高社区居民的节水意识，节能义工队的志愿者开展了主题为"点滴再生水，美丽深圳家"的节水宣传活动。志愿者们搜集了一些节水知识小窍门，印成宣传小册子发放给居民，并张贴节水展架册，让辖区居民在了解更多节水知识的同时，积极加入到节水行动中来。此外，志愿者还在现场开展了节水行动问卷调查。节约用水不是一时之举，节能义工队此举意在倡导辖区居民牢牢树立节水意识，为打造节水型社区奠定基础。

各志愿服务基地将进一步在发展中不断完善，同时注意活动的创新性和适应性，携手各个志愿服务基地通过精心设计的活动载体，进一步扩大志愿服务中心在深圳地区的影响力。

三、创新出特色，精品铸辉煌——"社团+志愿服务"双推进模式

"社团+志愿服务"双推进模式是近年来崇理书院志愿服务中心着力打造的志愿服务新模式。该模式将"以志愿服务精神孕育社团文化，以动手实践活动提升专业技能"作为活动开展的根本出发点和落脚点，通过引导专业技能型社团基于自身技术优势，积极开展志愿服务活动，积极服务社会，从而实现了职业教育和品德教育的深度融合。

（一）电子精英训练营+小家电预约维修站

"小家电"义务维修服务是电子精英训练营基于自身技术优势开创的志愿服务品牌项目之一。社团自2005年在校内首创义务维修活动以来，经过多年的发展，目前在校内外特别是学院对口志愿服务基地的社区中已经具有了相当大的影响力。在此基础上，社团于2012年5月在福华社区成立了深圳市首个小家电预约维修站，随后校内的预约维修站也相继成立。经过努力，在2014年福安社区CBD十项微公益放飞启动仪式上，"小家电义务维修站"作为微公益项目亦成功中标。

目前，多届社团成员已经累计为社区居民和校内师生成功维修电水壶、电磁炉、DVD等小家电700多件。一系列志愿服务活动的开展引发了社会媒体的广泛关注。目前，已有包括南方都市报、深圳晚报等5家校外媒体对此事进行了专题报道，社团义务维修的影响力正不断扩大。

（二）网络精英俱乐部+电脑排障预约服务维修站

"电脑排障预约服务维修站"是崇理书院网络精英俱乐部的品牌项目。经过3年的成长，这里每个人通过自己的辛勤付出来回报奉献社会，践行着志愿服务精神与雷锋精神，他们乐于助人，精明能干，将活动的组织、宣传和实施安排得井井有条，使得每次服务都能高效地进行，获得了师生的广泛好评。

"电脑排障预约服务维修站"自建成以来在校内实行了点对点的预约式服务，每学期服务本校师生100余人次。在每次校内服务的活动中，维修站成员都会解决电脑的各类故障，其中主要涉及的有风扇声音响、电脑连线接触不好、开机慢、软件装不上等常见电脑问题。

（三）机器人应用协会+"小小发明家"四点半课堂

深圳职业技术学院机器人应用协会（简称机协）成立于2005年10月，是由机器人爱好者与具有相关工程技术专业知识的学生精英所组成的科技创新社团，经过历届会员的不懈努力，如今的协会已经发展成一个组织性强、技术含量高、创新性突出的科技型应用协会。

机器人应用协会在福华街道等社区开办了四点半课堂，旨在利用这一课堂来培养社区小朋友热爱科学、勇于创新的品质。在"小小发明家"的活动中，孩子们观摩到风驰电掣的车辆模型竞技表演；在"梦想同步"机器人展示中，孩子们尝试设置机器人投篮、机器人拔河等项目，以及参加包括节约资源能源、保护生态环境、加强节能减排和保障安全等内容的机器人科普知识展览；另外还举行了知识性、趣味性的科普知识小竞赛，让市民与孩子们感受科技创新的魅力。

四、立足高起点，再启新征程——勾蓝图，铸辉煌

"十三五"期间，崇理书院志愿服务中心将继续积极进取，深化质量内涵建设，进一步推进各项志愿者服务工作。

一是努力提高志愿者的"两感"，即归属感和幸福感。一方面，志愿服务中心在了解志愿者服务动机的基础上，依托学院服务基地，借助双休日志愿服务项目和六大专业化服务队，设计开发形式新颖、互动性强的志愿服务活动，吸收书院 2017 名志愿者融入到书院志愿者大家庭的温馨氛围中，增强其归属感。另一方面，通过各项活动，发现志愿者中的各种人才，并通过才艺展示等活动搭建平台供其展现才华，将综合素质较强且具有管理能力的志愿者纳入骨干队伍，努力实现志愿者奉献社会与促进个人成长的统一。

二是继续推动"三化"建设，创新志愿服务模式。在全院师生的共同努力下，书院的志愿者工作已取得了一定的成绩，在"十三五"期间，进一步推动志愿活动项目化、品牌化、基地化建设，创新志愿服务模式。

第三节 志愿服务项目开发与管理
——以税务志愿服务项目为例

随着"志愿者之校"建设的不断深入，注册志愿者数量日益增多，岗位的开发与管理成了学校和各二级学院需要解决的重要问题。学校团委在承接如高交会、文博会、国际马拉松赛等大型赛事和展会的志愿服务工作的基础上，通过不断的对外交流，开发更多的区级、市级、省级和国家级活动的志愿服务项目，分配到相关二级学院。各二级学院则根据学院特点，利用学院与政府、行业、企业的关系，开发与专业相关的志愿服务项目，为广大志愿者提供参与志愿服务的机会。

为在全社会进一步弘扬"奉献、友爱、互助、进步"的志愿精神，全面贯彻落实国家税务总局"便民办税春风行动"的要求，切实提高深圳市南山区国家税务局纳税服务水平，给广大有爱心、有热情的社会公民提供一个服务社会、温暖他人的平台，南山区国家税务局决定面向社会招募税务志愿者。将志愿服务与税收工作紧

密结合，对于广泛动员社会资源参与税收服务工作、减轻税务机关工作压力、提高办税效率等具有重要意义。

经济学院现有法律事务、会计电算化、社区管理与服务等七大专业，学生所学知识与税务志愿服务有一定的关联性和契合度。南山区国家税务局与深职院经济学院经过反复磋商，达成一致意见，在经济学院招募大学生税务志愿者，让大学生运用专业知识开展志愿服务，既保证了志愿服务质量，又能为学生提供专业知识的应用机会。

一、税务志愿服务内容

税务志愿服务是指在税务机关的倡导和支持下，以大学生志愿者为主体，以公益性、自愿性、群众性、实效性为基本原则，指引有需要的纳税人办理各项税收业务的无偿税收服务活动。税务志愿服务主要内容有：

1. 在税务机关办税服务厅主厅为前来办税的纳税人提供正确的取号指引。

2. 在税务机关办税服务厅自助体验区进行电子办税指引，指导纳税人正确使用国税网站的自助填报、打印文书等功能，增强纳税人自助办税意识。

3. 在税务机关自助办税服务区提供自助办税指导，诸如：自助购票、自助抄报税、自助认证、自助代开发票等。

4. 在税务机关办税服务厅进行电子办税媒介的推广和宣传，利用纳税人等候办理业务的空隙，向纳税人进行国税微信、手机移动办税软件、网上税校、子网页、自助业务查询机等自助办税的介绍和普及，扩大远程办税的影响面和使用率。

二、税务志愿者招募

（一）税务志愿者的基本条件

1. 有热情，有干劲，能够利用空暇时间参与志愿活动；
2. 能干事，有责任感，具有吃苦耐劳精神；
3. 具备一定税收业务和办税流程知识，或对相关业务和知识有浓厚兴趣，愿意学习了解；
4. 遵纪守法，服从安排，具有较强的社会公德意识。

（二）税务志愿者的招募

1. 申请人根据南山区国家税务局提供的岗位信息需求向其所在院校提出申请，填写统一格式的《税务志愿者报名表》，由院校进行第一轮筛选；
2. 南山区国家税务局进行第二轮筛选，视情况进行面试；
3. 通过两轮筛选和面试的大学生志愿者即可成为税务志愿者。

三、税务志愿者培训

税务志愿者的培训主要分为三类：通用培训、专业培训和岗位培训。

通用培训：介绍志愿者的权利义务、税收基础知识、国情市情、传统文化和礼仪规范、应急处理等方面的知识，培养税务志愿者的大局意识、服务意识、形象意识和责任意识。

专业培训：根据服务岗位的具体要求，培训税务志愿者相关的专业知识和技能。

岗位培训：介绍岗位的基本情况、工作任务、业务流程和工作场地的相关情况、紧急情况的处理措施和税务志愿者团队管理等方面的内容。

四、税务志愿服务项目运行

（一）税务志愿者岗位职责

1. 遵守南山区国家税务局志愿服务组织纪律，履行志愿服务职责，自觉维护税务志愿者形象。

2. 积极参加税务志愿服务组织开展的各项社会公益活动。

3. 完成税务志愿服务组织交待的基础工作，按照约定时间参加志愿服务，未能按时参加的，应提前请假。

4. 关心税务志愿服务组织的工作，主动向组织提出意见和建议。

5. 保证志愿服务质量，以实际行动扩大税务志愿服务组织的社会影响力。

6. 志愿服务工作期间，应穿税务志愿服务组织指定的统一志愿者服装，未经税务志愿服务组织同意，不得使用其他标志。

（二）税务志愿服务运行机制

1. 税务志愿服务组织根据志愿者的可服务时间，并结合南山区国家税务局对志愿服务时间的需求，按照工作日进行分组（共分五组），每组设立一位组长，负责当天志愿服务活动的现场安排和紧急情况处理。

2. 志愿服务组织为每位志愿者购买意外伤害保险和大学生医疗保险，为志愿者提供组织保障。

3. 组长根据分组安排，统筹协调本组志愿者根据其自愿参加的志愿服务时间，进行当天的岗位人员安排，通过电话、短信、微信、QQ等媒介和交流平台，至少提前一周通知志愿者前往南山区国家税务局开展税务志愿服务的时间。组长对当天参加志愿服务的志愿者做好记录，确保其安全到达、返校，并向组织进行汇报。

4. 南山区国家税务局为志愿者提供餐饮和交通补贴，为志愿者提供休息场所。志愿者可以在人流较少的时候轮换休息，但必须保证至少有一人在现场服务。

五、税务志愿服务项目评估

2014年10月,深圳职业技术学院经济学院志愿者服务中心的微博和微信平台发布了南山区国家税务局的税务志愿者招募信息,同时也向各班进行宣传。2014年11月,志愿服务组织走进班级招募志愿者,并邀请开展过志愿服务活动的组织和个人为同学们进行讲解,让同学们更加了解税务志愿者的情况。经过一系列的宣传,同学们对南山区国家税务局的税务志愿服务活动产生极大兴趣,并踊跃报名。此次活动一共招募370余名志愿者。

2015年1月,南山区国家税务局工作人员前往深圳职业技术学院,为志愿者开展培训。培训共分为四个部分,分别是便捷办税,税种、税率及应税范围,主要涉税事项和申报征收,让同学们了解税务志愿服务的基本情况,学到基本的税法知识,还有如何正确的与他人沟通。

2015年寒假,税务志愿服务组织组建8支团队开展南山区国家税务局税务志愿服务活动。每支团队进行至少7天的志愿服务,共计56天,每天3到5人,累计服务时数2240余小时。

2014—2015学年度第二学期开学后,税务志愿服务组织在与南山区国家税务局联系沟通后,根据各专业的课程表和志愿者可以参加志愿服务的时间进行了排班,分别为周一至周五9:00~12:00和14:00~17:00这两个时间段。每个工作日由一名组长负责统筹当天的志愿服务。

南山国税局的志愿者主要是采取以老带新的方式进行服务,第一批去的志愿者由国税局的工作人员指导他们,指引有需要的纳税人办理各项税收业务。第二批志愿者则由第一批志愿者指导,以此类推,大大地节省了培训时间。志愿者们表示这次志愿服务活动不仅可以帮助有需要的人,还使得自己的税法知识得到提升,很有意义,并表示以后还会继续参加。

图10-5 税务志愿者协助市民自助办理税收业务

附件：深圳市南山区国家税务局税务志愿者报名表

深圳市南山区国家税务局税务志愿者报名表

姓　名		性别		出生年月		照　片 （电子版）
民　族		文化程度		工作时间		
现工作单位全称、职务						
是否税务代理机构或税务代理人员						
通讯地址				身份证号		
专业技能及专业资格证书				申请加入志愿者时间		
联系电话/手机			微信/QQ			
可参与志愿服务时间（请务必填写，我局将据此安排服务时间）	1.时间自由，自由安排（　　） 2.每月1-10日（　）11-20日（　）21-31日（　） 3.其他_____					
本人简历						
本人签章	本人已清楚南山区国家税务局志愿者的管理要求，现正式申请成为志愿者，并承诺按税务志愿者管理规则参与活动。 　　签名： 　　　　年　月　日			南山区国家税务局审核意见		年　月　日

……

第四节　校企共建志愿服务基地项目
——以现代牙科志愿服务基地为例

为推进"志愿者之校"内涵式发展，学校计算机学院与深圳市现代牙科器材有限公司共建志愿服务基地，依托校企合作关系，服务广大外来务工的青年，让广大学生以志愿者身份将自身的各种技能运用到公益事业中，不仅为外来务工人员提供心理辅导，组织开展文体活动，提供业务培训，也为学生未来职业发展奠定了扎实的基础。

一、基地概况

2011年9月，深圳市现代牙科器材有限公司与计算机学院共建志愿服务基地。2012年5月6日，"心灵U站"志愿服务队正式揭牌。这是后大运时代深圳市首家心灵U站。经过几年的发展，逐步完善了组织机构、活动方案和管理制度。

二、活动分类

"心灵U站"志愿者以党员和党员积极分子为主，综合素质较高，平均每月开展3次活动，每次12人参与，服务次数达98次，共有1233人次参加，服务总时数达4446个小时，服务人数有1500余人。主要开展活动如下：

1. 朋辈团体心理辅导：以团队合作、情绪调整、人际交往、缓解压力、青工军事拓展等为主题；

2. 业余活动类："美丽中国梦·绿色正能量"环保主题活动、"沟通心连心 关爱你我他"送温暖活动、排练舞蹈（街舞、啦啦操、现代舞）、"阳光现代"篮球友谊赛、校企新年联欢晚会等；

3. 文化辅导类：办公软件（excel、office、ppt）、图片设计、商务英语、职业礼仪、普通话、英语口语等。

图10-6 心灵U站"宣传海报

三、主要举措

1. 搭建专业团队，开展多元化志愿服务。学院以学生组织为依托，组建专业服务团队，并明确指导老师和基地负责人。根据企业的志愿服务需求，签订校企合作协议，适时优化志愿服务团队和项目。

2. 做优主体项目，开展品牌化志愿服务。"心灵U站"志愿服务队在学期末与基地制订工作计划，并及时进行工作总结和小组分享。在工作期间遇到突发状况适时调整计划，及时梳理工作思路。主体项目是现代牙科志愿服务基地的核心内容，主要以常规团体心理辅导和专业文化辅导为主体，志愿者投入大部分精力和时间做优、做实主体活动。

3. 加强需求调研，开展精准化志愿服务。服务对象的需求始终是开展志愿服务的方向，"心灵U站"定期联系基地负责人，就服务对象对团体辅导的实际需要进行调查，并根据摸底情况对团体辅导方案进行调整。针对不同的需求，志愿者团队制定了团队合作、人际沟通、互助友爱等主题的团体心理辅导。

4. 依托专业平台，开展专业化志愿服务。"心灵U站"志愿服务队将志愿者按照专业进行分组，为基地提供专业的、精细化的志愿服务。分别开展计算机PS运用、新媒体在KT版制作中的应用、军事户外拓展、专业舞蹈讲学等培训，推进志愿服务专业化发展。

四、主要成效

1. 军事拓展成果丰厚，温暖外来务工青年。"心灵 U 站"志愿服务队每月开展 4~5 次军事拓展活动，每次 5 天，每天 1 小时，每年共培训 600 余青工，不仅增加了青工的团队建设，提高了团队的凝聚力，也让这些外来务工的青年人在流动人口为主的城市找到家的温暖和归属感。

2. 丰富青工业余生活，提升职业发展能力。通过"关爱青工·喜迎新春"春节晚会、篮球友谊赛、青工电脑基础课程、英语口语讲学等活动，丰富务工青年业余文化生活，为青工更好地发展提供铺垫。

3. 弘扬志愿精神，提高基地品牌效应。现代牙科志愿服务基地受到社会各大媒体的关注，深圳新闻网、深圳特区报、深圳晚报、光明网、凤凰网等媒体对其进行宣传报道；同时，基地多次为"心灵 U 站"志愿服务队颁发锦旗和牌匾，并为志愿者颁发荣誉证书；"心灵 U 站"志愿服务队也通过微博、微信新媒体进行宣传，得到众多粉丝的转发和好评。

4. 校企联动双赢，资源互动共享。志愿者为青工提供了各项服务，青工对志愿者也开展了"感恩回馈"活动，企业青工到学校为志愿者开展模拟面试、职场新人注意事项讲座等活动。让在校生提前对职场有了一个直观的了解，对职场生涯也有了更清晰、科学的规划。

5. 传播志愿文化，志愿者收获成长。志愿者在服务过程中提升了社会工作能力。虽然也遇到各种各样的挫折，但志愿者从失败中能汲取教训不断成长，用自己的热情和微笑服务社会、服务人民。

图 10-7　志愿者与青工游戏互动

第五节　暑期社会实践融合志愿服务
——以"启明星"河源支教活动为例

当代大学生的成长成才离不开社会实践的锤炼与洗礼。学校一向高度重视大学生社会实践与志愿服务的融合，支持和鼓励各基层组织、实践团队大胆创新社会实践的组织形式和活动内容。近年来，各组织与团队重点在支教社会实践方面进行了有益的尝试，取得了良好的成效。

2001 年，学校与河源市和平县结成教育帮扶对子。多年来，学校充分发挥高职院校独特的资源优势，牢牢把握支教这个核心，成功实现了支教社会实践的基地化、规模化、长效化和社会化，走出了一条集捐资助学、技能培训、师资培训、素质拓展等内容于一体的支教社会实践之路。

一、火热青春情洒乡村

和平县是位于广东省粤东地区的一个贫困县，当地不仅经济落后，基础教育发展水平也比较低。自2001年以来，学校先后组织100多个团队6000余人次前往和平县开展支教社会实践活动，建成了覆盖全县10个乡镇的支教社会实践基地15个，累计开展支教活动80批次，捐款近50万元，开展师资培训项目10个，培训教师200余人次，捐资建立希望小学1所，援建学校17所，资助家庭贫困学生500余人，支教直接受益学生超过3000人。以学校重点援建的和平县公白中学为例，自2006年起实施的启明星助学和师资培训计划现已初见成效。公白中学在2009年的中考中表现突出，取得了平均分、重点高中录取率位居全县乡镇中学之首的好成绩，吸引中青报、新华网等众多媒体持续关注和重点报道，产生了良好的社会反响。

二、筚路蓝缕青春行

1.支教实践基地化。社会实践基地是开展社会实践活动的重要依托与基础保障。开展和平支教实践以来，我院在不断的摸索和实践中建成了网络化的支教实践基地。目前，我院通过每个二级学院对口帮扶一个镇的形式，在和平县10个乡镇中建立了15个固定的社会实践子基地。各二级学院根据自身优势和实际情况，向结对乡镇开展持续、定期的支教服务，同时还组织中小学校长定期到我院参观学习，开展教学理念、教学方法等方面的教育培训。

2.支教实践规模化。规模化是扩大社会实践活动有益成果的重要支撑。开展和平支教实践以来，我院援建学校从最初的1所发展到目前覆盖和平县10个乡镇的17所；社会实践形式从最初单一的捐资助学发展为包括希望小学建设、师资培训、援建校舍、联合扶持等多层次、宽领域的社会实践内容体系；参加和平支教的社会实践团队从最初的1个发展到13个；参加人数从最初的一批10余人发展到一批500余人。近年来，我院每年确定的社会实践重点团队有70%以上属于和平支教社会实践团队，每年投入社会实践的经费有一半以上用于和平支教社会实践。

3.支教实践长效化。长效化是社会实践实现育人功能和服务社会功能的关键所在。我院在和平支教过程中，强调教育帮扶和整体发展的和谐发展，在拓展量的同时，更注重质的提升，已经完成了由输血型向造血型、由短期服务型向长期结对型、由物质支持型向技术支持型的功能升级。2003年，我院捐资8万元，在和平县上陵镇建立翠山希望小学；自2006年起，我院每年固定投入4万元，用于资助和平县两个乡镇学校建设，如2006年用于公白中学课桌添置、2007年用于上林中心小学篮球场建设等。近四年来,我院共开展支教25次,受益学生超过1000人。和平县公白中学彭根深同学成长于单亲家庭,父亲在深圳打工,英语成绩从未及过格。2007年五一期间我院组织"感动深职"年度人物、学习标兵等同学前往和平县进行支教,从那以后,建工学院05造价专业黄燕华同学与这个孩子成为结对帮教的伙伴,有5次支教经历的黄燕华先后3次赴公白中学进行支教,并通过长期的书信往来对彭根深进行鼓励和帮助。2009年中考中,彭根深考出高于重点线80分的好成绩,他在最近一封信里这样写道:"没有你们的支持,也就没有我如今的成绩,真的很感谢。"

4. 支教实践社会化。社会化是资源整合战略应用于大学生社会实践的重大发展。为了推进和平县教育水平上台阶,我校利用自身优势,探索出一条有效整合各方资源用于支持和平县相关建设的创新之路。2008年以来,我校先后联合深圳市关爱行动组委会办公室、深圳市慈善会、好人好事非营利组织、上海真爱梦想公益基金会、中华三农慈善基金会、深圳慈卫公益事业发展中心等近十个社会团体及公益组织探索建立联合帮扶机制。在上述组织的积极配合与支持下,共同实施了师资系列培训、"真爱梦想中心"建设、留守儿童家长培训等项目。2007年,我院与上海真爱梦想基金会合作,由融通基金管理有限公司捐赠20万元,在和平县建设两所集电脑、图书、多媒体互动教室于一体的"真爱梦想中心",同时提供由华东师范大学课程与教学研究所专门开发的针对素质教育"创新、多元、宽容"的梦想课程。

2009年以来,我院联合上述有关组织开展师资培训、基础设施建设等项目超过20个,具体包括启明星支教、"我的家庭大学"师资培训、国学培训、"花儿正艳"青春期少女生理培训、美丽爱校园行动、留守儿童家长培训、留守儿童健康辅导、乐教心连心等活动,捐赠一批成长食堂、乡村图书馆、教学用具、生活设施,促进了当地教师身心灵健康成长与和谐校园建设。

图10-8 支教志愿者帮助当地贫困家庭收割稻谷 　　图10-9 支教志愿者与村民同劳动

三、青春在实践中响亮

勤学求真知,笃行长才干。十年来,和平支教实践在一批又一批学生的实践中薪火相传，他们通过社会实践，走进基层，了解民生，经受历练，收获成长。通过支教实践，我校学生在理想信念、责任意识、能力素质等方面得到了较大提升。未能参加志愿服务的同学亦可通过支教团队回校后举行的团组织生活会、专题报告会，通过同学在校园社会实践专题网发表的感言等多种途径，感受志愿服务的精神和社会实践的意义。

1. 心灵得到升华。通过支教，同学们在理想信念、学习态度等方面发生了根本转变，学习目标更明确，学习动力更充足，更多参加和平支教的同学获得了奖学金等荣誉，且更多参加和平支教的同学成为了共产党员，从而对微观上提高学习成绩和宏观上提升学习氛围产生积极推动。建工学院一位同学参加2009年和平支教后，在校园社会实践专题网这样写道："一个星期的河源支教社会实践，我领悟了许多道理，这些东西将让我终身受用。支教活动不仅培养了队员们吃苦耐劳的精神，而且形成了一种努力拼搏的优良作风，同时在工作中也增强了队员的自我组织管理能力、协调能力、社交能力和团队精神，更重要的是发现了自身存在的问题。大家在支教过程中认识了很多，也学到了很多，使自己得到了真正的锻炼。"

2. 学会感恩。从支教的无私付出中，从和平县的孩子们一声声感激的话语中，同学们学会了大爱，读懂了感恩，同学们在社会实践专题网大量的发帖中表达了感恩社会、回报社会的决心和热情。

3. 培养了责任意识。支教意味着奉献，支教就是责任，通过和平支教，同学们感受到的不仅是落后地区物质资源的匮乏，更多的是教育资源的匮乏，他们清晰地认识到自己身上的责任，他们用志愿者的大爱去感染和灌溉着那一片土地。通过支教活动涌现出一大批西部志愿者以及"募师支教""三支一扶"的同学，仅2009年我校参加广东省募师支教计划的同学就有30人。肖颖同学曾三次赴和平支教，在她身上体现着强烈的社会责任感和奉献精神，毕业时受到用人单位的青睐和好评，进入总资产15亿元的深圳市中孚泰实业股份有限公司，仅2个月时间从一个普通文员晋升为总裁秘书。

通过组织开展大学生和平支教社会实践，我们还有以下三点体会。

一是社会实践工作要突出重点。我院在社会实践工作中，始终坚持以和平支教为重点，深入开展系列活动。在这一基础上，建立以重点带全面、以基地带全局、以部分带全体的实施格局，开创了社会实践全员参与、全局启动、全面开花的新局面。

二是社会实践工作要有连续性。我院自2001年在和平县开展支教社会实践，每年寒暑假不间断，到目前已经形成了基地稳定、组织稳定、方式稳定的可持续发展模式，避免"走过场"，走出了大学生社会实践可持续发展之路。

三是社会实践工作要强调实效性。社会实践不能走过场，不能搞花拳绣腿。我院社会实践工作在基地化、规模化、长效化、社会化的可持续发展模式指引下，强调地区和学校双向发展的实效性。通过大学生社会实践活动,一方面要能够给地方带来实惠和发展,另一方要真正实现教育学生的功能。

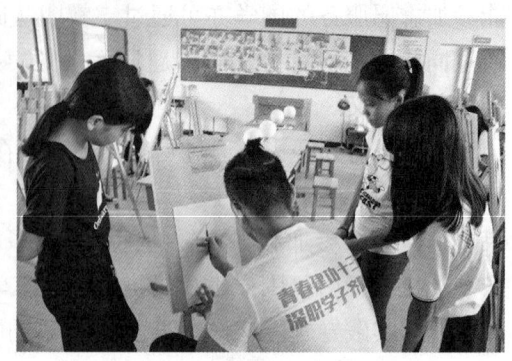

图 10-10　志愿者为小朋友上健康生活课

图 10-11　志愿者正教学生美术知识

第六节　大型活动志愿服务的组织管理
——以深圳第 26 届世界大学生运动会志愿服务为例

学校大力推动志愿者工作,凭借学生优秀的精神风貌、良好的服务质量和科学严谨的组织管理,深职义工赢得了政府、社会和广大市民的一致认可,连续多年承担深圳国际马拉松赛志愿服务、中国(深圳)国际文化产业博览交易会、中国国际高新技术成果交易会、中国公益慈善项目交流展示会以及春运等志愿服务工作。

深圳第 26 届世界大学生夏季运动会以独特的创意、无与伦比的组织工作,创造了不一样的精彩。在市委市政府的坚强领导下,深圳职业技术学院以"四个超常规"的大运工作精神,实现了"安全零事故、稳定零事件、宣传零负面、服务零缺陷、保障零投诉"大运志愿服务工作"五个零"的目标,创造了学校大运志愿服务工作"五个不一样的青春精彩",出色完成市委市政府交给的各项任务。深圳职业技术学院志愿者在志愿服务中,用敢于担当的高度责任感和志愿为乐的奉献精神赢得了社会的广泛赞誉;用真诚的微笑和热情的服务给人们留下了难以忘怀的美好印象;用不畏艰难和吃苦耐劳的意志品质感动了深圳,感动了中国,感动了世界。他们用青春和汗水在大运志愿服务实践中凝练成了"特别敢于担当,特别甘于奉献,特别能吃苦,特别能战斗"的深职院大运志愿者"四特"精神,谱写了一曲曲动人的志愿者之歌。

一、志愿服务工作总体情况

学校共有 9015 名赛会志愿者、76 名城市志愿者、70 名教师志愿者和 153 名志愿者管理教师参与大运会志愿服务工作，服务于龙岗区、坪山区、南山区3个赛区13个场馆群和交通、机场、官方酒店、颁奖礼仪、大中华5个专项团队以及世界大学校长论坛。志愿服务从2011年8月1日开始至8月26日结束，共26天，累计服务72万余小时，服务运动员、技术官员和观众120余万人次。6500名志愿者参加了大运村全负荷演练、开幕式转场和模拟运动员入场演练；164名观众互动志愿者、268名外围观众引导志愿者、110名内宾接待志愿者、167名随车志愿者参加了开幕式志愿服务工作；50名观众互动志愿者、150名随车志愿者参加了闭幕式志愿服务工作。

志愿服务工作呈现出以下特点。一是人数多。9015名赛会志愿者、76名城市志愿者、70名教师志愿者以及153名一线的志愿者管理老师，总数近万人。二是地点远。除深职院排球馆外，其他服务的竞赛场馆均在龙岗区和坪山新区，往返车程均在两小时以上，其中七星湾与海上运动基地两个场馆，往返车程需近4个小时。官方酒店志愿服务团队分布在罗湖、福田、南山3个区的18家酒店，以及香蜜湖交通调度中心、大中华交易广场和深圳市体育场。交通志愿服务团队分布在运动员分中心大运新城场站、媒体分中心福田枢纽、媒体分中心深圳机场、技术官员分中心香蜜湖场站、总调度中心竹子林呼叫中心等场站。三是条件苦。田径、网球、帆船帆板、自行车、飞碟、马拉松等7个场馆需在户外烈日下开展志愿服务工作。网球馆的球童需单膝跪地，且不停地来回奔跑，开赛第一天便有4个志愿者中暑。飞碟场馆志愿者在烈日下工作之余，也只能到室温达37℃的帐篷中休息。竞走马拉松、交通、七星湾等场馆团队志愿者因工作需要需凌晨两点起床出发。四是时间长。交通、大中华、官方酒店和机场四个非竞赛团队2000多名志愿者从8月1日开始服务一直到8月26日送完外国嘉宾、运动员，才最后完成志愿服务工作。五是任务重。根据大运会志愿者指挥部工作部署，学校临时增加了机场、官方酒店志愿服务工作，团队组建晚，服务酒店分散，志愿者交通和餐饮保障困难。交通团队人数达1350名，负责运动员、技术官员、媒体记者、贵宾等全部人员的用车服务，从8月1日到26日，最早凌晨3点多出发，最晚第二天凌晨5点返回学校。高峰期间，发送大巴3000多次/天，志愿者每人每天需跟车3至4次，工作繁忙，无暇吃饭，志愿服务累计运行里程60余万公里。电子与信息工程学院500多名志愿者在承担了开幕式繁重的志愿服务任务之后，又马不停蹄地参与大运中心田径赛场和马拉松赛场志愿者工作，6天共计服务观众20余万人次。机电工程学院负责的大运中心体育馆承担了篮球比赛任务，观众几乎场场爆满，10天共计服务观众40余万人次。

大运会期间，志愿者们克服种种困难，以真诚的微笑、热情的服务、吃苦耐劳的品质、甘于奉献和敢于担当的精神，倾情服务于大运会，涌现出了一大批先进典型人物。

开幕式观众互动志愿者李栋为了点燃观众热情，5个小时"声嘶力竭"忘我地参与营造气氛，被网络和媒体称为"互动哥"，瞬间红遍网络和各大媒体，以"互动哥"李栋为代表的深职志愿者已然成为青春深圳的品牌。

开幕式当晚，内宾大队志愿者熊见琼负责接待的上海第二军医大学校长因航班延误，未能及时赶上贵宾车。熊见琼牢记"不抛弃、不放弃"的信念，不顾他人反对，坚持带校长乘地铁前往开幕式现场，最终完成了一个不可能完成的任务，被来宾亲切地唤作"熊宝宝"。

在大运会期间针对户外志愿者天热易中暑的现状，志愿者胡本奎（化生学院）在其学院老师的指导下，配置调试出酸甜适口的"U能水"，使得志愿者能及时补充电解质和盐分，成为海上运动基地志愿服务一大创新亮点。

从运动员开始训练到比赛结束，游泳馆志愿者林桦润连续工作13天，用微笑与服务赢得了众多运动员的赞誉，一些运动员为表达对他的感谢，纷纷向他赠送徽章，比赛结束林桦润已拥有27枚不同的徽章，被大家亲切地称为"徽章哥"。

8月12日到8月24日，每天护送运动员尿样往返于京深两地，累计飞行距离达61672公里（相当于绕地球走了一圈半），他就是官方酒店团队志愿者吕浩铭，被媒体戏称为"空中飞人"。

身着深色工作服、网球帽，单膝跪地，大腿和小腿呈90度的姿势一摆就是两三个小时，网前不断的奔跑捡球，这是网球馆志愿者球童代表陈旺每天必做的动作，但他依然快乐地感受着网球激情，被称为"奔跑的精灵"。

"互动哥""互动姐""熊宝宝""空中飞人""徽章哥"仅仅是我校近万名志愿者中的一个"缩影"。赛时期间，广大志愿者的表现受到各级领导、中外来宾、广大市民和媒体的高度认可。时任广东省委常委、深圳市委书记王荣视察我校时，欣然为志愿者题词："感谢志愿者的奉献精神"，在大运中心游泳馆"志愿者之家"，王荣书记对志愿者的奉献精神再次表示了赞赏。时任志愿者指挥部指挥长、市委组织部部长戴北方在阅览了学校主办的刊物"深职大运风"和"大运快报"后欣然批示：简报办得很好，及时、全面，内容丰富精彩，看了令人振奋，更增添了对志愿者的敬佩之情，向深职院的全体志愿者和老师们致敬。大运中心体育场竞赛部主任付维波（体育总局田管中心竞赛副主任）在田径赛结束后率竞赛部的所有工作人员向我校志愿者三鞠躬，感谢志愿者的辛勤奉献，并称赞志愿者的表现是国家队级别。新华社、中央电视台、深圳电视台、中国青年报、大公报、深圳特区报、晶报、南方日报、深圳商报、深圳晚报、新快报、广州日报、新华网、人民网、新浪网、腾讯网、中国共青团网、广东共青团网、深圳共青团网、教育部高职高专网等媒体先后以整版、头条、封面主图等方式报道我校志愿者。新华社在评论中写道："开幕式'互动哥、互动姐'持之以恒的微笑和呐喊，是真诚的志愿精神在闪光。互联网时代的90后天生带有更加开放和自我的心态，也曾被贴上'脑残''垮掉的一代'标签。但'互动哥'们的举动，有力反驳了一些偏见；他们的走红，也是舆论肯定的缩影。这些志愿者的态度和素质是对各国运动员和友人最好的欢迎，也将直接决定国际舆论对本届大运会的评价"，"他们是最好的城市名片"。新华社的评论给予了我校志愿者以高度褒奖，是新闻媒体和社会各界对我校志愿者评价的缩影。

二、志愿服务工作主要运作方式

按照市委市政府和深圳大运会志愿者指挥部关于大运会志愿服务工作的总体部署，我校科学构建大运会志愿服务运行指挥系统，全面完成了大运会志愿者选拔、培训、管理、后勤保障、宣传激励等各项工作，以五个"不一样"演绎了大运会志愿服务的青春精彩。

（一）"不一样的"招募选拔

我校高度重视志愿者的招募选拔工作。2011年3月起，我校严格按照深圳大运会志愿者招募的总体安排，认真做好大运会志愿者的招募宣传、测试工作。经过广泛发动，严格审核，认真选拔，顺利完成了招募任务，选拔出了自身意愿强烈、基本素质好、精神面貌佳、专业技能强、政治背景可靠的志愿者。

1.广泛动员。通过开设讲座、图片展览、网络宣讲等多种形式进行广泛宣传，并积极动员学生党员、学生干部、学生义工等发挥模范带头作用，使得"参与大运、服务大运、奉献大运"在校园里蔚然成风。学生报名积极主动，异常踊跃，全校共有12311人报名参加大运会志愿者，占全校一、二年级在校学生数的82%。

2.严格测试。为了从众多的报名者中选出较高素质的同学作为志愿者候选人，学校公布笔试面试选拔程序和注意事项，公开考核标准，学院精心设计笔试和面试内容，严格组织选拔，最后共有10027名志愿者进入通用知识培训阶段。通用培训结束后，学校通过通用知识考核，根据卷面成绩、培训考勤和实践活动表现情况进行最后选拔，最终挑选出了9015名最优秀的大运会志愿者。

3.馆院对接，科学搭配。根据各学院的学生规模以及特点，将志愿者科学分配到各服务场馆，实现馆院对接。另外，考虑到志愿者工作的实际需求，将428名外语学院英语、日语、韩语、西班牙语、德语、法语六个专业的志愿者对接到我校负责的各场馆，较好地满足了场馆赛时期间对外语人才的需要，在场馆工作中发挥了重要作用。

（二）"不一样的"教育培训

志愿者培训效果决定了志愿者的服务质量和水平。学校高度重视志愿者培训工作，分三个阶段先后开展通用知识培训、暑期强化拓展培训和场馆岗位培训，以"五个注重，五个结合"优质高效地完成了志愿者培训任务。

1.注重引导，坚持业务培训与思想教育相结合。思想教育与引导直接决定了志愿工作的成败。在加强业务培训的同时，学校利用自身的优势做好思想教育和引导工作。一是采取各种形式进行思想教育。比如：召开主题班会、动员大会等，对学生进行动员教育；每一个团队的出征仪式和测试赛总结，校领导都会亲临现场，进行动员教育。二是开展"星空下的U语"活动。在招募、暑期拓展培训和赛前三个阶段以中队为单位,在星空下的室外基地由带队老师与学生进行心灵对话,逐一解决学生的思想问题。实践证明,在这三个特殊时间点开展心灵对话,解决深层次思想问题,对志愿者明确自身责任,赛时保持阳光心态和坚韧的意志品质至关重要。三是成立了全国第一家志愿者EAP服务机构。引进心理辅导个性化服务大运会志愿者,以场馆中队开展团体心理训练和艰苦场馆心理调适为主要方式,强化了志愿者"我志愿,我快乐"的志愿服务心态。四是利用网络、微博、手机报、手机短信平台等现代化信息手段,刊发先进典型人物事迹,进行激励引导。

2. 注重实践,理论知识传授与实践锻炼相结合。在传授基本理论的基础上,注重实践锻炼,使志愿者在社会实践中提升能力和意志品质。一是积极开展"争先创优当先锋,青春奉献迎大运"主题实践活动。从2010年10月到2011年7月的每周周末以及暑期集中培训期间,组织志愿者以中队或大队为单位深入社区、景区、街区和口岸场站开展大运文化宣传和志愿服务公益实践活动。二是暑期拓展培训。学校开展了"重回军营"凝聚力提升训练、趣味运动会、团体心理训练、通用知识巩固培训(以寻宝、知识竞赛、技能情景展演等形式开展),在实践中培养团队精神,调适好心理状态。

3. 注重技能,坚持通用知识与场馆岗位培训相结合。在志愿者指挥部的指导和部署下,我校认真做好通用知识培训。同时,配合各赛区各场馆做好志愿者场馆培训与岗位培训计划,与场馆运行团队及时沟通,结合各个场馆的实际运行情况,协助场馆运行团队做好学生的场馆培训、岗位培训和实地演练等各项工作,提升志愿者的岗位技能水平。

4. 注重效果,坚持课堂面授与课外线上线下教育相结合。除了按规定要求组织面授外,还组织志愿者撰写培训心得体会,畅谈收获与感想,并充分利用专题网站、网络社区、手机报、微博、博客、简报、"每日之星"、心语墙等平台,将优秀的体会文章与其他志愿者进行分享、交流,营造"二次教育"的良好氛围,提升志愿者对志愿服务精神的理性认识和对培训内容的深化理解,促进培训工作的持续性。

5. 注重发挥骨干作用,坚持普通培养与重点骨干培养相结合。志愿者骨干是志愿者团队的核心,能否发挥核心的引领作用,是志愿者工作能否成功的关键。学校在做好普通志愿者培训的基础上,特别注重骨干志愿者的培训。一是加强志愿者教师管理队伍的培训。学校先后组织了通用知识讲师研讨班、U站站长培训班、场馆志愿者经理培训班,对17个志愿者团队的场馆志愿者主任(总支书记)、17名U站副站长(学院党办主任)、64名场馆志愿者经理、大队长(辅导员老师)、80名通用培训讲师进行了分类别、分层次培训,使他们在管理能力、应急处理能力、团队合作意识以及国家安全意识等方面都有了进一步的提高。二是加强志愿者骨干培训。2009年10至2010年11月,学校先后举行了3期大运骨干志愿者训练营;2011年8月上旬举行了两期大运会骨干志愿者特训营，2500多人次的骨干志愿者参加了每期两天半的特训营学习，共组织了40多场次的专家讲座和20多次的论坛、交流等。志愿者骨干训练营和特训营使骨干志愿者的组织能力、管理能力等方面都有了明显的提升。三是在培训中充分发挥骨干的作用。在学校组织志愿者全面培训期间，依托这些骨干力量，实行小组制，由骨干担任组长负责该组成员的考勤和学习交流的组织工作，较好地发挥了骨干志愿者的作用，提升了他们的能力。

（三）"不一样的"运行管理

充分发挥制度优势，坚持组织化推动，科学构筑大运会"党委直接领导、各部门共同参与，共青团组织实施"的工作机制和"全校一盘棋、齐心为大运"的志愿服务运行机制。

1.健全组织机构。我校成立了以时任学校党委书记、校长刘洪一为组长，分管副书记、副校长为副组长，相关部（处）负责人、各学院分党委（党总支）书记为成员的志愿者工作领导小组，领导小组下设大运会志愿者指挥中心（校内），按不同工作性质，设立综合协调组、宣传报道组、招募培训开闭幕式及场馆运行组、后勤保障组和文化激励组。各二级学院也相应成立了志愿者领导机构。赛时，学校成立了由原党委书记、校长刘洪一担任总指挥的前线指挥部，为我校志愿者工作提供了强有力的组织保障。

2.完善管理制度。学校下发了《关于进一步做好深圳第26届世界大学生夏季运动会学生志愿者工作的意见》（深职院〔2011〕38号）等文件，明确规定了志愿者的招募、培训、管理、激励等相关政策。为确保大运会顺利进行，学校还制定了《赛会志愿者招募选拔方案》《赛会志愿者培训方案》《赛会志愿者暑期拓展训练方案》《志愿者后勤保障方案》《大运会赛时运行方案》《大运会应急与安全防范预案》《志愿者文化激励方案》《大运会日报制度》《U站文明告别方案》等。完善的管理制度和运行方案确保了我校志愿者工作的有序、有效开展。

3.建立顺畅的运行机制。一是建立了"党委直接领导、各部门共同参与，共青团组织实施"的工作机制和"全校一盘棋、齐心为大运"的志愿者工作格局。二是建立例会制度。学校志愿者工作领导小组每周定期召开志愿者工作例会，就志愿服务工作相关问题进行研究和部署。三是召开专题研讨会。对志愿服务工作的重要环节和关键问题通过召开专题研讨会或者专题研讨班加以研究部署。在赛前，就志愿者交通保障、医疗服务保障、餐饮保障、安全保障、住宿服务保障等逐一召开专题会议研究，统一认识，明确思路，分清职责。此外，还就赛时志愿者运行管理、文化激励、应急处理、安全防范方案举办专题研讨班，参加过测试赛的团队重点介绍了管理运行经验，各场馆团队就自身方案进行了交流，完善了赛时场馆志愿者管理的机制。学校还从心理调适和思想引导方面进行了再部署，在赛前进行了一次重要的团体心理辅导和"星空下的U语"思想对话，坚定了志愿者决心和信心，调适志者最佳精神状态。在赛中，原校长刘洪一亲自到龙岗赛区一线主持召开"志愿服务运行管理会议"，听取各U站阶段运行情况汇报，及时解决有关问题，明确下阶段思路，指明了工作方向。四是实行赛时每日情况报告制。各场馆团队每天下午4时前，必须向学校报送志愿者工作报告表，使学校及时掌握各场馆团队志愿服务开展情况。学校志愿者指挥中心每天召开会议，协调解决当日出现的各种问题，做到事不过夜。五是建立慰问激励机制。赛时，校领导、学院领导每天亲临一线，慰问一线志愿者。时任党委书记、校长刘洪一走遍所有场馆，与志愿者过生日，佩戴徽章，做团体活动，握手谈心；副校长陈秋明到场馆与志愿者促膝交谈，了解志愿者困难并第一时间解决；赛程过半，学校党委书记、校长刘洪一亲自发《行至半而倍努力，将精彩进行到底》致全体志愿者的慰问信，及时给全体志愿者加油鼓劲，提升了志愿者服务的热情和动力。

  4. 各场馆团队搭建强有力的管理队伍。各学院分党委（党总支）书记担任场馆志愿者副主任兼U站站长，各学院党办主任担任U站副站长，辅导员老师、班主任、专业老师担任大队长，加强管理，确保了各项工作的高效、有序开展。

（四）"不一样的"宣传和文化激励

充分挖掘先进典型人物，生动真实地报道发生在我校师生身边的感人瞬间和激情时刻，增强志愿服务工作宣传报道的时效性、影响力。充分发挥新媒体和学科优势，构建了"八大全媒体"和全国第一家志愿者EAP服务机构，全面及时有效服务前线大运志愿者。

  1. 抽调精干力量组建宣传报道组。学校从各部门抽调精干力量组成宣传报道组，宣传报道组下设文字报道、快报编辑、视觉影像、网络信息四个小组。各场馆团队也相应成立宣传报道组，负责各自场馆的宣传报道。学校还制定了《大运志愿工作宣传报道方案》，完善宣传报道的运行机制，对志愿服务工作进行深入报道，积极挖掘志愿者中的先进事迹和典型人物。

  2. 开展"大运同行、发现最美"文化主题活动。主题活动包括大运感动人物、最美瞬间影像大赛、最动人的一句话微博大赛等活动，通过主题活动及时发现感动人物，及时了解志愿者心态。典型人物和优秀事迹每天通过手机报和微博进行宣传报道，极大地鼓舞了全体志愿者。

  3. 组建了大运会全媒体服务。充分利用微博、博客、网络、报纸、广播、论坛、手机报、慰问短信等媒体，通过八大新媒体全方位开展志愿服务文化和资讯的传播，营造浓郁的青春大运和志愿服务文化氛围。每日编辑大运会志愿者动态手机报，并及时发到全体志愿者手机上，起到了很好的激励作用。每日编辑慰问短信，充满感情的话语感动并激励着每位志愿者，增强了他们志愿服务的动力。

  4. 发挥报刊作用。学校定期编辑《大运快报》，每天编辑《大运风》专刊、各场馆每天出版自己的U报，将大运会志愿者新闻及时传达给每一位志愿者。学校为各场馆订购各大报纸和杂志,让志愿者及时了解我校志愿者的典型事迹,给志愿者以激励,使其始终保持高昂的热情和斗志。

5. 组建赛时心理辅导专家服务队。依托学校心理咨询服务中心,成立了全国第一家志愿者 EAP 服务机构。赛时组建了心理辅导专家服务队,制定详细的心理辅导方案,深入飞碟、网球、大运中心体育馆、大运中心体育场等条件艰苦或者比赛时间长的场馆,开展团体心理辅导,激发了这些场馆志愿者的团队精神。针对个别志愿者的心理问题,专家服务队深入一线全程跟踪,开展个性化的心理援助。设立志愿者"心理热线",24小时为志愿者提供咨询服务。心理辅导专家服务队细致出色的工作有力保证了志愿者始终保持"我志愿,我快乐"的阳光般心态。

6. 组织了"志愿者二次方团队"。组织学校校级学生干部组成"志愿者二次方团队",全力为一线志愿者做好服务工作。二次方团队为营造学校温馨的志愿文化氛围,不管一线志愿者早晨多早出发、晚上多晚回校,都会排成队伍、手举标语牌、喊着口号欢送或欢迎志愿者,给了一线志愿者以极大的安慰。

7. 举办出征誓师大会等文化活动。大运会开幕前夕,学校举办了万名志愿者参加的誓师大会暨慰问晚会,在战前激发所有志愿者的斗志。各场馆在赛时服务期间,都举办了生日会等各种文化活动,营造团结温馨的氛围。

(五)"不一样的"后勤保障

"兵马未动,粮草先行",后勤保障是决定志愿服务工作能否成功的关键。服务保障工作必须主动、先行,才能确保大运会志愿者以饱满的精神状态全身心投入到志愿服务中,实现志愿者"零顾虑"上岗。

1. 加强领导,统一认识。成立大运会后勤保障工作领导小组,由学校分管后勤的校领导负责志愿者后勤保障工作,加强领导。学校召开大运会后勤服务动员大会,统一认识,明确任务,强化责任。

2. 成立后勤保障工作组。校大运会志愿者指挥中心、校办、保卫处、后勤基建处、财务处等部门组成后勤保障工作组,下设车辆调度指挥中心、餐饮服务中心、宿舍服务中心、医疗服务中心等服务平台,全面统筹志愿者后勤保障工作。各场馆团队分别成立后勤保障小组,负责各场馆的后勤保障工作。后勤保障团队协调联动,保障高效运行。

3. 完善后勤保障运行机制。学校制定《深职院大运会志愿者后勤保障方案》以及《后勤保障服务工作手册》,完善后勤保障运行机制。

住宿:学校实现全天候精细化人性化宿舍服务。学校负责免费提供宿舍网络服务,免费提供热水服务;宿管人员热情周到,实行24小时值班制度,他们用自己的微笑和问候迎接每一批辛苦归来的志愿者;二次方团队还在宿舍区打出问候横幅,"新的一天又开始,努力工作,保重身体"、"感谢志愿者真诚的奉献,辛苦了,欢迎回家"。

医疗：学校制定大运接诊预案，提供 24 小时全程医疗绿色通道服务。配备最强医生，配足防中暑等常备药品，对接附近医院，开展从接诊、检查、诊断、医治、转送对接医院、陪伴跟踪等全过程医疗服务。此外，学校还重点做好疾病预防工作，尤其对中暑的预防，制定并发放防中暑温馨卡片，为每个场馆配备防中暑药品等，确保了志愿者医疗保障及时到位。

车辆：学校成立车辆调度指挥中心，负责车辆的组织运行、车辆检测以及司机的培训、心理疏导等。实行分块对接机制，由调度指挥中心分派专人对接各场馆，各场馆向对接专人提前一天提出用车需求（用车数量、上下车位置、停放位置、车辆停放顺序、司乘人员餐饮及午休安排），同时报校团委后勤保障组备案。各场馆指定正副车长，实行车长负责制，建立欢乐 U 车行机制，丰富志愿者路上生活，同时实行清点报告机制，上下车逐一清点人数并报告。

4. 构建平安校园。成立大运安全保卫领导小组，实行技防和人防相结合、固定设岗和流动巡逻相结合、赛时校园封闭式管理的安全保卫机制。成立专门的巡逻队伍，24 小时巡查宿舍、食堂等志愿者经常出入的地方和外来人员居住的地方，保障了大运会期间校园的安全稳定工作，实现了平安大运、平安校园的目标。

5. 加强经费保障。学校划拨大运会志愿者专项经费，用于补足餐饮、交通经费的缺额，并购买场馆赛时期间的药品和食品等物资，解决预防中暑、防晒、夜宵、热水供应、上网等问题，确保志愿者工作无后顾之忧。

三、经验与体会

我们之所以能够在工作紧张、任务繁重、情况复杂、困难重重的情况下圆满完成大运会志愿服务工作，不仅实现了"安全零事故、稳定零事件、宣传零负面、服务零缺陷、保障零投诉"的目标，而且还创造了不一样的精彩，这主要得益于有大运会志愿者指挥部的坚强领导；得益于有一支大局意识强、敢战能战善战的志愿服务团队和后勤保障团队；得益于有一套科学、完善、有效的运行机制；得益于日常的人才培养和思想政治工作；得益于有一群敢于担当、甘于奉献的优秀志愿者；同时也得益于我们采取的超常规重视程度、超常规工作力度、超常规精神状态和超常规服务保障措施。

（一）各级领导高度重视、大力支持是做好志愿者工作的首要保证

胡锦涛总书记在出席大运会开幕式时，对开幕式志愿服务工作给予充分肯定，指出志愿者"不仅做好了互动服务，而且有效维护了秩序"，为志愿者依法理性参与社会管理和公共服务指明了方向。时任中央政治局委员、国务委员刘延东勉励志愿者"更好地为大运会服务，使志愿服务成为社会风尚，促进城市和谐、文明进步"。时任中央政治局委员、广东省委书记汪洋多次看望志愿者，勉励志愿者增强本领，宣传中国，宣传深圳改革、开放、创新的形象。王荣书记、许勤市长多次听取大运

会志愿服务有关工作汇报，与志愿者座谈交流，作出重要指示，并公开发表"城市因你们更美丽"激励志愿者。王荣书记3月亲自视察我校，并欣然为志愿者题词："感谢志愿者的奉献精神"。在视察大运中心游泳馆志愿者之家时，王荣书记对志愿者的奉献精神再次表示了赞赏。时任市委副书记王穗明亲自指导部署相关工作，协调解决相关问题。时任市委常委、组织部部长、志愿者指挥部指挥长戴北方多次视察我校志愿者U站，对我校志愿者工作作出重要批示，并通过召开志愿者工作例会，部署志愿者工作，协调解决各种难题。时任市委组织部副部长、团市委书记、志愿者执行指挥长刘燕以及团市委其他领导直接协调指挥全市志愿者工作，制订方案，协调解决问题。龙岗区、南山区、坪山新区、市交委、随车志愿者指挥部、机场等市、区、委（部）领导协调解决志愿者的各种问题，亲临一线慰问我校大运志愿者，极大地鼓舞了全体志愿者的信心与士气。

学校领导高度重视大运会志愿者工作，成立了强有力的领导机构，下拨专项经费，制定了有关后勤保障和激励政策。在测试赛及赛时期间，校领导、学院领导每天亲临一线，慰问一线志愿者。深圳职业技术学院原党委书记、校长刘洪一走遍所有场馆，与志愿者过生日，佩戴徽章，做团体活动，握手谈心；赛程过半，刘洪一校长亲自发《行至半而倍努力，将精彩进行到底》致全体志愿者的慰问信，及时给全体志愿者加油鼓劲，提升了志愿者服务的热情和动力。分管校领导均深入各场馆、各岗位慰问志愿者，把学校的温暖与鼓励送到志愿服务第一线，给志愿者以热情的鼓励和关怀。

（二）先进的理念是做好志愿者工作的前提

思路决定出路，理念的高度决定工作的水平和层次。我校大运会志愿者工作的理念是：志愿者工作不仅是学校服务社会的过程，也是学校人才培养的过程；大运志愿精神的培育，不仅是大学文化的传承过程，也是大学精神凝练的过程；大运会赛会志愿者不仅要服务好赛事，同时要充分展示中国当代青年大学生的良好形象；深职院不仅要做好自身的志愿者工作，更要在深圳建设"志愿者之城"的过程中，发挥高校的引领作用。

（三）良好的人才培养模式和大学文化是做好志愿者工作的基础

大运会志愿服务不仅是我校人才培养的重要途径，也是我校人才培养成果的集中展示。我校作为全国首批示范职业院校，探索并确立了"政校行企四方联动，产学研用立体推进"的人才培养模式，致力于培养"德业并进、学思并举、脑手并用的高素质高技能人才"，引导学生树立"自信、自强、自律"的精神。同时，学校紧紧抓住社会主义核心价值体系建设这个根本，树立"三并人才培养从志愿者做起"的理念，将志愿服务文化作为大学文化精髓加以培育，将志愿服务精神作为大学精神内核予以弘扬，引导学生"以阳光心态面对人生，以辛勤劳动创造生活，以感恩情怀融入社会"。争做志愿者已成为我校学生的生活态度和校园新风尚，参与志愿服务已成为全校学生的生活习惯和文化自觉。"奉献、友爱、互助、进步"的志愿精神已成为了我校核心价值观的重要组成部分，成为了学校大学文化的内核。正因为学校独特的人才培养模式与大学文化氛围，才培养出了一批批高素质高技能的"三并"人才，才影响了一批批具有"三自"精神的莘莘学子，这是做好大运会志愿者工作的重要基础。

（四）各相关单位（部门）的支持配合是做好志愿者工作的重要条件

学校开展志愿者工作以来，各局（办、委）、各赛区和各场馆团队给予了大力支持与配合。时任副秘书长余新国和时任副主任杜鹏亲自参加学校志愿者誓师大会暨慰问晚会，多次深入交通场站召开现场办公会，协调解决各种问题。时任团市委副书记张志华、赵嘉和时任副巡视员覃炳庚在测试赛和正式赛期间多次到学校和各U站现场指导工作，并给予各方面的大力支持和帮助。龙岗赛区陈少雄副书记、曾稳高副区长以及南山赛区、坪山新区、交委、机场等各区各有关部门积极协调解决志愿者服装、餐饮、车辆、物资装备、U站建设等问题，各级领导还亲临一线慰问学校志愿者，给志愿者莫大的鼓励。

（五）科学完善的制度及运行机制是做好志愿者工作的根本

为确保赛前赛时志愿者工作高效有序运行，学校制定了《关于进一步做好深圳第26届世界大学生夏季运动会学生志愿者工作的意见》等制度，建立了领导小组例会制度、前线指挥部制度、U站站长例会制度、赛时日报制度、赛前专题研讨班制度、赛中运行会议、赛时慰问激励等运行机制。完善的管理制度和运行机制有力地保障了各场馆、各团队的志愿服务工作统筹协调、高效有序地运行。

（六）战斗力强的管理队伍是做好志愿者工作的核心

学校十分重视管理团队建设，注重管理团队的培训和激励。管理团队的所有老师在志愿者工作中，克服各种困难，兢兢业业，吃苦耐劳，无私奉献，"5+2""白加黑"，始终与志愿者同学战斗在第一线。有的老师生病住院，出院的当天就走上志愿者管理岗位；有的老师身体一直有病，但为了不影响志愿者工作坚持不看医生，直到大运结束后才住院治疗，直到现在（2017年10月份）还未痊愈；年轻的老师们为不影响工作，都把小孩送回老家，全身心投入大运会志愿服务工作中；有的老师为了大运，推迟了婚期；有的老师，老婆生小孩，抽不出一点时间照顾，小孩出生时也不能在身边照看；有的老师，母亲癌症晚期，病危期间也无法赶回去照顾。就是这样一批战斗力强的志愿者管理教师队伍，带出了一支纪律严明、能打硬仗的志愿者队伍。

（七）细致的思想教育和文化激励是做好志愿者工作的关键

志愿者工作要出问题，首先是思想出问题。我校充分利用创先争优主题活动契机，把志愿精神和大学文化结合起来，把志愿服务和人才培养结合起来，对志愿者开展思想引导和教育。

学校通过开展三期"星空下的U语"活动，成立全国第一家志愿者EAP服务机构并引进心理辅导个性化服务，利用网络、微博、手机报、手机短信平台等现代化信息手段激励引导，开展"大运同行，发现最美"主题文化活动，开展"争先创优当先锋，青春奉献迎大运"主题实践活动，开展一系列座谈会、建言会、动员会等等，通过这些生动活泼、专业新颖和细致入微的方式，解决志愿者深层次思想问题，对志愿者明确自身责任，赛时保持阳光心态和坚韧的意志品质发挥了重要作用。

（八）发挥党、团员先锋模范作用是做好志愿者工作的保障

我校400多名党员志愿者共组建了18个临时党支部，85个临时党小组；8500多名团员志愿者组建了18个临时团总支，237个临时团支部，为大运工作提供了坚强的思想、政治和组织保障。学校设立党团员示范岗，开展"创先争优，青春诺言""争创大运先进集体，争当志愿服务标兵""党团员多排一天班，多站一班岗，为大运多做一份贡献""志愿再出发"等活动，充分发挥了党员团员的先锋模范作用。交通团队人手不够，其他团队的党员团员180人放弃轮休，愿意多顶一班岗，加入交通团队。田径赛场观众人数以及观众的热情超出了预期，观众服务志愿者人数严重不足，其他场馆的党团员志愿者纷纷伸出援手，加入田径赛场观服团队。

备注：实践篇所引用调查数据均来自《大学生志愿服务调查》，该调查共发放问卷1800份，回收1800份，有效问卷1722份，问卷有效率达95.7%。

附录1 《志愿服务条例》

中华人民共和国国务院令

第 685 号

《志愿服务条例》已经 2017 年 6 月 7 日国务院第 175 次常务会议通过，现予公布，自 2017 年 12 月 1 日起施行。

总　理　李克强
2017 年 8 月 22 日

《志愿服务条例》

第一章　总　　则

第一条　为了保障志愿者、志愿服务组织、志愿服务对象的合法权益，鼓励和规范志愿服务，发展志愿服务事业，培育和践行社会主义核心价值观，促进社会文明进步，制定本条例。

第二条　本条例适用于在中华人民共和国境内开展的志愿服务以及与志愿服务有关的活动。

本条例所称志愿服务，是指志愿者、志愿服务组织和其他组织自愿、无偿向社会或者他人提供的公益服务。

第三条　开展志愿服务，应当遵循自愿、无偿、平等、诚信、合法的原则，不得违背社会公德、损害社会公共利益和他人合法权益，不得危害国家安全。

第四条　县级以上人民政府应当将志愿服务事业纳入国民经济和社会发展规划，合理安排志愿服务所需资金，促进广覆盖、多层次、宽领域开展志愿服务。

第五条　国家和地方精神文明建设指导机构建立志愿服务工作协调机制，加强对志愿服务工作的统筹规划、协调指导、督促检查和经验推广。

国务院民政部门负责全国志愿服务行政管理工作；县级以上地方人民政府民政部门负责本行政区域内志愿服务行政管理工作。

县级以上人民政府有关部门按照各自职责，负责与志愿服务有关的工作。

工会、共产主义青年团、妇女联合会等有关人民团体和群众团体应当在各自的工作范围内做好相应的志愿服务工作。

第二章 志愿者和志愿服务组织

第六条 本条例所称志愿者，是指以自己的时间、知识、技能、体力等从事志愿服务的自然人。

本条例所称志愿服务组织，是指依法成立，以开展志愿服务为宗旨的非营利性组织。

第七条 志愿者可以将其身份信息、服务技能、服务时间、联系方式等个人基本信息，通过国务院民政部门指定的志愿服务信息系统自行注册，也可以通过志愿服务组织进行注册。

志愿者提供的个人基本信息应当真实、准确、完整。

第八条 志愿服务组织可以采取社会团体、社会服务机构、基金会等组织形式。志愿服务组织的登记管理按照有关法律、行政法规的规定执行。

第九条 志愿服务组织可以依法成立行业组织，反映行业诉求，推动行业交流，促进志愿服务事业发展。

第十条 在志愿服务组织中，根据中国共产党章程的规定，设立中国共产党的组织，开展党的活动。志愿服务组织应当为党组织的活动提供必要条件。

第三章 志愿服务活动

第十一条 志愿者可以参与志愿服务组织开展的志愿服务活动，也可以自行依法开展志愿服务活动。

第十二条 志愿服务组织可以招募志愿者开展志愿服务活动；招募时，应当说明与志愿服务有关的真实、准确、完整的信息以及在志愿服务过程中可能发生的风险。

第十三条 需要志愿服务的组织或者个人可以向志愿服务组织提出申请，并提供与志愿服务有关的真实、准确、完整的信息，说明在志愿服务过程中可能发生的风险。志愿服务组织应当对有关信息进行核实，并及时予以答复。

第十四条 志愿者、志愿服务组织、志愿服务对象可以根据需要签订协议，明确当事人的权利和义务，约定志愿服务的内容、方式、时间、地点、工作条件和安全保障措施等。

第十五条 志愿服务组织安排志愿者参与志愿服务活动，应当与志愿者的年龄、知识、技能和身体状况相适应，不得要求志愿者提供超出其能力的志愿服务。

第十六条 志愿服务组织安排志愿者参与的志愿服务活动需要专门知识、技能的，应当对志愿者开展相关培训。

开展专业志愿服务活动，应当执行国家或者行业组织制定的标准和规程。法律、行政法规对开展志愿服务活动有职业资格要求的，志愿者应当依法取得相应的资格。

第十七条 志愿服务组织应当为志愿者参与志愿服务活动提供必要条件，解决志愿者在志愿服务过程中遇到的困难，维护志愿者的合法权益。

志愿服务组织安排志愿者参与可能发生人身危险的志愿服务活动前，应当为志愿者购买相应的人身意外伤害保险。

第十八条 志愿服务组织开展志愿服务活动，可以使用志愿服务标志。

第十九条 志愿服务组织安排志愿者参与志愿服务活动，应当如实记录志愿者个人基本信息、志愿服务情况、培训情况、表彰奖励情况、评价情况等信息，按照统一的信息数据标准录入国务院民政部门指定的志愿服务信息系统，实现数据互联互通。

志愿者需要志愿服务记录证明的，志愿服务组织应当依据志愿服务记录无偿、如实出具。

记录志愿服务信息和出具志愿服务记录证明的办法，由国务院民政部门会同有关单位制定。

第二十条 志愿服务组织、志愿服务对象应当尊重志愿者的人格尊严；未经志愿者本人同意，不得公开或者泄露其有关信息。

第二十一条 志愿服务组织、志愿者应当尊重志愿服务对象人格尊严，不得侵害志愿服务对象个人隐私，不得向志愿服务对象收取或者变相收取报酬。

第二十二条 志愿者接受志愿服务组织安排参与志愿服务活动的，应当服从管理，接受必要的培训。

志愿者应当按照约定提供志愿服务。志愿者因故不能按照约定提供志愿服务的，应当及时告知志愿服务组织或者志愿服务对象。

第二十三条 国家鼓励和支持国家机关、企业事业单位、人民团体、社会组织等成立志愿服务队伍开展专业志愿服务活动，鼓励和支持具备专业知识、技能的志愿者提供专业志愿服务。

国家鼓励和支持公共服务机构招募志愿者提供志愿服务。

第二十四条 发生重大自然灾害、事故灾难和公共卫生事件等突发事件，需要迅速开展救助的，有关人民政府应当建立协调机制，提供需求信息，引导志愿服务组织和志愿者及时有序开展志愿服务活动。

志愿服务组织、志愿者开展应对突发事件的志愿服务活动，应当接受有关人民政府设立的应急指挥机构的统一指挥、协调。

第二十五条 任何组织和个人不得强行指派志愿者、志愿服务组织提供服务，不得以志愿服务名义进行营利性活动。

第二十六条 任何组织和个人发现志愿服务组织有违法行为，可以向民政部门、其他有关部门或者志愿服务行业组织投诉、举报。民政部门、其他有关部门或者志愿服务行业组织接到投诉、举报，应当及时调查处理；对无权处理的，应当告知投诉人、举报人向有权处理的部门或者行业组织投诉、举报。

第四章　促进措施

第二十七条　县级以上人民政府应当根据经济社会发展情况，制定促进志愿服务事业发展的政策和措施。

县级以上人民政府及其有关部门应当在各自职责范围内，为志愿服务提供指导和帮助。

第二十八条　国家鼓励企业事业单位、基层群众性自治组织和其他组织为开展志愿服务提供场所和其他便利条件。

第二十九条　学校、家庭和社会应当培养青少年的志愿服务意识和能力。

高等学校、中等职业学校可以将学生参与志愿服务活动纳入实践学分管理。

第三十条　各级人民政府及其有关部门可以依法通过购买服务等方式，支持志愿服务运营管理，并依照国家有关规定向社会公开购买服务的项目目录、服务标准、资金预算等相关情况。

第三十一条　自然人、法人和其他组织捐赠财产用于志愿服务的，依法享受税收优惠。

第三十二条　对在志愿服务事业发展中做出突出贡献的志愿者、志愿服务组织，由县级以上人民政府或者有关部门按照法律、法规和国家有关规定予以表彰、奖励。

国家鼓励企业和其他组织在同等条件下优先招用有良好志愿服务记录的志愿者。公务员考录、事业单位招聘可以将志愿服务情况纳入考察内容。

第三十三条　县级以上地方人民政府可以根据实际情况采取措施，鼓励公共服务机构等对有良好志愿服务记录的志愿者给予优待。

第三十四条　县级以上人民政府应当建立健全志愿服务统计和发布制度。

第三十五条　广播、电视、报刊、网络等媒体应当积极开展志愿服务宣传活动，传播志愿服务文化，弘扬志愿服务精神。

第五章　法律责任

第三十六条　志愿服务组织泄露志愿者有关信息、侵害志愿服务对象个人隐私的，由民政部门予以警告，责令限期改正；逾期不改正的，责令限期停止活动并进行整改；情节严重的，吊销登记证书并予以公告。

第三十七条　志愿服务组织、志愿者向志愿服务对象收取或者变相收取报酬的，由民政部门予以警告，责令退还收取的报酬；情节严重的，对有关组织或者个人并处所收取报酬一倍以上五倍以下的罚款。

第三十八条　志愿服务组织不依法记录志愿服务信息或者出具志愿服务记录证

明的,由民政部门予以警告,责令限期改正;逾期不改正的,责令限期停止活动,并可以向社会和有关单位通报。

第三十九条 对以志愿服务名义进行营利性活动的组织和个人,由民政、工商等部门依法查处。

第四十条 县级以上人民政府民政部门和其他有关部门及其工作人员有下列情形之一的,由上级机关或者监察机关责令改正;依法应当给予处分的,由任免机关或者监察机关对直接负责的主管人员和其他直接责任人员给予处分:

(一)强行指派志愿者、志愿服务组织提供服务;

(二)未依法履行监督管理职责;

(三)其他滥用职权、玩忽职守、徇私舞弊的行为。

第六章 附 则

第四十一条 基层群众性自治组织、公益活动举办单位和公共服务机构开展公益活动,需要志愿者提供志愿服务的,可以与志愿服务组织合作,由志愿服务组织招募志愿者,也可以自行招募志愿者。自行招募志愿者提供志愿服务的,参照本条例关于志愿服务组织开展志愿服务活动的规定执行。

第四十二条 志愿服务组织以外的其他组织可以开展力所能及的志愿服务活动。

城乡社区、单位内部经基层群众性自治组织或者本单位同意成立的团体,可以在本社区、本单位内部开展志愿服务活动。

第四十三条 境外志愿服务组织和志愿者在境内开展志愿服务,应当遵守本条例和中华人民共和国有关法律、行政法规以及国家有关规定。

组织境内志愿者到境外开展志愿服务,在境内的有关事宜,适用本条例和中华人民共和国有关法律、行政法规以及国家有关规定;在境外开展志愿服务,应当遵守所在国家或者地区的法律。

第四十四条 本条例自2017年12月1日起施行。

附录2 《广东省志愿服务条例》

公告（第46号）

《广东省志愿服务条例》已由广东省第十一届人民代表大会常务委员会第二十次会议于2010年7月23日修订通过，现将修订后的《广东省志愿服务条例》公布，自2010年9月1日起施行。

广东省人民代表大会常务委员会
2010年7月23日

广东省志愿服务条例

第一章 总 则

第一条 为鼓励和规范志愿服务活动，保障志愿者组织、志愿者和志愿服务对象的合法权益，促进志愿服务事业发展，倡导奉献、友爱、互助、进步的志愿服务精神，推动社会主义和谐社会建设，根据有关法律、法规，结合本省实际，制定本条例。

第二条 本条例适用于本省行政区域内的志愿者、志愿者组织及其志愿服务活动。

第三条 本条例所称志愿服务，是指不以获取报酬为目的，自愿以自己的时间、知识和技能等帮助他人和服务社会的公益性活动。

本条例所称志愿者，是指参加志愿服务活动的个人，也称义工。

本条例所称志愿者组织，是指从事志愿服务的非营利性的社会公益性组织。

第四条 县级以上人民政府应当引导、支持和促进志愿服务事业的发展，将志愿服务事业纳入国民经济和社会发展规划，为志愿服务活动提供保障。

第五条 省志愿者联合会指导和协调本省行政区域内的志愿服务活动，市、县（区）志愿者联合会（协会）或者义工联合会（协会）（以下统称志愿者联合会）指导和协调本行政区域内的志愿服务活动。

志愿者联合会在同级共青团组织的指导下开展工作，并接受民政主管部门的监督管理。

第六条 国家机关、社会团体、企业事业单位和基层群众性自治组织应当鼓励和支持志愿服务活动，维护志愿者和志愿者组织的合法权益。

第七条 全社会应当尊重志愿者的志愿服务活动。

提倡、鼓励公民和社会各界参加志愿服务活动。

第二章 志愿者组织

第八条 具备《社会团体登记管理条例》规定条件的志愿者组织，应当在县级以上人民政府民政主管部门依法进行登记，接受其监督和管理。

第九条 志愿者组织依法开展志愿服务活动，并可以按照志愿者联合会的章程申请成为其团体会员。

第十条 志愿者组织履行下列职责：

（一）负责志愿者的招募、注册、培训、考核和激励等工作；

（二）组织开展志愿服务活动；

（三）为志愿者提供必要的帮助，维护其合法权益；

（四）志愿者组织章程规定的其他职责。

第十一条 志愿者组织招募志愿者时，应当公告志愿服务项目和志愿者的条件、数量、服务内容以及风险等信息。

第十二条 志愿者组织应当建立注册制度、志愿服务时间累计和绩效评价制度，并建立志愿服务档案。

志愿者要求志愿者组织出具参加志愿服务证明的，志愿者组织应当及时、如实出具证明。

未经志愿者本人同意，志愿者组织不得公开或者向第三方提供志愿者的个人信息。

第十三条 国家机关、人民团体、企业事业单位、基层群众性自治组织和其他社会组织可以组织本单位、本系统、本社区的志愿者开展志愿服务活动。

第三章 志愿者

第十四条 志愿者应当具备相应的民事行为能力、志愿服务能力和从事志愿服务必要的身体条件。

限制民事行为能力人经其监护人同意或者由其监护人陪同，可以参加与其年龄、身心状况相适应的志愿服务。

第十五条 鼓励符合条件的个人向志愿者组织申请成为注册志愿者。

第十六条 志愿者享有下列权利：

（一）自愿加入或者退出志愿者组织；

（二）参加志愿者组织的活动，接受与所参加的志愿服务活动有关的教育、培训；

（三）获得志愿服务活动真实、准确、完整的信息；

（四）获得参加志愿服务活动所必要的条件和安全保障；

（五）要求志愿者组织帮助解决志愿服务过程中的困难和问题；

（六）对志愿者组织的工作进行监督，提出建议、批评；

（七）在自身生活有困难时优先获得志愿服务；

（八）法律、法规及志愿者组织章程规定的其他权利。

第十七条 志愿者应当履行下列义务：

（一）遵守法律法规，以及志愿者组织的章程和制度；

（二）接受志愿者组织的指导和安排，履行志愿服务承诺，完成志愿服务工作；

（三）尊重志愿服务对象，不得泄露在参加志愿服务过程中获悉的个人隐私、商业秘密和其他依法受保护的信息，不得损害志愿服务对象的合法权益；

（四）因故不能完成志愿服务活动时，及时告知志愿者组织；

（五）不得向志愿服务对象收取或者变相收取报酬；

（六）不得利用志愿者身份从事以营利为目的的活动或者违背社会公德的活动；

（七）维护志愿者组织和志愿者的声誉和形象。

第十八条 志愿者参加经志愿者组织安排的志愿服务活动时，应当佩戴志愿服务标志。

第四章 志愿服务活动

第十九条 志愿服务的范围主要包括扶贫济困、帮孤助残、支教助学、科技推广、医疗卫生、环境保护、社区服务、大型社会活动、应急救援等社会公益事业。

志愿者组织开展志愿服务的具体范围和项目应当向社会公开。

第二十条 需要志愿服务的单位和个人可以向志愿者组织提出申请，并如实告知所需志愿服务的信息和风险。

志愿者组织应当在十日内对志愿服务的申请进行审查并予以答复；不能提供志愿服务的，应当说明理由。

第二十一条 志愿者组织与志愿者之间、志愿者组织与志愿服务对象之间，应当就志愿服务内容协商一致。任何一方要求签订书面协议的，应当签订书面协议。

志愿者组织安排志愿者从事志愿服务活动，有下列情形之一的，应当签订书面志愿服务协议：

（一）对人身安全、身心健康有较高风险的；

（二）连续三个月以上专职服务的；

（三）为大型社会公益活动、应急救援等提供志愿服务的；

（四）组织志愿者在本行政区域以外开展志愿服务活动的；

（五）志愿服务活动涉及境外人员的。

第二十二条 志愿者组织安排志愿服务时，应当根据志愿服务的需要，为志愿者提供必要的安全、卫生、医疗等条件和保障，开展相关的知识和技能培训，为志愿者配发志愿服务标志，帮助志愿者解决与志愿服务活动相关的实际困难。

第二十三条 志愿者组织应当告知志愿者从事志愿服务活动时的风险，不得安排志愿者从事超出其自身能力的活动。

志愿者组织应当根据志愿服务活动的需要，为参加志愿服务活动的志愿者提供相应的人身意外伤害保险。

第二十四条 志愿者组织和志愿者在参加应急救援志愿服务时，应当接受当地人民政府及其指定的志愿者组织的统一指挥和管理。

第二十五条 举办大型社会公益活动需要志愿服务的，举办者可以自行招募志愿者，也可以委托志愿者组织招募志愿者。

第二十六条 志愿者组织应当依照法律、法规以及章程的规定开展志愿服务活动，不得从事以营利为目的的活动或者其他非法活动。

任何单位和个人不得强行指派志愿者组织或者志愿者提供志愿服务，不得利用志愿者组织或者志愿者的名义、志愿服务标志等进行以营利为目的的活动或者其他非法活动。

第二十七条 志愿者组织可以按照国家有关规定开展国内外志愿服务交流活动。

第五章 支持与保障

第二十八条 志愿者组织和志愿服务的经费来源包括政府支持、社会捐赠和资助，以及其他合法收入。

第二十九条 本省依法设立省志愿者事业发展基金会，为发展全省志愿服务事业提供支持和保障。

省志愿者事业发展基金会的资金主要用于：

（一）资助志愿服务项目、志愿文化培育、志愿理念宣传、志愿者事业研究、志愿服务推广；

（二）资助志愿者培训、志愿者表彰和志愿者权益保障；

（三）资助其他与志愿者事业发展相关的项目。

资金的使用和管理依法接受有关部门的监督，并向社会公开。

第三十条 鼓励公民、法人和其他组织捐赠、资助志愿者组织和志愿服务活动。

捐赠人和资助人按照国家有关规定享受相关优惠。

志愿者组织接受的捐赠、资助，应当按照其章程的规定，并根据与捐赠人、资助人约定的合法方式使用。

第三十一条 志愿服务经费应当专款专用，任何单位和个人不得侵占、私分或者挪用。

志愿服务经费的筹集、使用和管理，应当接受有关部门和捐赠者、资助者、志愿者以及社会的监督。

第三十二条 教育主管部门、学校应当将志愿服务教育纳入青少年思想品德教育内容，组织青少年开展力所能及的志愿服务活动，培养青少年树立志愿服务意识。

第三十三条 新闻媒体应当无偿开展志愿服务的公益性宣传。

第三十四条 鼓励国家机关、社会团体、企业事业单位和其他组织招聘人员以及学校招收学生时，在同等条件下优先录用、录取优秀志愿者。

第六章 法律责任

第三十五条 志愿者在参加经志愿者组织安排的志愿服务过程中，因志愿者过错造成志愿服务对象人身财产损失或者其他损害的，志愿者组织应当依法承担民事责任。

如果损失或者损害是因志愿者故意或者重大过失造成的，志愿者组织承担民事责任后，可以向其追偿。

第三十六条 志愿者在参加经志愿者组织安排的志愿服务过程中，因志愿者组织或者志愿服务对象过错受到人身财产损失或者其他损害的，志愿者组织或者志愿服务对象应当依法承担民事责任。

志愿者在参加经志愿者组织安排的志愿服务过程中，因不可抗力受到损害的，志愿者组织应当给予适当补偿；因第三人的原因受到损害的，志愿者组织应当协助志愿者向第三人取得赔偿。

第三十七条 违反本条例规定，利用志愿者联合会、志愿者组织或者志愿者的名义、标志进行以营利为目的的活动或者其他非法活动的，志愿者联合会、志愿者组织有权要求有关部门予以制止并责令其改正；构成犯罪的，依法追究刑事责任。

第三十八条 违反本条例规定，侵占、私分或者挪用志愿服务经费的，依法追究有关人员的法律责任。

第七章 附则

第三十九条 本条例自 2010 年 9 月 1 日起施行。1999 年 8 月 5 日广东省第九届人民代表大会常务委员会第十一次会议通过的《广东省青年志愿服务条例》同时废止。

附录3 《深圳市注册志愿者管理办法》

深圳市注册志愿者管理办法

（试行）

第一章 总则

第一条 为进一步促进注册志愿者管理工作的规范化、制度化，根据《中国注册志愿者管理办法》、《深圳市义工服务条例》和《中共深圳市委深圳市人民政府关于进一步加强"志愿者之城"建设的意见》（深发〔2015〕10号）等有关法律、法规和政策，结合我市实际，制定本办法。

第二条 本办法所称的志愿者，除符合《深圳市义工条例》第三条定义外，还需按照本办法规定的程序，在深圳市志愿服务信息平台（http：//v.sva.org.cn/）注册登记，并常态化参加服务活动。

第三条 注册志愿者须按规范参与志愿服务，并享受相关培训、服务记录、权益保障、表彰激励等服务。

第四条 志愿者是在履行志愿服务过程中的特定称谓，是在志愿服务期间向被服务者表明的一种身份。个人在工作、生活中的任何其他行为，与其志愿者身份无关。任何志愿服务组织和志愿者不得在其工作、生活中以志愿者身份进行与志愿服务无关的个人行为或者对志愿者身份进行恶意炒作。对志愿者群体名誉造成损害的，深圳市义工联合会（以下简称市义工联）将依法追究其法律责任。

第二章 注册登记

第五条 基本条件：
（一）年满10周岁（未满十八周岁的须经其法定监护人同意）；
（二）具备参加志愿服务相应的基本能力和身体素质；
（三）热心社会公益和志愿服务事业；
（四）遵守法律法规以及志愿服务组织的相关规定。

第六条 全市建立市、区、街道、社区四级义工联合会管理体系，实行各级义工联合会所属团体会员单位为服务主体的组织架构。各级义工联合会及其所属团体会员单位为志愿者注册机构（以下简称"注册机构"），实行逐层管理、逐级负责。

第七条 深圳市志愿服务信息平台为全市统一的志愿者注册网络平台。注册机构应建立健全志愿者档案管理系统，实现网上注册和管理，促进注册和管理工作的科学化、制度化、规范化、信息化。

第八条 注册程序：

（一）登录深圳市志愿服务信息平台，签署注册协议等，填写个人基本情况及服务意向等信息，选择注册机构，提交注册后生成预备志愿者号；

（二）注册机构须于7个工作日内完成初审；

（三）初审通过后，注册机构须于20个工作日内，通知预备志愿者参加培训；

（四）参加培训后，预备志愿者须在注册机构的组织下，参加至少10小时志愿服务后，予以认证通过，成为正式志愿者，取得注册志愿者号；

（五）深圳市志愿服务信息平台为全市注册志愿者的信息资料储存平台，注册志愿者号为志愿者的唯一身份识别号，志愿者可以凭借注册志愿者号在我市志愿服务信息平台查询、下载、打印相关个人志愿服务信息；

（六）取得注册志愿者号后，志愿者可以在深圳市志愿服务信息平台自愿申办电子志愿者证，不申办电子志愿者证不影响个人注册志愿者的身份；

（七）申办电子志愿者证填写申请资料有误的，注册机构须于10个工作日内予以告知并协助志愿者完成相关办证工作。

第九条 注册机构无正当理由不在上述规定的期限内完成相关工作的，申请人可以向注册机构的上一级志愿服务组织进行投诉。上一级志愿服务组织视情节轻重分别给予通报、警告、责令整改、撤销团体志愿者组织会员资格等处理。

第三章 日常管理与服务

第十条 注册志愿者的权利和义务参照《深圳市义工服务条例》有关规定执行。

第十一条 各级各类志愿服务组织对志愿者的管理服务原则为：

（一）在民政局登记注册的法人志愿服务组织，实行法人负责制，对所辖志愿者开展管理和服务；

（二）依托各类法人单位成立的志愿服务队，实行法人单位负责制，由成立该志愿服务队的法人单位对所辖志愿者开展管理和服务；

（三）各直属服务组，实行组长集体负责制，各组的组长议事会为组内最高决策机构及对外承担责任主体，对所辖志愿者开展管理和服务。

（四）以上各级各类志愿服务组织具有属地性质的，其在属地开展的志愿服务活动，由其属地志愿者联合会进行监督管理。

（五）志愿者反映意见、提出批评、投诉、举报等，须逐级提出。其中，志愿者的所属组织为第一责任单位，需认真核实了解，并做出处理意见。志愿者对该处理决定有异议的，可向上一级志愿者联合会逐级进行反映，不可越级进行反映。

第十二条 各级义工联合会、各团体会员组织负责管辖内志愿者的注册审核、知识技能培训、服务记录、表彰激励、保障支持、监督管理等日常工作，负责本组织志愿服务项目的组织实施。

第十三条　各级各类志愿服务组织负责组织对管辖内志愿者进行培训，具体参照我市志愿服务培训管理办法执行。

第十四条　开展志愿服务活动时，志愿者应穿着志愿者服装。深圳市义工联建立全市志愿者服装的规范要求，未经各级志愿者联合会备案，任何单位和个人不得对志愿者服装进行擅自修改、违规使用等。

第十五条　志愿者参加服务后，各级各类志愿服务组织应及时为志愿者认定志愿服务记录，具体按《深圳市志愿者（义工）服务记录办法》等有关规定执行。

第十六条　办理了电子志愿者证的志愿者，在开展服务过程中享受每年10万元额度的人身意外伤害保险。

各级志愿服务组织开展活动招募志愿者时，应当明确告知志愿服务过程中可能出现的风险。重大志愿服务活动和应急志愿服务中，由志愿者组织或接受服务的组织为志愿者购买人身意外伤害保险；经常性志愿服务中，有条件的志愿者组织可根据需要，为志愿者购买人身意外伤害保险。

第十七条　志愿者在志愿服务组织安排的志愿服务过程中对服务对象造成损害的，由志愿服务组织承担责任；志愿服务组织承担责任后，有权向有故意或者重大过失的志愿者追偿。

在志愿服务中，志愿服务组织和志愿服务对象因自身过错给志愿者造成损害的，应当依法承担法律责任。在志愿服务中，志愿者因其他原因受到损害的，志愿服务组织可以协助其依法获得适当补偿。

第十八条　深圳市义工联合会及其所属志愿服务组织按章定期开展星级志愿者资质认证及百名优秀志愿者资质认证等表彰激励工作，具体按《深圳市星级志愿者资质认证管理办法》、《深圳市百名优秀志愿者资质认证管理办法》等有关规定执行。

逐步完善以精神激励为主的志愿者表彰激励机制。引导和鼓励相关行业主管部门、企事业单位、社会团体以及各级各类志愿者组织开展相关表彰激励活动。

第四章　监督管理

第十九条　注册志愿者应严格遵守《深圳市义工服务条例》、《深圳市义工联合会章程》等有关规定，不得有以下行为：

（一）在履行志愿服务的过程中存在道德失范行为；

（二）在履行志愿服务的过程中存在违法违纪行为；

（三）未经所属志愿服务组织批准，擅自以组织的名义组织各种志愿服务活动；

（四）在非履行志愿服务期间，未经所属志愿服务组织同意，以志愿者身份参与活动并误导他人、谋取个人私利等行为。

第二十条 注册志愿者存在第十九条有关行为的，市义工联各级团体会员组织应该进行调查，根据情节作如下处理：

（一）警告；

（二）书面检讨；

（三）通报批评；

（四）责成及时更正、向社会或有关当事人道歉；

（五）撤销志愿服务组织内职务；

（六）取消注册志愿者资格；

（七）涉嫌犯罪的，移送司法机关依法处理。

第二十一条 有下列情形之一的，其注册志愿者身份自动注销：

（一）本人申请注销注册志愿者身份的；

（二）受到取消注册志愿者身份处分的；

（三）触犯国家法律法规，经国家司法机关审判，确认有犯罪行为的；

（四）不具备参加志愿服务相应的基本能力和身体素质的。注册志愿者身份自动注销后，个人不得再次使用注册志愿者号、志愿者证件和服装等参与志愿服务。

第二十二条 注册志愿者有下列情形之一的，其注册志愿者身份自动冻结：

（一）连续两年未在我市志愿服务信息平台记录志愿服务信息；

（二）涉嫌触犯国家法律法规，正在接受国家司法机关调查的；

（三）涉嫌违反本办法第十九条有关规定，情节严重，造成恶劣影响，正在接受志愿服务组织调查的。注册志愿者身份自动冻结期间，其所属志愿服务组织应暂停招募该志愿者参与志愿服务。

第二十三条 志愿者在非履行志愿服务期间发生的个人行为，不属于志愿服务管理和服务的范畴，实行责任自负原则，由其他相应的法律法规制度进行规范。

第二十四条 本制度第十九条、第二十一条规定的情形消失后，本人愿意继续参与志愿服务的，须重新按照本办法履行申请、培训等程序，待再次成为正式注册志愿者后，方可继续使用原有注册志愿者号、志愿者证件和服装等参与志愿服务。

第二十五条 本制度第二十二条规定的情形消失后，注册志愿者所属志愿服务组织可以招募参与志愿服务。但属第二十二条（一）规定情形的，须重新按照本办法履行培训程序。

第五章 附则

第二十六条 本办法所称"志愿服务"等同于"义工服务"；"志愿者"等同于"义工"。

第二十七条 本办法的修改、变更权属于深圳市义工联合会，由深圳市义工联合会秘书处负责解释。

第二十八条 各级志愿服务组织可根据本办法制定细则。

第二十九条 本办法自公布之日起施行。

附录4 《深圳职业技术学院关于建设"志愿者之校"的决定》

关于建设"志愿者之校"的决定

（深职院〔2011〕119号）

学校各单位：

为深入贯彻落实中央文明委《关于深入开展志愿服务活动的意见》、教育部《关于深入推进学生志愿服务活动的意见》和广东省委省政府《关于进一步发展志愿服务事业的意见》，积极响应深圳市委市政府打造"志愿者之城"的号召，继续发扬大运志愿精神，弘扬志愿文化，发挥志愿服务活动的育人作用，现就建设"志愿者之校"作如下决定。

一、充分认识建设"志愿者之校"的重要意义

1. 深圳职业技术学院是深圳打造"志愿者之城"的重要力量。建校以来，学校2万余名注册义工活跃于特区内外，奔走于城市乡村，以实践传承文明，以奉献书写风采，累计向社会提供志愿服务200多万小时，特别是通过大运会向世界展示了深圳青年的良好形象，赢得了国际大体联及社会各界的高度赞誉。站在社会结构深刻变动、思想观念深刻变化的历史新时期，深职院率先建设"志愿者之校"，必将为深圳打造"志愿者之城"、进行社会建设和管理创新注入强劲动力。

2. 建设"志愿者之校"是大学生思想政治教育的重要渠道。志愿服务秉承奉献、友爱、互助、进步的宗旨和理念，体现公民的责任意识，是现代社会文明程度的重要标志。在广大学生中深入开展志愿服务活动，有利于提升广大学生的思想道德素质，形成团结互助、关爱他人、无私奉献的良好风尚；有利于引导学生了解社会、认识国情，树立正确的世界观、人生观和价值观，提高大学生思想政治教育的实效性。

3. 建设"志愿者之校"是提高人才培养质量的重要举措。青年是志愿服务的生力军，学校是开展志愿服务教育的主阵地。建设"志愿者之校"，引导学生"以阳光心态面对人生，以辛勤劳动创造生活，以感恩情怀融入社会"，有利于突出对学生的全人教育，培养"德业并进、学思并举、脑手并用的高素质高技能人才"；有利于整合社会资源，搭建合作平台，推动学校深化"政校行企四方联动，产学研用立体推进"

办学模式改革。

二、建设"志愿者之校"的指导思想和主要目标

1. 指导思想。深入贯彻落实科学发展观，以社会主义核心价值体系建设为根本，以打造志愿服务育人平台为目标，树立"三并人才培养从志愿服务做起"的理念，着力培养志愿服务意识，壮大志愿者队伍，完善志愿服务体系，健全多元化运行模式，形成人人争做志愿者的良好校园文化，争当深圳建设"志愿者之城"的排头兵，为社会建设和管理创新贡献力量。

2. 主要目标。把志愿者工作与人才培养、社会服务相结合，建立健全"学校主体、多方联动"的志愿服务工作模式，开发一批高水平的志愿服务项目，建设一批固定的志愿服务基地，形成一批特色的志愿服务品牌，率先将深圳职业技术学院建设成为志愿文化传播面广、志愿活动参与率高、志愿组织繁荣活跃、志愿资源汇聚丰富的"志愿者之校"。

三、建设"志愿者之校"的具体措施

1. 推进志愿服务教育进课堂。在《思想道德修养与法律基础》课程中增设志愿服务教育模块，普及志愿精神和志愿文化教育；在《大学生社会实践》课程中设置志愿服务实践模块，只有完成一定量的志愿服务才能取得相应学分；开设《志愿服务理念与文化》、《志愿服务实践》等选修课程；成立社会实践与志愿服务教研室，统筹志愿服务的课程建设和教学管理。

2. 创新志愿服务模式。推进校企合作，积极与热心公益事业的行业、企业建立志愿伙伴关系，探索生产实训基地、社会实践基地和志愿服务基地"三基合一"；推进政校合作，把志愿服务体系建设与社会管理工作有机结合起来，形成资源共享、优势互补、协调推进的工作格局；推进产学研用结合，组建食品义工、护理义工等专业化志愿者队伍，引导师生志愿者运用食品检测、医疗保健等专业知识服务社会；鼓励学生开展公益创业，组织公益实习实践，引导毕业生创办社会企业或公益组织，推动社会建设。

3. 优化志愿队伍结构。发展和壮大各级各类志愿者队伍，鼓励不同身份、不同专业、不同年龄的师生员工广泛参与志愿服务；鼓励、引导各类专业人士参与志愿服务，探索建立校友志愿服务团队和教职工亲子志愿服务团队，促进志愿服务主体专业化和多元化；组建网络志愿者队伍，利用互联网等新媒介开展志愿服务；加强志愿者骨干队伍建设，设立志愿者领袖训练营、精英训练营，培育一支以资深志愿者为主体的骨干队伍；加强注册志愿者队伍建设，把握招募、培训、管理、考核、激励等主要环节，提高学校注册志愿者素质。

4. 完善志愿服务内容。结合书院制建设，大力发展班级义工和宿舍义工，深化

校内日常志愿服务活动；依托城市 U 站，引导师生志愿者积极参与城市管理和社会服务；做深做透大型活动志愿服务品牌，确立学校在文博会、高交会、F1 世界摩托艇锦标赛等重大志愿服务活动工作中的领先地位；开展"青春伴您同行"志愿服务主题实践活动，组织师生志愿者定期走进社区、公园、车站等公共场所，提供可持续的志愿服务；提升扶贫支教服务质量，积极倡导毕业生参加大学生志愿西部服务、"三支一扶"、"山区计划"等项目。

5. 培育志愿服务文化。办好志愿服务文化月，将每年的 3 月确定为深职院志愿服务文化月；举办志愿文化大讲坛，打造一批志愿文化精品；依托志愿服务专题网站、微博、博客、主题社区等互联网新媒体，构建学习志愿服务知识、交流志愿服务心得、获取志愿服务机会的网上窗口；充分利用校园媒体和社会媒体，推介志愿服务项目，宣传先进典型，形成有利于志愿服务的良好文化环境。

6. 促进志愿服务交流。依托国家示范校平台，探索建立高职院校志愿者联席会，发起高职院校志愿者合作论坛，促进国内高职院校志愿者的信息资源共享和交流合作。实施"走出去"战略，启动大学生志愿者国际交流计划，积极参与境外志愿服务活动；促进两岸三地志愿者骨干互动交流，实现三地志愿服务信息互通、共享；加强与国际公益组织的联系与合作，提高"志愿者之校"的国际化水平。

四、建设"志愿者之校"的保障措施

1. 组织保障。学校成立"志愿者之校"建设工作领导小组，下设社会建设与志愿服务指导中心，统筹协调全校师生志愿服务工作；各学院和机关工会要成立相应领导机构，设立志愿服务中心，明确责任领导和工作人员；各学生班级要设立志愿服务团队，各团支部在其支部班子中可以设立社会实践与志愿服务委员。

2. 投入保障。设立志愿事业发展基金，为"志愿者之校"建设工作提供必要的条件和保障；广泛整合社会资源，建立多元化、多渠道、多形式的志愿服务资金募集机制，改善志愿服务物质保障条件；加强和规范志愿服务资金管理，严格财务和审计制度，提高资金使用效益；完善志愿服务的社会保险制度，促进志愿服务活动持续发展。

3. 激励机制。将志愿服务纳入推优入党和评优、评奖工作体系，将参与志愿服务作为学生评优、评奖的必备条件；建立志愿服务档案卡，将学生参加志愿服务活动的有关情况记录到就业推荐材料和毕业生信息库；成立志愿服务银行，探索志愿服务时间储蓄制度和学时、学分转换制度；依据志愿者服务时间和业绩，实行志愿者星级认证制度和志愿者服务证书制度；设置志愿服务"校长奖"，定期开展志愿服务优秀集体、优秀志愿者和优秀志愿服务项目的评比、表彰。

深圳职业技术学院
二〇一一年九月二十七日

附录5 《深圳职业技术学院关于进一步做好深圳第26届世界大学生夏季运动会学生志愿者工作的意见》

关于进一步做好深圳第26届世界大学生夏季运动会学生志愿者工作的意见

（深职院〔2011〕38号）

学校各单位：

第26届世界大学生运动会将于2011年8月12日至23日在深圳举行。我校作为大运会志愿者工作的重点高校，承接大量赛会志愿者的招募、培训及组织工作。为贯彻落实上级部门的决策部署，全面推动和落实大运会志愿者工作，结合学校实际情况，制定如下意见。

一、高度重视，充分认识做好大运会志愿者工作的重要意义

志愿者工作是举办一届精彩、简约、有特色、有影响力的大运会的重要保障，也是学校在大运会中发挥作用、提升影响力和增强美誉度的良好机遇。

要认真贯彻落实上级部门的决策部署和文件精神，把思想认识统一到做好大运会学生志愿者工作上来，不断增强使命感、责任感、光荣感和紧迫感，以"办赛事，办城市，新大运、新深圳"为主题，唱响"我在这里"的大运会志愿者口号，在广大学生中广泛倡导"奉献、友爱、互助、进步"的志愿服务精神，将志愿者工作作为培养学生、锻炼能力和提升素质的有利契机和广阔平台，作为对学生进行社会实践和专业实习的重要途径和有效方式，充分发挥各学院专业学科优势，全面推进大运会学生志愿者工作，从讲政治、讲大局、讲奉献的高度，为大运会的成功举办提供高水平的志愿服务。

二、加强领导，成立我校大运会志愿者工作领导小组

学校高度重视大运会学生志愿者工作，将其摆在重要的议事日程，并于今年3月成立大运会工作领导小组，并设志愿者工作组，由陈小波副书记、陈秋明副校长担

附录5 《深圳职业技术学院关于进一步做好深圳第26届世界大学生夏季运动会学生志愿者工作的意见》

任志愿者工作组组长,有关部(处)负责人及二级学院分党委(党总支)书记任小组成员,下设六个工作职能组,并设立学校大运会志愿者工作办公室,挂靠在校团委,作为全校大运会志愿者工作的领导决策机构。

各学院要相应成立大运会学生志愿者专项工作领导小组,由学院书记担任组长,二级学院党办全体老师任小组成员,制定本单位工作方案,切实加强领导,统筹安排,为确保大运会学生志愿者工作全面推进和落实提供坚强有力的组织保障。

三、创先争优,充分发挥党团组织和广大党员、团员的先锋模范作用

各级党团组织要将服务大运会活动列入本单位开展"创先争优"活动的重要内容,积极动员和大力发动广大党员、团员和入党积极分子带头参加"创先争优当先锋,青春奉献迎大运"大运会志愿者主题实践活动,积极投入志愿服务,为大运会取得圆满成功作出积极贡献。

各级党团组织要将"迎大运,当先锋"作为本单位党员和入党积极分子主题教育实践活动的重要平台和载体,引导和教育广大党团员和入党积极分子在参与大运、服务大运、奉献大运实践中受教育、长才干、作贡献,不断增强责任意识、服务意识和大局意识,提升素质和能力。

四、明确职责,学校各职能部门整体联动、协调合作

大运会学生志愿者工作是一项庞大的、复杂的系统工程,需要各学院、各部(处)的整体联动和协调合作。为形成统一领导、明确分工、密切配合、衔接顺畅、运转高效的工作机制,学校决定在我校大运会工作领导小组志愿者工作组下设六个工作职能组,其中后勤保障组、宣传工作组和安全保卫组工作职能并入学校大运会工作领导小组下设的相应工作组。具体分工如下:

(一)统筹工作组(由学生工作部(处)负责)

1.负责与学校各部(处)、各学院的沟通协调,保障大运会志愿者工作顺利进行。

2.负责对各部(处)、各学院推动和落实大运会学生志愿者工作定期进行督促和检查。

3.负责安排学校、部(处)、学院领导和任课教师、辅导员赛时慰问志愿者。

(二)宣传工作组(由党委宣传部、教育技术与信息中心牵头负责)

1.会同学校志愿者工作办公室,负责牵头组织学校大运会学生志愿者工作的新闻采编、摄影、录像、网络宣传报道,撰写学校大运志愿者活动新闻通稿,定期出版大运工作快报。

2.负责学校大运会期间志愿者工作新闻发布,接待国内外记者采访。

3.会同学校志愿者工作办公室,协助负责学校大运会学生志愿者画册和光盘的设计与制作。

4. 负责营造校园参与志愿服务、迎接大运会的良好氛围。

（三）组织工作组（由学生处、校团委负责）

1. 负责与团市委大运会赛会志愿者中心、大运会执行局志愿者部的联系和沟通。
2. 负责大运会学生志愿者的招募、培训、考核、评优。
3. 负责大运会学生志愿者的信息采集、岗位对接、测试比赛、赛时服务等工作。
4. 负责中欧青年文化节相关工作及大运会期间的运动员村深职院文化专场演出策划和组织
5. 负责撰写学校大运会志愿者工作进展和总结报告，筹备学校大运会志愿者工作总结表彰大会。
6. 负责组织参与团委市、大运会执行局举办的相关志愿服务活动。
7. 负责制作学校大运志愿者专题网站与网络交流社区。

（四）教学工作组（由教务处、学生处负责）

1. 负责制定大运会期间（主要是测试赛）学生志愿者课程安排计划。
2. 负责制定大运会学生志愿者在学分、学业成绩上的激励保障措施。
3. 负责制定大运会学生志愿者综合测评加分制度及评优激励方案。
4. 负责制定大运会学生志愿者心理辅导工作方案，成立大运会志愿者心理辅助服务（EAP）小组。
5. 负责做好大运会学生志愿者相关激励保障措施的宣传和解释工作。

（五）后勤保障组（由后勤管理办公室、慧谷公司、汇博公司、明喆物业、校团委负责）

1. 负责大运会期间学生志愿者的早餐和夜宵安排，并保障食品安全。
2. 负责保障大运会期间学校的水电供给。
3. 负责保障大运会期间学生志愿者的车辆安排。
4. 负责为因志愿服务晚归的志愿者提供便利服务，并延长学生宿舍热水供应时间。
5. 负责组织医疗小组，确保身体不适学生得到及时治疗。

（六）安全保卫组

1. 负责大运会期间校内交通管理和疏导，确保校内交通顺畅。
2. 负责大运会期间志愿者及相关人员食宿等安保工作，做好日常安全防范和检查，确保志愿者人身与财产安全。
3. 负责大运会期间政保工作，加强校园网络信息安全管理，严防国内外敌对势力渗透破坏。
4. 负责大运会期间其他校园安全保卫工作。

附录5 《深圳职业技术学院关于进一步做好深圳第26届世界大学生夏季运动会学生志愿者工作的意见》

五、科学安排，制订和完善我校大运会学生志愿者的激励和保障政策

（一）课程安排

1. 为保证全校教学工作的正常秩序，大运会测试赛期间学校正常上课。如确需调整，届时依上级部门要求实施调整。

2. 任课教师应积极支持学生参与大运会志愿服务，因参加志愿服务工作而缺漏的课程内容，鼓励学生通过自学解决，或安排个别授课辅导，以保证学生能顺利完成本学期的学习任务。

（二）请假规定

1. 大运会学生志愿者的招募、培训、考核和服务应尽量少占用上课时间；因参加志愿工作必须请假的，由校团委和团市委、大运会执行局协商，经校团委或学院分团委审核确认后，应视为全勤。

2. 大运会期间，要加强与志愿者使用部门的沟通和对志愿者的教育与监督。严禁假借大运会志愿服务名义请假。一经发现，一律作旷课处理，情节严重者，取消其大运会志愿者资格，并依据学校有关教学管理规定及学生管理规定予以处分。

（三）课程考核

1. 学生志愿者凡按规定履行请假手续的，作全勤处理，不影响其平时出勤考核成绩。

2. 学生志愿者因参加志愿工作而缺漏的平时作业可在学期结束前补做、补交，缺漏的实习、见习等实践教学环节，请有关单位另行安排时间补做，以获得平时成绩。

3. 凡志愿服务工作与课程考试冲突而不能参加考试者，可给予缓考、补考机会（成绩以正常考试登录）；凡志愿服务工作与课程考试不冲突者，应参加正常考试。

4. 大运会测试赛、岗位培训和场馆培训期间，如因教学或者考试与之冲突，可以根据实际情况调课或者延迟考试，但不能影响正常的教学和考试安排。

（四）表彰奖励

1. 凡全勤参与大运会通用培训并考核基本合格的志愿者，可获得公共选修课《大运会基本服务技能》2个学分，并计算完成《大学生社会实践》课程中的课堂教学和社会角色体验类实践两个模块；凡全勤参与大运会场馆培训和岗位培训并考核基本合格的志愿者，可获得公共选修课《大运会专项服务技能》2个学分，并计算完成《大学生社会实践》课程中的课堂教学、家庭角色体验类实践和社会角色体验类实践三个模块；凡参与大运会赛时服务并考核合格的志愿者，可获得必修课《大学生社会实践》2个学分。以上三门课程获得学分的前提是学生全程参与培训和赛时服务，经学院分党委（党总支）根据志愿者的表现情况予以认可，方可获得；如果因特殊情况中途退出，或者是学校考核淘汰，经学院分党委（党总支）同意，按照阶段分别给予相应课程学分。具体成绩由学院分党委（党总支）根据志愿者培训参与情况、

工作态度、工作效果等给予评定。

2. 参与大运会赛时服务并考核合格的志愿者，在评选当学期奖学金的德育测评中予以奖励加 5 分，奖学金评定时单科成绩下调 0.5（不超过两门课程）；获市级一般奖项或校级次级别奖项者，加 8 分，奖学金评定时单科下调 0.7（不超过两门课程）；获市级次级别奖项或校级最高级别奖项者，加 10 分，奖学金评定时单科下调 0.8（不超过两门课程）；获市级最高级别奖项者，加 15 分，奖学金评定时单科下调 1.0（不超过两门课程）。获集体荣誉时，综合测评按照上述标准，德育测评一般成员获全分，小队长、正副中队长、正副大队长依次加 1 分；奖学金评定时正副大队长降相应绩点，其他依次减少 0.1。担任学生干部或者同时获得集体和个人奖励时，不享受重复累加，按照就高原则执行。单科成绩绩点下调不适用于学习成绩不合格者。

3. 在服务大运活动中表现突出的党员，优先推荐参加学校党委的评选表彰；对参与大运会赛时服务的入党申请人员，表现突出的可以直接确定为入党积极分子；对参与大运会赛时服务的入党积极分子，表现突出的可以优先推荐参加业余党校学习，优先推荐入党。

4. 获市级表彰的优秀志愿者，学校对其在评优表彰、推荐入党、学期鉴定、就业推荐等方面给予政策倾斜。

（五）后勤及安全保障

1. 由于大运会期间，志愿者统一住校，学校后勤部门提供住宿、医疗、水电和非服务期间的饮食等优质服务。

2. 大运会测试赛期间，学校饭堂增设大运志愿者专用窗口。大运会期间，全天免费为志愿者供应凉茶。由于志愿者需要早出晚归（凌晨 6 点左右出发，晚上 11 点以后回到学校），学校饭堂早餐时间提前到 5 点，夜宵营业时间应延长至晚上 12：00。

3. 学生宿舍热水供应时间延长到凌晨 1：00，大运会志愿者因公夜归，经校团委或学院分团委核实，可予以销假。

4. 学校、部（处）、学院领导和任课教师、辅导员应定期慰问志愿者，如发现志愿者身体不适，应及时送医诊治。

5. 学生心理健康教育与辅导中心成立大运志愿者心理辅助服务（EAP）小组，志愿者出现情绪异常波动情况，应及时予以疏导及治疗。

6. 各学院辅导员应制定值班表，组织学生干部每日查房，确保志愿者安全返回学校。如有志愿者没有按时返校，应及时与本人取得联系，联系不上时，上报学院主管领导及学校团委，由校团委与志愿者使用部门取得联系，确认志愿者返校时间及方式。

7. 学校保卫处需加强大运期间的校园保卫与值班工作。

（六）大运志愿者服务期间的身份注册卡、制服装备、餐饮、交通、人身意外伤害保险、志愿服务证书等由大运会执行局提供。

附录5 《深圳职业技术学院关于进一步做好深圳第26届世界大学生夏季运动会学生志愿者工作的意见》

（七）对于未获得大运会志愿服务资格，但作为后勤保障人员，为我校大运会志愿者工作的开展确实做出突出贡献的学生，经学生处、校团委和教务处共同认定后，在课程考核、表彰奖励方面享有与赛会志愿者相同待遇。此类人员总数不超过我校大运志愿者总数的5%。

六、注重关爱，加强对我校大运会学生志愿者的人文关怀和心理疏导

加强对我校大运会学生志愿者的人文关怀和心理疏导是十分必要和极其重要的。一是要不断优化志愿者服务工作的物质环境和文化环境，营造良好的氛围。二是要切实加强对志愿者的心理教育和疏导，培养志愿者健康、和谐、积极的心态，要引导志愿者以开阔的心胸、积极的心态和快乐的心境参与大运会志愿服务工作。三是要密切关注志愿者多方面的感受和需求，针对志愿者最关心、最直接、最现实的利益问题，切实做好学习和生活等各方面的引导和帮助；教师要设身处地地为志愿者着想，注意倾听他们的心声，真正了解他们的愿望和要求，为培养志愿者的和谐心理提供良好条件。四是要努力完善人文关怀和心理疏导机制，建立健全志愿者舆情汇集反映研判机制，加强对志愿者心态的监测、评估和预警，避免不良心态积累演变，使志愿者在润物无声和潜移默化中达到心理和谐与人际和谐。

七、狠抓落实，加强对大运会学生志愿者工作的督促检查

学校大运会领导小组将对各部（处）、各学院推动和落实大运志愿者工作定期进行督促和检查，对工作成效显著的单位进行通报表彰，对工作落实不到位的单位进行通报批评。

深圳职业技术学院

二〇一一年四月一日

参考文献

［1］安国启.志愿行动在中国——中国青年志愿者行动研究［M］.北京：中央文献出版社，2002.

［2］北京志愿者协会.走近志愿服务［M］.北京：中国国际广播出版社，2006.

［3］北京志愿者协会编.志愿者，你准备好了吗［M］.北京：中国国际广播出版社，2006.

［4］北京志愿服务发展研究会.中国志愿服务大辞典［M］.北京：中国大百科全书出版社，2014.

［5］北京市民政局.社区志愿服务项目化运作与管理：社会治理创新实践［M］.北京：中国社会出版社，2015.

［6］陈素文.比较与借鉴：中外青年志愿服务现状透视［J］.山西青年管理干部学院学报，2008（3）.

［7］陈曦.大学生志愿服务［M］.北京：冶金工业出版社，2009.

［8］丁元竹，江汛清.志愿活动研究：类型、评价和管理［M］.天津：天津人民出版社，2001.

［9］丁元竹.志愿精神在中国［M］.纽约：联合国志愿人员组织——联合国开发计划署，1999.

［10］福建省文明办编.志愿服务礼仪培训指南［M］.福州：海峡文艺出版社，2010.

［11］共青团中央青年志愿者工作部.大学生志愿服务西部计划综合培训教材［M］.北京：中国青年出版社，2008.

［12］郭宗昌.文明礼仪读本［M］.成都：西南交通大学出版社，2014.

［13］广东省志愿服务条例（修订）［EB/OL］.http://www.gdcyl.org/zyz/ShowArticle.asp?ArticleID=87914，2010-08-26.

［14］韩丽欣，郑国.中西方慈善文化传统资源的比较研究［J］.南昌大学学报（人文社会科学版），2014（1）.

［15］侯蕾.高校大学生志愿者活动管理研究［D］.上海：华东师范大学，2009.

［16］金正昆.涉外礼仪教程［M］.北京：中国人民大学出版社，1999.

[17] 阚宝涛. 大学生志愿精神培育研究 [D]. 济南：山东师范大学，2012.

[18] 柯惠新，王兰柱. 媒介与奥运——一个传播效果的实证研究（北京奥运篇）[M]. 北京：中国传媒大学出版社，2010.

[19] 李良荣. 新闻学概论 [M]. 上海：复旦大学出版社，2013.

[20] 刘长凤等. 实用服务礼仪培训教程（第二版）[M]. 北京：化学工业出版社，2015.

[21] 马海兰. 大学生志愿精神培育研究——以南京青奥会志愿服务为例 [D]. 南京：南京信息工程大学，2014.

[22] 马克·A. 缪其克，约翰·威尔逊著，魏娜等译. 志愿者 [M]. 北京：中国人民大学出版社，2013.

[23] 梅宁华，支庭荣. 媒体融合蓝皮书：中国媒体融合发展报告（2016）[M]. 北京：社会科学文献出版社，2017.

[24] 邵根成，杨四清，孙艳艳. 文明礼仪教育读本 [M]. 郑州：郑州大学出版社，2015.

[25] 邱服兵，涂敏霞，沈杰. 中国志愿服务典型项目研究 [M]. 北京：人民出版社，2015.

[26] 陶倩. 当代中国志愿精神的培养研究 [M]. 上海：上海人民出版社，2013.

[27] 田军. 志愿服务理论与实践 [M]. 上海：立信会计出版社，2007.

[28] 团中央. 中国注册志愿者管理办法（修订）[EB/OL]. http://www.cvf.org.cn/show/67.html，2013-12-01.

[29] 深圳第 26 届大运会组委会执行局志愿者部编印. 深圳大运会志愿者综合培训教材 [M]. 深圳：内部资料，2011.

[30] 万小广. 媒体融合新论 [M]. 北京：新华出版社，2015.

[31] 王婉妍. 论我国志愿服务法律制度的完善 [D]. 北京：首都经济贸易大学，2012.

[32] 魏娜等著. 经验·价值·影响——北京奥运会、残奥会志愿者工作成果转化研究 [M]. 北京：中国人民大学出版社，2010.

[33] 吴元兵. 基层志愿服务活动的策划与传播 [M]. 北京：人民出版社，2016.

[34] 肖洪海. 论新形势下青年志愿组织的人力资源开发与管理 [D]. 厦门：厦门大学，2006.

[35] 张祖平，闫加伟，陈麟辉. 志愿服务组织管理精选案例汇编 [M]. 北京：人民出版社，2016.

[36] 张仕进，任明广，刘安早. 青少年志愿服务体系与培育机制研究 [M]. 南京：南京师范大学出版社，2014

[37] 中国志愿服务大辞典 [M]. 北京：中国大百科全书出版社，2014.

［38］中国礼仪网［EB/OL］. http: //www.welcome.org.cn/waishiliyi.

［39］中国青年志愿者网站［EB/OL］. http: //www.zgzyz.org.cn/.

［40］中国政府网［EB/OL］. http: //www.gov.cn/zhengce/content/2017–09/06/content_5223028.htm

［41］中华志愿者协会网站［EB/OL］. http: //cva.mca.gov.cn/.

后 记

《国家中长期教育改革和发展规划纲要（2010—2020）》指出："坚持以人为本、全面实施素质教育是教育改革发展的战略主题，是贯彻党的教育方针的时代要求，其核心是解决好培养什么人、怎样培养人的重大问题，重点是面向全体学生、促进学生全面发展，着力提高学生服务国家服务人民的社会责任感、勇于探索的创新精神和善于解决问题的实践能力。"志愿服务是大学生成长成才和提高服务社会本领的不可或缺的重要途径与载体。

本书基于深圳职业技术学院多年来深入开展大学生志愿服务的实践探索，通过对大学生素质教育这一战略主题不断挖掘、研究，最终把对高校开展大学生志愿服务的思考和感悟惠及整理成这本编著。同时，本书也是共青团广东省委员会、广东省社会科学界联合会2014—2015年度广东省青少年和青少年工作研究重点立项课题《高校志愿服务发展研究》、广东省教育厅2015年度省级学校德育创新项目《大学志愿服务育人功能及长效机制》以及深圳职业技术学院2014年重大教研项目《高职院校志愿服务育人的理论研究与实践探索》的研究成果。书稿从酝酿到定稿付梓，历时近两年，最终形成了这本《大学生志愿服务理论与实践》，亦可作为大学生志愿者培训教材和高校开展素质教育的参考用书。

本书是集体研究的成果，教育部职业院校文化素质教学指导委员会主任委员、深圳职业技术学院党委书记陈秋明教授主持了本书的编著工作。各章执笔者如下：第一章，陈秋明；第二章，李良进；第三章，曹科岩；第四章，李良进、曹科岩；第五章，彭远威；第六章，郑永森；第七章，陈永力；第八章，黄川川；第九、十章，张锋兴、曹科岩。

课题研究和本书出版的顺利进行，得到了共青团广东省委、广东省教育厅、共青团深圳市委、深圳市教育局等单位和有关部门同志的大力支持。商务印书馆的苑容宏主任和责任编辑李同宇为本书出版做了大量工作。本书在编撰过程中，参考和借鉴了国内外许多专家学者的研究成果，篇幅所限，未能一一列出，在此一并表示衷心感谢。

由于作者水平有限，虽数易其稿，书中错讹之处仍在所难免，敬请广大同仁和志愿者指正。志愿服务的发展离不开每个人的关注和参与，我们希望越来越多的人关心和参与志愿服务的传播、发展，为推进和实现志愿服务制度化，促进志愿服务事业大发展大繁荣，汇聚志愿正能量携手共筑中国梦，为实现"两个一百年"奋斗目标和中华民族伟大复兴中国梦贡献自己的力量。

陈秋明
2017年季夏于深圳